中国历代名状元

祖慧 著

杭州出版社

图书在版编目(CIP)数据

中国历代名状元传/祖慧著. —杭州:杭州出版社,2005.3
ISBN 7-80633-718-0

Ⅰ.中... Ⅱ.祖... Ⅲ.状元-列传-中国-古代 Ⅳ.K820.2

中国版本图书馆 CIP 数据核字(2004)第 095380 号

出版发行 杭州出版社
(地址:杭州市曙光路 133 号 邮编:310007)
(E-mail:hzcbs@mail.hz.zj.cn)
责任编辑 吕凤棠
封面设计 祁睿一
印　　刷 杭州余杭人民印刷有限公司
开　　本 850mm×1168mm 1/32
印　　张 13
字　　数 302 千字
版 印 次 2005 年 3 月第 1 版 2005 年 3 月第 1 次印刷
书　　号 ISBN 7-80633-718-0/K·57
定　　价 29.00 元

目　录

唐代状元

五代十国状元

宋代状元

中国历代名状元传

目录

西夏、辽、金、元状元

明代状元

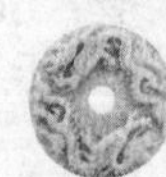

清代状元

唐代状元

孙伏伽

中国历史上的科举制度肇始于隋，确立于唐，至清光绪三十年(1904)被废除，共存续了一千三百余年。在这期间，从有明确记载的第一位状元孙伏伽，到末榜状元刘春霖，总共诞生了七百七十七名状元。他们是上亿应试举子中的佼佼者，称得上是“凤毛麟角”，荣耀无比。“状元”之称亦成为杰出人物的代名词，备受世人的青睐，所谓“三百六十行，行行出状元”。而历史的第一次机遇属于孙伏伽。

孙伏伽(？—658)，贝州武城县(今属河北省清河县)人。他在隋朝时已经由大理寺小吏升为京畿万年县(今属陕西西安市)法曹，相当于县尉，负责督捕盗贼，维护一县的社会治安。618年，隋朝灭亡，李渊在长安(今西安市)称帝，建立唐王朝。孙伏伽亲眼目睹了隋炀帝的骄奢淫逸，对欣欣向荣的新王朝充满希望。他在归顺唐朝后，积极为国家的巩固和发展出谋划策。唐高祖登基之初，有人向他献

鹞鹰、献琵琶、献弓箭，高祖不但不拒绝，反而一一给予赏赐。孙伏伽认为，皇帝热衷于少年游乐之事是导致隋朝迅速走向灭亡的祸根之一，应该引以为戒。他不顾位卑言轻，向唐高祖进谏说：

> 臣闻天子有敢于进谏的忠臣，即使天子无道，但能听得进批评意见，也不至于丧失天下。隋炀帝所以失天下，就因为他听不进别人的谏言，甚至屠杀天下敢言之士。结果，国家户口减少，盗贼蜂起，朝臣不敢奏知，使炀帝毫无所知。假使天子能严于律己，广开言路，任用贤能之士，赏罚适当，人人安居乐业，谁能动摇王朝的统治呢？陛下不要以为唐得天下不难，而忘掉隋失天下之轻易。陛下贵为天子，岂可肆意不慎。陛下二十日登基，次日即有人献鹞鹰，这是前朝之流弊，少年之冶游，为什么不予拒绝？又听说相国参军卢牟子献琵琶、长安县丞献弓箭，陛下一一照收，并给予奖赏。“普天之下，莫非王土；率土之滨，莫非王臣。”陛下富有四海，难道会缺少这类游玩之物吗？

接着，孙伏伽又上奏，建议撤消每年端午节在皇宫北门——玄武门进行的妓乐表演，并要求皇帝慎重选择皇太子身边的官员。

唐高祖自登上皇帝宝座后，充耳所闻的是一片赞颂之声，还没有听到批评自己的言论。他第一次览阅孙伏伽的奏疏时不但没有感到不悦，反而大加赞赏。高祖还专门下了一道诏书，要求朝廷官员要以敢于直言进谏的孙伏伽为榜样，时刻提醒皇帝，“以匡不逮”（以补救皇帝不足之处）。而且，为褒奖孙伏伽“指陈得失，无所回避”的无畏精神，唐高祖还破例将他从一个县佐官，越级升迁治书侍御史（后改为御史中丞），并赏赐他三百匹绸缎。

孙伏伽赴御史台上任后不负众望，屡屡奏请革除弊政。他曾建议减轻繁重的赋税负担，宽舒民力，被高祖采纳。

武德三年(620)，在稳定了关中地区统治后，唐高祖命令秦王李世民征讨王世充、窦建德。第二年，李世民俘虏窦建德，王世充投降。唐高祖闻讯后非常高兴，颁诏大赦天下，同时赦免王世充、窦建德部下官兵的罪责。可是，大赦令刚刚颁布不久，高祖又下令将窦、王二人的部下统统流放到边远地区。身为监察官的孙伏伽认为皇帝食言绝非小事，被历朝君王视为圭皋、奉为经典的《尚书》早就告诫说："尔无不信，朕不食言。"他决定上表进谏。他在奏章中引经据典，反复陈述"诚信"的重要性，恳请皇上收回"配迁"的成命，真正做到"王言无戏"，以取信于民。唐高祖心中虽不高兴，但也感到孙伏伽言之有理，不能不听，遂颁诏依大赦令赦免窦建德、王世充部下。

武德五年，唐高祖首开科举考试。此榜考试设秀才、明经、进士等多种科目。孙伏伽以在职官员的身份参加了进士科的考试，并一举高中榜首，成为四名进士登第人中的第一名，也是中国科举史上有明确记载的第一位状元。

唐太宗李世民经"玄武门之变"登帝位后，对孙伏伽也十分器重，下诏晋升他为大理寺少卿(最高审判机构之副长官)、乐安县男。即使离开了御史台，孙伏伽依然忠心耿耿、直言无隐。他批评唐太宗屡屡外出游猎驰射，"娱悦群臣"，这既扰民又可能遭遇不测，希望改正。唐太宗采纳了他的谏言。此后，孙伏伽因曾在审理刑狱案件中出现失误被免官，后又重新起用，担任刑部司郎中，成为尚书省刑部下属机构中的长官。不久，他迁大理寺卿，主管唐朝最高审判机构的工作。

孙伏伽在审理案件工作中能够关心民瘼，注意维护百

姓利益。一次，司农寺以高出常价一倍的价钱，向樵夫征购木樟(做旗杆用)，遭到尚书省右丞韦悰的弹劾，唐太宗决定将此事交由大理寺审办。时任大理寺卿的孙伏伽却说："缘官市贵，故民直贱。"他认为官市的价格本来就要比一般集市价格高，若以贱价购进、高价售出，明显是让老百姓吃亏。司农寺高价从百姓手中收购，是让利于民，没有什么不对的。他顶住各方面的压力，坚持判定司农寺无罪。唐太宗对孙伏伽的裁定非常满意，批评韦悰说："卿远不及伏伽识大体。"

数年后，孙伏伽调任陕州(治所在今河南陕县)刺史。唐高宗显庆三年(658)，卒于任上。

李　昂

唐代是科举考试制度确立的时期，相关的法律法规还不十分健全。当时，行卷、请托之风十分盛行，有幸跻身于进士行列的大多是豪族贵戚子弟，而寒俊无援者往往落选。唐玄宗开元二年(714)，考功员外郎王丘知贡举。王丘为人刚正，拒绝请托，强调"一切核其实材"，要凭真才实学取士。此榜共录取进士十七人，李昂高中状元。

李昂以善于作诗赋闻名于当世。礼部会试分三场进行：贴经(对某段经书原文空缺处进行填充)、杂文(作诗、赋各一首)、时务策。往年考赋没有韵脚的规定，从这一年开始，规定举子试赋必须用八字韵脚。当时的注榜赋题是《旗赋》，而八字韵脚为“风日云野，军国清肃”。这对于擅长诗赋的李昂来讲根本不是什么问题，他文思敏捷，一挥而就：

> 遐国华之容卫，谅兹旗之多工。文成日月，影灭霜空。乍逶迤而挂雾，忽摇曳以张风。排回惊鸟，飞天断鸿。……拥豹旗而长往，指龙山而冲出。月阵联云，星旄斗日。……信侯功于巢、燧，谅比德于姜、云。奄有天下，体国经野。

全篇围绕“旌旗”为中心展开，描绘出唐朝三军禁卫仪仗队的风采和威严，进而歌颂君王“奄有天下，体国经野”的功德，并且将“风、日、云、野、军、国、清、肃”八字韵脚，十分自然地押入赋中。知举官王丘对李昂的赋大加赞赏，认为这首《旗赋》既切合题目，又有大张大阖的气势。他认定李昂是一位有真才实学的才俊，遂圈定为进士第一人。李昂的这首赋后来成为科场范文，被举子们竞相传阅、模仿，并一直流传下来。

李昂以状元身份步入仕途，经过二十余年宦游生涯，唐玄宗开元二十四年(736)，他升任礼部考功司员外郎(从六品上)。自唐初以来，科举考试设有秀才、进士等科目，由考功员外郎(掌管官员考核)主持。李昂应试那年的知举官王丘，他的官职也是考功员外郎。李昂被任命为主考官后，决心要以座主王丘为榜样，坚决杜绝请托之风，力求做到公正无私。

为了防止举子通过各种手段欺世盗名、抬高自己的身价，进而影响到知举官对考生能力的正确判断，李昂在考试之前特地召集所有举子开会。他在会上宣布：“试卷中文章优与劣，我会衡量，考核取舍，一切出乎公正。如有请托，不论是谁，概予黜落。”

李昂刚刚宣布了考场纪律，他的娘舅却不合时宜地向他推荐自己的邻居、进士科举人李权。李昂大怒，他顾不得娘舅情面，立即再次召集所有的举子开会，当众责备李权请托。李权辩解说："我承蒙你娘舅相知，在你面前提起我应举之事。但我本人绝无求你照顾之意。"李昂再次重审："我一定会认真品评众举人的试卷，相信一定会有美文。倘若有文辞不通或信口雌黄之处，亦将当众评说。诸位以为如何？"众人齐声应答："听考官之命。"

散会后，李权对大家说："知举官此番讲话，分明是冲着我来的。我落第已属无疑，至于考试文章好坏已经无关紧要了。"李权虽然知道自己会落选，却又不甘心轻易被黜落。他开始私下收集李昂的材料，寻找李昂的短处，作为日后反击的把柄。

考试结果正如李权所料，他落选了。而且，李昂在卷子分析会上，对李权的卷子横加挑剔，还数落、讥笑他。面对这一切，李权早有准备，他拱手上前对李昂说："'来而不往，非礼也'。你还记得你写过的一首诗吗，今日想与你商榷。"李昂冷笑道："有何不可。"于是，李权问："'耳临清渭洗，心向白云间'，这是你写的诗句吗？"李昂毫不犹豫地回答："是。"李权责问道："洗耳之典故出自许由，他听说尧帝老朽要禅位于他，心生厌恶，于是去河边'洗耳'。当今皇上春秋鼎盛，又没有禅位于你李昂的意思，你却要到渭河去洗耳，用意何在？你这不是要造反吗？"此言一出，四座皆惊。李昂听后万分惶恐，不知所措。

事情越闹越大，直闹到了宰相府，宰相认为两人做事都有过激之处，最后也就不了了之。不过，这场风波也使当权者意识到，考功员外郎权轻位低，其威望不足以震慑举子。朝廷遂降诏，今后开科取士改由礼部侍郎（礼部副长官，正四品下)知贡举。从此以后,科举考试划归尚书省礼部掌管。这是科举史上的一大变革。

李昂工于诗赋,除流传下来的《旗赋》外,尚有佳赋《戚夫人楚舞歌》,它以欢快、凄美的文字,描绘了戚夫人与汉高祖之间一段悲欢离合的情史,为后人称道。

王　维

独在异乡为异客,每逢佳节倍思亲。
遥知兄弟登高处,遍插茱萸少一人。

中国人逢年过节思念亲人时,就会很自然地想起唐代大诗人王维的《九月九日忆山东兄弟》这首诗。每当人们踏上丝绸之路西去敦煌、玉门关时,又会想起王维的另一首佳作《渭城曲》:

渭城朝雨浥轻尘,客舍青青柳色新。
劝君更尽一杯酒,西出阳关无故人。

王维(701—761)字摩诘,祁县(今山西祁县)人。他是盛唐时期著名的田园诗人、画家。王维从小深受母亲的影响,笃信佛教,这从他的名字中也可略见一斑。他名维,字摩诘,名与字连读即是“维摩诘”,有崇拜佛教维摩诘之意,也许他从小就有皈依佛门的倾向。同时,王维又信奉儒学,积极入世,投身举业。

王维多才多艺,诗文、琵琶、书法与绘画,无不精通。为了博取科举功名，他于唐玄宗开元三年(715)游学长安，广交王公贵戚，以求得知己、荐举的机会。据说，王维在游学期间，曾结交岐王李隆范，李隆范又将他介绍给公主。王维为公主弹奏了新曲《郁轮袍》，公主听罢连声称赞。岐王乘机向公主推荐王维的才学："此人不只精于音律，他的文学才华，当今还没有人能超过。"公主闻言大为惊讶，就问王维："你写的诗文有没有带来？"王维就把藏在怀中的诗卷献上。王维的诗有些早已广为流传，公主亦曾讽诵过，一直以为是古人所作，没想到那些优美的田园诗竟出自眼前这位才俊之手。公主就把王维请到上座。

此后，王维名声大振，并在当年京兆府的解试(地方科举考试)中取得了第一名。他在府试时所作的诗曰《赋得清如玉壶冰》：

藏冰玉壶里，冰水类方诸。
未共销丹日，还同照绮疏。
抱明中不隐，含净外疑虚。
气似庭霜积，光涵砌月余。
晓凌飞鹊镜，宵映聚萤书。
若向夫君比，清心尚不如。

这首诗的押韵较险：诸、虚、余、如等，王维却运用自如。他通过各个侧面描绘出玉壶藏冰所营造出的冰清玉洁的境界：明净如虚无，寒气似庭霜。诗人最后总结说，君王的清心寡欲较之玉壶藏冰更加难能可贵。从而使这首诗达到了艺术形象与立意的和谐统一。

王维的卓越才华是无可置疑的。但是，他的科举之路并不十分顺利，在参加尚书省礼部考试时竟然意外落榜。开元九年，二十一岁的王维再次参加省试，终于以出类拔萃的才华摘得桂冠。随之而来的是无数的荣耀：拜谢座师，参谒宰相，赴长安曲江宴，接受全城百姓的祝贺。他还和其他新进士一起登慈恩寺雁塔，挥毫题名。此时的王维真切地感受到世间荣华竟是如此的美妙！

唐制，新及第进士不能立即授官，必须再参加吏部的选拔试，成绩合格者方能授官，状元也不例外。王维顺利地通过吏部铨试，被授予太乐丞（从八品下），成为太乐令的副手，在太乐署负责教习乐人调合乐律，准备国家举行祭祀、宴会时所需的乐、舞。

年少气豪的王维正值春风得意，有点忘乎所以。他经不住别人的耸恿，命辖下的伶人私自表演“黄狮子”舞。“黄狮子者，非天子不舞也”，也就是说，“黄狮子”舞是只有在皇帝面前才可以表演的节目。这件事被人告发。王维虽然辩称自己不知情，是无心之过，却依旧没能逃脱责罚，被贬到济州（治所在今山东茌平）任司仓参军，管理当地的仓库。

初入仕途就遭此劫难，这对王维的刺激很大，内心非常失落。他在《被出济州》一诗中写道：

微官易得罪，谪去济州阴。
执政方持法，明君无此心。
闾阎河润上，井邑海云深。
纵有归来日，多愁年鬓侵。

王维认为自己被贬官并不是皇帝的本意，而是朝廷执政舞弄文法的结果。怨愤之情，跃然于诗句中。

王维贬官在外十余年，这期间，他的结发妻子也因病亡故。宦海沉沦与丧妻之痛令他一度意志消沉。大约在开元十六年时，王维决定弃官归隐，曾就学于长安大荐福寺的道光禅师。

开元二十二年，张九龄拜宰相，为中书令，这给王维的仕途带来转机。张九龄一向以敢于直言进谏闻名当世，在

执政期间推行开明政治，与那些结党营私的当权者绝然不同。王维素有经国抱负，弃官归隐原本是出于对官场舞私不公的失望和不满，是一种无奈的选择，他并没有就此归隐山野、断绝仕途的念头。因此，张九龄出任宰相，再次点燃了王维的从政热情，他随即作《献始兴公》诗一首：

宁栖野树林，宁饮涧水流。
不用食粱肉，崎岖见王侯。
鄙哉匹夫节，布褐将白头。
任智诚则短，守仁固其优。
侧闻大君子，安问党与雠。
所不卖公器，动为苍生谋。
贱子跪自陈，可为帐下不？
感激有公议，曲私非所求。

在这首诗中，王维向张九龄表明自己只是一个退隐的匹夫，原打算以布衣百姓的身份了此一生。如今幸遇时刻为苍生谋福祉的“大君子”，令他改变了原来的想法，甘愿自陈，投身张公门下，并希望张九龄任用自己是出于公论，而非私情。王维的这首干谒诗没有半点阿谀奉承的意味，展现的是他正直的气节，和他愿追随名相张九龄“为苍生谋”的抱负。

张九龄久闻王维的诗名与才华，收到干谒诗后立刻召王维进京，授予他右拾遗（从八品上）。右拾遗的官品虽然不高，但它是隶属于中书省的谏官，负责议论朝政之失，并且可以作为亲近扈从随皇帝外出，是十分重要的侍从官。在此后的二十年里，王维的仕途进迁称得上是一帆风顺，历迁监察御史（正八品上）、殿中侍御史（从七品上）。

开元二十九年，王维完成知南选（远赴岭南负责边远地区官吏的铨选、考课）差遣归来后，他不满李林甫专权、奸臣当道，主动上书要求辞去殿中侍御史之职，退隐林下。一年后，他又因生活所迫重新入朝，由原先的殿中侍御史平迁左补阙（从七品上），后又迁侍御史（从六品下）、吏部郎中（从五品上）、给事中（正五品上）。

王维利用自己多年积攒下来的官俸给余，在陕西蓝田县买下了名诗人宋之问的别墅，改名“辋川别业”。天宝九年（750），王维的母亲病故，他上章辞去库部郎中的职务，回到自己在蓝田的“辋川别业”，为母亲守制三年。这期间，王维优游自在，生活过得十分惬意。辋川别墅周围的风景宜人，好山好水，为休闲养身之佳境。王维在这里或与好友裴迪泛舟赋诗，或以弹琴、读书、作画自娱。他画的《辋川图》，山谷郁郁盘盘，云水飞动，有超尘脱俗之意境，令人赞叹不已。他还写下了《渭川田家》等一首首赞美田园宁静、恬淡生活的诗歌，后结集为《辋川集》。

三年守丧期满后，王维结束了近乎隐居般的田园生活，重新回到长安任职。他先任吏部郎中，满任后迁给事中，这是拥有封驳诏令之权的重要官职，王维也走到了仕途的转折点。

天宝十四年冬，发生了历史上著名的“安史之乱”，唐玄宗被迫逃往四川。王维和许多没来得及逃走的官员一起被俘，成了叛兵的阶下囚。他担心安禄山会强迫自己担任“大燕国”（叛军自立）的官员，就吃泻药，装哑巴。事情果不出所料，久闻王维诗名的安禄山，得知王维也在被俘官员之中，就特别优待地将他迎接到洛阳，安置（软禁）在菩提寺，并强迫他充当“大燕国”的给事中。

安禄山在凝碧池大摆宴席款待众将士，并将唐王朝宫中的数百名梨园弟子也叫来，令他们歌舞伴乐。梨园弟子不愿为叛军助兴，哭声一片，乐工雷海清还愤怒地将手中乐器掷到墙上。安禄山大怒，当即下令将雷海清支解处死。王维目睹此情景伤心不已，写下了《菩提寺》诗：

万户伤心生野烟，百官何日再朝天？
秋槐叶落空宫里，凝碧池头奏管弦。

这首诗虽然写得比较含蓄，但仍流露出作者身困贼营、心系大唐的无奈与痛苦。

“安史之乱”八年后被平息，它是唐王朝由盛至衰的重要转折点。唐肃宗至德二年（757），王维因曾在安禄山的“大燕国”担任伪职，被“六等定罪”。不过，唐肃宗听了王维《菩提寺》诗后，感觉到他当时的苦楚与无奈，打算原谅他。正在这时，王维的弟弟王缙上奏，请求削免自己的官职来为哥哥赎罪；再加上当时正是国家多事之秋，朝廷急需人才。于是，王维不仅没有受到责罚，还幸运地受到朝廷的重用，被授予太子中允、集贤殿学士，寻迁中庶子、中书舍人，很快又官复原职，任给事中。

两年后，王维擢升尚书右丞（正四品下），与尚书左丞分管尚书省六部具体事务，并负责纠察百官，权势颇重，这也是王维的仕途终点。所以，后人又称王维为“王右丞”。

肃宗上元二年（761）七月，王维病故，享年六十一岁。弟弟王缙将他所作四百七十九首优美意远的诗作，汇编成《王右丞集》，流传后世。

常　衮

常衮（729—783）是中唐时期的名相，出身于京兆府（今陕西西安）的一个小官僚家庭。他的父亲常无为曾经担任三原县（今陕西西原）县丞，是一县的副长官。

唐玄宗天宝十四年（755），常衮参加科举考试，夺得状元荣衔。应该说，他是一个非常幸运的人。他家住京兆府，不必像其他地区的举子那样长途跋涉赶往京城参加科考。而且，唐代科举考试中行卷之风盛行，科举之路往往被少数权贵垄断着，一般没有家世背景的举子很难被录取。常衮自幼生长在京师之地，是名士、显贵云集之所，这为他的学习与交游提供了便利。

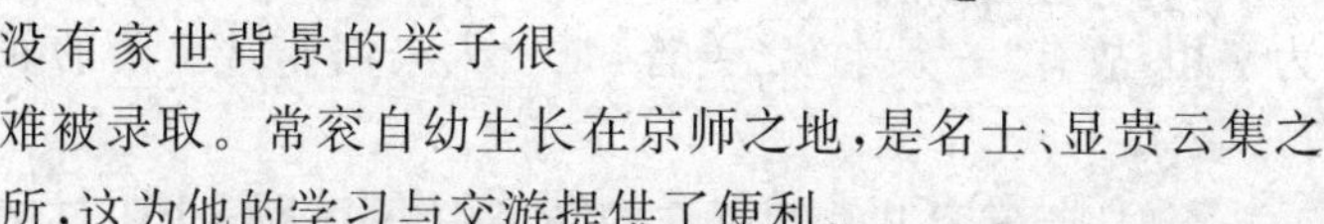

另外，当时的唐王朝正面临着重大的历史转折，节度使安禄山、史思明即将发动颠覆李唐政权的“安史之乱”。常衮是动乱爆发前的最后一名状元，就在他高中状元的当年十一月，安史之乱爆发，十二月，安禄山攻下东都洛阳，唐玄宗逃往四川。不久，唐肃宗在灵武（今宁夏灵武）即帝位。试想，如果常衮次年参加科举考试，他必须千里迢迢赶赴行在所——灵武。而在兵荒马乱之中，他能否顺利到达行在所，这本身就是一个未知数，更不用说要金榜夺魁了。

常衮高中状元后又顺利通过吏部铨试，初授司经局太子正字（从九品上），成为东宫（太子宫）的属官，负责校雠东宫收藏的图书典籍。当时的皇太子就是后来即帝位的唐肃宗李亨。这是重要的人生际遇，常衮有了与未来皇帝亲近的机会，为日后仕途发展创造了有利条件。

安禄山于攻下洛阳后的第二年称帝，国号燕，并很快占领京师长安。唐玄宗仓惶逃入四川，太子李亨就在一些大臣们的簇拥下，在甘肃灵武即位，改元至德，尊玄宗为太上皇。常衮跟随肃宗抵达行在所，先后迁补阙（谏官）、起居郎

（史官）。宝应二年(763)，长达八年之久的安史之乱终于被平定，同年，唐代宗李豫即位。

常衮文采丰美，颇受代宗的赏识，擢翰林学士。永泰元年(765)，常衮迁中书舍人（正五品上），专门负责皇帝诏旨、制敕及玺书、册命的起草，并直接送皇帝过目同意后颁布施行，权尊势重。在唐代，中书舍人与翰林学士一般都要由进士出身者担任，属于清要之职。而且，中书舍人与翰林学士的升迁速度也是一般官员望尘莫及的，他们往往会被擢升为宰相，故有"一条水"之美誉，是士大夫们非常企羡的职位。

当时，与常衮共掌知制诰的还有中书舍人杨炎。自玄宗朝以来，撰写制诏最出色的中书舍人当推常衮与杨炎，时称"常杨"。常衮的文章俊秀而有气势，他还善于写应用文，十分得体。代宗的贵妃独孤氏病故后，常衮奉命撰写哀册，他在哀册中写道：

> 摇巾袂兮远诀，隔轩槛兮群悲。不复见兮回御辇，伤如何兮轸睿慈。下兰皋兮背芷阳，旌悠悠兮野苍苍。带白花兮掩泪，衣玄帉兮断肠。当盛明兮共乐，忽幽处兮独伤。去故廷兮日远，即新宫兮夜长。……

哀册写得凄婉伤感，读罢令人悲伤不已。这篇哀辞后被修史者作为经典载入史册，今见于《旧唐书·后妃传》。

常衮性情刚直，洁身自好，从不轻易交游结友。在任中书舍人期间，他敢于同恃宠擅权的宦官头目鱼朝恩斗争。鱼朝恩在肃宗时就掌管神策军，因护驾有功而受到恩宠。后来，他又率领神策军迎立李豫为皇帝，因功被封为天下观军容宣慰处置使。这之后，鱼朝恩更是气焰薰天，他不仅干预朝政，还私设刑狱迫害异己，人称"地牢"。

作为一名宦官，鱼朝恩的内心总有一种不如人的自卑感，为了抬高自己的身价地位，他暗中聘请一些儒士为门客，专门为他讲授经籍。在粗略学得一点经义皮毛后，鱼朝恩就让代宗任命自己为判国子监事。他甚至还恬不知耻地在国子监开讲《周易》，并召集宰相以下的百官来听他讲学，以显示自己是有学问、有名望的人。在讲到“鼎折足，覆公束”经义时，鱼朝恩借题发挥，大讲鼎足折断、美食倒翻的狼狈相，并以此来讥讽当朝宰相元载和王缙，指责他们无能，不配辅佐君皇。

身为宰相的元载听了鱼朝恩的讥辞后不仅没有生气，反而露出笑容，而王缙则是敢怒不敢言。常衮当时也在现场，他听了这堂胡说八道的经解后，心中涌起一股不平之气，认为鱼朝恩这是在亵渎神圣的经典，也是对国子监这一国家最高教育机构的大不敬。常衮不顾自己可能受到的迫害，挺身而出，向代宗进谏：“成均（国子监古称）之任，当用名儒，不宜以宦官领职。”他毫不畏惧地将矛头直指权阉鱼朝恩，道出了朝中百官想讲却不敢讲的话。

常衮不但敢于向不可一世的权阉挑战，为了求得政治清明，他也积极向代宗进谏。大历元年（766）十月十三日是天圣节，是代宗皇帝四十岁的生日。各地节度使打着进贡的旗号，大肆搜括百姓财物。他们把搜括来的金帛、珍玩、器具、骏马等作为寿礼，络绎不绝地送进皇宫。据统计，这些寿礼的总价值在二十四万缗以上。

常衮对代宗默许地方大吏搜刮财物的做法非常不满，认为唐王朝刚刚经历“安史之乱”的浩劫，战火所过之处疮痍满目；而各地的藩镇节度使拥兵自重，四方割据；吐蕃、回纥又相互勾结，不断进兵骚扰。在这非常时期，国家当务之急是要想办法抚平战乱的创伤，修内拒外，使百姓安居乐业，怎么能耗费巨资为皇帝一个人歌功颂德、欢庆诞辰。因此，他再次上疏谏言：

> 西汉文帝拒收千里马，晋武帝烧毁汇聚珍稀野雉头羽做成的裘，南朝宋高祖击碎琥珀枕头。这三位帝王之所以能使国家安享太平，靠的就是以身作则。如今诸道向皇上馈献的都是奢侈之物，而刺史、节度使本人都不从事生产，所献之物无非出自百姓。怨结于下，谄媚于上。恳请陛下将这些馈献之物统统退还给百姓。

代宗皇帝表面上称赞常衮的谏言是苦口良药，但他并没有退还馈献财物。

大历九年十二月，常衮擢礼部侍郎。唐代制度，礼部侍郎除管领学校外，还主持每年的科举考试，称“知贡举”。常衮任礼部侍郎三年，知贡举三年。唐代科举取士，权贵名流推荐知己，习以为常，往往与寒士争名。常衮主持科举试期间，对这股不正之风进行了抵制。

权阉刘忠翼和泾原节度使马璘都曾为自己的亲戚向常衮求情，希望常衮能在科举考试中照顾自己的亲戚子弟，将他们录为新进士。年幼不能参加科举试者，也希望常衮能将他们收为弘文馆、崇文馆学生。在唐代，二馆是皇亲国戚及三品以上官员子弟才有资格进入的贵族学院，入学的门槛很高，名额也非常有限，总共不过五十人。两馆学生参加科举考试时，要求也比一般的举子低。因此，权贵们都通过各种办法想让自己的子弟跻身两馆。

刘忠翼与马璘，一个是权倾内外的大宦官，势力仅次于鱼朝恩；一个是拥兵自重的地方大吏，都得罪不起。但是，握有学校、科举大权的常衮为了维护科举考试的公平性，他甘冒丢官的风险，断然拒绝了刘忠翼和马璘的请托。这件事在朝野上下很快传播开来，被传诵一时。

大历十二年，勾结宦官、贪赃枉法的宰相元载被处死，代宗开始亲理朝政。常衮被任命为门下侍郎、同中书门下平章事，成为一名宰相。在任宰相的三年里，他克己奉公，为官清廉，整兵简政，辅佐代宗励精图治，赢得朝野内外的一片赞美之声。

常衮汲取安史之乱的教训，清醒地意识到各地节度使拥兵自重是对国家安全的最大危胁。他力主"戢兵"，节制军旅、裁减军费开支，要求罢去诸州团练使、防御使，改由地方行政长官——刺史兼掌当地军事。这一旨在裁抑节度使权力的举措得到代宗的赞同，并付诸实施，为国家节省了大笔经费，政府财政的窘况也有所改善，时称"小康"。

在元载担任宰相期间，卖官鬻爵、贿赂公行之风盛行，大凡有钱有势者都能设法谋求官职，朝政十分腐败。常衮任相后，下令严禁卖官、请托之门，重用那些依靠自己的文词而登进士第的士人。在用人方面，常衮不拘资格、不次升擢，提拔一批真正有才学的官员；那些靠请托、公荐登进士第者往往得不到重用。常衮得知颜真卿才干出众，就直接把他从地方调到中央，颜真卿后来成为一代名臣。经过大力整顿，官场的风气开始逐渐好转。

宰相是百官之长，要让百官清廉勤政，长官必须以身作则。唐朝宰相有很多的特权，如，宫中内厨每天要为宰相准备可供十人用的"厨食"；宰相还享有封赐财物的特权。常衮任相后，面对如此的特权内心颇感不安，他上奏代宗，对宰相"厨食"特权提出批评，认为太过浪费，建议取消。代宗采纳了他的意见。不过，常衮提出的有关废罢宰相封赐特权的建议，因遭到其他宰相的反对而没能实施。

当然，常衮也有一些不足之处，他在增加官员俸禄时就曾经感情用事，没能秉公处理。常衮非常讨厌太子少詹事赵惎，而具体负责给百官加俸的度支使韩滉对国子司业张参极为不满。常衮就与韩滉商议，给这两位他们不喜欢的官员少加俸禄。常衮的一个姻家亲戚担任太子文学之职，是太子洗马的副手，品级在太子洗马之下。但是，常衮却将太子文学的官俸抬高到太子洗马之上，造成很不好的影响。

常衮的威信颇高，称得上是“百僚仰止”。不过，中书舍人崔祐甫是一位性格倔强的人，敢与他争辩是非。同为中书舍人的著名诗人岑参因为身体不好，屡屡请病假不值班，崔祐甫很不满意，就去问宰相常衮：“岑舍人请病假那么久，不能上班，怎么办？”常衮回答说：“此子（指岑参）生病也是事实，你怎么不能宽容点呢？”崔祐甫毫不让步，责问道：“相公既然知道他抱病在身，为什么还要提拔他任中书舍人？既然授予中书舍人之职，又怎么能不来上班？”常衮无言以对，对崔祐甫心生怨恨。

代宗驾崩后，德宗即位，常衮就利用德宗服丧不亲政的机会，矫诏将崔祐甫调任河南府少尹，逐出京师。这件事很快被德宗察觉，德宗十分恼怒，诏崔祐甫擢升中书侍郎、同中书门下平章事（宰相），而将常衮罢相，贬到岭南任潮州（治所在今广东潮州）刺史。

杨炎曾经与常衮共掌知制诰，关系一直不错。建中初年，杨炎任宰相，就把常衮从潮州调到福建，任福建观察使。唐朝时的福建地区经济、文化还比较落后，当地百姓也不知向学读书。常衮到任后兴办学校，亲自讲学，教育子弟，移风易俗，使福建参加科举考士的贡士逐渐增多。可以说，他为福建的开发作出了重要贡献。在当地学校春、秋两季举行的尊孔典礼上，闽人都要以常衮配享孔子，寄托对他的感激与怀念之情。

建中四年（783），常衮病逝，享年五十五岁。诏追赐尚书左仆射。

齐　映

齐映（748—795）出生于瀛州高阳县（今河北高阳）一个官宦家庭，生长在大唐王朝由极盛转向衰落的动荡时期。当时的唐玄宗怠于政事、荒淫无度，奸相李林甫擅权乱政、陷害忠良，国家政治一片黑暗。齐映九岁时，节度使安禄山、史思明率兵叛乱，历时八年之久的“安史之乱”爆发，国家陷入战争灾难之中，生灵涂炭，哀鸿遍野，大唐帝国也由此走向衰败。齐映就生长在这样一个动荡不安的时代，乱世带给他的既有挑战也有机遇。

受家庭的影响和熏陶，齐映自幼聪颖好学，特别喜欢读书。他差不多将家中收藏的《五经》等典籍全部通读，逐渐成长为一名饱读诗书的儒学之士。唐代宗大历四年（769），二十二岁的齐映参加科举考试，并一举荣登状元第。接着，他又参加博学宏词制科考试，中选。

齐映初授河南府参军，具体经办河南府有关军事事务。滑亳节度使令狐彰非常器重齐映的学识与才干，就把他调到自己的帐下，辟任他为节度掌书记。节度掌书记专门负责节度使府内的文书起草及号令颁行，是节度使的机要文字秘书，有府主“喉舌”之称。在这期间，齐映的办事能力也得到了朝廷的肯定和赞赏，特授他监察御史的加官。

令狐彰病危时嘱咐齐映起草遗表。“遗表”是唐代高级官员享受的一种待遇，他们可以在临终前将自己的要求写成遗表，上奏朝廷；朝廷再视具体情况，满足或是部分满足他们的遗愿。唐代节度使位高权重，掌控一方军政财大权，特别是到了唐中后期，凡是与中央离心的节度使都不愿意在自己死后，由朝廷派遣命官来接任节度使。他们通常将节度使官衔传于自己的子孙，或亲自指定心腹继承。

齐映奉命起草“遗表”时，竭力劝说令狐彰不要将节度使官位传给儿子，而是应该主动“纳节”（交出节度使印），与中央政权靠拢，由朝廷任命新的滑亳节度使。他同时建议令狐彰将儿子令狐建送回东都洛阳家中，听从朝廷的安排。结果，令狐彰一一听从了齐映的策划，向中央交权。非但如此，令狐彰还夸奖齐映思虑周密、办事可靠，并把女儿许配给他。

令狐彰死后，唐代宗特颁诏嘉奖他“坐不交利，死不属其子”，纳节忠君的高风亮节，并把他立为群臣的榜样，将他的事迹载入国史，传诸后世。但是，军中的一些将领对齐映劝说使主纳节十分不满，令狐彰一死，他们就发动兵变，强迫令狐彰之子令狐建继任滑亳节度使。好在令狐建颇识大体，决意按父亲的“遗表”行事，将全家迁回洛阳居住。

齐映身为节度使府内的一名文职人员，自知无法弹压乱军，只得设法逃回东都洛阳。之后，河阳三城节度使马燧又将齐映招至麾下，辟任他为河阳三城节度判官，辅助自己处理使府的各项事务。马燧还向朝廷奏荐，授予齐映殿中侍御史的加官。

大历十四年五月，唐代宗驾崩，太子李适即帝位，是为唐德宗。德宗即位初始任用卢杞为宰相，卢杞是一名奸臣，但他对齐映的出众才干还是十分欣赏，将他召入朝廷，升刑部员外郎。不久，朝廷派张镒出任凤翔（今陕西凤翔）节度使，齐映任凤翔使府判官。节度判官是使府内的上佐官，地位仅次于副使、行军司马，职责是“尽总府事”，凡是节度使府内的事务无不综理，非常重要。任命齐映为凤翔使府判官，足见朝廷对他的器重与信赖。

在节度判官任上，齐映善于辩论、通晓军事的才能得到施展。当时，节度使张镒上奏朝廷的文书大多是由齐映代笔，文书颇合上意，得到德宗的嘉奖，齐映也很快升任节度行军司马兼御史中丞。在德宗时代，行军司马专门辅佐节度使管理军政，往往会成为节度使的继任者，有“储帅”之称。唯其如此，行军司马一般都是由皇帝亲自选拔、任命。齐映擢升凤翔节度行军司马，意味着他已经进入皇帝所器重的官员行列，前途无量。

但是在德宗即位后的第二年，唐王朝再一次陷入了动荡之中。建中二年(781)九月，平卢节度使李纳举兵叛乱，奉命前往讨伐的宰相李希烈竟然与李纳勾结，联合反叛。建中四年十月，泾原兵哗变，德宗吓得逃往奉天（今陕西乾县）。叛军之帅朱泚率兵直逼凤翔，凤翔节镇内部人心动摇。部将李楚琳见风使舵，以为天下大势已去，就想杀掉节度使张镒转而投靠朱泚。李楚琳生性剽悍凶暴，军中人人畏之。

身为节度判官的齐映见形势不妙，不顾个人身家安危，竭力劝说张镒要当机立断杀掉李楚琳，否则将贻误大事。张镒虽然是节帅却根本不懂兵家战事，且处事优柔寡断，他不仅不听齐映的劝告，反而想对李楚琳表示“宽大”，将他派往外地。李楚琳获悉自己被外调后，意识到阴谋败露，十分惊恐，连夜发动叛乱，杀了张镒，投奔朱泚而去。齐映因为平时在使府内处事公允得当，赢得了不少声誉，所以在李楚琳谋反时，一些将士就悄悄为他指路逃生，使他幸免于难。齐映逃离凤翔后，立即奔赴行在所——奉天，德宗授予他御史中丞(御史台副长官)之职。

兴元元年(784)，德宗又从奉天逃奔梁州(今陕西汉中)，御史中丞齐映也随驾扈从。从奉天到汉中，一路上山峦叠障，路途多险阻，德宗所乘御马一旦遭遇意外惊吓就狂奔乱跳，险象环生。齐映冒着生命危险，亲自为德宗的乘骑执辔引路，德宗见了十分感动，一路上曾多次让齐映放弃马辔，但他始终紧握马缰不松手。事后，德宗问他："为什么在危险关头爱卿终不肯放弃马辔?"齐映回答说："御马奔突乱踢，不过伤害臣下；假如放弃马缰，任其乱奔，后果不堪设想。一旦伤及圣体，微臣难以塞责，当罪该万死。"这番话令德宗感叹不已。

德宗一到梁州，就擢升齐映为给事中，负责审读中书省起草的诏书。不久，叛乱逐渐平息，德宗从梁州返回京师，就让齐映在身边侍从。每当御驾出外巡视城邑州镇时，齐映总是走在御马之前，并负责宣读诏令，成为皇帝十分亲信的朝臣。这一年冬天，他又由给事中升任中书舍人，专掌皇帝诏书的起草。

贞元二年(786)，齐映与刘滋、崔造一起拜相，任同平章军国事。同年，吐蕃大举入侵，京师戒严，传闻德宗又将出逃，京师内人心惶惶。为此，齐映向德宗上奏劝驾留京：

> 戎狄乱华，我身为宰相，首当其责。如今京师人心浮动，惶惶不可终日，传言皇上已准备好行装粮草，打算离开京师。古人说"大福不再"，皇上宜三思而后行。此等大事，奈何不与宰臣们共同计议啊！

讲到动情之处，齐映伏地恸哭。德宗听了他的一番肺腑之言十分感动，决定放弃出逃的计划，留在京师以安定人心。唐朝政权避免了又一次的动荡。

齐映为政清廉,不徇私情。他早年参加科举考试及应博学宏词制科时,河南府尹张延赏对他非常照顾,有提携之恩。后来,齐映升任宰相,张延赏则由宰相罢为左仆射,屈居齐映之下。张延赏时常以恩人自居,屡次找齐映为自己的亲戚谋求官职,齐映秉公办事,拒绝了他的请托。张延赏怀恨在心,到处造谣说齐映没有宰相器质。次年,齐映罢相,贬为夔州(治所在今四川奉节)刺史。再也没有回到京师。

贞元十一年(795),齐映病逝于江西观察使任上,年仅四十八岁。德宗闻讯叹息不已,诏追赠礼部尚书,赐谥曰"忠"。

李　程

李程字表臣,是唐朝宗室的后代,排行二十六,人称"二十六丈"。他在唐代算不上是一位名宰相,但确实是一位颇有才气的名人。

李程中状元的经过极富戏剧性,由于主考官的无能,他差一点就连进士也考不上,更不用说状元及第了。唐德宗贞元十二年(796),礼部侍郎吕渭知贡举,这是他第二年担任科举主考官。前一年知贡举时,吕渭对选谁为状元一直拿不定主意,就写了一首诗寄给前任知举官,诗曰:"独坐贡闱里,愁多芳草生。仙翁昨日事，应见此时情。"他猜想前任知举官也会像自己现在一样，愁眉苦脸地坐在贡院里发呆，不知道该选谁为状元。这说明吕渭是一个优柔寡断、缺乏鉴赏力的主考官。

礼部贡院省试第一场杂文试赋，题考是《日五色赋》。李程文采焕发，挥笔写道：

> 德动天鉴，祥开日华。守三光而效祉，彰五色而可嘉。验瑞典之所应，知淳风之不遐。……彰烛远于皇明，乃备采于方色。故曰惟天为大，吾君是则。

这篇赋气象宏大，紧扣歌颂君王的题旨。

李程对自己写的赋十分满意，踌躇满志地走出考场，迎面遇见刚从尚书省值夜回家的员外郎杨于陵。杨于陵关切地问李程考得如何，李程就从皮靴中取出所作《日五色赋》的底稿，拿给他看。杨于陵一览而过，喜上眉梢，连连称赞说："你一定会考中状元！"然而意想不到的是，在稍后公布的杂文考试成绩榜单中，却没有李程的大名。他第一场考试就惨遭淘汰，失去了进入第二场考试的机会。

杨于陵听说李程首场考试就落榜后，大为李程鸣不平，决定想办法帮助他。杨于陵找来一本旧册子，在里面抄写上李程的《日五色赋》，再将李程的名子隐掉。然后，杨于陵就拿着这本旧册去拜见考官吕渭，对他说："侍郎杂文试，为什么出了个旧题目？"吕渭听罢觉得非常奇怪，连忙辩解说："这不可能。"杨于陵又说："怎么不可能？不但题目是旧的，就连所定韵脚也相同。不信你看看这首《日五色赋》。"吕渭从头到尾一看，确实感到这是一首好赋，连声赞叹。

杨于陵眼见时机成熟，就接着问："如果今日考场上有考生能作得此赋，侍郎该如何对待他？"吕渭根本不知这是计谋，随口回答说："不可能有，我已经看过全部试卷。如果有，那状元就非他莫属了。”杨于陵这才亮出底牌，说：“既然是这样，那么侍郎你已经错失一位状元了，你刚才所看到的《日五色赋》正是落榜生李程所作。”吕渭半信半疑，命人拿来李程的考试答卷，两相对照竟然一字不差。吕渭这才意识到问题的严重性，他赶紧向杨于陵表示谢意，并出榜补收李程。李程终于有惊无险地通过了第一场考试，并最终夺得状元头衔。此榜共录取三十人，其中包括唐代著名诗人孟郊。

唐代进士及第后按例要举行一系列的礼仪性活动，诸如拜谢主考官、宰相，赴曲江宴，雁塔题名等。新科状元李程率及第进士拜谢过座主、礼部侍郎吕渭后，就由吕渭引领着去参拜当朝宰相贾忱、张延赏、卢迈、赵憬。四位宰相在都堂内（宰相办公厅）正襟危坐，三十名新进士站在阶下一字排开，向宰相行拜礼。然后，状元李程代表新进士致词：“今岁礼部进士放榜，我等有幸登第，得以在诸位相公门下任事，既十分感激，同时也深感惶恐。”

曲江宴是专门为新进士举办的最盛大的游园活动，它是以长安城曲江亭而得名。早在几天前，商贩们就云集于江头，到了举行曲江宴的当日，全城百姓倾城而出，想一睹新进士的尊容。特别是那些公卿之家，往往携青春少女，乘车驾马，蜂涌而至，希望能在新进士中寻觅乘龙快婿。因此，每年的曲江宴就成了京城长安的盛大节日。新进士荣宠无比，状元李程更是万众瞩目，出尽风头。

曲江宴后，李程率新进士去京师慈恩寺雁塔题名。他们推举出一位书法最好的进士，将贞元十二年李程榜进士姓名一一题写在塔壁上。如果将来有谁当上宰相，就将他的名字用红笔描绘一遍。李程后来果然当上宰相，他在雁塔上的名字也被描成红色。

荣华无比的新进士庆贺活动，反映了唐代重文的社会风气，这在唐代诗歌中也得到了充分反映。与李程同榜及第的进士孟郊，就写下了脍炙人口的《登科后》：

昔日龌龊不足夸，今朝放荡思无涯。
春风得意马蹄疾，一日看遍长安花。

这首诗将进士登第后的喜悦与荣耀之情描绘得淋漓尽致。

李程中状元后，又在当年参加了博学宏词科考试，成绩也非常不错，判入高等，同科入高等的还有著名文学家柳宗元。唐代规定，进士及第后不能立即授予官职，还必须参加吏部铨试，合格者才能释褐授官。李程顺利通过吏部试后，释褐授蓝田县尉，掌蓝田县的社会治安等事务。

蓝田县位于现在的陕西省境内，自秦汉以来，一直被视为关中地区的重镇。李程走马上任之初就展现出他干练的吏才，当时县里有一桩公案，拖延了十年却依旧悬而难决，李程经过反复审核、细致考察，很快使案件水落石出。京兆府在考核所属县官的政绩时，将李程列为第一，对他的办事能力和工作业绩给予充分肯定。

唐德宗贞元二十年，李程奉诏入京师担任御史台监察御史，同年秋天，迁翰林学士。翰林学士负责为皇帝起草诏书，备皇帝顾问，有“内相”之称，是皇帝身边的近侍之臣，殊不易得。一日，德宗在皇家园苑中游猎时对随从近臣说：“现在天气寒冷，旧时所谓‘九月衣衫，二月衣袍’，已经与现在的气候不相符。欲将现行《月令》(相当于现在日历)中的节气提前一个月，改为‘十月始裘’，以适应气候的变化。爱卿意下如何？”

第二天，德宗命翰林学士共同商议。翰林学士承旨(翰林学士中资格最老者)李吉甫不敢违抑德宗的心意，就表示同意，还讲了一大通吹捧德宗的好话："圣上真是上顺天时、下通物理。希望能将更改《月令》的旨意告示天下，编入敕令。"其他几位翰林学士也不敢提出异议，都跟着李吉甫先后在表状上签名。唯独新任翰林学士李程不肯署名，他的理由是："《月令》系玄宗皇帝删定，不可改动。"德宗采纳了李程的意见，修改《月令》的提议作罢。不过，日后当上宰相的李吉甫却因此事对李程心生怨恨，两人关系不和。

学士院北厅前有一条用花砖铺成的路，按照惯例，入冬以后，翰林学士就以阳光照到花砖路上第五块砖作为上班时间。不过，李程是一个不拘小节的人，他每次总要等到阳光照过第八块砖后才来上班，于是，大家就给他取了个"八砖学士"的绰号。

贞元二十一年正月，德宗驾崩，皇太子李顺即帝位，是为唐顺宗。顺宗提拔王叔文为翰林学士，李程与王叔文不和，遭到排挤，很快被罢职。第二年，宦官俱文珍等人发动政变，逼顺宗退位，拥立李纯为帝，是为唐宪宗。自此以后，李程官运亨通，步步高升。元和三年(808)，李程擢随州(治所在今湖北随州)刺史，任一州之长。元和十年，李程升兵部郎中，又转知制诰，负责起草诏书。

二年后，李程又荣任中书舍人(正五品)。唐制，凡是皇帝的诏旨、玺书、册命，均先由中书舍人起草，再经皇帝批示，中书舍人签名，移交给事中审读后颁行。因此，中书舍人在唐代的权势颇重，是朝廷的清要之官。同年，李程以中书舍人权知贡举事，担任礼部主考官。次年，升礼部侍郎(副部长)，后外调鄂州(治所在今湖北武汉)刺史、鄂岳观察使。

李程平时不修边幅，为人滑稽幽默。在鄂州任上，有朋友来家中作客，他预备了好酒好菜盛情款待这位朋友。朋友要走了，李程一再邀他小住二三天。朋友说："今天一定得动身，我乘的船已经停靠在汉口。"李程思维敏捷、联想丰富，他故意将"汉口"谐意为"汉子之口"，十分幽默地说："此汉口不足信。"以此来调侃自己的朋友：你说的话不足信，还是可以再小住二三天的。一番戏言令这位朋友哭笑不得。

唐敬宗即帝位后不久，李程迎来了仕途的鼎盛时期，拜同中书门下平章事，成为一名百官敬仰的宰相。年幼的敬宗听信身边宦官的怂恿，打算修治宫室，寻欢作乐。李程及时上奏劝谏，希望皇帝能以历代圣贤帝王为榜样，节俭治国，不要大兴土木。敬宗接受了他的谏言。

宝历二年(826)，李程罢相。唐武宗时，李程病逝，诏赐谥曰"缪"。李程出身于书香门第，成年后高中状元；他的儿子李廓、孙子李宜也先后登进士第，可谓一门三进士，诗书传其家。

柳公权

柳公权(778—865)字诚悬，京兆府华原县(今陕西耀县)人。他出生于官宦之家，祖父柳正礼曾任邠州士曹参军，父亲柳子温曾任柳州刺史。柳公权仕至太子少师，兄长柳公绰仕至兵部尚书，兄弟两都是唐代名臣，柳公权更是一代书法大家。

柳公权生于唐代宗大历十三年，他自幼喜爱读书，十二岁时已能作诗写赋。他曾多次参加科举考试，却是屡试不第，直到唐宪宗元和三年(808)，已经三十出头的柳公权终于如愿以偿，并“首冠诸生”，夺得状元魁。不久，他又参加制举考试，一举荣登宏词科高第，与他同榜登制科的还有唐代历史上赫赫有名的牛僧孺、李宗闵。

依据唐制，进士登第者还必须经过吏部的铨试，合格者授职为官；登制科者，则可以享有立即释褐授官的荣耀。柳公权在制举中选后，初授秘书省校书郎，负责校勘国家图书典籍。任职期间，他得到了夏绥银宥诸州节度使李听的赏识。李听曾经在柳公绰(公权兄长)属下任武官，对柳公权的书法造诣与文学修养都十分欣赏，就辟举他为节度掌书记，负责本节度使司各类文书的起草。

元和十五年初，唐宪宗被宦官权弘庆杀害，穆宗李恒即位。每逢新皇登基，地方长官依例都要入奏恭贺，身为节度使的李听就派柳公权携贺书赴京师长安，入朝贺拜。穆宗在藩邸时，已闻柳公权之名，得知他入朝奏事后，立即召见于殿中，并对他说：“朕曾于京师佛寺的墙壁上见过爱卿墨迹，一直想与爱卿见面。”原来，柳公权在京师任职期间，曾在一佛寺内看到朱审的山水画，被画中的意境深深打动。于是，他挥笔题诗一首：

朱审遍能视夕岚，洞边深墨写秋潭。
与君一顾西墙画，从此看山不问南。

柳公权遒劲而流畅的书法胜过他的文采，最为时人称颂。穆宗在王府时，正是看了他写的这首诗，对他的书法大加赞赏，且久久难以忘怀。

穆宗召见柳公权后，就传宣宰相，想任命他为侍书学士，在皇帝身边充当书法学士。然而，当朝宰相认为这样的升迁速度太快，不合典制，打算授予柳公权左金卫兵曹参军。穆宗十分不满意，御笔改授柳公权“右小谏”——右拾遗（从八品上），兼充翰林侍书学士。穆宗力排众议，任命柳公权为翰林院书法专家，足见他对柳公权书法的爱慕之深。

这以后，穆宗每遇空闲时就召柳公权问话。他曾经问柳公权：“书法怎样才能达到尽善尽美的境界？”柳公权对曰：“用笔在心，心正即笔正。”其意是说：运笔须专心致志，心无旁骛。柳公权一语双关，既讲书法，也连及理政。穆宗听后表情变得严肃，明白柳公权是在进“笔谏”，对他更加器重。不久，柳公权进迁右补阙（从七品上）、司封员外郎（从六品上）。

穆宗死后，柳公权继续在敬宗、文宗两朝担任翰林侍书学士，发挥他的书法专长，一直没有得到升迁的机会。而与他同年登制科的李宗闵却是官运亨通，在文宗朝已升任宰相。大和二年（828），柳公绰出任太原府尹，他一直对弟弟的仕途不振感到心中不平，就写信给宰相李宗闵说：“家弟苦心于书法技艺，先朝（指穆宗、敬宗朝）以侍书学士见用，日日与掌管祠祭的卜祝为伍，颇感羞愧。”希望李宗闵能给弟弟调换散官。柳公绰在朝中还是很有名望的，他的信自然也受到宰相李宗闵的重视。于是，柳公权先后迁官右司郎中、司封郎中、兵部郎中（从五品上），职事也由翰林侍书学士改为弘文馆学士，担当起在弘文馆教授生徒的工作。

可是，唐文宗对柳公权的离去感到十分不适，思念日深，就再次召他回宫充当侍书，并迁官谏议大夫（正四品下）。柳公权的官品升高了却没有什么实权，无法在政坛上一显身手，心中很是郁闷。不久，文宗任命他为中书舍人（正五品上），充翰林书诏学士。表面上看，柳公权的官品从正四品下降到了正五品上，实际上，他的地位却是上升了。

因为中书舍人、充翰林书诏学士握有实权，专门负责起草、书写诏旨制敕、玺书册命文字，事干机密，属于皇帝的机要秘书，并有机会参议朝政。这时的柳公权不再是单纯以书法见长的侍书，而是可以参与朝廷政事的要员。

唐文宗对柳公权十分器重，时常与他在便殿交谈至深夜，彼此非常契合。每当谈兴正浓，蜡烛即将燃尽时，文宗为了不打断双方的谈话，不允许宫女撤换蜡烛，只令她们用纸和着烛泪照明。一天，柳公权随文宗游未央宫花园，车停时，文宗对他说："边防守军的春、冬两季赐衣，历来都是发放不及时，而今年的春衣，在二月份已经发放完毕。"柳公权听后随即表示祝贺。文宗又说："只是贺喜还不够，爱卿当献贺诗一首。"并规定不能用纸笔，只能以口吟诵。这并没有难倒柳公权，诗章脱口而出：

去岁虽无战，今年未得归。
皇恩何以报，春日得春衣。

柳公权的才思敏捷令文宗称赞不已。

炎热的夏季，文宗与翰林学士们在殿中吟诗联句。文宗带头吟曰："人皆苦炎热，我爱夏日长。"柳公权应声对道："薰风自南来，殿阁生微凉。"联句接得十分自然，似一人一气呵成。文宗称赞柳公权的这两句诗是："辞清意足，不可多得。"并下令他将这四句诗题于殿壁上。柳公权运笔如神，挥洒自如，字字方圆五寸，顷刻而成。文宗在旁观赏，禁不住赞叹道："钟繇、王羲之再生，也难以超越。"

文宗曾在便殿召六学士议论古今朝政，在谈及汉文帝节俭时，文宗举起衣袖对众人说："朕所穿这件上衣，已经洗濯过三次。"学士们纷纷赞颂文宗的恭俭之德，唯独柳公权一言不发。召对结束后，文宗将他留下，问他为何不发表意见？柳公权出人意料地说："一国之主，最先应该考虑的是进贤良，退不肖，纳谏诤，明赏罚。至于说皇帝穿洗濯多次的衣服，这只不过是小节而已。"文宗深知柳公权为人耿直，不迎逢权势，他不仅没有生气，还称赞柳公权言事"有诤臣风采"。下诏恢复柳公权谏议大夫（正四品下）的官阶，仍充知制诰兼翰林书诏学士，继续掌草拟诏书之事。

开成三年（838），柳公权由谏议大夫转工部侍郎，依旧充翰林书诏学士。文宗末年，公权升翰林学士承旨，学士承旨一般都由翰林院中的资深学士充任。开成五年，文宗驾崩，武宗李炎即位，改元会昌。柳公权也罢翰林学士承旨，改授右散骑常侍（正三品下）。不久，宰相崔珙举荐他任集贤院学士、判集贤院事。

武宗曾在盛怒之下将一名宫嫔打入冷宫，时间一长心生怜惜，想把她再召回到身边，又担心这样做有损一国之君的尊严。武宗召柳公权前来商议，他说："朕曾怪怒此宫嫔，如果学士能写一首诗相劝，朕将释怀，不作计较了。"并示意他把诗写在案前的蜀笺上。柳公权稍加思索，援笔而成一首七绝：

不分前时忤主恩，已甘寂寞守长门。
今朝却得君王顾，重入椒房拭泪痕。

这首七绝诗运用了汉宫典故，把武宗宽宏与仁爱写得恰到好处，既顾及了皇帝的颜面，又让宫嫔懂得了"忤主恩"的代价。武宗读后非常满意，随即令宫嫔上前向柳公权拜谢。

李德裕任宰相后，排挤属于"牛党"的崔珙，柳公权也受到牵连，降为太子宾客。后迁工部尚书（正三品）。咸通元年（860），唐懿宗即位，柳公权改授太子少傅、太子少师，仍官居三品。不久，以太子太保致仕。咸通六年，柳公权卒，年八十八。诏赠太子太师。

柳公权以大书法家称誉当代，享誉后世。他初练书法，师尊晋代书法家王羲之，博采近代笔法，融会贯通，练就“柳氏”笔法，“结体劲媚，自成一家”。唐朝皇帝爱惜柳公权书法，总是想把他留在自己的身边；大臣家中撰写墓碑、墓志，非请柳公权代笔不可，否则就会被视为“子孙不孝”。就连外国使者进贡唐朝，也要专门购买柳公权的书法作品，带回本国。柳体书法与唐代大书法家颜真卿、欧阳询齐名，传世佳作也不少。其中，《玄秘塔碑》、《神策军碑》、《金刚经》等书帖，更为后世临摹不绝。

柳公权沉潜于书法，不事经营，淡于财利。他每年为皇亲国戚、王公大臣撰写碑志、祝板，收入不下巨万，大多被管家奴偷盗一空，他也不追究。不过，他视笔、砚、图籍为珍宝，每次用完一定要亲自锁好秘藏。除了在书法上取得极高的造诣外，柳公权还精通《诗经》、《尚书》、《左传》、《国语》等儒家经典。他通晓音律，却不喜欢奏乐、听乐，认为“闻乐使人生骄怠之心”。

李固言

李固言字仲枢，赵郡（今河北邯郸）人，出生于凤翔（今属陕西）。他性格温雅厚道，不善交际，从小聪慧好学，刻意苦读，希望有朝一日能登第入仕。

唐宪宗元和六年（811），李固言赴京师参加科举考试，借宿于表兄弟柳氏家里。柳氏子弟见他老实敦厚，不懂人情世故，就借口教他学习趋走、拜揖礼仪来捉弄他。当李固言弯腰练习鞠躬时，他们趁机把一张纸条粘在李固言的头冠上，纸条上写“此处有屋可以出租”几个字，憨厚的李固言没有察觉，依然头戴冠巾招摇过市，路人见了冠巾上的字条都大笑不止。

唐代科举考试中盛行觅知己、行卷之风，举子为了能登进士第，在参加考试之前，都要从平时所作的诗赋、文章中，精选出自己最满意的几篇，投送给社会上有名望、有地位的达官权贵，以获得他们的好感，并希望他们能把自己推荐给知举官，便于录取。这就是所谓的“寻知己”。

李固言在长安人生地不熟，不知该如何与权贵们攀上关系，就求助于柳家子弟，问他们自己应该投卷给谁会比较有把握。柳家子弟故意欺骗他，让他去找右散骑常侍许孟容。李固言信以为真，就按照亲戚的指点，去找许骑省（散骑常侍别称）。唐代，散骑常侍以貂尾挂在冠上作装饰，故有“貂脚”的绰号，属于闲散无实权的冷官，一般举子都不会去找无权势的散骑常侍作“知己”。许孟容一见李固言前来投卷，感到非常惊讶，他抱歉地说：“我所担任的官职极其闲冷，不能为你张扬风采。不过，我看了你的文章著述都十分秀美，你的品学我已经记在心上了。”许孟容发现李固言冠巾上“此处有屋出租”的字条，知道他被别人戏弄了还不知道，越加觉得他质朴可爱。

李固言明知自己找错了人，回到柳家后依然一声不吭。令人意想不到的是，当李固言第二年再参加科举考试时，许孟容已由散骑常侍晋升兵部侍郎，并奉诏知贡举，负责当年的科举考试。李固言重新见到许孟容，真有一种知己相逢、分外亲切的感觉。许孟容对李固言的才学品行也是记忆犹新，理所当然将他列在新及第进士的第一位。

李固言高中状元后，先后被江西节度使裴堪、剑南节度使王播辟为使府幕职官，在地方上待了将近十六年。直到唐文宗大和元年(827)，他才奉诏入京师，任户部郎中。此后，李固言并没有因为牛李党争受到牵连，反而是步步高升、仕途顺畅。

所谓“牛李党争”是指以李宗闵、杨嗣复、牛僧孺为首的牛党，以及以李吉甫、李德裕为首的李党，这两派势力在朝堂上互相排挤、互相倾轧，形成党争。李宗闵、杨嗣复、牛僧孺都是贞元二十一年(805)的进士，当时的主考官是权德舆，他们也都自称为权德舆的门生。元和三年(808)，李宗闵在与皇帝商议国事时，曾批评时政，遭到当朝宰相李吉甫的忌恨。李吉甫罢相后，李宗闵进入御史台担任监察御史，他与牛僧孺、杨嗣复等人意气相投，结成亲党。李吉甫之子李德裕出身宰相之家，早年靠恩荫入仕，没有获得进士出身。因此，他对进士出身的京朝官抱有偏见，认为进士出身者只是写得一手好文章，相比较而言，门荫入仕的官员从小受家庭影响，对朝仪典故比较熟悉，更适合做官。

当时，凡是科举出身的京朝官都靠拢牛党，而门荫出身的官员多靠近李党。李固言既然是状元，自然成了牛党争取的对象。同时，李固言又是元和时宰相李蕃的族弟，与李德裕也是同宗，他又成为李党网罗的人物。唐文宗大和四年九月，李宗闵依靠宦官势力当上了宰相，拜中书侍郎、同中书门下平章事，他接着引荐牛僧孺为兵部尚书、同平章事(宰相)，牛党就在朝堂上占据显要的地位，他们开始全力排斥李党、提拔同党。李德裕被罢相后离开京师，外任浙西观察使，属于李党的朝官也纷纷受到贬斥。

李党官员离开朝廷后留下的许多官阙，都由牛党、或是牛僧孺等认为可以拉拢的官员来填补。李固言正是在这个时候，升任给事中（正五品上），给事中有权封驳中书舍人起草的诏书，权势很重。李固言在给事中任上不怕得罪宦官，敢于坚持公道，做了不少伸张正义的好事。

大和五年，唐文宗提拔宋申锡为宰相，密谋要将权阉王守澄等宦官一举诛灭。王守澄时任神策军中尉，他曾发动内廷政变，弑杀唐宪宗、唐敬宗。不料，京兆府尹王璠却将此事泄露给权阉王守澄。王守澄等人就设计诬陷宋申锡密谋造反，逼迫唐文宗将宋申锡打入大狱。这以后，王守澄一伙阉党的气焰更加嚣张，全不把皇帝及满朝官员放在眼里。

在这种情况下，李固言挺身而出，与左散骑常侍崔玄亮等一同入殿，跪伏在地，为宋申锡申辩。他正言道：宋申锡是堂堂的宰相，岂能由“北司”（宦官）操生杀大权。恳求皇帝将宋申锡狱案移交刑部审理。此时的文宗皇帝已经完全被王守澄控制，他面对李固言的质疑有苦难辩，只能劝他们退下。李固言与崔玄亮等朝臣失声痛哭，退在殿外等候消息。在强大的朝中舆论压力下，王守澄不得不有所顾忌，没敢按谋反罪处死宋申锡，而是将他流放到开州（今重庆市开县）。

宋申锡谋反案风波刚刚平息，又发生了太庙漏雨事件。太庙里张挂着唐朝自太祖李渊以来历代君主的真像，年岁日久，急需修缮。皇帝任命将作监（从三品）王堪负责修治太庙，王堪受命后并没有尽心尽职，而是草草了事，工程质量非常差。结果，一场大雨导致太庙顶部出现裂缝，渗漏进来的雨水把太庙里唐朝历代君主的真像淋湿。这在当时是一件十分严重的大事故。

文宗获悉太庙漏雨淋湿先祖真像后大为震怒，决心要严惩王堪。然而，当时宦官专权，控制着朝廷，他们出于不可告人的目的竟对王堪从轻发落，仅仅给予罚俸的惩处，并将王堪调任太子宾客(正三品),成为在皇太子宫内任职的东宫官,地位不降反升。身为给事中的李固言再次表现出大无畏的气概,他利用自己封驳诏书的职权,将处理王堪的诏书封还。中书省重拟诏书,改授王傅官(从三品),让王堪在亲王府中任职。

李固言仗义执言的品行得到宰相李宗闵的赞赏,很快由给事中迁工部侍郎,再升尚书右丞,负责管理尚书省吏、户、礼三部的事务。大和七年二月,李德裕拜相,第二年三月,李固言被罢为华州(治所在今陕西华县)刺史。同年十月,李宗闵复相位,拜同中书门下平章事,李德裕罢相。于是,李固言又被召回京师,任吏部侍郎,次年,升御史大夫(从三品),成为国家最高监察机构——御史台的长官。

李固言一到御史台赴任就遇上一件大案:当时京城中谣言四起,说宦官王守澄推荐入宫、为文宗治病的医生郑注,专用小孩的心、肝制成药让文宗皇帝服用,已经在京城秘密抓捕了无数小儿。弄得人心惶惶。流言传至文宗的耳朵里,他非常气愤,下令御史台彻底查办。御史台官员在追查过程中,捕获了正在传播此谣言的京兆府尹的从人。

当时的京兆府尹杨虞卿是李党的骨干人物之一,也是李宗闵的得意门生。李固言向来嫉恨杨虞卿朋党为奸,见抓捕的人是杨虞卿的下属,他没有再作进一步的深入调查,就向文宗上奏说:“臣这些日子彻底追查谣言的根源,已查清是京兆府尹的下属在京师散布谣言。”文宗立即下令将京兆府尹杨虞卿逮捕入狱。

宰相李宗闵听说此事后求见文宗,为杨虞卿喊冤,这无异于火上浇油。已经非常不满牛李两党所作所为的文宗,盛怒之下就罢了李宗闵的宰相职位。大和九年五月,李固言拜门下侍郎、同中书门下平章事。诏书中称他:刚毅端肃,常怀疾恶如仇之心。李固言虽然升任宰相,并得到文宗的褒奖,但是文宗真正信任的还是李训和郑注。李固言在宰相职位上仅仅待了不到五个月,就被外调任兴元府(治所在今陕西汉中)节度使。

大和九年十一月,发生了唐朝历史上著名的“甘露之变”。宰相李训与大臣密谋,想诛杀仇士良等宦官。事情败露后,李训、郑注等朝官及其家属遭到宦官肆意的报复,前后被牵连诛杀者达数千人。李固言因为不在朝,幸运地躲过劫难,如果他当时仍高居相位,不论是否参与其中,身家性命都很难保全。“甘露之变”后,朝中大臣死的死、贬的贬所剩无几,朝堂为之一空。文宗遂召李固言回京,授同中书门下平章事、判户部事,再次担任宰相。

李固言以敢言、刚直著称当世。一天,文宗问几位宰相:“近日听说有一些州郡地方官员很不称职,是这样吗?”李固言直言不讳地指出:“邓州刺史王堪、隋州刺史郑襄尤其不称职。”站在一旁的宰相郑覃听后很不高兴,因为王堪担任邓州刺史是自己推荐的。郑覃站出来辩解说:“王堪是立朝多年的老臣,所以我推荐他任邓州刺史,郑襄在任隋州刺史期间也没有什么大的失误。如果要说地方官失职,难道就只有王堪和郑襄二人吗?”二位宰相当着皇帝面,唇枪舌战,互不相让,最后还是文宗发话,将他们劝住了。

几个月后,李固言再次被罢相职,以门下侍郎、平章事出任成都府尹、剑南西川节度使。他上表请求辞去门下侍郎,诏授检校左仆射。唐武宗即位后,李固言又被召回京师,先后担任兵部、户部尚书。唐宣宗大中末年,李固言拜太子太傅,分司东都,不久病逝。诏追赠太尉。

郑　颢

郑颢字养正，出生于名门望族，祖父郑絪擢进士第，登宏词制科，历仕德宗、顺宗、宪宗三朝，出入中外达四十年，累迁门下侍郎、同中书门下平章事、弘文馆大学士，是一名位高权重的宰相。郑絪为人恬淡谦默、守道敦笃，有贤相之称。郑颢自幼受家学渊源、守道门风的熏陶，不愿意过轻裘肥马、坐享其成的生活，他好学上进，立志走自强不息的奋斗之路，通过自己的努力搏取功名。

唐武宗会昌二年(842)，牛、李党争的硝烟渐散，李德裕进拜司空。李德裕自己不是进士出身，对通过科举途径入官的官员抱有偏见，认为他们的升迁速度过快，决定加以限制。在这种观点的影响下，朝廷降诏：进士出身人“未经两考”只能授州县僚属，不得兼节度使府之职。不过科举考试仍照常进行。

这一年，礼部侍郎柳璟第二次担任知贡举，成为科举考试的主考官。据史书记载，柳璟在知贡举时选拔了不少人才，有“得人”之誉。郑颢正是在这一年参加进士科考试，并一举夺得状元荣衔。同榜中进士的共三十人，其中仕至宰相的有二人：郑畋、崔枢，郑颢则以状元郎的身份被宣宗选为驸马。

郑颢初授弘文馆校书，寻迁右拾遗(从八品上)、内供奉,在不到四年的时间里,又晋升为银青光禄大夫、起居郎(从六品上)。起居郎属于史官,又称"左史",职责主要是跟随宰相入朝,记录皇帝的言行,作为将来修国史的第一手资料。郑颢也因此获得了接近皇帝的机会,他的仕途真可谓一帆风顺。

会昌六年初,唐武宗驾崩,唐宣宗李忱即位。宣宗皇帝喜好儒术,有"好儒"皇帝的美誉,他偏爱进士出身的官员,喜欢同翰林学士一起讨论经义、文学。每有朝官拜见,宣宗首先会问他:"登第否?"如果得到的是肯定回答,他就显得很高兴,进而关切地询问官员参加考试时的题目、所作的诗赋,以及知举官的姓名等等。宣宗甚至还在宫殿的柱子上亲自题写"乡贡进士李道龙"字。可以想见,身为起居郎的郑颢既有状元的桂冠,又有亲近皇帝的机会,必定会受到这位好儒皇帝的赏识和器重。

万寿公主是诸位公主中最得宣宗皇帝宠爱的一位,她已经长大成人,正待父皇为她寻觅乘龙快婿。宣宗不便亲自出面为女儿挑选驸马,就嘱托宰相白敏中替公主物色。也许白敏中察觉到皇帝十分属意于郑颢,而郑颢确实也是年轻官员中的最佳人选。于是,白敏中就把郑颢作为附马人选推荐给宣宗,宣宗欣然称善。

白敏中奉旨传召郑颢,而此时,郑颢正披红乘骑,随着吹吹打打的迎亲队伍赶往楚州(今江苏淮安),去迎娶自己的未婚妻卢氏。白相国闻讯大吃一惊,招郑颢为附马已经是宣宗画旨决定的事,岂可半途而废。好在郑颢此时还在赶往楚州的路上,事情还有挽回的余地,他立即用堂帖(宰相下达的文书称堂帖)派人追回郑颢。

郑颢接到宰相的堂贴后不敢怠慢,赶紧掉头返回长安。他一到长安就去拜见白敏中,询问究竟发生了什么大事,要令自己急速返京。白敏中这才向郑颢摊牌："万寿公主下嫁，皇上命臣择婿。郑左史已经被选为驸马，希望你能退掉与楚州卢氏的婚约。"郑颢既不愿背弃订婚之盟，也不愿意低声下气地做驸马。但是朝命不可违，他只得服从，内心对白敏中恨之入骨。

在此后的一段时间里，郑颢一有机会就要弹劾白敏中，以发泄心中的怨气。大中五年，白敏中罢相，出任邠宁行营都统。他临行前向宣宗坦陈了自己遭郑颢报复的原因，并说："从此以后，郑颢必定会事事作梗，臣将大祸临头了。"宣宗听罢，就命人取出一堆郑颢弹劾白敏中的奏折，转赐给他，并安慰说："朕若是一味地听信郑颢之词，你早就被罢职了。"

按唐初旧仪，公主下嫁所乘坐的轿子要用白金装饰，十分豪侈，宣宗希望躬行节俭以感化天下，遂诏婚礼所用的车马装饰一律改用铜制。宣宗还告诫万寿公主说："对待自己的丈夫，举止不得无礼，不能干预朝政。如违反父皇告诫，国法无情，你将会招致太平公主那样的杀身之祸！"在古代戏曲中，状元郎迎娶公主的故事不少。而事实上，中国历史上可考的状元驸马只有郑颢一人。

唐代驸马依例授驸马都尉官衔，从此，郑颢凭借着驸马的身份，仕途进迁一帆风顺。他历任尚书郎官、给事中、礼部侍郎。唐制，由礼部侍郎充任科举考试的考试官，称知举官，每榜取进士一般不会超过三十名。宣宗大中十年(856)，郑颢奉诏担任知举官，他感到自己的学识与名望还不能胜任考官一职，就委托员外郎崔雍代他评阅试卷，确定新进士的录取名单。崔雍欣然答应。不过，崔雍做事十分拖拉，直到发榜前一天，郑颢还没有拿到录取进士名单。一想到次日就要发榜，郑颢在家中急得团团转。无奈之下，他打算自己动手拟榜。到了晚上，崔雍总算将榜书拟好，把榜书裹在蜡制弹丸里，再派自己的小僮寿儿送到郑颢府中。郑颢一见大喜，将崔雍拟定的录取名单全部照抄到榜纸上，于次日张榜公布。

宣宗皇帝崇尚文学，特别看重科名，他见这榜的知举官是驸马郑颢，就传令向郑颢索取《登科记》。所谓《登科记》，就是将每榜新录取的进士按名次先后顺序一一登录在册子上，写明录取进士的名字、籍贯、中第年龄等。郑颢当即上表说：

> 自唐高祖武德以来，便有进士、明经等科目的考试。但是每榜进士、诸科登科人名录都是私家记述，公家没有做过。臣当委托祠部员外郎赵璘采访现有流传的科目记，修成《登科记》十三卷，从高祖武德朝开始直至本朝。

这项提议得到了宣宗的首肯。

很快，郑颢就把赵璘新修成的《登科记》十三卷奉呈宣宗亲阅。宣宗阅后感觉很好，就下令翰林院："从今年发榜起，每榜都撰修《登科记》，将及第人姓名及所试诗赋题目一一录入。"正是从大中十年开始，官府负责编写《登科记》成为定制。大中十三年，郑颢迁检校礼部尚书、河南府尹，同年，他再次担任知贡举。与前次不同的是，此时的郑颢资历、学识、自信心都有了明显提高。于是，他亲自审阅、确定了录取进士名单，所定状元孔纬是孔子的后裔。

郑颢在宣宗朝承受皇恩，一帆风顺。大中十三年，宣宗驾崩，郑颢十分感念宣宗的信用，写下了充满伤感之情的悼念诗。也许是因为哀恸过度，宣宗死后不久，郑颢亦病逝。这首悼念诗竟成了他的绝笔：

日车乌敛翼，风动鹤飘翎。
异苑人争集，凉台笔不停。
石门雾露白，玉殿莓苔青。
若非灾先兆，何当思入冥。
御炉虚仗马，华盖负云亭。
白日成千古，金腾闵九龄。
小臣哀绝笔，湖上泣青萍。

卢　肇

卢肇（818—882）字子发，号卢子、东轩，袁州宜春（今江西分宜县）人。曾祖父卢挺曾任袁州刺史，到卢肇父亲时，家业衰败，陷入贫困。卢肇虽出生于贫寒之家，但他从小好学上进，聪明过人，宜春县令称赞他为奇才。得到县令的夸奖，卢肇更加刻苦励志、奋发学习。

年少时在清贫中奋斗的经历成为卢肇心中难以忘怀的往事，他曾追忆说：我家从高官跌落平地，我出生时家中已一贫如洗，徒有四壁。每到夜晚，因买不起油、烛，只能燃柴火照明，苦读不辍。时间一长，整个人被柴烟熏得昏昏欲睡，我就学古人悬梁刺股。在谈到身处劣境仍奋发学习的动力时，卢肇说自己“志在为儒”，立志要做一名儒学之士，为国效力。而对于一个贫寒士子来说，实现抱负的唯一途径就是通过科举考试步入仕途。

唐代士子喜好交友、拜师、求知己，这在当时士大夫中已形成一种风气，目的是要提高自己的学识，争取名流的帮助，以便顺利通过科举考试。当时，前宰相李德裕正在袁州，他因结怨朝中权贵，遭人诬陷，被罢去宰相，贬为袁州长史。李德裕在袁州期间，门无宾客，达官贵人都避之唯恐不及。唯独卢肇是个例外，他敬重李德裕对寒士的奖掖，前去拜访，并送上自己撰写的诗文。卢肇的到来让李德裕既觉得意外又很感动，经过交谈，他对卢肇的学识有所了解，对他的人品印象深刻。

唐文宗开成年间(836－840)，卢肇赴袁州参加地方上的科举考试(解试)，结果被试官黜落。卢肇认为自己落选完全是因为试官录取不公，凭自己的实力绝不会输给那些中选的举子。于是，他写了一封寓意讽刺的“感谢信”给考官，信中有“巨鼇屃赑，首冠蓬山”之句。考官看后疑惑不解，就问他：“昨日试毕，实在为难，限于录取名额有限，卢生被挤出发解名单。看了卢生的陈诉，知你蒙受委屈，我心中也深感遗憾。事已如此，却何来‘首冠蓬山’一说？”卢肇对曰：“我料想考官大人会问。你看，太凡石碑都由巨鼇(龟趺)载驼。我现在被压在人下，遭到排挤，难道不象是龟趺头冠‘蓬山’(喻石碑)吗？”环座举子闻言都哈哈大笑。

唐武宗会昌二年(842)，卢肇终于顺利通过解试，他与本州得解举人黄颇相约一同进京参加礼部省试。卢肇与黄颇本是学友，他们经常在一起互相切磋学业，两人的诗文也是在当地齐名。所不同的是，黄颇家富，卢肇家贫。欺贫爱富的袁州刺史明知卢肇将与黄颇同日启程，在城郊的离亭设宴为发解举子饯行时，他却单独邀请黄颇，而将卢肇撇开。当卢肇孤身骑驴从离亭旁走过时，亭中正在饮酒作乐，歌《鹿鸣》之章，以示地方长官重文教、尊人才的儒雅风范。

这件事对卢肇的刺激很大，他下决心要加倍努力取得好成绩，为寒门争光，也为自己争气。

会昌三年的省试主考官是王起，他已经是第三次担任知贡举。依照唐代惯例，进京赶考的举子在考试之前可将自己撰写的诗文献给知举官，称“帟献”。卢肇也献诗文于王起，王起阅后问他：“袁州乡荐（州试合格举人），像你这样有才学的人有多少？”卢肇回答说：“个个都是才学高选，至于说谁最好，实在难以品评。但是，才学如我卢肇者却如那沅江之鳖，非常珍贵稀少。”说明卢肇对自己还是非常自信的。接着，同乡黄颇也献文进谒，王起问他：“乡荐如你这样才能的有多少？”黄颇十分自负地回答：“舍我其谁？”王起听了心中不悦，由此重卢肇而轻黄颇。

考试结束后，王起拟定出一份初步的录取名单。按照旧例，礼部在放榜之前，须先征求宰相的意见，而这时的宰相正是曾经贬袁州的李德裕。王起将新进士名单送呈李德裕，并询问：“相公有何要求？”李德裕说：“用不着问，如卢肇、丁稜、姚端，岂可不给予及第？”结果卢肇金榜夺魁。卢肇中状元虽得益于李德裕的赏识，也与知贡举王起能秉公录用有很大的关系。

卢肇得知自己考中状元后，心中自是万分喜悦，作《成名后作诗》一首：

桂在蟾宫不可攀，功成业熟也何难。
今朝折得东归去，共与乡闾年少看。

卢肇状元登第后赶回家去报喜，要“共与乡闾年少看”。袁州官府得知卢肇荣登状元第，为家乡争了光，自刺史以下官员都出来迎接，特别是那位刺史，一改以往对卢肇的鄙视、无礼，前倨后恭，令人发笑。卢肇对当年受辱之事记忆犹新，他借观赏龙舟竞渡之机，在酒席上挥毫作诗曰：“向道是龙君不信，果然衔得锦标归。”卢肇把自己喻为一艘勇夺锦标的龙舟，虽然是本州出类拔萃的人才，却遭到刺史的冷遇，如今终于夺得锦标，光耀门楣。这首诗既是卢肇对自己境遇变化的感慨，也是对州刺史的讥讽。

按照唐代科举取士制度，考中进士只是取得了入仕做官的资格，还必须经过吏部考试，合格者才能释褐授官。卢肇中状元后也没有立即做官，直到唐宣宗大中元年(847)，才被藩镇辟为幕僚官。他一开始担任鄂岳节度使卢商的幕僚，后又被江陵节度使裴休、太原节度使卢简求辟为判官，沉浮于幕僚达十余年。在潼关防御判官任上，他被吏部注授秘书省著作郎(从五品上)，始入朝堂为京官。不久迁京兆府(治所在今陕西西安)司录参军，管理京府刑狱公事及本府杂事。又转仓部员外郎、集贤院直学士。

卢肇为官清介，不附权贵，不结朋党。当时的朝廷内，牛僧孺、李德裕两党斗争激烈，正直的卢肇夹在两党之间很难有所作为，被排挤出朝廷，先后担任歙州(治所在今安徽歙县)刺史、宣州(治所在今安徽宣州)刺史、池州(治所在今安徽贵池)刺史。在这期间，他也曾被贬官、罢官、谪官，仕途坎坷不平。不过，卢肇始终能平静地面对这一切，荣辱不惊，泰然处之。

罢官在家时，卢肇就筑草堂隐居乡野，清清溪水绕草堂缓缓流过，堂前竖立起一丈多高的奇石，上有三峰九洞般的石纹，令人赏心悦目。他每天在自己亲手营造的如世外桃源般的优美环境中读书思考，感受大自然的奇妙景象。他撰写有《海潮赋》、《浑天说》等解释天象、海潮成因的文章，其中一些观点也颇有创见。例如，他认为海潮的发生是由于“日激水”所至，也就是说，海潮与太阳靠近地球的运行有关。至于说潮水有大有小，则与月亮相关联：“潮之往来，不足怪也。其小、大之期，则制之于月。”卢肇的解释虽不完全准确，但海潮大小与月亮有关，则是符合科学道理的。

唐僖宗中和二年(882)，卢肇卒于吉州(治所在今江西吉安)刺史任上，终年六十五岁。

卢肇是江西第一位状元，在江西至今还流传着关于他的佳话，他是一位对乡邦文化建设有功的科举人物。他的好学深思、谦虚自立、不附权贵、不结亲党的治学为官之道，是留给后世的一份值得珍惜的精神财富。

孔　纬

孔纬(？—895)字化文，孔子四十代孙，曲阜(今山东曲阜县)人。他出生于仕宦之家，曾祖父孔岑仕至秘书省著作佐郎，祖父孔戣终礼部尚书，父亲孔遵孺终华阴县丞。孔纬幼年时父母双亡，寄养于叔父温裕、温业，叔父时任节度使，他也因此能够与当地的社会名流交游，常被人赞为机智聪慧，前途无量。

唐宣宗大中十三年(859)，孔纬在顺利通过地方的发解试后来到京城，参加礼部考试。主考官是黄门侍郎郑颢，他擢孔纬为甲科第一人。此榜共录取新进士三十人，是唐朝历年科举中取士人数较多的一次。

孔纬状元及第后又通过吏部释褐试，授秘书省校书郎，负责校勘图书典籍。他就职不久，唐宣宗驾崩，懿宗李漼即位。唐宣宗李忱爱好儒学、勤于政事，在位期间史称“政事修能，号为清明”。可是宣宗死后，唐代的政治每况愈下，日趋腐朽。欧阳修曾叹息说:“呜呼,自是而后,唐衰矣。”孔纬刚步入仕途就遭遇了国势日危、社会动荡的时局,这对他如何立身处世是一个严峻的考验。

在担任校书郎后不久,孔纬应东川节度使崔慎由表荐,任河中(治所在今山西永济)节度观察判官。此后,他又得到当朝宰相的举荐,调回京师,出任长安县尉、直弘文馆。京师是唐王朝的政权中心,社会治安任务十分繁重,而且在天子脚下做事,一举一动都受到朝堂之上百官的注目。宰相选择孔纬就表明对他办事能力的信任。孔纬在长安县尉任上表现出色,得到御史中丞王铎的赏识,被举荐入御史台任监察御史。这之后,孔纬相继进迁礼部员外郎、考功员外郎、右司员外郎,均兼集贤院直学士。

唐僖宗乾符元年(874),当朝宰相赵隐十分欣赏孔纬的文学才能,推荐他为翰林学士。在唐代,翰林学士属于文学清要之职,非“文学高选”之士不得任,担任翰林学士也预示着将有机会参与朝政。孔纬升任翰林学士对他未来的仕途升迁有着非常重要的影响。不久,他迁考功郎中、知制诰,负责草拟皇帝诏命,成为皇帝身边的近臣。继而,唐僖宗授孔纬中书舍人(正五品上),寻迁户部侍郎(正四品下)。僖宗还特赐他金佩鱼、紫服,这是三品以上高官的章服规格。

户部侍郎任职期满,孔纬迁御史中丞(正四品下),成为御史台的长官,拥有纠察、弹劾百官的权力,并且可以风闻言事。孔纬是一位儒雅方正之士,嫉恶如仇,他在出任御史中丞,总领宪纲期间,上自中央下到地方的各级官员都十分敬畏,行为有所收敛,整个官场风气也为之一变。然而,孔纬也由于刚正直言得罪了权贵,被迫离开御史台,再次担任户部侍郎。

此后,孔纬迁吏部侍郎(正四品上),负责对官员的选拔任用。这也是一项十分重要的工作，直接关系到官员自身的利益，请托者自然不少，仅朝中权要私托的信件就堆满几案。孔纬对这些来信一律不看，拒绝拆封，凡人事选用都依照相关规定严格执行。他的做法引起士家大族的不满，就连当朝宰相也对他心存怨恨，想方设法要将他从吏部侍郎职位上调离。次年，宰相采用明升暗降的方法，换授孔纬太常卿（正三品），掌管礼乐、祭祀等事。

唐僖宗时期，国家政治日趋腐败黑暗，僖宗整日被田令孜等宦官包围着、控制着，沉湎于玩乐游戏之中。僖宗嗜好斗鹅，整个京城掀起了一股斗鹅热，导致鹅价迅速攀升，宫中为了求购一鹅竟然不惜一掷五十万。对于军政大事，僖宗却是充耳不闻，任由权阉田令孜处置。田令孜权势遮天，贪赃枉法，卖官鬻爵，无所忌惮，朝中官员大多是阿谀奉承之辈，虽有一、二忠臣敢于直言，却也无济于事，甚至连身家性命都难保全。左拾遗侯冒蒙因为上疏弹劾，竟然被赐死。一些官员为求自保，只能是敢怒而不敢言，政治的黑暗可想而知。孔纬身在朝堂却不愿随波逐流，同流合污，自然也免不了遭排挤、被撤职的恶运。

政治腐败使原本尖锐的社会矛盾进一步激化。僖宗乾符二年（875），濮州（今河南省范县）爆发了王仙芝领导的农民大起义，黄巢也在冤句（今山东菏泽县西南）率众积极响应。农民起义军声势浩大，所向披靡。广明元年（880）十二月初，黄巢起义军攻破潼关，向唐王朝的首都长安进逼。宦官田令孜慌忙挟持僖宗向西逃入四川，孔纬也随驾前往。

僖宗情急之下，任命孔纬为刑部尚书、判户部事，负责行在的钱粮供应。僖宗重用孔纬，主要还是看中他的忠心与正直。但是，僖宗虽然已经沦落为流亡之主，却依旧醉生梦死，不理朝政。大宦官田令孜公然以左金吾上将军、判四

卫寺的身份执掌大权，流亡的朝臣们也是勾心斗角、朋比为奸。宰相萧遘因为早年在翰林院时与孔纬不和，值此乱世，他不是想方设法扭转局面，而是公报私仇，以供给调度不及时为由罢去孔纬判户部事的实职，将他迁为太子少保，这是徒有虚名的散官。

中和四年(884)，黄巢领导的农民起义军在沙陀贵族李克用与唐朝官兵的围攻下失败，黄巢自刎身亡。光启元年(885)，孔纬随僖宗返回都城长安。然而农民起义刚被镇压下去，军阀混战又拉开了大幕。大宦官田令孜的养子田匡祐在宣慰河中时，与河中节度使王重荣发生争执，回到京城后，他就在养父面前攻击王重荣。田令孜大怒，他颁布檄文，历数王重荣十大罪状，下令邠州节度使朱玫、凤翔节度使李昌符率兵讨伐，沙陀贵族李克用趁着唐内部军阀混战之机，率兵进攻长安。

田令孜得知前往讨伐王重荣的军队吃了败仗，又听说李克用率大军进逼长安，非常害怕。他一边下令焚毁长安城，一边挟持僖宗往西逃窜至陈仓(今陕西宝鸡)。僖宗喘息未定，邠宁节度使朱玫与河中节度使王重荣就结盟上书，要求诛杀田令孜以谢天下。田令孜闻言惊恐万状，又连忙裹胁僖宗于夜半时分逃离陈仓，到达山南(陕西汉中)。

僖宗出逃时非常匆忙，文武百官来不及随行，扈驾的只有禁卫数百人。僖宗驻跸陈仓后，就派中使传诏，授孔纬御史大夫(正三品)，让他督率百官赶赴行在。然而，百官在行进途中遭遇乱兵洗劫，衣食殆尽，无法行走。孔纬去找宰相萧遘、裴澈商讨解决办法，萧遘、裴澈却因怨恨田令孜而不愿前往行在，就拒不接见孔纬。无奈之下，孔纬只得召集御史台官员进行说服工作，他说："吾辈蒙受国恩，身居宪官，宜不辞艰难。如今圣上屡颁诏书，令官员赶赴行在。吾辈若拒不前往，非臣子之义也。我们平时在与布衣交游时，遇有急难都愿相助，更何况是皇上蒙难，岂有不救之理？”

孔纬在说这番话时声泪俱下，但是即便如此，他的肺腑之言也没能感化这些久食国家俸禄的官员们。一方面，这些官员对皇帝在危难时刻抛下百官，只顾自己逃命的做法极为不满。另一方面，官员们平时养尊处优，如今却饥寒交困，加上兵荒马乱，路途梗阻，自身的安全受到威胁。现实的困境导致他们裹足不前。孔纬见状只得拂袖而起，他悲伤地说：“吾妻现正病卧于床，朝不保夕。然大丈夫岂能因家事而误国事？诸位既然善为己谋，我决心只身赴命。”

临行前，孔纬去向凤翔节度使李昌符求援：“圣上诏令我督促百官前往行在，百官却迟迟不肯动身。我身为朝廷宪官不宜拖延。此去路途梗阻，特向您借五十骑兵。”李昌符被孔纬万死不辞的精神所感动，不仅拨五十骑兵护送，还赠给他五十贯钱以备途中所需。

孔纬历尽艰辛到达行在后，得知邠宁节度使朱玫正率大军前来迎驾，担心朱玫是借迎驾之名篡逆谋反，就劝说僖宗立即起程离开陈仓，并说：“关城小邑，不足以驻六师。请陛下速去梁州。”僖宗采纳了他的建议，当天就前往梁州。事情正如孔纬所预料的那样，僖宗一行刚离开陈仓，朱玫就率兵入关直逼而来。若不是孔纬及时赶到，并献此计策，僖宗很可能会被朱玫擒获。

僖宗在庆幸自己逃过一劫的同时，也更加倚重孔纬，任命他为兵部侍郎、同中书门下平章事（宰相），委以军国大事。不久，叛乱平息，朱玫被杀，官军收复长安，僖宗领官员返回京师。孔纬因在危难之际尽忠职守，护驾有功，得到僖宗的褒奖，擢拜尚书左仆射（正二品）、同中书门下平章事，被赐予“持危启运保义功臣”的名号。僖宗还赐给他“铁券”,可以宽恕十次死罪,赐良田、宅第。

光启四年(888),唐僖宗驾崩,孔纬以宰相身份充任山陵使,主持办理丧葬事宜。唐制,宰相充山陵使后,不再入朝任职。新登帝位的唐昭宗李晔年仅二十二岁,他敬重孔纬德高望重,破例召孔纬赴朝,进司空(正一品),依旧担任宰相。

这年冬天,皇帝举行郊祀大礼。作为禁军统帅的左、右神策军中尉和代表宦官势力参掌机要的内枢密使依仗手中的权力,提出要与百官一样身穿朝服参加祭祀活动。对此,主管部门申明:中贵人(指有权势的宦官)不能穿朝服参加祭祀活动,少府监也从来没有缝制过供内侍穿的冠服。这项申明惹怒了左、右神策军中尉,他们逼迫昭宗立即下令缝制冠服,昭宗不敢得罪,只得命太常礼院去办理。太常礼院又以本院从来没有左、右神策中尉穿朝服参加祭祀活动的礼文为由,拒绝执行。朝中的谏官也纷纷上奏,强调中尉不应穿朝服参祭。这让昭宗左右为难,一方面,他是依靠左、右神策十军观容使杨复恭的扶持才登上了帝位,不敢得罪权阉;另一方面,允许宦官着朝服参祭确实有违祖制,他也不能置群臣的意见于不顾。

孔纬非常理解昭宗的苦衷,如果因为这件事得罪了大权在握的杨复恭,不仅会使皇帝与权阉的关系变得紧张,也使外廷百官与内廷宦官之间的矛盾进一步激化,这对于政局的稳定极其不利。于是,孔纬提出了一个“中庸”的方案,他上奏说:“中贵人不穿朝服助祭,这是国家礼典所定。既然陛下欲用权宜之计宠幸内臣,那么,就请以中贵人所兼武官左金吾上将军职衔为准,允许中贵人服武官朝服。”

昭宗对孔纬的建议十分赞同,认为这是解决问题、平息纷争的最佳方案,欣然接受。为了避免旁生枝节,昭宗还召集谏官宣谕:“大礼日期渐近,不宜再争执下去,爱卿为朕容之。”希望谏官能宽容地看待这件事。郊庙大礼如期举行,孔纬的方案既化解了朝堂危机,又顾全了初登帝位的昭宗的颜面。郊祀礼毕,孔纬进太保。

大顺元年(890),宰相张濬主张派兵讨伐太原节度使李克用,孔纬表示赞同。结果官军大败,张濬罢相。孔纬也因为赞同派兵,被贬检校太保、江陵府尹、荆南节度观察使。他还没来得及离开京城,又接到了被贬均州(治所在今湖北均县)刺史的诏书。孔纬暗中托汴州节度使朱全忠出面向皇帝求情,诏允许他就便居住。孔纬遂寓居在华州(今陕西华县)。

乾宁二年(895)五月,朱全忠率河北三镇兵马攻入京师,杀宰相韦昭度、李谿。昭宗念朝政紊乱,又遣中使至华州召孔纬入朝为相。此时的孔纬已是老态龙钟、疾病缠身,他迟迟没有上路。昭宗频频派人催促,驿使不绝于道,君命难违,孔纬不得不拖着病体上路,进京拜相。同年五月,病逝于长安城光德里私第。诏赠太尉。

孔纬治家严,立身正,尚节义,不为权势所屈。他为国事君忠心耿耿,不失为唐朝后期的一位名相。

陆扆

陆扆(847—905)字祥文,原名允迪,嘉兴(今浙江嘉兴)人,后徙居陕州(今陕西陕县)。他出身于一个仕宦家庭,先祖陆贽是唐代著名的宰相,曾祖陆沣官至殿中侍御史,祖父陆师德仕至淮南观察支使,父亲陆鄯终陕州法曹参军,是官位最卑的一位。

僖宗光启二年(886)初,河中节度使李克用上表请求诛

杀宦官田令孜，田令孜闻言，匆忙裹挟僖宗逃离京城，先后到达宝鸡、兴元等地。当时，陆扆作为一名外地来京参加科举考试的举子，也随驾至行在。陆扆与中书舍人郑损有交情，一路上两人相伴而行。宰相韦昭度也与陆扆认识，陆扆欲投身宰相门下，希望能早日博取功名，登第入仕。

按照常规，一年一度的中央会试是在春季举行。由于国家正处于危难之际，僖宗也逃离了长安城，当年的会试就没有能够如期举行。转眼之间已经到了盛夏时节，皇帝还在继续逃难，朝廷也无暇顾及科考之事，盼望着能早日登第为官的陆扆心中自然万分焦急，他屡屡请求重开科举考试。宰相韦昭度也觉得迟迟不开科考会在举子中引发不满情绪，但当时的局势又十分混乱，官员们也是忙于自保，由谁出任主考官呢？韦昭度也拿不定主意，就问陆扆："任命谁来担当主考官比较合适？"陆扆赶紧提议由中书舍人郑损主持科考工作，韦昭度采纳了他的建议，并让陆扆转达朝廷的决定。

郑损原本就与陆扆是挚友，他自然会念及友情，录取陆扆。他甚至在考试完毕后，让陆扆自己来拟定榜帖，确定新进士的名单。陆扆也是"当仁不让"，将自己定为状元，是榜共录取进士九名。陆扆拟定榜帖并自定为状元的做法也引起非议，成为朝中官员戏谑他的话柄。每逢酷暑时节，同僚就开玩笑说："今天真热，是'造榜天'。"尽管如此，陆扆不愧是陆贽的后裔，他才情出众，与同在朝中的陆希声、陆威齐名，号称“三陆”。可见，他的状元头衔并不是浪得虚名。

是年九月，宰相韦昭度领盐铁事，奏举陆扆为盐铁巡官。第二年，宰相孔纬又举荐陆扆直史馆，任校书郎。不久，因母亲病故，陆扆辞官归家为母守丧。二年后，僖宗驾崩，昭宗李晔即位。龙纪元年(889)冬，昭宗召陆扆入朝，授蓝田县(治所在今陕西蓝田)尉。陆扆在县尉任上只待了数月就被召回京师，授直弘文馆，迁左拾遗兼集贤院学士。数月后，陆扆又在御史中丞柳玭的举荐下出任御史台监察御史。大顺元年(890)三月，陆扆被召入翰林院任翰林学士，掌诏书、制敕的草拟工作，成为皇帝身边的文字秘书。

陆扆才思敏捷，挥笔如飞，文采与义理俱佳。皇帝的诏命大多出自他的手笔，同僚们也佩服他的才华，个个自叹弗如。昭宗曾作赋一首，命翰林学士们唱和，陆扆第一个完成并呈献昭宗，昭宗阅罢赞叹不已，说：“贞元时，陆贽、吴通玄兄弟善拟写内朝文书，近百年来，无人能及。今日朕得陆扆，真可谓是后继有人了。”

昭宗景福元年(892)，陆扆授祠部郎中(从五品上)、知制诰，仍负责诏书、制敕的草拟。次年的元旦大朝会，文武百官全部上殿，昭宗又赐陆扆服紫色官服、佩金鱼袋，这是三品高官所能享受的礼遇，说明昭宗对他的恩宠。五月，陆扆再迁中书舍人(正五品上)。按照唐代官制，非中书舍人而掌草拟诏命者称知制诰，一旦正除中书舍人后，就要去掉知制诰的职名。陆扆也不例外。中书舍人原本就是皇帝身边的近卫侍从，他既掌起草制敕、玺印、册命，又可以向皇帝上奏议论朝政，是通往宰执的一个重要且迅捷的台阶。

乾宁元年(894)，陆扆迁户部侍郎。次年，又进兵部侍郎、银青光禄大夫，授爵嘉兴县男、食邑三百户。乾宁三年，宣授翰林学士承旨。七月，陆扆接替被罢相的崔胤出任宰

相，任户部侍郎、同中书门下平章事。唐故事：自三署（指门下省、中书省、尚书省）而入相，要交纳一笔“光署钱”，作为宴请同僚的费用。陆扆是由翰林学士承旨进拜宰相，就不用受此规定的约束。于是，他就纳“光院钱”五十万，作为宴请费用，为翰林院增光。

当时的大唐王朝正处于风雨飘摇之中，地方军阀混战不断，整个国家已经陷入混乱无序的状态。河中三镇节度使朱温蓄意谋反，且势力日益壮大，与此同时，凤翔节度使李茂贞率精兵进犯京师，昭宗被迫仓惶出逃。李茂贞攻陷京城后，纵容军队在城里大肆烧杀掠夺，然后率军退回凤翔。

陆扆拜相时，昭宗正准备派兵讨伐凤翔节度使李茂贞，陆扆仔细分析当时的局势后指出，进军凤翔是有百害而无一利，因为朱温与李茂贞之间结怨很深，彼此都想抢夺地盘，消灭对方，他们之间的不和与争斗对朝廷来说是一件好事。若国家此时出兵征讨李茂贞，势必会被朱温所利用，借机消灭李茂贞，壮大自己的实力。因此，陆扆向昭宗谏言：

> 国家刚从动乱中逐步稳定下来，不宜出兵征讨。否则，京城兵力减少，防御能力下降，其他阴谋篡权的乱党就会乘虚而入。这对朝廷是非常不利的。况且，亲王率兵征战，能否达到预期的目的也很难说。没有必要去冒风险。

但是昭宗却没有采纳陆扆的谏言，执意进兵讨伐。结果唐朝军队大败，遭受重创。朱温乘虚要挟昭宗离开华州去东都（洛阳），并对昭宗说：“崔胤是忠臣。”昭宗听后非常害怕，连忙恢复崔胤相位。崔胤复相后，就抓住陆扆反对出兵凤翔一事大做文章，攻击他是李茂贞的同党，诏罢陆扆相位，贬硖州（治所在今湖北宜昌）刺史。

乾宁四年，昭宗又颁诏，复授陆扆工部尚书，不久，转兵部尚书。光化二年(899)，陆扆再次拜相，任中书侍郎、同中书门下平章事，封吴郡开国公。光化三年，大宦官、左右神策军中尉刘季述发动政变，废昭宗，并将他禁闭于少阳院。第二年正月，左神策军指挥使孙德昭又杀掉刘季述，恢复昭宗的皇帝位。昭宗为了褒奖孙德昭的忠心，赐予他皇室李姓，更名李继昭。

此后，宰相崔胤、陆扆上疏昭宗，为了消除宦官擅权废主的隐患，请求任命崔胤为左神策军中尉、陆扆为右神策军中尉，将军权控制在宰相手中。凤翔节度使李茂贞得知崔胤图谋掌控兵权后大怒，左神策指挥使李继昭也非常不满，就对昭宗说："历朝历代都没有以书生为军主的先例。"昭宗没有采纳崔胤与陆扆的建议，仍旧任命宦官为两中尉。

昭宗曾私下里询问韩偓："陆扆、崔胤这两人谁对我是忠心的?"韩偓回答说："陆扆与崔胤都是宰相，怎么会有异心呢?"昭宗又问："外面传言，说陆扆不喜欢我复皇帝位。在元旦朝会的时候，他因担心遭受惩罚，曾换掉朝服，奔逃至启复门。有没有这回事?"韩偓就反问道："这话是谁说的?"昭宗说："是崔胤、令狐涣等人告诉我的。"韩偓明白又是崔胤在拨弄是非，就劝慰昭宗说："倘若陆扆真的曾经出逃，这也没有什么值得奇怪的。陛下重获自由，复登帝位，可陆扆并不知晓内情，只听说宫中禁军相互残杀，于是就出逃。陛下可以责怪陆扆在危难时刻不能持节赴死，有违臣子的气节，但是不能一味听信谗言，怀疑他对陛下的忠心。"昭宗听罢幡然醒悟，打消了对陆扆的猜疑，并提升他为户部尚书、同中书门下平章事。

光化四年十一月，昭宗又被左神策军中尉韩全海挟持到凤翔府，直至天复三年(903)，才从凤翔返回都城长安，并大赦天下。宰相崔胤因与凤翔节度使李茂贞结怨已深，故意不颁赦书给凤翔府，陆扆深感不妥，他上奏昭宗："国门之西，凤翔府最近。节度使李茂贞虽然罪责难逃，但是近年来，他基本上还能够尽到一位臣子的本份，朝廷也还没有与他断绝往来，没有理由不颁给他赦书。"这件事让崔胤对陆扆更加不满，他仗着有河中三镇节度使朱温的支持，诬陷陆扆与李茂贞相互勾结，欲谋不轨。陆扆再次被罢宰相，分司东都，在东都洛阳赋休。不久，崔胤被诛杀，陆扆复吏部尚书。大将朱温将昭宗从长安迁居至洛阳，陆扆也随驾前往。

天复四年八月，朱温杀昭宗，另立十三岁的李柷为帝，史称唐哀帝，改元天祐。第二年，依附朱温的宰相柳璨为保全自己的地位，将三十多名有名望的宰相及重臣一一贬官降职，其中就有裴枢、崔远等人，陆扆被贬为濮州(治所在今山东鄄城)司户参军。朝堂上官员寥寥，军国大权全部落入朱温手中。

这时，有一位落第进士李振对朱温说："这些被黜罢的高官一个个自命清流，应该把他们投入黄河，变成'浊流'。"朱温听罢哈哈大笑，就下令在白马驿(今河南滑县东)将这三十多人杀死，再投尸于黄河。陆扆遇害时五十九岁。

五代十国状元

王溥

王溥(922—982)字齐物,并州祁县(今山西太原祁县)人。父亲王祚是一位非常有才干的士人,历官晋、汉、周、北宋四个朝代,仕至左领军卫上将军,官宿州防御使。王溥出生于官宦之家,有较优裕的物质基础和良好的学习环境。后汉乾祐元年(948),王溥荣登状元第,授秘书郎。

后汉枢密使郭威十分欣赏王溥的学识与才干,辟为从事。郭威决定征讨河中李守贞、京兆府赵思绾、凤翔府王景崇等叛军,王溥也随从前往。乾祐三年二月,叛乱平息,三军班师回朝。在平叛过程中,郭威掌握了一些朝廷官员与叛军往来勾结的书信,准备将此事上奏汉隐帝,严惩企图谋反的官员。王溥却竭力劝说郭威不要向皇帝揭发这些官员,他说:"妖魔鬼怪夜间出动,红日一出,妖气自然全消。希望能将所有信件焚毁,以免上下骚动不宁。"郭威采纳了他的建议,将所有信件焚毁。这既避免了朝政的动荡,也保全了郭威，使他不至于树敌太多而陷入险境。

郭威因平叛有功，授枢密使、邺都留守，王溥也迁太常寺丞，随郭威镇守邺都。同年十二月，郭威发动兵变，弑汉隐帝。第二年正月，郭威即皇帝位，建立后周政权，改元广顺。王溥迁左谏议大夫、枢密直学士。广顺二年(952)，他迁中书舍人、翰林学士，仍为皇帝近臣，负责草拟制诏。第二年，王溥加户部侍郎，进端明殿学士。

显德元年(954)，周太祖郭威病重，急召翰林学士草制，任王溥为宰相，授中书侍郎、同中书门下平章事。当重用王溥的制诏向朝廷文武百官宣读完毕后，郭威这才放下心来，说："朕无后顾之忧了。"足见他对王溥的信任。当日，郭威驾崩，他的养子柴荣(改姓郭)继承皇位，史称周世宗。

周世宗即帝位后，决定亲征泽州、潞州，宰相冯道竭力表示反对，王溥在分析、估量敌我双方的实力后，坚决支持亲征。不久，世宗凯旋而归，王溥因为对形势判断正确受到嘉奖，拜中书侍郎、同中书门下平章事兼礼部尚书、监修国史。

在周太祖时，后汉宰相李崧、冯道曾经被契丹兵俘虏，囚于真定，太祖将李崧的府第赏赐给宰相苏逢吉。契丹军被赶出真定后，李崧、冯道又重新回到朝中，而苏逢吉却仍然占据李崧府第不愿意归还，李崧的弟弟李屿对此非常不满，口出怒言。苏逢吉趁机罗列罪名，告李崧谋反，周太祖下令将李崧满门抄斩。这件事在当时引起轰动。

周世宗即位后曾问及此案，苏逢吉坚持说："汉相李崧曾以蜡书投契丹，我还记得其中一些语涉反叛的语句。"世宗听后心中仍存疑虑，就询问王溥："苏逢吉还记得李崧投契丹蜡书中的言辞，你相信吗？"王溥回答说："李崧身为宰执大臣，深知谋逆罪的严重后果。即便他真的要勾结契丹谋反，又怎么会轻易将蜡书示人呢？时至今日，仍找不到李崧投蜡弹谋反的有力证据，足以说明这是苏逢吉诬陷李崧所制造的谣言。”周世宗心中释然，决定给李崧平反赠官。

王溥生性宽厚，为人正直，这使他能够久立朝堂之上而不败。王溥的父亲王祚以宿州防御使休闲在家，干领俸禄，年过七十却不肯致仕，王溥就说服动员父亲退休，父亲却推说：“朝廷未批准我致仕。”既然父亲这么说了，身为宰相的王溥立即降敕，让父亲致仕。接到诰敕后，王祚非常恼怒，大骂儿子不孝：“我筋骨未衰，精力尚健，你却为了保全自己的名位，将我幽禁家中，真是不孝逆子。”王祚一边骂，一边拿起木棍就要打儿子，后经人劝阻事情才逐渐平息。

王溥作为朝廷重臣，颇具长者风范，他特别重视人才的选拔，奖掖后进不遗余力。而且，他考察人才往往是出于公心，不夹私念，故能知人善任，经他举荐后升至高位的官员很多。显德元年，凤州陷落，与秦、成、阶三州一起被蜀人攻占，周世宗决定派兵夺回秦、凤，却一时又找不到适合的人选来担当重任。他就征询王溥的意见，王溥力荐宣徽南院使、义成军节度使向拱，周世宗就派向拱与王景率众兵征讨，大军很快入剑门关，大败后蜀之兵，悉数收复秦、凤、成、阶四州，后周的统一大业又向前迈出了坚实的一步。向拱凯旋而归，世宗设盛宴为将士们庆功，他对王溥也是大加赞赏：“成就边功，卿为朕择帅之力也。”

显德四年，王溥的父亲去世。按照古制，父母亡故，官员须辞官回家守丧三年。可是，周世宗太需要王溥的辅佐与支持，不同意他在家守丧三年，待丧事料理完毕后，就立即诏王溥起复入朝。不能依礼尽孝道，王溥心中十分悲伤，他一连上了四道表疏，请求终丧尽孝。世宗看见表疏后非常生气，大发脾气，宰相范质见状，一边劝解世宗，一边急召王溥入朝。万般无奈之下，王溥只能舍小家顾国家，忍痛回朝复相。世宗又任命他为参知枢密院事，兼掌军政大权。

显德六年，周世宗驾崩，年仅七岁的柴宗训即位，是为恭帝，作为三朝元老的王溥加官尚书左仆射。同年冬天，王溥上表请修《世宗实录》，将周世宗一生的功绩载入史册。恭帝批准了王溥的请求，并且任命他为监修国史，主持修史工作。王溥就召集了史馆修撰、都官郎中、知制诰扈蒙，右司员外郎、知制诰张淡，左拾遗王格，直史馆、左拾遗董淳这些史官、名流，着手编修。下一朝皇帝为上一朝皇帝编修《实录》，这是唐王朝以来形成的传统，由带监修国史职衔的宰相主持编修，也是例行公事。但是，在整个五代十国时期，修《实录》的王朝并不多见。王溥与周世宗君臣相知，他请求修纂《世宗实录》，并亲自主持编修，这其中除了遵循传统之外，还包含着一种个人的感情成份。

周恭帝在位仅半年多时间，殿前都点检赵匡胤"黄袍加身"，夺占皇帝宝座，建立宋政权，史称"北宋"。与以往所不同的是，宋太祖赵匡胤不是用"弑君"的方式推翻后周政权，而是通过陈桥驿兵变，逼迫年幼的恭帝拱手"让出"政权。因此，赵匡胤在夺取政权后，为了保持政局的稳定，对后周原有的官员没有采取"一朝天子一朝臣"的大换班，而是用"赎卖"政策，将后周的文武百官都保留下来。

王溥在后周政权中担任的最后官职是尚书左仆射兼门下侍郎、同中书门下平章事、监修国史、参知枢密院事。宋太祖赵匡胤保留了他的宰相之职，罢去了参知枢密院事与监修国史的职权，王溥入宋以后的新官衔为守司空（正一品）、兼门下侍郎、同中书门下平章事。此外，后周的另外两名宰相范质、魏仁浦的相位也得以保留。直到乾德二年（964），宋太祖才任命自己的心腹重臣赵普为独相，罢去王溥等三位旧相的职务。

宋太祖与王溥原先都是后周的重臣大将，太祖念及旧情，对他还是恩宠有加，授予了很高的官位。王溥罢相后，仍保留了太子太傅、司空这些加官。按旧制，三公、三师等官居一品的大臣参加朝会时，应站在台省官的后面。不过，当宋太祖看见王溥站在台省官之后，当即对左、右大臣说："王溥是旧朝宰相，应给予特殊的礼遇，不能列位于台省官之后。"太祖还颁布诏令：今后朝会，一品官列位于前；台省官按文、武之别，分列于东、西。

开宝二年(969)，王溥迁太子太师，依例进前叩谢圣恩，宋太祖对宰相赵普说："王溥任宰相十年，三迁一品官，福泽之盛，近世无比。"到了太平兴国元年(976)，宋太宗赵光义继承皇帝位，封王溥祁国公，仍休闲在家。太平兴国七年八月，王溥去世，享年六十一岁。

王溥风度翩翩，待人宽厚，是一位粹然长者。他生活上非常节俭，善于经营田产，去世时家产已达万金。王溥一生好学，手不释卷，传世著作有《唐会要》一百卷、《五代会要》三十卷，至今为治史者所征引。

王　朴

王朴(906—959)字文伯，东平县(今山东东平)人。父亲王序是一位守本份的寻常百姓，未曾做过官，后因子贵追赠左谏议大夫。王朴自幼喜爱读书，写得一手好文章，显现出过人的机警与聪慧。为了能进身仕途，他很早就开始刻苦学习举子业。然而在博取功名的道路上，王朴并不是一帆风顺，而是遭遇了无数的坎坷，直到后汉隐帝乾祐三年(950)，他才考中进士，并勇夺状元魁。此时，他已是四十五岁的中年人。

王朴状元及第后释褐校书郎，进入枢密使杨邠的幕府做官。当时，汉隐帝年少懦弱，国家大权操纵在权臣史弘肇、王章、杨邠的手中，而杨邠又与内相王章、禁军统帅史弘肇等人不和，彼此之间勾心斗角、相互倾轧。王朴预感到朝廷将要爆发祸乱，为了自身的安全，他决定离开杨邠的幕府，回到故乡。这年冬天，汉隐帝不甘心被权臣控制，采纳了武德使李业等人的计策，在殿中设埋伏，一举擒杀上朝的史弘肇、杨邠、王章，并诛连三族，王朴得以幸免于难，说明他在政治上具有较强的预见能力。

然而仅仅过了一年，郭威就推翻后汉，建立起后周政权。这时，王朴离开家乡投靠周太祖郭威的养子柴荣，在柴荣的幕中担任节度掌书记，掌管文书工作。柴荣担任开封府尹后，王朴又被辟为开封府推官，负责本府内的刑狱事务。显德元年(954)，柴荣即帝位，是为周世宗。王朴作为随龙官，官职也得到了迅速提升，擢比部郎中，进入刑部任职，并获赐三品紫服。

周世宗是一位有抱负、有作为的皇帝，他在即位之初就立下了统一南北，结束中国长期分裂割据局面的雄心壮志，锐意征伐。当时，北汉刘崇听说郭威刚死，以为后周政权不稳，就联合契丹的兵力大举进攻后周。世宗亲自率大军抗击，在高平地区大败刘崇，契丹军也不战而逃。高平之战的胜利，更坚定了世宗统一中国的决心与信心，他经常训兵讲武，积极谋画统一大业。可是，朝中以宰相冯道为代表的苟安妥协派却反对国家急于对外用兵。在这种情况下，周世宗就召集了王朴、陶谷、窦仪等二十多位有才学的官员，让他们各写一篇有关时政的文章，对统一大业发表各自的观点。

王朴挥笔写成《平边策》，为周世宗统一全国献计献策。在这篇滔滔宏论中，王朴首先强调，为国者应该吸取后唐、后晋失地丧国的教训，内修政治，为平定各国，完成统一大业做好准备。这就需要选择贤能之士来治理国家，减轻徭役以富民，恭俭节用以富国，使国力不断强盛，万众一心共图大业。接着，在具体的统一策略方面，王朴提出了“攻取之道，从易者始”的主张，他仔细分析了当时南方分裂割据的形势，建议先进攻南唐，占领长江以北的地区，然后再用南唐的军队去攻打南唐政权，以壮大后周的军力。这样，南唐政权在长江以南的地区就很容易被收服。

可以说，王朴所献平定周边各国的策略，与周世宗统一全国的志向完全相符合。因此，周世宗读了王朴的《平边策》后感到非常振奋，接受了他所提出的“先易后难，先南后北”的统一战略。王朴的政治谋略和过人的智慧、胆识也深得周世宗的赞赏，不久，就由比部郎中晋迁左谏议大夫（正四品下）、知开封府（治所在今河南开封）事。很快又迁左散骑常侍（正三品下）、端明殿学士，继续担任知开封府之职。

王朴知开封府期间，开封城正在大兴土木进行扩建工程，他奉命负责整个城市的规划设计。王朴不辞辛劳，奔波于各地巡视，大到整个城市及重要建筑的布局、设计，城市排水系统的疏浚与扩展；小到大街小巷的宽窄长短，他都要亲力亲为，匠心经营，为宋代都城开封的发展和繁荣奠定了坚实的基础。

显德三年春，周世宗决定出兵进攻南唐。临行前，他任命王朴为东京(开封)副留守,将保障京师安全、防止因皇帝出征而引发颠覆事变的重任交给他,对他寄予厚望。王朴也没有辜负世宗的期望,在东京副留守职任上尽心尽责,为维护京师的安全与稳定做出了贡献。周世宗返回京师后,对王朴的工作给予了肯定,诏擢户部侍郎兼枢密副使,寻迁枢密使。枢密使是国家最高军政机构枢密院的最高长官,统领全国的军机大事,虽然它的地位略低于宰相,但是可以与宰相共同参议军国大政。

王朴在短短的三年时间里,就由比部郎中晋升为枢密使,其升迁速度之快是一般大臣根本无法比及的,令人称奇。对此,史学家发表评论说:周世宗以英武自任,慨然有包举天下之志。但是朝中重臣计议军国大事多不称旨,有背世宗意愿。只有王朴神气劲峻,果敢坚毅,他的主张与世宗十分契合。因此,世宗急于提拔王朴,委以重任。

第二年,周世宗再次出征南唐,任命王朴为枢密使兼东京留守,将整个京城的安危全权托付给他。世宗还特降诏旨:"京邑庶务,悉以便宜制之。"也就是说,京师内的所有事务都由王朴一人裁决,不必请示皇帝。"便宜制之"的权限是非常大的,包括诛杀大权,通常情况下,皇帝是不会将诛杀大权授与官员的。周世宗任命王朴为东京留守,并允许他"便宜制之",这要冒很大的风险,恰好可以说明他对王朴是何等的信任与倚重。

王朴原本就是性格刚烈之人,加上有皇帝的"尚方宝剑"在手,朝中大臣与藩镇节度使看见他都心生敬畏,凡是王朴决定的事情,没有人敢提出异议。一次,王朴看见一位监督城建的乡虞候工作不负责任,一怒之下就在大街上用鞭子猛抽他的背部,以示惩戒。事后,那位被打的乡虞候愤愤不平地说:"我大小也是朝廷宣补的乡虞候,岂可不问缘由，不经请示，就当众处罚我呢？”没想到这番话很快传到王朴的耳朵里，他更是怒不可遏，如果连这么一个小小的乡虞候都制服不了，又如何担当起镇守京师的重任？王朴立即命令左右侍从将乡虞候擒拿下来，并击杀于马前。周世宗得知此事后，他不仅没有责怪王朴，还笑着对近臣说：“这个乡虞候真是个大傻瓜，竟敢在王朴面前夸耀自己是由朝廷宣补的，这不等于是送死吗。”由于王朴治律极严，京师内再无人敢作乱。周世宗三征南唐，到显德五年，南唐终于被后周吞并。周世宗班师回京，看见开封城内秩序井然，十分满意。

显德六年三月，周世宗决定在汴河口建造斗门，以便在水灾之年宣泄洪水，保卫京城安全。一天，王朴奉命去工地巡视，回朝时途经前宰相、司空李谷的府第，他一时兴起就登门拜访李谷。两人谈得非常投机，兴致正浓，不料王朴却突发脑溢血倒地。当随从连忙用轿将王朴抬回自己的府第时，王朴已经不省人事，当晚即病逝，年仅五十四岁。

王朴病逝的消息传来，周世宗惊愕万分，立刻赶往王朴家中哀悼。周世宗在王朴灵柩前，将手中的玉钺抵在地上，恸哭不已。周世宗雄心勃勃欲一统天下，如今南唐政权已被消灭，形势一片大好，正当自己需要倚重王朴之际，他却遽然凋谢。想到这里，世宗更是无比哀伤。悲痛之余，世宗决定厚葬王朴，赠官侍中。他还召见王朴遗孤，授长子王侁为东头供奉官。

王朴去逝仅数月，周世宗也驾崩，未能完成统一中国的宏伟大业。年仅七岁的周恭帝柴宗训即位不到一年，大将军赵匡胤就“黄袍加身”取代后周，建立起大宋政权，史称北宋。这以后，宋太祖赵匡胤仍按照王朴“先南后北，先易后难”的策略，继续着平定四方，统一中国的大业，并最终收复了除燕云十六州以外的所有地区。

周世宗曾经在宫中建造了一座功臣阁,内有大臣李谷、郑仁诲、王朴等的画像。有一天,宋太祖赵匡胤经过功臣阁时,阁门突然被大风刮开,太祖正好面对王朴画像,不由得肃然起敬。太祖整理了一下御袍、衣带,向王朴画像鞠躬行礼。身边的侍从见了都迷惑不解,询问太祖:"陛下贵为天子,王朴不过是前朝的一个臣子,如此行大礼是否合适?"宋太祖用手指着自己的龙袍说:"王朴如果还活着的话,我就不可能穿上这身龙袍做皇帝了。"王朴的威望之高,由此也可略见一斑。

王朴不仅在政治上、军事上颇有建树,而且精通历法、乐律。显德二年,他奉命校定大历,用"通、经、统"三种方法,推算日、月、星的运行,制订了《大周钦天历》。他还奉命考正乐律,撰成《律准》。

宋代状元

杨　砺

杨砺(931—999)字汝砺,京兆府鄠县(今陕西户县)人。他初名励,后因户籍登记上写作“砺”,遂改今名。他出身于三代仕宦之家,曾祖父杨守信曾在唐朝担任山南西道节度使、同平章事,权势很大;祖父杨知礼在五代后唐政权内任均州刺史;父亲杨仁俨始仕后蜀王建政权,任丹棱县令,后归宋,仕至永和县令。

官僚家庭的富足生活为杨砺潜心学习创造了良好氛围。北宋建隆元年(960),也就是赵匡胤建立宋政权的第一年,杨砺参加科举考试,并一举夺魁,成为宋代开国后第一位文科状元。是榜共录取新进士十九名。

杨砺是一位大孝子,父亲在他考中状元不久就去世,万分悲恸的他绝食数日以表示对父亲的哀悼。三年守丧期满,杨砺无意做官,就闲居在家。然而父亲的去逝使家中断了经济来源,生活陷入困境。于是,在乡亲故友的敦促、劝说下，为了侍养老母亲，杨砺决定赴都城东京（今河南开封）注官，初授凤州（治所在今陕西凤县）团练推官。一年以后，家人捎信来说老母亲身患重病，杨砺即刻辞去官职，回家尽心侍奉母亲。

开宝九年（976），宋太祖驾崩，其弟赵光义登基，是为宋太宗。杨砺来到京城向新皇帝献书，太宗很高兴，让他去参加学士院的考试，合格后迁陇州（治所在今陕西陇县）防御推官，又迁光禄寺丞。不久，母亲病故，杨砺回乡守丧三年。当他再次来到京城复职时，授屯田员外郎、知鄂州（治所在今湖北武汉），成为一名地方官员。

端拱初，亲王赵恒在襄阳府，杨砺奉命调任襄王府记室参军，管理文书工作。宋太宗派杨砺担任王府官，在未来皇位继承人的府中任职，是对他的学问与人品的肯定。当时，杨砺官阶为库部员外郎，属七品低官，按章只能服绿色官服。太宗特许他服紫色官服、佩金鱼袋，享受三品以上高官的待遇，令杨砺感到十分荣耀。

能够入王府侍奉未来的皇帝，这对于士大夫来说是人生一种特殊际遇，杨砺也将此殊荣归之于天命。在五代末期，后周皇帝郭威（即周太祖）派柴荣（即周世宗）出任澶州节度使、检校太保，镇守澶州。杨砺曾带着自己写的诗文去求见柴荣，柴荣将他安排在馆驿（接待所），观读诗文数日。后柴荣赴东京开封入朝，杨砺暂时栖身于和尚寺。据说他在当晚做了一个梦，梦见一位身穿古衣、戴古帽的人走过来问他：“你能跟我走吗？”杨砺没有犹豫，跟着他走了。一路上，他看见护卫的人员都不是一般人间的打扮，进入宫殿后，又见殿上站着三十多位亲王，个个都是手捧玉珪面南而立，唯独有一位亲王站在最上端，前面摆着一张桌子，上放一本名册。杨砺往那名册上一看，见自己的姓名赫然排在第一，于是，他壮着胆子问："我的前程是吉是凶？"王者回答说："我不是你的老师。"转而指着远旁站立的一个人说："那是来和天尊，日后就是你的主上，你去问他吧。"来和天尊笑着说："此后再过四十年，你功成，我亦名扬天下了。"杨砺连忙叩谢。一觉醒来，方知是一场梦。

在担任襄王府记室参军第一天，杨砺就回家将这个梦告诉自己的儿子，并且说："今早见襄王面貌风度，酷似梦中的来和天尊。"在古代社会，托梦是古人常常使用的手法，目的无非是要以此证明某件事是天意，是天命所定。不过从另一个侧面来看，杨砺有幸充任王府官，这对他的功名前程确实起到了非常重要的作用，他本人也十分珍惜这次机会。

淳化五年(994)，赵恒任开封府尹、进封寿王。一般来说，皇子出任京师的长官，是准备继皇帝位的一个信号。杨砺迁水部员外郎(从六品)、开封府推官，掌管京师地区的刑狱诉讼之事。有一次，赵恒问杨砺："你是哪一榜进士及第？"杨砺口中含糊，未能给予明确回答。赵恒后来得知杨砺竟然是大宋朝的第一位状元，而他自己却从不以状元及第自炫，心中平添了几分对他的尊重，称赞他"不以科名为意"。

至道元年(995)，宋太宗立赵恒为皇太子，仍判开封府事。杨砺也得以升任东宫官，任度支郎中、开封府推官兼右谕德。太子赵恒勤于政事，亲自过问京师的刑狱诉讼等事，"裁决轻重，无不称惬"。在这期间，整个京城的社会治安都非常好，犯罪率降低，监狱里时常是空荡荡的，没有在押犯。杨砺也因为工作出色，多次受到宋太宗的嘉赏。

至道三年三月，宋太宗驾崩，皇太子赵恒继承帝位，是为宋真宗。杨砺作为随龙官，自然得到提升，擢给事中(正四品)、判吏部铨，具体负责文职官员的选拔与升迁。不久，他又奉诏入翰林学士院，充翰林学士。在宋代，翰林学士负责撰写重要的诏命、制书，有皇帝“内相”的雅称，是士大夫们极为企慕的清要官职，非“文学高选”之士不得任。对于杨砺来说，能很快升至翰林学士是一件值得炫耀的事。

不久，杨砺奉诏担任知贡举，成为咸平元年(998)科举考试的主考官。这一榜科考由于真宗守丧，不举行殿试，杨砺录取的省试第一名孙何就直接成为状元。此榜共录取进士五十一人(其中一名为高丽人)，另有一百五十人为诸科及第。

科举考试结束后，真宗决定再次重用杨砺，提升他为工部侍郎(从三品)、枢密副使。宋代枢密院是全国最高的军政机构，类似于当今的国防部，枢密副使地位之尊隆可想而知。杨砺的前程可谓一片光明，宰相的职位也已经是近在咫尺，指日可待。遗憾的是，正当事业如日中天之际，杨砺却于咸平二年病逝，享年六十九岁。

真宗惊悉杨砺病逝十分悲痛，对宰相说：“杨砺为人正直，生活清苦。朕正准备委以重任，却不幸凋谢。”真宗还亲自冒雨来到杨砺家进行悼念。杨宅位于狭窄的街巷之中，御驾无法进入，真宗就放下皇帝的尊贵，徒步走进杨宅，在杨砺的灵柩前久久徘徊，不忍离去。真宗还下令文武百官停止上朝一天，并节食一天，来哀悼杨砺，又追赠他为兵部尚书。

杨砺著有文集二十卷，他的文章风格繁琐，在文学上的成就不大，而且，他的一生也没有突出的政绩。但是，杨砺不躁于仕进，不汲汲于名利，他为政清廉守正，孝顺父母，执守着儒家传统的美德，这是他最为出色的地方。杨砺作为宋代第一位状元，官至执政，称得上是仕途通达、一帆风顺。

杨砺育有四子，分另取名为峤、峄、峭、嵎，他们都在朝中做官。杨峤、杨嵎官至祠部郎中，杨峄官至太常博士，杨峭官至太子中舍。这意味着，由于杨砺在科举考试中高中状元，且仕途顺畅，使得原本三代仕宦之家延续至五代，成为缙绅大族。

张去华

张去华(938—1006)字信臣，开封府襄邑县(今河南睢县)人。他是北宋继杨砺之后的第二位状元，其子张师德也在真宗朝金榜夺魁，成为宋代为数不多的父子状元。父亲张谊自幼好学善思，不爱治家产，登五代后唐进士第，先后在后唐、后晋、后汉三朝任职，终官中书舍人。张去华深受父亲的影响，从小就好学上进，他先以父亲的官资恩荫入仕，授太庙斋郎，这是一个没有具体职务、候选朝廷正式命官的流外小职。

尽管位卑官小，张去华仍能心忧天下。十八岁时，他眼见五代以来战争不休，民不聊生，又听说周世宗柴荣要发兵平定淮南，慨然叹息道："兵战不息，生产荒废，这不是君临天下者长治久安之术也。"于是，他撰写了《南征赋》、《治民论》进献给周世宗。周世宗阅罢不仅不生气，反而命朝臣召张去华面试，后任命他为御史台主簿，承担御史台的文书书写、出纳等杂事。

一次，御史台三院(指台院、殿院、察院)召开会议，三院的官员都要参加，唯独不允许御史台主簿参加。这件事对张去华的刺激很大，他对友人说："御史台主簿只是管领文书杂务的小官，非壮夫所为。"于是，他毫不犹豫地交出主簿印，弃官归家闲居三年，闭门刻苦读书。

后周大将赵匡胤发动政变建立起宋王朝的当年，张去华来到京师开封游学，交结名流，他的才华受到当时宰相李昉的赏识。建隆二年(961)，张去华参加科举考试，主考官是工部尚书窦仪，此榜共取士十一人，张去华夺得头名。按宋制，进士及第就可以释褐授官，张去华以状元身份初授秘书郎(从六品下)、直史馆，再次步入仕途。

张去华在直史馆任上待了三年，满任后却没有得到升迁，心中颇感不平。他上书宋太祖为自己申诉，同时批评知制诰张淡、卢多逊，殿中侍御史师颂等人，文学肤浅，不足以胜任现在的工作。他还主动请缨，要与这三人比试高低、较量优劣。太祖接受了他的申诉，诏张去华与张淡等人一同上殿比试，太祖亲临考试，命翰林学士陶谷等出题、阅卷。结果，张淡答非所问，被降官；张去华的成绩非常好，晋升右补阙，担任谏官，太祖还赏赐给他袭衣、银带、鞍马。张去华虽然如愿以偿地得到了升迁，但是，他的做法遭到了一些朝臣的非议，认为他性情浮躁，汲汲于功名前程。也许正是受这件事情的影响，张去华在很长一段时间没有获得再次升迁、加俸的机会。

张去华的父亲张谊曾在后汉政权中担任中书舍人，他为人正直，不攀附权贵，结果受到当权者的排挤，愤恨、郁闷而逝。宋太祖曾经在便殿召见张去华，当问及他的家世时，张去华趁机诉说了父亲所遭遇的不幸与不公，在场的宰相薛居正也竭力替他说话。宋太祖听罢十分同情地说："汉室无道，奸臣擅权，这是朕所亲眼目睹的。"诏张去华迁道州

（治所在今湖南道县）通判。

宋太祖开宝年间（968－976），北宋的统一大业还没有完成。当时，江浙有南唐、吴越政权，两广有南汉政权，山西有北汉政权。因此，平定天下，统一全国是宋太祖所面临的最重要的问题之一。许多大臣纷纷上书提出自己的观点，张去华也不例外，他向太祖献上平定南汉的计策，认为："桂管是通往岭南地区的咽喉，刘鋹政权正是凭借这一天险，得以保全南汉全境。官军出师南下，只要先夺取桂州，即可长驱直入，进攻南汉都城广州，平定南汉。"他还提出了攻取桂州的具体方案。作为一介儒士，张去华能够心系天下，为国家的统一大业献计献策，得到了太祖的嘉奖。道州通判三年任满后，张去华先后出知磁州（治所在今河北磁县）、乾州（治所在今陕西乾县），再知凤翔府（治所在今陕西凤翔）。

宋太宗即位以后，南方的割据政权已基本消灭，只剩下北汉政权还没有最后平定。太平兴国四年（979），太宗决定亲征北汉都城太原，张去华也随驾出征，被授予监随驾左藏库、京东转运使，负责征讨北汉大军的给养与后勤保障，担子很重。此次出征宋军大获全胜，北汉名将刘继业投降，并随太宗南归宋廷。太宗又令刘继业恢复原来的杨姓，他与家人就是我国历史上赫赫有名的杨家将。此次成功平定北汉，与张去华在保障军需供给方面所做的努力是分不开的，作为有功之臣，张去华迁礼部郎中（从五品上）、江南转运使，掌管江南一路的经济大权，并负责监督本路的地方官员。

雍熙三年（986），宋太宗为了收复被石敬唐割让给辽的幽云十六州，发动了对北辽的战争，张去华再次被委以督运军粮的重任，奉诏领河北转运使事。不过，他这次没有能够出色完成任务，所督运的军粮被辽军设伏截击。粮草不济是导致太宗征辽失败的原因之一，张去华也因督粮不利调任知陕州（治所在今河南陕县）。临行前，他向太宗献上自己的新作《大政要录》三十卷，太宗阅后下诏褒奖，赐绸缎五十四，并决定将他留在京师。

端拱元年（988），太宗任命许王赵元僖为开封府尹，同时，授张去华开封府判官，殿中侍御史陈载开封府推官，并赐服紫、佩金鱼袋，享受三品高官的礼遇，各赐钱一百万。太宗将张去华、陈载召至殿前，告诫他们说："你们都是朝中端士，朕特加选用，希望你们能尽心辅佐亲王。"太宗还通过枢密使王显传达他的旨意：有意立许王为太子，希望身为亲王幕僚的张去华能够恪尽职守，辅佐好许王。一年后，张去华迁左谏议大夫（正五品上）。

但是，张去华却因在开封府判官任上徇私被贬官，辜负圣恩。事情是这样的：庐州尼姑道安向开封府状告自己的弟妇，而她的弟妇是左散骑常侍徐弦的外甥女，徐弦私下写信给张去华向他求情。张去华顾及与徐弦的友情，借口被告不在开封府而不予受理，并将案件退回庐州审理。道安不服，就在京城的登闻鼓院击鼓喊冤，控告徐弦与张去华徇私不公。太宗闻言大怒，贬张去华为安州司马，赋闲反省。

一年后，太宗的怒气渐消，决定重新起用张去华，任命他为将作少监（从六品）、知兴元府。张去华还没来得及赴任，又改知晋州（治所在今陕西临汾），后迁秘书少监、知许州（治所在今河南许昌）。

宋真宗即位后，张去华复官左谏议大夫，他向真宗献《元元论》，主张国事当以养民、务农为急，受到真宗的嘉奖。真宗还命专人将《元元论》抄写在白绸上，再裱成十八轴，挂在龙图阁的四周墙壁上，供百官阅读。不久，张去华迁给事中、知杭州（治所在今浙江杭州）。

在知杭州任上，张去华竭力主张减轻两浙民户沉重的赋税负担。北宋政府保留下了吴越钱氏时期的民丁钱，即便是人死后民丁钱也照旧征收，这是极不合理的。张去华上奏朝廷，要求取消两浙的民丁钱，管理财政的三司官员却认为两浙是财税大户，不宜去除，这让张去华倍感失望。咸平二年(999)，张去华调任知苏州(治所在今江苏苏州)。张去华感到自己的政见难以被朝廷采纳，又没有入朝做官的机会，心中萌生退意，决定辞职。他上疏请求分司西京(洛阳)。所谓“分司”，是一个只享有俸禄而没有实权的闲职，用现在的话说就是退居二线。他的请求很快得到朝廷批准。

洛阳以名花、名园、名居闻名于世，是达官贵人们退隐的好去处。张去华分司洛阳后，就不再过问政事，专心经营起自己的花园、居室，并建造中隐亭，整日悠游其间。这样休闲安逸地生活了四、五年，到景德元年(1004)，他又上书请求致仕。宋制，官员年七十许致仕。张去华只有六十七岁，还没到退休的年龄，不过朝廷还是同意了他的请求，诏迁工部侍郎致仕。景德三年，张去华病逝，享年六十九岁。

张去华英俊洒脱，才华出众，且善于言辞，有涵养，尚气节。他在担任道州通判时，得知父亲好友何氏遗有二子，无人照顾，就把他们带到京师，送进学馆，供给费用。这两个孩子后来都登第入仕。张去华先后在后周世宗、宋太祖、太宗、真宗朝任职，凭着自己的才学，得到了四位皇帝的器重。但是，由于他在仕途升迁上略显浮躁，加上他为人不拘小节、不修边幅，不能被当时的清议所包容，所以没能入朝辅弼君王，施展抱负。

张去华育有十子，张师德是最小、也最受父亲宠爱的儿子。张去华曾打算将门荫做官的资格让给张师德，却遭到拒绝，这令他非常感动，对人说："此儿必能继承我的事业。"果然，真宗大中祥符四年(1011)，张师德通过自己的不懈努力，荣登榜魁。父子同为状元在当时被传为佳话。

安德裕

安德裕(940—1002)字益之，一字师皋，河南府(今河南洛阳)人。他出生于将门之家，曾祖父安从义、祖父安全都曾经担任过州刺史，父亲安重荣在后晋时期任成德节度使，加官至使相。

安重荣有飞扬跋扈之志，他常对人说："天子，兵强马壮者为之，哪是什么龙种?"后因谋反，安重荣被刺杀于军中。为逃避追杀，奶娘抱着刚出世的安德裕躲进水洞中，结果还是被守兵俘获。守兵将襁褓中的安德裕交给了后晋军校秦习，秦习早年与安重荣相识相交，他不忍心杀害无辜的婴儿，就将安德裕藏匿起来，后交给自己的养子石守琼抚养，改姓秦。

秦家也是世代习武之人，家里的小孩都爱练弓箭、玩狗骑马之类的游戏。秦德裕却对武事没有丝毫兴趣，他从孩提时代起就喜欢摆弄笔、砚，虽然他还不识字，但看见书本就会拿起来模仿成人大声吟诵，家里的小孩常因此取笑他。秦德裕长到六、七岁时，养父秦习决定送他去读书。秦德裕天生好学，进入学堂后他更是潜心苦读。经过几年的努力，他已经能够贯通文史，精通《三礼》、《左传》，特别喜欢读《汉书》，读了一遍又一遍，爱不释手。

秦习病故，秦德裕按照传统礼节守丧三年，以报答他的养育之恩。守丧期满后，他就恢复自己原来的安姓，并打算离开秦家，开始独立生活。临行前，秦家担心安德裕将来的生活，就把家中全部的积蓄约万两金银赠送给他。安德裕却分文不肯收，他婉言辞谢道："这是秦家的积蓄，我不应该拿。大丈夫应当自立功名，以取富贵。怎么能要别人的施舍。"离开秦家后，安德裕就踏上了参加科考、博取功名的奋斗之路。

开宝二年(969)，枢密直学士赵逢担任知贡举官，主持礼部省试，共录取合格进士七人，安德裕名列第一，此榜是北宋录取进士人数最少的一次。太祖忙于亲征北汉，没有举行最后的殿试，省试第一的安德裕理所当然成了状元，授官归州军事推官(从八品)。

安德裕历迁大理寺丞、著作佐郎，宋太宗太平兴国初年，迁秘书丞(正七品)、知广济军(治所在今湖北济县)。宋代的知军与知州平级，都是地方上的最高行政长官。安德裕赴任时，广济军作为北宋地方行政编制单位的历史才刚刚开始，就连广济军城(治所)也是新建的。他就撰写了《广济军记》和《广济图经》三卷，记录下广济军新建的历史，并呈献给朝廷，得到了太宗的嘉奖。

太平兴国八年(983)，安德裕任太常博士、知秦州(治所在今甘肃天水县)。宋代官员的流动性很大，一般是三年任满就必须迁往其他地方。安德裕从湖北的广济军一下子调到大西北任职，路途遥远且交通不便，他的游宦生活可以说是相当艰苦的。雍熙三年(986)，安德裕迁主客员外郎(正七品)、广州(治所在今广东广州)通判，这意味着他又要从大西北辗转到东南地区，迁徙之路更加遥远、艰辛。

值得庆幸的是,宰相李昉对安德裕的才华及能力都非常赏识,他向太宗举荐,希望诏安德裕回朝廷担任史官。结果,安德裕还没有去广州赴任,就奉诏回京,任主客员外郎、直史馆。端拱元年(988),他以金部员外郎、出知开封府开封县。

宋太宗决定扩充三馆(昭文馆、史馆、集贤院)的馆职队伍,富有才学的安德裕被任命为直昭文馆。在北宋前期,三馆馆职是国家的储才之地,非文学高选之士不得任。馆职也被士大夫视作清要之职,入三馆任职也被誉为"登瀛州",是一项极高的荣誉。

淳化三年(992),翰林学士苏易简任权知贡举官,负责当年的科举考试。有举子击登闻鼓申诉考试不公,太宗决定亲御崇政殿覆试省试合格进士,并指派史馆修撰梁周翰和直昭文馆安德裕为殿试考官。为了确保考试的公平与公正,殿试试卷采取"糊名制",即将试卷上写有考生姓名、籍贯的一栏用纸糊住,使考官无法辨别试卷的主人。太宗还指着安德裕、梁周翰对宰相说:"他们两人都是名流,却是久任郎官,一直没有得到高升的机会。周翰的缺点是器量小,安德裕的问题是嗜酒如命。朕听说他们现在已经戒掉了这些毛病,这才任命他们为殿试考官,负责选拔人才。"太宗还特赐两人紫色官服、佩金鱼袋,享受三品以上高官的礼遇。

从宋太宗的这番话可以看出,安德裕虽然才华横溢,但是嗜酒的毛病影响了他的仕途升迁。不过,宋太宗是一位重才惜才的皇帝,他还是对安德裕抱有很大的期望,打算重用。不久,安德裕迁官司勋员外郎(正七品)

至道元年(995),安德裕作《九弦琴五絃阮颂》乐曲,献给宋太宗。太宗皇帝给予了较高的评价,称他所制乐曲"词采古雅"。至道三年,安德裕迁官金部郎中(从六品)、出知睦州(治所在今浙江建德)。任职期满后,他又被召回京师,判太府寺。咸平五年(1002),安德裕卒于判太府寺任上,享年六十三岁。

安德裕才学卓著,为官清廉,以风雅自负。他在任职期间,能够奖掖、提携后进之士,一些名闻当世的著名士大夫都曾得到他的举荐。例如,开一代诗风的著名作家王禹偁,以及淳化三年(992)状元孙何,他们在初游词场、尚未出名时,都得到过安德裕的器重,安德裕还利用自己的影响竭力为他们作宣传。遗憾的是,安德裕沉湎于美酒之中难以自拔,他虽然也曾多次下决心戒掉嗜酒的陋习,却没有成功,这在很大程度上影响到他的政治前程。尽管他是状元出身、才华横溢,却最终没有能够得到重用,官止于郎中。

安德裕著有文集四十卷,《宋史》将他列入《文苑传》,正说明了他在文学上的成就。他的作品绝大部分如今已散佚,在《天台续集》中保存有他的一首《送僧归天宁万年禅院》诗:

迹自青门远,田衣贲在躬。
旧房千峤外,归棹五湖东。
地力姜畦沃,年支芋盎充。
从支乃荣道,一与祖心同。

安德裕出生将门,却一心向学,以诗礼传家。其子安守亮继承家学,于开宝五年(972)考中状元。父子先后金榜夺魁,在当时引起轰动,被传为佳话。安守亮状元及第后,开封市民和士大夫们纷纷走上街头,要一睹新状元的英姿。安守亮的事迹不见于现存史籍,他的成长历程、仕途进迁等一直都是个迷。有传闻说他在中状元后不久就英年早逝。

王嗣宗

王嗣宗（944—1021）字希阮，号中陵子，汾州（今山西汾阳县）人，父祖三代为官。他自幼受家庭的影响与薰陶，潜心向学，志向远大。

宋太祖开宝八年（975），王嗣宗进京参加科举考试。宋代的科举考试要过三关：举子首先要参加地方上的考试（发解试），合格者再赴京城参加由礼部主持的“省试”，合格者再参加皇帝亲自主持的“殿试”。殿试是北宋初期刚刚增设的，还没有严格的统一标准。根据传闻，当时殿试有一条不成文的规定，最先交纳试卷且卷面文字没有触犯忌讳的考生，就钦定为状元。

王嗣宗在殿试时飞快答题以争取第一，可当他呈卷时，另一位考生陈识也同时完成交卷。究竟定谁为状元，这让殿试官们很为难，最后只能由皇帝来定夺。太祖看着面前这二位同时交卷的考生也很为难，心想既然二位在文考中难分先后，干脆就比试一下武功吧。于是，太祖下令两人进行摔跤比赛，谁的力气大谁就是第一名。王嗣宗与陈识当场扭打起来，结果王嗣宗将陈识摔倒在地，赢得了第一。

王嗣宗是通过摔跤比赛获得状元头衔的，有胜之不武之嫌，时常会遭到一些人的取笑，被戏称为“搏击状元”。种放是一位沽名钓誉之人，他以“退士”自居，却又留恋官场，想谋得一官半职。王嗣宗得知种放从京师返回终南山，就前去拜会。种放虚情假意地叫侄儿们向王嗣宗行跪拜礼，没料到王嗣宗居然坐在堂间坦然接受，这令他非常不满。王嗣宗见状也很不高兴地说："我本是状元及第，名位不轻，坐受白丁一拜，又有何不妥？"种放反唇相讥道："你不过是手搏状元，何足道也。"王嗣宗一听大怒，与种放争吵起来。

回到官府后，王嗣宗还是愤愤不平，就上奏折向真宗告御状，指责种放仗势欺压孤儿寡母、兼并土地，还伙同弟侄霸占二百余里的山林，剥夺附近农民砍柴野猎之利。要求圣上下诏，将种放罢官归嵩山。宋真宗采纳了他的请求，令种放徙归嵩山。

王嗣宗状元登第初授秦州（治所在今甘肃天水县）司寇参军，管理一州的刑狱讼诉。秦州知州路冲在治理政务时过于苛刻，激起当地百姓的不满与反抗，致使整个地区的社会治安极其混乱。王嗣宗是一位性格刚直不屈的人，他深为当地百姓的处境担忧，毫不留情地批评长官为政暴虐。路冲大怒，下令州吏将王嗣宗抓起来，戴上枷锁关进监牢。路冲深知私押政府官员的罪名很大，为了掩盖自己的罪行，他唆使一名曾被判刑的市井无赖状告王嗣宗，说他在治狱的过程中滥用刑罚，冤枉无辜之人。朝廷闻讯，特派殿中丞王廷范去秦州调查此案。王廷范经过深入走访、核实，终于澄清了对王嗣宗的诬陷与不实指控，王嗣宗得以获释。

路冲为人十分霸道，在释放王嗣宗之前，还强迫他与自己对诗。恰巧这时有人给路冲送来一些时新的水果，路冲就指着新送的水果吟咏道："佳果更将新合合。"王嗣宗当即对吟："恶人须用大枷枷。"王嗣宗所对诗句其实是一语双关，责骂路冲是"恶人"，应该戴上枷锁坐牢。路冲一时没有听出来，觉得对得不错，就放了他。

太平兴国四年(979),宋太宗决定亲率大军征讨北汉,王嗣宗献上自己撰写的边境守御策。太宗看后觉得所言有一定道理,就特召王嗣宗前来宋军营,当面讨论守御之策。太宗对他的才智十分欣赏,任命他为大理寺丞、睦州(治所在今浙江建德)通判。王嗣宗还没来得及到睦州赴任,又奉命任右赞善大夫、河州(治所在今甘肃临夏)通判。

河州地处西北边陲,远离北宋政权统治的中心。为了加强对边远州军的控制,宋太宗时常会派武德司(后更名皇城司)的将卒充当特务,秘密去侦察河州等地的动静。当时,一名化了妆的武德卒被俘虏,王嗣宗经过一番审讯,得知他是太宗皇帝亲自派遣的秘探,就下令把他抓起来,戴上枷锁械送到京师开封。他同时上奏说:"陛下不委任国家贤俊之士,却依武弁为耳目,偏听偏信,这种做法不很高明,我不敢苟同。"太宗对王嗣宗骄横的语气很不满,一怒之下又派专使去逮捕王嗣宗,并罢去他的官职。

不久,太宗大赦天下,王嗣宗也得以复官,改授秘书丞、澶州(治所在今河南濮阳)通判。宋代,茶、酒、盐等生活必需品都是由国家专卖,不允许民间私售,每年的榷茶、榷酒、榷盐的收入在国家财税收入中所占的比例很高,成为国家税收的重要组成部分。王嗣宗在任职期间却发现,澶州官府专门用来卖酒的容器偏小,每斗比太府寺规定的要少三升。法律规定:民间私自酿酒三石以上要被处以死刑。既然地方官府容器偏小,若用它来衡量,一些私自售酒不足三石,原本不该被处死的人,也会面临杀头的危险。而且,这种情况不仅仅出现在澶州,其他诸路州军也有类似的问题。王嗣宗上书朝廷,详细诉说了地方官府在榷酒过程中出现的问题,要求朝廷下诏各地,全部按省斗(即太府寺所定的斗)标准来量刑定罪。太宗采纳了他的建议。

在古代，人们由于对许多自然现象缺乏认识，就产生宿命思想，相信上天的意志，迷信鬼怪神灵，这在当时的士大夫中也很普遍。可王嗣宗却偏偏不信，他在担任江浙荆湖发运使期间，听说扬州、楚州地区的老百姓有病不求医、撮药，而是去窄家神庙求神拜佛，很多人因延误救治时间而死亡。于是，他就派人撤毁窄家神庙，同时选择一些治病的良方，刻石于州门上，劝老百姓有病要就医，使当地的民风发生了很大改变。

真宗朝，王嗣宗出知邠州（治所在今陕西彬县）。境内有一座卧龙王庙，一到冬天，州内的家家户户、男女老幼都要前去庙内烧香拜神。西北地区的冬天风雪交加，特别寒冷，衣着单薄的穷苦家庭里的老人、小孩往往因冻馁饥饿而倒毙于途中，为害非常大。卧龙王庙为何有如此大的诱惑力，能吸引民众不顾生命安危而趋之若鹜呢？

据说，卧龙王庙能够显灵，白天供奉的祭品每到夜晚都会被全部吃完，就连前几任的知州在上任前也都要先到庙内拜神。王嗣宗当然不相信，他认为这一定是庙祝在捣鬼，但要破除百姓对卧龙王庙的迷信，还必须要有充分的证据。王嗣宗经过一段时间的明查暗访，找到了遭遗弃的庙祝妻子，从她口中了解到实情。原来，卧龙王庙正殿后面另建有一个密室，密室地下有一大洞，里面饲养了一群专吃祭品的狐狸。所谓“神已享用”的祭品，实际上就是被狐狸给吃光了。

在掌握了确凿的证据后，王嗣宗就选定一个日子，召集附近的州民相聚于卧龙王庙，然后打开密室，将燃烧的柴火扔进密室下的地洞里。顷刻间，洞中的狐狸纷纷往外逃窜，全被聚集的民众擒获，杀戮无遗。州民得知实情后大呼上当，王嗣宗就当场命人拆毁卧龙王庙，危害民间的又一祸端被革除。

王嗣宗揭发种放沽名钓誉，向朝廷要官做；揭穿骗局，拆毁窄家神庙和卧龙王庙，这些举措都称得上是利国利民的大好事，得到了当地民众的拥护。民间百姓编了顺口溜来称赞他的义举：

终南隐士声名歇，邠土妖狐巢穴空。
二事俱输王太守，圣朝方信有英雄。

王嗣宗不信鬼不信神，他得病后看见家人依照旧俗烧纸钱，为自己祈神去病，就笑着对家人说："世上有何等鬼神，敢向王嗣宗索取枉法贪赃钱财？"他敢于向鬼神挑战，这在一千多年前的封建社会里是非常难能可贵的。

咸平三年(1000)，王嗣宗因为在发运使任上的工作卓有成效，受到宋真宗的嘉奖，升太常少卿。第二年，迁右谏议大夫(从四品)、三司盐铁使，管理国家榷盐、冶铸等方面的财政税收，责任重大。针对当时冗费太多，国家财政已陷入困境的实际状况，王嗣宗提出了节省开支，量入为出的积极方案，得到真宗的认可与采纳。在这一方案中，王嗣宗特别针对朝廷在举行郊祀大礼时的浪费现象，列出了具体可省并的项目，为国家节省十万六千件杂物器具的消耗，节省民力九万九千工。

王嗣宗每到一地都能勤政爱民，政绩突出。他先后在太祖、太宗、真宗三朝任职，仕至枢密副使，为国家最高军政机关的副长官，称得上是朝廷内的"宿旧大臣"。王嗣宗又是一个个性鲜明的人，他身上的缺点也如同优点一样，十分明显。他性傲且狠，对人不够宽容，责人太严而责己过宽。

按宋制，官员年七十就要致仕(退休)，王嗣宗在任御史中丞期间，宋白、郭贽、邢昺等老臣年过七十，却不主动上书请退，他非常不满，多次上奏要求真宗降诏，责令他们致仕。

可是，等到自己晚年疾病缠身时，他却留恋仕途，“徘徊不去”，遭到大臣们的非议。他自己也曾对人说：“我平生唯不愿退休一事，未能免舆论非议。”

天禧五年(1021)，王嗣宗病逝，享年七十八岁。真宗闻讯十分悲伤，下令文武百官辍朝一天，以表示对他的悼念。真宗眷顾王嗣宗，赐谥景庄，并颁诏录用他的二个儿子、二个外甥为官。

吕蒙正

吕蒙正(944—1011)字圣功，河南府(今河南洛阳)人。祖父吕梦奇官至户部侍郎，父亲吕龟图仕至起居郎，为史官。吕龟图生性风流，喜欢纳妾，而且与结发妻子、吕蒙正的生母感情不和，竟然狠心将妻儿赶出家门。

吕蒙正虽然出身于仕宦家庭，却从小与母亲漂泊在外，过着流浪的生活。龙门山利涉院里一个好心的和尚收留了他们，并帮助他们在龙门山凿出一个山洞，作为避风遮雨的居所，母子二人总算有了一个栖身之所，但生活仍十分艰辛。

困顿窘迫的生活现状不仅没有让年少的吕蒙正消沉下去，反而更加激发了他发愤读书、博取功名的决心与斗志。在这期间，吕蒙正结识了同在利涉院读书的萧仲舒等人，并与他们成为书友，相互切磋学术，彼此间结下了深厚的友情。尽管生活清苦，吕蒙正却以坚韧不拔的毅力在龙门山闭门苦读，过着一种几乎与世隔绝的生活。经过九年的不懈努力，吕蒙正离开龙门，去京城参加科举考试。

太宗太平兴国二年(977)，吕蒙正顺利通过礼部省试后，又在殿试中被擢为进士第一名，荣登榜首。新进士唱名那天，太宗临轩，亲自到场祝贺。太宗见吕蒙正气宇轩昂，十分高兴地对左右说："朕得人矣。"

吕蒙正初授将作监丞、昇州(治所在今江苏南京)通判。宋朝故事，地方长官上任之前，要赴殿聆听皇帝的训旨，称"陛辞"。吕蒙正上殿陛辞时，太宗特别交待说："在处理民事时，如遇到不便他官知道的事，允许你通过驿骑直接上奏朝廷。"太宗还特赐他二十万钱，用作打点装备及赴任途中所需。

太平兴国四年，吕蒙正任期刚满，恰逢太宗皇帝亲征太原，讨伐北汉。太宗在前线特诏吕蒙正赴太原见驾，并亲自提升他为著作佐郎、直史馆。于是，吕蒙正进入三馆任职，成为一名令无数士大夫羡慕的馆阁官。次年，他又升任左补阙、知制诰，负责起草、拟定皇帝的诏书。

但是，父母不和、家庭生活的不幸一直是吕蒙正难以释怀的一个心结，他高中状元以后就开始做父母亲的思想工作，希望他们能和好。他不计恨父亲早年把自己赶出家门，主动将父亲和母亲迎进家门以尽奉养之道。由于父母之间的隔阂一时难以消除，吕蒙正只好让他们异室分居。不久，父亲去逝，吕蒙正辞官在家准备为父守丧三年。宋太宗非常器重吕蒙正，想委以大用，吕蒙正刚处理完父亲的丧事，太宗就急急下诏，特令他"起复"，回官署任职。不久，吕蒙正又奉命入学士院任翰林学士。

太平兴国八年，吕蒙正由翰林学士升任左谏议大夫(从四品)、参知政事。他从状元入仕到升任副宰相，前后只用了不到七年的时间，这样的升迁速度是少有的。宋太宗还赐给他一处府邸，位置就在宫城丽景门旁，并告诫说："大凡士人未做官时，看见官府办事有不合于理者，只能郁结于心中，不快而死。如今爱卿已列于相位，参大政，可以畅所欲言，献计献策，批评朝政。虽说你所说的未必都允当，只要有助于治国之道都可以言无不尽，不必有顾虑。"言语中流露出对吕蒙正的关切与厚望。

然而，吕蒙正的飞速晋升也招致一些官员的不满，当他第一次步入宰相办公厅时，就有朝官在旁边指手划脚："这人也能入朝参政？"吕蒙正听到后佯装不知，坦然地走了过去。与他一同上朝的宰相见状，要去查问这位出言不逊的朝官姓名，吕蒙正连忙加以阻止，并说："一旦我知道了这位朝官的姓名，我会一辈子记恨他，还不如不知道的好。"同列都佩服他的豁达与大度。

端拱元年(988)二月，李昉罢相，吕蒙正由给事中、参知政事擢拜宰相，任中书侍郎、户部尚书、监修国史、同中书门下平章事。按宋朝制度，宰相荫子有特权，初授六品或七品官。如宋初宰相范质之子以恩荫授六品官，范质自己也觉得恩赏太重，他在《戒儿侄八百字》诗中说："去年初释褐，一命到蓬丘(按指秘书省)。尔得六品阶，无乃太为优。"卢多逊任宰相，其子卢雍以恩荫初授水部员外郎(正七品)。这在当时都是十分优厚的待遇，即使是进士及第者也难以比及。

吕蒙正自己是经过多年的奋斗拼搏才考中状元，初授官也只有九品。因此，他认为宰相荫子太厚是一种不合理、不公平的现象，决定以身作则，打破这种不合理的规定。他上奏太宗皇帝说：

臣有幸进士甲科及第，初授只是九品官。更何况全国还有无数有才学的士子，因考不中进士而终老于山林，得不到国家的一点俸禄。如今吾儿年仅一二岁，如果因为我是宰相而享受七品的荫官，恩赏太厚，会遭上天的惩罚。请求授予九品官阶。

太宗有感于吕蒙正的忠心耿耿与大公无私，采纳了他的建议。从此以后，宰相子以恩荫初授九品官成为定制，其他高官荫子的品级也相应降低。

吕蒙正虽然仕途一帆风顺，为无数官员所羡慕，但是他自己仍然保持着比较清醒的认识，在荣耀面前没有自我膨胀、忘乎所以。一位朝官见吕蒙正当了宰相，就把家中珍藏的一面古镜送给他，千方百计地想讨好他，并说："这面古镜是我家的珍藏品，能照射二百里远。"吕蒙正笑着谢绝说："我的脸面不过碟子那么大，哪里用得上照二百里远的镜子？"送镜人自觉无趣，只得灰溜溜地走开。

在朝堂之上，吕蒙正敢于直言，敢于坚持己见，对有损朝纲之事毫不留情地加以批驳，他也因此得罪了一些高官，连皇帝有时也颇感头痛。尽管如此，太宗皇帝还是不时地称赞他敢以天下为己任的正直无私。

淳化五年(994)大年初一，百官大朝会庆贺元旦新年。太宗兴致很高，亲自写了《元旦》、《除夕》两首诗赐给亲近的大臣，大臣们也纷纷献诗附和，整个大殿内洋溢着一片歌颂太平盛世的喜庆气氛。这时，太宗对吕蒙正说："物极必反，否极泰来，这是自然的规律。五代晋汉以来，战乱不止，生灵涂炭，当时的人就认为天下永无太平之日了。朕亲理国政以来，万事顺利，有条不紊，常想这是上天的恩赐，才有了今日之繁荣昌盛。现如今，朕方知治、乱在人，而非在天。"太宗在说这番话时，流露出一种志得意满的神情。

如果换作别的大臣，也许会随声附和，称颂皇上的圣明。但是，吕蒙正听罢却连忙避席离座，表情严肃地说：“皇上住在京城，眼见官民来来往往，熙熙攘攘，热闹非凡，一幅太平盛世的繁华景象。可是，在距离都城不到几里远的村庄，我看见过许多因饥饿而死的村民。怎么能说国家已经繁荣昌盛，进入了太平盛世呢？”这番话犹如一盆凉水浇在太宗的头上，他原先的兴致被一扫而光，脸色顿时变得铁青，一言不发。吕蒙正则神情坦然，说完之后就转身回到自己的座位上。在场的官员多敬佩他的鲠直。

太宗决定派使臣去辽国，让宰相推荐一名有才干可以当此重任的官员。吕蒙正退朝后，就将自己认为合适的人选及相关材料整理好奏呈太宗，太宗看后认为这人并不适合担任赴辽使臣，就将材料退了回去。几天后，太宗问起选使一事，吕蒙正仍然将自己认为合适的官员推荐给太宗，太宗还是不同意，让他重新拟定。

次日，太宗再问，吕蒙正照样推荐同一位官员。太宗非常生气，将他呈上的奏书扔到地上，大声喝斥道：“为何这般固执，务必为我换人。”太宗的话已说绝，可吕蒙正仍不为所动，他平心静气地说：“不是为臣固执，而是陛下您不能体谅也。臣所举荐者是最适合的人选，其他人都不能及，故而坚持。臣不愿为了迎合圣意，而违心地做出有损国家利益的事。”说罢，他弯腰捡起被太宗扔在地上的奏书，捧在怀中慢慢退下。在旁的官员都被眼前发生的一切给震住了，个个屏住呼吸，紧张得一动也不敢动。太宗只得宣布散朝。

事后，太宗对身边的侍从说：“此翁（指吕蒙正）之气量，朕所不及也。”最终，太宗还是选择了吕蒙正推荐的官员。当这位使者完成赴辽使命回国后，太宗对他大加褒奖，称他不辱使命。经过这件事，宋太宗更加了解吕蒙正的知人善任和刚正不阿，也更加倚重他。

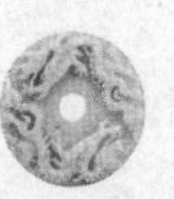

淳化年间，左正言宋沆因为上奏忤旨被罢官。宋沆是吕蒙正妻子的娘家人，两人是亲戚关系。一些人就借机到太宗面前告状，说宰相任用宋沆是出于私情。吕蒙正受牵连被罢去宰相，降为吏部尚书。

吕蒙正被罢相后，又有落井下石者散布谣言，说他在任宰相期间，为泄私愤，曾以贪赃罪罢免知蔡州张绅的官职。这位告状者也是朝廷大臣，他亲口对太宗说："张绅本是洛阳富豪，怎么可能贪赃受贿呢？吕蒙正在没考中状元前生活非常贫穷，他曾经向张绅借钱被拒绝，就怀恨在心。他出任宰相后，就四处罗织张绅的罪状，将张绅罢免。"宋太宗听信诬告者的谗言，下诏恢复张绅的官职。吕蒙正知道后也没有为自己申辩。不久，吏部考课院的官员在考核张绅政绩时，确实发现了他贪赃枉法的证据。太宗只得再次颁诏罢免张绅，并诏吕蒙正复相。太宗对吕蒙正说："张绅果然犯赃。"吕蒙正听罢，一句谢恩的话也没有说，虚情假意不是他的性格。古语曰："宰相肚里能撑船。"这句话虽然不适用于每一位当权的宰相，但吕蒙正器量之大在当时确实是人所共知的。

至道元年(995)，太宗薨，真宗即位。吕蒙正感激太宗的知遇之恩，在悲痛之余决定倾家财三百万充作营造太宗陵寝的费用。咸平四年(1001)，吕蒙正被任命为尚书左仆射、同中书门下平章事、昭文馆大学士。北宋立国以来，三入宰相者，只有开国元勋赵普与吕蒙正二人。咸平六年，真宗又授吕蒙正太子太师、封莱国公。

景德二年(1005)，年事已高的吕蒙正辞去官职，回到洛阳老家。他的府第内有园、亭、花、木，可供自赏；府上有子孙环抱，尽享天伦之乐。宋真宗眷念吕蒙正，曾经两次亲临他在洛阳的府第看望他。真宗曾经问他："爱卿诸子中，谁将来可当大任?”吕蒙正没有推荐自己的两个亲生儿子从简、知简，而是推荐了侄儿吕夷简，他说：“诸子皆不能用，唯有侄儿夷简，现任颍州推官，是宰相之才。”真宗一向对吕蒙正的知人善任赞赏有加，对他所推荐的人才自然是十分器重。吕夷简很快得到提升，他没有辜负叔叔的期望，最终也成为一名宰相。

吕蒙正有一位门客名叫富言，有一天，他对吕蒙正说：“小儿富弼十来岁，请相公帮忙让他入书院学习，也好服侍二位公子。”吕蒙正答应了他的请求，当他看见富弼时连连称奇，对富言说：“此儿他日的名位与我相当，而勋业要远超过我。”立即让富弼和自己的二个儿子一起学习，并为他提供一切费用。这个富弼后来也成为北宋一位著名的宰相。

大中祥符四年(1011)，真宗封吕蒙正为许国公。命刚下，吕蒙正就因病去逝，终年六十八岁。诏赐谥文穆。

苏易简

苏易简(958—996)字太简，小名岷岷，梓州铜山(今四川中江县)人。父亲苏协是五代十国时期后蜀的进士，归宋后，曾担任过汝州司户参军等州县小官。苏易简从小聪颖过人，好学善思，长大后更是一位风度翩翩、才思敏捷的谦谦君子，并且练就了一手好书法。

太宗太平兴国五年(980)，苏易简顺利通过地方的发解试和中央省试后，参加决定名次的殿试。殿试所试诗、赋、

策论的题目分别为:《明州进白鹦鹉诗》、《春雨如膏赋》、《文武何先论》。太宗为了慎择贤才,亲自御讲武殿审阅优秀试卷。苏易简所作策论三千余字,殿试考官将他的试卷上奏太宗,太宗亲阅后御笔钦定为进士第一名。苏易简就从新录取的一百十九名进士、五百三十四名诸科中脱颖而出,荣获状元美称。

苏易简初授将作监丞、昇州(治所在今江苏南京)通判,三年任满迁右拾遗、知制诰。知制诰负责起草皇帝的诏命,属皇帝亲近之官,有幸担任知制诰的都是才学之士且深得皇帝宠信。一年后,苏易简又迁官祠部员外郎(正七品)。雍熙二年(985),苏易简奉命担任知贡举,主持本年度的科举考试。在短短的五年时间里,他就从一名参加科举考试的举子,一跃成为科举考试的主考官,说明皇帝对他的器重。

国家在当年的科举考试中出台了一项新举措:将参加科举考试的主考官、考试官的亲属集中起来,另设一考场,与其他举子分开进行考试,称"别头试",目的是为了杜绝考官亲属的舞弊行为,确保考试的公平与公正。可是,苏易简的妻弟崔范却用欺骗手段参加了当年的科考,并登进士上第。崔范不仅隐瞒了自己与苏易简的亲戚关系,而且隐瞒了父丧的实情。按规定,父母亡故,举子在三年守丧期内不能参加科举考试。东窗事发后,太宗迫于舆论压力,罢苏易简知制诰。不过这只是权宜之计,待事态平息后,苏易简很快恢复原职,次年迁翰林学士。此后,苏易简又先后于端拱元年(988)、淳化三年(992)两次任权知贡举,录取的状元陈尧叟、孙何后来都成为宋代名臣。

淳化二年,苏易简升翰林学士承旨。翰林学士承旨一般是由学士院内资格最深、或最有名望的学士充任,是首席翰林学士，在政治上的待遇很高。北宋初规定：皇帝设御筵宴请宰相、大将，翰林学士都可以参加。节日时，皇帝御丹凤楼观赏京城举办的娱乐活动，翰林学士承旨也有资格登楼坐在西南角。不过这两项规定在太祖朝就被大臣奏罢了。苏易简上奏请求恢复旧制，太宗皇帝重儒术，对翰林学士也给予很高的待遇，他很快同意了这一请求。苏易简又献上自己亲撰的《续翰林志》，得到太宗的嘉奖。太宗特赐给他二首诗，其一曰：

翰林承旨贵，清净玉堂中。
应用咸依式，深严比更崇。
归家思值日，入内聚英风。
儒措门生盛，高明大化雄。

一句“翰林承旨贵”，道出了太宗对苏易简的宠爱。

太宗还亲自撰飞白大书“玉堂之署”四个大字，制成匾额，让苏易简悬挂在学士院正厅内，使整个学士院蓬筚生辉，增色许多。身为翰林学士承旨的苏易简自然是大喜过望，他邀请判国子监李至、中书舍人毕士安等儒学名流来学士院，观赏太宗亲题飞白匾额。太宗闻讯后，又派中使到学士院设宴款待这些儒学之士，宰相李昉等名流也纷纷到场祝贺，并赋诗赞美。苏易简在学士院任职八年，这期间，宋代学士院的发展达到一个高峰，声誉倍增。

苏易简迁知审官院，负责京官、朝官的选拔与任用。他提出了一项重要的改革建议：京朝官必须先具备在地方上任职的经验，才有资格出任知州、通判这些地方要职。而在此之前，国家选用地方上的知州、通判，一般不要求官员必须具备在州、县从政的经历。一些新上任的知州、通判因不熟悉民情难以胜任，有的甚至遭到地方官府内胥吏的欺辱、操纵。苏易简的此项改革就是针对这一现象提出的，目的在于严格州县官员的选任。

太宗一向对年轻有为、名望颇重的苏易简信任有加，淳化四年(993)十月，决定提拔他任副宰相，苏易简遂自翰林学士、给事中迁拜参知政事。但是，苏易简的性情比较急躁，为人也不够宽容，他在任职期间与另一位参知政事赵昌言不和，两人时常因为意见不同而发生争执，甚至在太宗面前争吵不已，互不相让。太宗对此心中多有不快，他先下诏任命赵昌言知凤翔府，将他调离中央；第二年，又任苏易简为礼部侍郎、知邓州(治所在今河南邓州)，后移知陈州(治所在今河南淮阳)。

离开京城后的苏易简深感失落，陷入了郁郁不得志的苦闷之中。苏易简原本就是一个嗜酒成性的人，早在学士院任翰林学士时，他就曾经因为醉酒而多次受到太宗的严厉批评。太宗还亲笔草书《劝酒》二章送给他，并让他在母亲面前高声宣读。此后，苏易简虽然在家中仍经常醉酒，不过在学士院、朝堂之上都能约束自己，不敢过量饮酒。自从被赶出朝堂后，终日郁郁寡欢的苏易简又开始放纵自己，终日沉湎于酒而不能自拔，身体也在酒精的作用下每况愈下。

至道二年(996)，苏易简走完了自己短暂却辉煌的人生历程，年仅三十九岁。太宗闻讯痛惜不已，对宰相说："易简果以饮酒过度而死，可惜，可惜。"

苏易简的母亲薛氏是一位出色的好母亲，她教子有方，受到太宗的褒奖。苏易简拜参知政事后，太宗曾在宫中召见薛氏，赐她头冠、霞帔，并赐坐。太宗问薛氏："你是怎样将儿子培养成如此出色的人才?"薛氏从容地回答说："幼以礼仪约束，长大后再教以诗、书。"太宗听罢，对左右侍从说："真孟母也。"

苏易简在知贡举时，曾遇到父亲的一个朋友何光逢，他是四川人，曾担任过县令，后因收受贿赂被除官，流落至京城。当时的京城聚集了无数参加科举考试的各地举子，何光逢为了谋生就充当“枪手”，代人考试。苏易简发现后，就毫不留情地将他赶出贡院大门。恼羞成怒的何光逢编造毁谤朝廷、讥讽苏易简的书信，到处散发，造谣生事。苏易简非常气愤，就将此事上奏朝廷，太宗下令逮捕何光逢并处以弃市的极刑。苏易简原来只是想惩罚一下何光逢，却没想到太宗会将他处死，心中感到十分内疚，时常神情恍忽。薛氏得知事情原委后严厉责备儿子，苏易简也悔恨地说：“真没想到事情会发展到如此不可收拾的地步，这是儿的罪过。”

苏易简天资颖悟，又能刻苦自励，不满三十岁就由知制诰升翰林学士。刚开始撰写制书、诏命时，他经常会因为所写制诰不合体式，被责令重新修改，但是他并不气馁，而是更加努力学习、磨炼，很快练就出一手好词翰，深得太宗的赞许。苏易简著有《文房四谱》、《续翰林志》及《文集》二十卷，都被收藏于宫中秘阁。

苏易简有三个儿子，他们都在真宗朝以门荫入官，没有大的名声。不过，他的孙子苏舜钦却是北宋著名的文学家，一个命运坎坷的文学家。

梁　颢

在中国戏剧史上，梁颢(963—1004)是以八十二岁高龄考中状元而名闻天下。明代杂剧《梁状元不伏老玉殿传胪记》、明代传奇《青衫记》、《折桂记》等，讲述的都是梁颢不屈不挠，晚年搏得状元的故事。梁颢确实是北宋状元，但他根本没有活到八十二岁，更谈不上八十二岁中状元，传说、传奇与事实之间还是有较大的出入。历史事实是，梁颢于二十三岁高中状元，四十二岁英年早逝。后人编撰梁颢不伏老的故事，不过是想借此来赞美那种凡事锲而不舍终成伟业的奋斗精神。历史上的梁颢究竟是怎样一个人呢？

梁颢字太素，郓州须城县（今山东东平）人。祖父梁惟忠以明经登科，曾担任天平军节度判官；父亲早逝。梁颢自幼寄养在叔父家，由叔父抚养成人。

梁颢立志向学，喜欢结交文学名流。王禹偁是北宋著名的文学家，以诗文名扬天下。他曾在济州钜鹿居住过一段时间，济州与郓州相邻。梁颢久闻王禹偁大名，就决定去钜鹿拜王禹偁为师。一次，梁颢在阅读经书时遇到一个疑难问题，去请教王禹偁却遭到了拒绝。究竟是王禹偁认为梁颢提的问题过于肤浅而不屑回答，还是别的什么原因，现在已不得而知。梁颢在遭到老师的拒答后没有拂袖离去，而是很快平复心态，加倍用功、发奋苦读。一个月过去了，当他再次向老师求教时，老师很耐心地进行解答，并对他强烈的进取心大加赞赏。梁颢在老师的悉心指导下，学业大有长进。

梁颢首次参加科举考试并不成功，继续留在京城苦读。首次科考的失败使他意识到，科举考试内容局限于诗、赋、策论，这是对人才的束缚，不利于真正有才学者的选拔，需要进行改革。他以布衣身份上了一道奏疏，其中说到：

臣观史书，李唐王朝治天下，用各种途径广搜才能之士。在考试科目上，仅制科就有四十多种，使大批士子被选拔上来。唐王朝能够有天下三百多年，是与其制科得人分不开的。到了五代，制科取人之制渐渐衰落，科目之选主要限于进士科的诗、赋、策论。考官在评阅试卷时主观随意性很大，符合心意的试卷往往能得高分，不称心意的就写个“否”字，将应举人黜落。这非常不公正。

至于本朝，科举考试仍限于诗、赋、策论之类的小技，这与陛下选拔孤寒、沉滞之士的愿望不完全符合。望陛下能像唐王朝那样重视制科之选，即在进士、诸科之外，设立“才高位下科”、“高蹈丘园科”、“高才沉沦草泽自举科”、“乐道安贫科”、“草泽无人举者亦听自举科”等科目，使怀才不遇者也能获得选拔的机会。

这道奏疏虽然不能排除梁颢因落第而产生一种失意情绪，但也确实反映出唐代科举重制科，以及制科得人之盛的事实。遗憾的是，他的奏书不知在哪个部门被扣，如石沉大海没有任何回音。尽管如此，梁颢还是积极准备着下一次的科举考试。

太宗雍熙二年(985)，翰林学士贾黄中、右散骑常侍徐铉、知制诰赵昌言等奉诏知贡举，负责当年的科举考试，梁颢顺利通过了礼部省试。三月十五日是殿试的日子，这次出的三道殿试题目分别为:《颖川贡白雉赋》、《烹小鲜诗》、《玄女授兵符论》。按照惯例，殿试只是对省试合格进士的覆试，目的是排定名次，很少有被黜落的。但是，这次参加殿试的共四百五十八人，却只录取了一百七十九人，殿试黜落大半，这在北宋历史上还是极为罕见的。梁颢成绩出众，一举夺得状元桂冠。

梁颢初授大名府(治所在今河北大名)观察推官，任满三年，召试馆职，擢右拾遗、直史馆。在北宋前期，直史馆主要负责校对三馆秘阁中收藏的书籍，属于馆阁官，是士大夫非常羡慕的清要之职，为国家储才之地。官员一旦有幸升任馆职，就预示着前程的光明与远大。梁颢能很快升任馆职，也表明他的才学得到了太宗皇帝的认可。

任馆职不久，梁颢就奉诏判登闻检院，这是北宋新设立的一个申诉机构，负责受理官民冤假错案，搜集揭发贪官污吏的材料。这项工作直接关系到群众的切身利益，责任重大。梁颢在判登闻检院任上出色地履行了自己的职责，任期满后，被调往大名府，出任知府赵昌言的下属官。赵昌言是梁颢的座主，是他参加礼部省试时的主考官之一，两人的关系自然非同一般。后来，赵昌言升枢密副使，梁颢也在他的大力举荐下擢官右正言，重新回到京师。

赵昌言是开宝八年(975)进士，与他同年登进士第的还有胡旦、董俨。赵昌言任枢密副使时，与盐铁副使陈象舆、知制诰胡旦、三司度支副使董俨关系密切，经赵昌言引荐，梁颢也与他们三人成了密友。每天晚上，他们都要在赵昌言的府第相聚，饮酒畅谈至深夜，京师流传民谣称："陈三更，董半夜。"官员之间交往过密容易形成党群势力，这历来是统治者的大忌。梁颢与赵昌言等大臣间的亲密关系不仅没有给他带来好运，反而使他的仕途前程遭遇重大挫折。

胡旦是一个心高气傲、好出狂言的人，他曾经与一位书贩子翟颍开玩笑，要他改名马周，并以马周的名义上奏朝廷，攻击朝政。他还自荐为宰相，同时推举数十人担任朝中大臣，并要枢密院副使赵昌言在朝中与他响应、配合。胡旦的这个政治玩笑实在是开大了，朝廷责令开封府将翟颍逮捕下狱，并罢去赵昌言枢密副使之职。梁颢作为赵昌言、胡旦的密友也受到牵连，被贬为虢州(治所在今河南灵宝)司户参军。

幸运是的，宋代统治者在对待士大夫的态度上，以及在用人政策上都比较开明与宽容，那些犯了错误的官员并不会被一棍子打死，一蹶不振，在接受处罚、经过反省后，如果朝廷认为他们确实有悔改之意，慢慢地还会重新起用，甚至是重用他们。梁颢被贬虢州司户参军后，经过自己的努力，先是起知鱼台县（今山东鱼台），接着升直史馆，迁右司谏，官职逐步得到恢复。

至道三年（997）三月，太宗皇帝驾崩，真宗赵恒即位。为了听取各方面的意见，真宗皇帝在登基不久就颁发诏命，要求文武百官就如何治理国家献计献策。这时，梁颢正在奉命出使陕西的路途中，他撰写了《听政箴》献给朝廷，得到真宗的赏识。回到京城后，他被任命为三司度支判官，在国家最高财政机构——三司中，协助三司使、副使管理全国的赋税征收、以及国家财政预算与支出，工作十分繁重。

咸平元年（998），朝廷任命钱若水主持重修《太祖实录》。“实录”是一种史书体裁，它是按时间顺序如实记录下某个皇帝在位时期的政治、军事、经济、文化等各方面活动，作为修国史的重要依据。钱若水十分欣赏梁颢在治史方面的才能，就推荐梁颢参加修撰工作。朝廷采纳了钱若水的建议，任命梁颢为同修起居注（史官），参与重修《太祖实录》。

真宗即位之初，正是北宋与辽之间关系日趋紧张，两国边境形势十分危急之际。咸平二年，辽国的萧太后、辽圣宗率大军进攻北宋，真宗召群臣共同商讨边事，寻求御敌良策。梁颢对于用兵之道也颇有钻研，他上疏献《御敌策》二道，主要内容是：一、明赏罚。大将傅潜在辽军入侵时畏敌不前，朝廷应该援用“孙武斩队长而兵伍整”的典故，斩傅潜于军中,再另择边臣之可用者,领兵御敌。二、征收游骑。宋辽边境上活跃着一批善骑射的游骑,朝廷可将他们收编起来,以五十人为一队,让他们自带干粮,逐水草而居,往来奔袭,守卫边疆。遇有敌兵可灵活应战,随时追捕,各队之间也可相互呼应;一旦发现敌兵大举入侵,则点燃烽火,使州郡守城有备,坚壁以待,确保边境安宁。

咸平三年,梁颢迁知制诰,掌起草诏命、制敕。同年初,益州(今四川成都)戍兵发动骚乱,推举都虞候王均为大蜀主。朝廷派兵前往镇压,很快平定叛乱,王均也被迫自杀。为了安抚川峡地区百姓,稳定局势,真宗决定选派有吏才的梁颢出任川峡路安抚使。第二年,河北路闹饥荒,盗贼蜂起,梁颢又被任命为河北西路巡检使,在他的努力下,饥荒很快得以缓解,社会治安也逐渐好转。梁颢因为任使有功,迁右谏议大夫、户部使;不久,授翰林学士;改差同知审官院、三班院,负责官员的选拔与任用。随后,他又奉命权知开封府。

景德元年(1004)夏,梁颢暴病卒于权知开封府任上,享年四十二岁。

梁颢谈锋机敏,与人交友专一,在当时士大夫中口碑很好。他育有三子,长子梁固,秉承父亲的才学,并在真宗大中祥符二年(1009)的科举考试中荣登状元;第三个儿子梁适也登进士第,在仁宗朝官至宰相。父子四人中,有二位状元,一位宰相,可以说,这是宋代科举全盛时期"学而优则仕"原则的一个典型范例。

陈尧叟

陈尧叟(961—1017)字唐夫,阆州阆中县(今四川阆中)

人。父亲陈省华曾在后蜀政权中任职，北宋平定后蜀，他又先后在太祖、太宗二朝做官，仕至谏议大夫、权知开封府事。母亲冯氏教子有方，所生三子尧叟、尧佐、尧咨均考中进士，跃登龙门。

陈尧叟作为陈家长子，自幼在父母亲的严格管教下苦学不辍。太宗端拱二年(989)，二十九岁的陈尧叟携同小他两岁的二弟尧佐一起来到京城，参加礼部省试。这一年的省试安排在农历正月二十一日举行，共录取合格奏名进士三百六十八人，兄弟俩人都名列其中。陈尧叟更是勇夺省试第一名，荣获省元称号。

殿试在三月二十一日举行，三道考题分别为：《圣人不尚贤赋》、《五色一何鲜诗》、《禹拜昌言论》。殿试只录取186人，另有一半人惨遭淘汰，录取进士中，年龄最小的只有十三岁。陈尧叟以优异的成绩拔得头筹，荣登榜首，二弟陈尧佐亦榜上有名。

陈尧叟一路过关斩将，先后夺得省元、状元，足见其实力之雄厚。在殿试唱名过程中，当考官宣布状元是阆州陈尧叟时，他出列向太宗跪拜谢恩，声音洪亮清晰，引人注目。太宗对眼前这位进退从容的状元十分好奇，询问左右大臣："此人是谁家子？"参知政事王沔回答说："这是陈省华长子。"太宗很高兴，下诏褒奖陈省华，由楼烦县令迁太子中允、判三司都凭由司。

陈尧叟初授光禄寺丞、直史馆。北宋前期，馆职被视作国家的储才之地，是士大夫们向往的清要之职，即便是状元及第者，通常也要在一任期满后再召试馆职。陈尧叟刚得状元即授直史馆，恩遇优渥，这在当时尚无先例。第二年，太宗又颁诏，特赐陈尧叟及其父陈省华绯服，享受四、五品官员的待遇。陈尧叟上书感谢太宗的知遇之恩，其中写道：

蟾桂骊珠，连岁有弟兄之美。

鱼章象简，同时联父子之荣。

意思是说，陈氏家族既有兄弟同年折桂登进士之美，又有父子同时获赐章服之荣。能获得这样的荣耀确实值得自豪。

随后，陈尧叟擢三司河南道判官，分管河南一路的财政。在任期间，正值宋、亳、陈、颍诸州闹饥荒，他及时向朝廷奏明灾情，并奉命与赵况一起将国家府库中的粮食分拨下去救济百姓。由于赈灾及时，一方百姓得以安定。

陈尧叟遇事果敢、处事干练，深得太宗赏识，很快被提升为工部员外郎、广南西路转运使，负责广西路的财政及所属地方官员的考核、选拔。陈尧叟到达广西后发现这一地区十分落后，岭南风俗，人一旦生病不是急着去求医，而是去神庙祈祷神灵禳灾除病，很多人因为延误医治时间不治而亡，本地区的人口增长率也低于其他地区。为了破除迷信，引导当地百姓求医服药，陈尧叟从《集验方》等中医典籍中精心挑选出一些良方，刻于石碑上，并将石碑树立在人来人往的桂林驿。这一举措对移风易俗、改善当地人的健康状况起到了良好的作用。

南方地区酷暑炎热，瘴气漫衍，可供饮用的水资源十分缺乏。陈尧叟就拨出官钱在道路两旁种树，在村镇凿井，有效改善了广西地区的饮水条件。他还下令境内每隔二、三十里远就要建造一座凉亭，凉亭内摆设茶水，供往来行旅饮用。这以后，即使是在炎炎暑夏，行人也不再担心会渴死路上。

淳化四年(993),宋太宗决定封静海军节度使黎桓为交趾郡王,陈尧叟奉命担任“交州国信使”,前往交州完成此项加恩任务。交州位于现在越南的北部,远离中央政权,陈尧叟接到任命后不惧路途遥远艰辛,立刻起程前往。黎桓是一个生性比较残暴的人,据说他每次接待远道而来的天子信使时,都会赏给信使数千贯的礼金以示慰劳,这笔钱都是他从部民身上搜刮来的。由于当地经济落后,部民们大多负担不起这笔额外费用,黎桓就下令将无力交纳者的手、足斩断。因此,交趾郡的百姓都十分痛恨黎桓,对宋廷派来的使者也极为反感。

陈尧叟得知这一情况后,就决定劝黎桓废除馈赠以减轻部民的生活压力。他先将黎桓的儿子召到自己住所,向他提出免去私赠使者礼钱的建议,并请他转告黎桓。在随后举行的加恩典礼中,陈尧叟宣读完加封黎桓交趾郡王的诏命后,当众宣布免除馈赠礼钱的惯例。

当时,交州百姓为了躲避黎桓的专制压迫,纷纷离家逃到广西境内。前几任广西路转运使都愿意为这些亡命者提供保护,将他们藏匿在境内。但是这样做的结果不仅加剧了交州与中央政权之间的紧张关系,而且使交州海盗频频入侵广西沿边地区,给那里百姓生产和生活造成极大的破坏。陈尧叟上任后一改以往的做法,将从交州入境的亡命者全部遣送回去。黎桓对此也是心存感激,下令协助官府搜捕海盗。从此,交州与广西交界地区维持了一段相当长时间的和平稳定,百姓得以安居乐业。

在宋代,琼州(今海南省)属广南西路管辖范围,与大陆隔海相望。朝廷供应琼州守军的军粮,主要由雷、化、高、藤、容、白诸州的州兵渡海押运。可是这些州兵大多不熟悉海路，在押运过程中经常会发生翻船溺海的事故，渡海运粮就成了一项十分艰难且极度危险的差事。

陈尧叟到任后没有采用强制方式责令州兵运粮，而是积极寻找对策。他经过大量的实地调查发现，在与琼州相望的海峡北岸有一递角场，这里海面比较窄，顺风时海船一天即可抵达琼州。陈尧叟决定将诸州军粮先集中到递角场，再选拔熟悉水性的兵卒，利用天气晴好、顺风的日子将军粮运过去。由于选择了一条相对比较安全的海上运输线路，有效扼制了海难事故的发生，陈尧叟功不可没。

陈尧叟在广西转运使任上待了五、六年，做了许多实实在在的工作，政绩卓著，他的威望也与日俱增。咸平元年(998)，初登帝位的真宗颁布诏令，要求各路民户必须在自家的门前、田里种植桑枣。真宗的本意是希望以此来促进各地农业的发展，但是北宋疆域辽阔，各地的自然环境、气候条件以及水土差异都非常大，要在举国上下、天南地北种植桑树、枣树，显然是不符合实际，行不通的。陈尧叟上奏朝廷，对这项命令提出质疑，并建议在岭南地区推广种植苎麻和水稻：

> 岭南诸州风土各异，境内多山、多石，不适宜种植桑、枣。这里的农民除了种水稻，还在一些旱地种植苎麻，一年可收割三次，这是广西百姓的一宗大利。农民可以将种水稻与织苎布两者有机结合起来，“始离田畴，即可纺织”，白天种田，晚上织布……
>
> 今圣上下令改种桑枣，而本地的自然环境不适宜种桑枣。望圣上将本地农户种植桑、枣数额，折换成种植苎麻的亩数，并规定农户按照课定数量向官府出售苎布。这样，官府所收苎布源源上交国库，而农户又可得到种植所需资金，公私兼顾，各得利益。

真宗采纳了陈尧叟的建议，收回诏命。陈尧叟用事实说服了真宗，避免了长官意志对农民的伤害，进而保护了一方百姓的利益。

陈尧叟奉诏回京，任刑部员外郎（正七品）、三司度支判官。宋代官制，只有担任过路级转运使的官员才有资格任三司判官。度支判官负责钱粮布帛、常平仓、发运等事务，职事繁剧。陈尧叟担任度支判官不久，广西抚水州（今广西宜山）发生了少数民族首领蒙令全杀害朝廷使臣的事件，在当地引起骚乱，真宗任命陈尧叟为广南东、西路安抚使前去安抚。陈尧叟任广西转运使多年，在当地颇有民望，很快平息骚乱。他回到京师后，迁主客郎中（从六品）、枢密直学士、知三班院兼银台通进封驳司、制置群牧使。

北宋，凡是被授予"枢密直学士"（非职事官）的官员，都是朝廷准备重用的人才。知三班院负责管理宫中侍卫及奉命出使的下级武臣；银台通进封驳司负责接收百官奏折以呈送皇帝，并将皇帝的批示下发给相关部门，同时负责纠察百官与封驳制诏，权力非常大；制置群牧司则负责管理全国的马政。陈尧叟一人身兼数职，足见真宗对他的信任。不久，他又迁右谏议大夫、同知枢密院事，成为一名执政官。

大中祥符年间，陈尧叟附和宰相王钦若、丁谓，伪造"天书"，鼓吹太平盛世，为真宗歌功颂德，这是他政治生涯中抹不去的污点。大中祥符五年（1012），陈尧叟拜尚书左丞、检校太傅、同中书门下平章事，成为一名宰相，与王钦若共理朝政。

天禧元年（1017），陈尧叟病卒于开封，享年五十七岁。赐谥文忠。

陈尧咨

陈尧咨（970—1034）字嘉谟，陈省华第三子，尧叟、尧佐弟。他与兄长陈尧叟是北宋著名的兄弟状元。陈尧叟于太宗端拱二年（989）考中状元，时年二十九；陈尧咨于真宗咸平三年（1000）金榜夺魁，时年三十。二哥陈尧佐（963－1044）与大哥同年进士及第，官至宰相。陈尧咨放任不羁，虽中状元却没能像两位哥哥般官至一品。尽管如此，陈氏一门三进士、二状元、二宰执，称得上是荣耀无比。

真宗咸平三年，翰林学士王旦、知制诰王钦若同知贡举，省试录取合格正奏名进士五百四十七人。三月十七日，真宗命翰林学士承旨宋白等二十一人为殿试考官，策试省试合格进士，三道试题分别是：《人文以化成天下赋》、《崇德报功诗》、《为政宽猛先后论》。殿试共录取进士四百十四人，黜落一百三十三人，比前几榜黜落人数少很多，陈尧咨从众多考生中脱颖而出，金榜折桂。

北宋前期，状元及第后按例授将作监丞、州通判，所以状元也别称为“将作监丞”。陈尧咨初授将作监丞、济州（治所在今山东钜野）通判，三年任满后，召试馆职，改授秘书省著作佐郎、直史馆、判三司度支勾院。“著作佐郎”是决定俸禄的本官阶，“直史馆”是馆职，“判三司度支勾院”则是实际的职务，负责管理度支帐目的审核、注销，任务繁剧。任职二年后，陈尧咨改擢右正言、知制诰，负责起草皇帝诏书、制敕。

陈尧咨性格刚戾，放任不羁，不如二位哥哥沉稳、练达。景德二年(1005)，他奉命出任当年的殿试覆考官，参加考试的奏名进士中有一位名叫刘几道，他是三司使刘师道的弟弟，陈尧咨判三司度支勾院时是刘师道的下属官。所以，当刘师道为弟弟的科名来请他帮忙时，他念于旧情，不顾严格的考场纪律，暗中与刘几道串通，让刘几道在试卷上标写记号。刘几道在覆考官的暗中相助下顺利通过殿试，登进士第。

一个月后，有人向朝廷揭发这一科场舞弊案，真宗非常生气，下令将涉案人员全部罢黜：罢刘师道枢密直学士，责授忠武节度行军司马；罢陈尧咨知制诰，责授单州团练副使；新进士刘几道被从进士名籍中剔除，永不得参加科举考试。陈尧咨为自己的放任、冒失付出了沉重代价，这是他政治生涯中遭遇的第一次重挫。

陈尧咨对自己的行为颇感悔恨，经过几年的反省、努力，他重新得到了真宗的信任。真宗先授予他秘书省著作佐郎、知光州(治所在今河南潢川)，满任后再让他官复原职，担任右正言、知制诰。此后，陈尧咨奉诏同判吏部流内铨，掌管七品以下京官的铨选工作。宋制，选人改京官需要有五位京朝官的推荐，这对于那些没有官家背景、出身贫寒的士大夫来说是非常苛刻的，许多选人就因为迟迟拿不到五张举荐信，被迫沉浮于“选海”，久久得不到改秩升迁的机会。陈尧咨对寒士出身的选人的处境非常同情，他打破旧制，列出一份因缺举主而迟迟不能改官的选人名单，请求朝廷批准他们改京官。真宗认为陈尧咨此举可行，特予批准。陈尧咨也因为工作出色，迁龙图阁直学士、尚书工部郎中、出知永兴军(治所在今湖北阳新)。永兴军地多盐碱、河水苦涩,陈尧咨到任后,就在境内兴建水利工程,募民疏浚龙首渠,引渠水入城,从而解决了城中居民饮用水的问题。

陈尧咨在生活上追求侈华,做官也是随意任为、自作主张,常常有一些不守法纪的越轨行为。在知永兴军任上,他曾经擅自打开官府的武器库,随意取用库内的弓箭等兵器;他还兴建草堂,作为批阅公文、处理公务的场所;他甚至增开三道城门,又建造一条专供自己出入的通道,每次出行,都要派禁兵列队护卫。更为严重的是,他在审理案件时经常动用酷刑,屡有致人死亡的事件发生。对于自己的同僚和属下,陈尧咨也是盛气凌人、傲慢无礼,陕西路转运使乐黄目对他的胡作非为忍无可忍,向朝廷提出了辞职请求。真宗诏陈尧咨知西京河南府(治所在今河南洛阳),将他调离永兴军。

陈尧咨刚一离开永兴军,检举揭发的信件就如雪片般飞到朝廷,状告他在知永兴军任上的种种违法行为。真宗考虑到陈尧咨是状元出身,二个哥哥尧叟、尧咨又都在朝中任高职,没有对他彻底查办,只是略施惩罚了事,诏陈尧咨罢龙图阁直学士,出知邓州(治所在今河南邓州)。真宗担心陈尧咨会故态重演,再度惹事生非,几个月后就任命他为知制诰,召回京城。这是陈尧咨第三次担任知制诰。

陈尧咨状元及第仅仅五年就擢升知制诰,令士大夫们无比羡慕。可是在任职十多年后,他并没有获得更好的晋升机会,而是又回到了知制诰任上。面对仕途上的坎坷与挫折,陈尧咨不仅没有认真反省自己,反而认为自己是遭到了小人的诽谤和陷害,终日郁郁不乐,情绪低落。

大哥陈尧叟见弟弟如此消沉,内心十分担忧,就去找真宗说情,将弟弟心中的委屈一一道出。真宗不高兴地说:

“朕一直是在尽可能保护他，难道他还不知道吗？怎么能信口开河说别人毁谤他呢？”真宗还特地手书一纸，对陈尧咨加以严厉训斥。真宗这封言辞激烈的信给了陈尧咨当头一棒，让他清醒了许多，他诚惶诚恐地去向皇帝谢罪，表示要痛改前非。三年后，陈尧咨复龙图阁直学士、判登闻检院，负责管理军民申诉、平反冤案。可是在任职期间，他又因自己保举推荐的官员犯赃罪受到牵连，降官兵部员外郎。

天禧初年，哥哥陈尧叟去逝，不久母亲冯氏也病故，陈尧咨与二兄尧佐辞官回家为母守丧。三年守丧期满，陈尧咨起复工部郎中、龙图阁直学士、会灵观副使，后奉命出任陕西沿边安抚使，负责边备。不久，又迁右谏议大夫、知秦州（治所在今甘肃天水）。随后，陈尧咨奉诏回京，任权知开封府，管理首善之府的民政、刑政等事务。

天圣元年（1023），年岁尚幼的赵祯登基，是为宋仁宗，朝政主要由垂帘听政的皇太后掌控。陈尧咨奉诏入学士院任翰林学士，为皇帝起草制、诏。当时，与陈尧咨同任翰林学士的蔡齐是大中祥符八年（1015）状元，中状元的时间比陈尧咨晚了十五年。皇太后考虑到陈尧咨中状元时间较早，特地下诏申明，他上朝的班位在蔡齐之上，尽管如此，与一个比自己晚十五年的状元同在一职，陈尧咨心中仍感到无比失落。

陈尧咨虽然不及二位哥哥沉稳、谦和，仕途屡屡受挫，文采、学识也稍逊于二位哥哥。但是，陈尧咨自幼喜好习武射箭，练就了一身好武艺，特别擅长射箭，每次比赛几乎都是百发百中，无人能及。他因此赢得了“小由基”的美称，自己也十分得意。

一次，陈尧咨正在自家菜园里射箭取乐，一位卖油翁挑着货担经过，住足观看，见陈尧咨射箭十发能中八、九，他只

是微微地点点头。陈尧咨见状十分好奇，就走过去问卖油翁："你也懂射箭吗？"老翁回答说："射箭其实并没有什么特别之处，无非是熟能生巧罢了。"陈尧咨心中不快，就反问道："你怎敢看不起我的射艺？"老翁从容地说："你且看看我的灌油技艺，就会明白了。"只见老翁将一个葫芦放在地上，用一文小钱盖住葫芦口，然后慢慢地将一勺油从钱孔中注入葫芦，油注如线，铜钱口一点也没沾湿。陈尧咨看后由衷地表示敬佩，老翁却谦虚地笑着说："我灌油也没有什么特别的地方，熟能生巧而已。"陈尧咨心领神会，笑着目送老翁远去。

皇太后知道陈尧咨武艺高强、善于射箭，决定让他改授武资，由右谏议大夫文官阶改换成武官阶的宿州观察使，并派他出知大名府(治所在今河北大名)。对于朝廷的决定，陈尧咨非常不满。北宋自太祖建国初始，为消除唐末五代以来武将专权、政权更替、天下动荡的弊端，制定了以文治国、重用文士的国策。并通过不断扩大科举取士规模等措施，将大批有才学的知识分子吸纳入官僚队伍，建立起一整套以文人为主体的官僚统治体系，整个社会形成了一种"重文轻武"的风气。虽然国家有"文武换资"的规定，允许一些文才出众的武将转换文阶，同时也鼓励一些有武略的文士弃笔从戎，加入到武官的行列。但是，由于文官的社会地位要高于武官，要求转换文资的人很多，而愿意换武阶的人却非常稀少。在这种背景下，陈尧咨的不满也是可以理解的。

皇太后得知陈尧咨不愿意换武阶，就将他召入宫中面加劝谕：大名府是国家的北大门，关系到社稷的安危，责任重大。既然皇太后亲自下令，陈尧咨不敢违抗，只得奉命换武官阶，出知大名府。到了大名府后，他看到的是年久失修、残破不堪的城墙，以及随处堆放着的器械，城中一片混乱无秩的景象。陈尧咨决定首先从加强城防入手，下令重修城池，调换武库装备。应该说，陈尧叟在大名府的整改决定是正确的，但在具体实施过程中却出现了很多问题。陈尧咨性格暴躁、刚愎自用，在整顿城防的过程中不能体恤民情，而是索求苛暴，吏民稍有怠慢或不满，就命令军士用大棍严厉责打，当地百姓怨声载道。陈尧咨也因此失去了皇太后的信任和支持，再也没能受到重用，一直在知州、知府的职位上徘徊。

景祐元年(1034)，陈尧咨卒于知天雄军(治所在今河北大名)任上，终年六十五岁。赐谥康肃。

陈氏三兄弟中出了三位进士、二位状元、二位宰执，荣耀至极，这与父母家教严格是分不开的。一次，陈尧咨回家探望母亲，母亲冯氏问他："你在知荆南府任上可有什么政绩?"陈尧咨回答说："荆南府地处交通要道，过往的官员特别多，几乎天天都有宴会。我日日以射箭为乐，坐客无不叹服我的一手好武艺。"冯氏听了，非常生气地责骂道："你父亲教你要忠孝辅国，而你却不务正业，迷恋于一介武夫之技。你把父亲的嘱咐丢到哪儿去了?"说完，冯氏拿起棍杖责打儿子，还将他佩带的金鱼(章服)敲碎。

陈尧咨是家中的幼子，从小受到父母的宠爱比较多，养成了他任性、不羁的性格，这也许就是他仕途屡遭挫折，不如二位哥哥出色的原因所在。

王　曾

王曾(978—1038)字孝先，青州益都(今山东青州)人。父亲历官著作佐郎，非常珍惜书籍，对孔子著儒家经典爱不释手。遇到有破旧书籍，父亲一定会装裱修整一新，即便是

片言只字也不愿轻易丢弃。据说，王曾的父亲曾经梦见过孔子，孔子对他说："你如此敬重我的书，我当派曾参投胎做你的儿子。"于是，他给自己的儿子取名"曾"。遗憾的是，王曾八岁时父亲去逝，年幼的他是在叔父王宗元的抚育下长大成人。

受父亲影响，王曾自幼爱读书，学习刻苦，他拜同乡张震为师，练就一手好文笔。当然，同无数士子一样，王曾所做的一切努力都是为参加科举考试、步入仕途做准备。宋代科举考试分三级：地方发解试、中央礼部省试和殿试。王曾初次参加科举考试就夺得发解试第一名（解元），当朝宰相李靖认定他具备宰相气质，决定将女儿嫁给他。王曾在中状元前就攀上高枝，成了宰相的女婿。

真宗咸平五年（1002），王曾赴京城参加省试，赋题是《有教无类赋》，王曾挥笔写道：

神龙异禀，犹嗜欲之可求；
纤草何知，尚薰莸而相假。
……

素以取人严格著称的主考官陈恕对王曾的赋大加赞赏，定王曾为第一名（省元）。殿试时，王曾又以出色的表现再次夺得第一，成为北宋第二十七位状元。

这一年，全国各地及国子监、开封府选送参加省试的贡士多达 14562 人，而录取的进士、诸科总人数不过 220 人左右，差不多是七十选一。这一万多名有资格参加省试的贡士也是经过激烈竞争，在各地的发解试中脱颖而出，获得发解资格的。也就是说，每一个进士登第者都是凭借个人努力，击败无数士子成就功名的，都称得上是千里挑一、甚至万里挑一的出类拔萃者，足见“鲤鱼跳龙门”难度之大。王曾能够在发解试、省试、殿试三级考试中连中“三元”，获得解元、省元、状元的称号，可以想见，这是何等的荣耀！

王曾为人谦退、韬晦，他连中三元后并没有表现出沾沾自喜、不可一世的傲慢，回故乡省亲时也没有大加宣染、大摆排场，一切都是低调处理。知州听说王曾中状元回家省亲，认为这是本州的荣耀，是值得庆贺的大事，就召集了父老乡亲们敲锣打鼓到城外迎接。王曾得知地方官府为他安排了非常隆重的欢迎仪式后，他马上换了身便服，避开欢迎的人群，改由另一个城门悄悄地进了城，直接去州衙拜见知州。

知州见了王曾大吃一惊，问道：“听说你回乡省亲，我已派人奉迎于郊外，门司还未报告消息，你怎么就独自到来？”王曾回答说：“我科举中第已是幸事，怎能再麻烦长官与父老迎候，我实在不敢接受如此隆重的礼遇，就临时更换衣服，更改姓名，独自进城。”知州听罢，感叹地说：“君真所谓状元啊，将来一定会前程远大。”

王曾初授将作监丞、济州（治所在今山东钜野）通判。北宋前期，国家设官分职制度中一个突出的特点就是官、职、差遣三者的分离：“官”又称“寄禄官”，用以决定官员的高低品级和享有的俸禄多少；“职”专门授于有才华的文学之士；“差遣”则是官员实际担任的职务。王曾所授将作监丞属于寄禄官，他实际担任的职务（差遣）是济州通判。

按照规定，进士前几名授通判，三年满任后，再由朝廷召试于学士院，合格者授予馆职。宰相寇准对王曾的才学十分器重，破例将考试地点由学士院改在宰相办公的政事堂,寇准对王曾的笔试、面试成绩都很满意,在授予他直史馆的同时,还任命他为三司户部判官,在国家最高财政机构——三司内担任要职,协助户部使管理国家的户口名册、财税收支、酒的专卖,以及营建修缮工程等事务。

宋真宗是一位好大喜功的皇帝,喜欢听歌功颂德之类的赞美之辞,宰相王钦若、丁谓为了迎合真宗,就大造"天书",制造一些五花八门的所谓"祥瑞"之说,吹捧真宗是"玉皇大天帝"。真宗头脑发热,一会儿封禅泰山,一会儿又祀汾阴,兴师动众,劳民伤财。王曾对真宗周围这些阿谀奉承、弄虚作假的小人十分反感,一日,他入朝与真宗讨论国事,当真宗谈及近来频频出现的祥瑞时,显出一副得意的神情。王曾不顾冒犯龙颜可能招致的危险,直言进谏:

> 祥瑞频现,固然是国家太平的象征,是一种好的现象,但是,臣还是希望陛下不要以己功自居。否则,他日如出现灾异、天变之象,陛下又该如何看待,如何避免朝野的非议呢?

得知真宗要"受天命",大兴土木营建玉清昭应宫,王曾再次上书劝阻,认为建玉清昭应宫有"五害"。当时的朝堂之中弥漫着一股阿谀奉承的气息,官员中能像王曾这样敢于直言进谏的鲠直忠臣并不多。宋真宗面对着眼前的歌舞升平景象,心中也许还保持着一丝的清醒与冷静,但他仍然拒绝王曾的谏言。在真宗看来,这种虚饰的太平盛世至少在短时期内对他的统治还是十分有利的。他一方面我行我素,继续听凭丁谓、王钦若之流的摆布;另一方面,对王曾触犯龙颜的举动也没有追究,还特命王曾以知制诰的资格判大理寺。

大理寺是主管刑狱案件的覆审机构,宋代的皇帝都非常重视刑政,在官员选用上也非常谨慎。王曾之前,判大理寺者一般必须具有郎官的资格。真宗为了进一步增重判大理寺官的权力与地位，决定由知制诰王曾担任这一要职，并特赐钱三十万，真宗还同意由王曾亲自选拔大理寺的下属官员。不过，王曾在判大理寺任上待的时间并不长，很快被提升为翰林学士，这是士大夫们十分企慕的清要之职。

王曾在任翰林学士期间，真宗经常会在便殿召见他，与他共商国事。一次，君臣交谈至深夜，待王曾走后，真宗才发现自己只穿了便服，连忙命宦官传口谕给王曾，解释说：“近日十分思念爱卿，急于召见，未及换上朝服。千万不要以为是朕怠慢于你。”可见真宗对王曾是多么的器重。

不久，王曾调知审刑院。北宋前期，尚书省刑部已经被废为闲司、有名无实，审刑院替代刑部职能，管理国家的刑狱诉讼。王曾上任后发现，官员因违抗圣命被判刑的非常多，在众多诉讼案件中所占比例很高。为什么会有这么多官员被判刑？他找来刑律逐条检对，看见有这样一条规定：官员只要违制，虽不是故意为之，也要判刑二年。王曾觉得这条规定很不合理，国家颁布的诏令无数，内容又涉及到国家治理的方方面面，要使每一位官员都能尽知每一道制命，这是不符合实际的。他上奏真宗，要求对这项规定进行修改，免去对不知而违制官员的责罚，所谓“不知者无罪”；凡是亲自接受诏命而违制的官员，属于明知故犯，可判徒刑二年。真宗采纳了他的建议。随后，王曾在处理一宗违制案件时，审明官员不是故意违制，就按照新的规定免去二年徒刑。王曾处理政事的能力得到真宗肯定，很快被提升为右谏议大夫、参知政事，成为一名副宰相。

真宗病危，皇太子刘祯在资善堂听政，但他还是个年仅十一岁的孩子，无法处理国家大事，就由刘皇后摄政，掌控权力。刘皇后原是四川华阳（今四川成都）人，自幼失去父

母，跟随同乡龚美来到京师，被还是太子的刘恒（即真宗皇帝）相中而入后宫。龚美娶节度使钱惟演的妹妹为妻，钱惟演也因此与刘皇后攀上了亲戚。朝中多数官员对刘皇后摄政感到十分担忧，王曾找到与刘皇后有亲戚关系的节度使钱惟演，对他说："皇太子（刘祯）年幼，若没有皇后扶持，地位肯定不稳。必须加恩于太子，使太子地位稳固，这样才是安刘氏之上策。"这里的"安刘氏"是借用了西汉高祖朝张良保太子刘盈的典故，语意双关。王曾认为，加恩于太子既可以稳定赵宋王室，又可以保全刘皇后。钱惟演觉得王曾说的有道理，就将他的建议转告刘皇后。

真宗驾崩，王曾奉命起草遗诏：太子刘祯即位，是为仁宗皇帝；刘皇后辅佐皇帝，权处理军国大事。这里的"权"字是暂时、权宜之意。宰相丁谓见风使舵，开始竭力奉承刘皇后，要求王曾将遗诏中的"权"字去掉，让刘皇后完全掌控朝政，全权处理军国大事。王曾断然拒绝："皇帝年幼，皇太后临朝，这已经是国家的不幸。倘若只称'权'，还可以向后人交待，说明这是权宜之计，是不得已而为之。况且，遗诏中增、减一字都要依法行事，难道你丁谓胆敢破坏国家法制吗？"一番话驳得丁谓哑口无言。

仁宗即位后，刘皇太后依王曾所请故事，坐在皇帝右边垂帘听政。刘皇太后对权处理国事的"权"字也颇为不满，奸相丁谓深知太后心事，又提出一项建议：皇帝年幼，不必天天上朝，只需初一、十五上朝就可以了，国家大事听皇太后决断。若是小事，则由宦官雷允恭负责向太后秉报。王曾对此项提议坚决反对，认为这样做是国家"祸端"之兆。可是，丁谓仗着皇太后的支持，根本不理会他的意见。

表面上看，刘皇太后在深宫垂帘听政，掌握实权，但事实上她也受到丁谓等人的控制。丁谓与宦官雷允恭相互勾结，擅权乱政，排斥异己，把良相寇准、李迪逐出朝廷，一贬再贬，终置寇准于死地。王曾在奸臣当道之时，不得不采取以守为攻的策略，先稳住自己在朝中的地位，再伺机行动。丁谓擅权招致朝野内外一片反对声，当时的京城中流传着这样一首民谣：

欲得天下宁，当拔眼中钉(暗指丁谓)。

欲得天下好，莫如召寇老(指良相寇准)。

王曾意识到时机已经成熟，主动去找丁谓诉苦，说家中有一侄儿被充军籍受苦役，希望能帮忙解除军籍。丁谓不知是计，主动建议王曾在上朝后单独留下，向太后和皇上说明缘由，争取免除侄儿的军籍。得到丁谓的默许，王曾就在一次朝会后单独留下来，向刘皇太后和仁宗皇帝揭发丁谓的罪状，指责他陷害忠良、结党营私，并串通宦官雷允恭擅自移动真宗陵寝。刘太后听罢大怒，下诏杖杀雷允恭，罢丁谓宰相，将他贬谪到崖州。至此，奸诈、阴险的丁谓在与王曾的较量中败下阵来。王曾也因为弹劾丁谓有功，擢拜中书侍郎、同中书门下平章事，成为一名宰相。

在任宰相期间，王曾积极整顿朝政、选拔贤俊、黜退奸邪，深得仁宗皇帝与满朝文武的信任。但是，刘皇太后却对王曾始终不肯去掉“权处理军国大事”中的“权”字，使自己能够御正殿、理国事的做法耿耿于怀。她抓住玉清昭应宫失火一事大做文章，罢王曾宰相，责令他离开朝廷、出知青州，回到自己的老家任父母官。

明道二年(1033)，刘皇太后病逝，仁宗皇帝亲政后即刻颁诏，任命王曾为天平节度使、同中书门下平章事、判河南府(治所在今河南洛阳)。不久，王曾拜枢密使，擢尚书右仆射兼门下侍郎、平章事、集贤殿大学士，封沂国公。可是，复相后的王曾与另一位宰相吕夷简不和，两人时常在仁宗面前争执不休。仁宗非常生气，一纸诏令将他们双双罢相，王曾出判郓州(治所在今山东东平)。

宝元元年(1038)冬，王曾病故，享年六十一岁。赐谥文正。

李　迪

李迪(971—1047)字复古，濮州(今山东鄄城)人。他出身于一个平民家庭，既没有官家背景，也不是书香门第。受社会上重文学、求功名的风气影响，李迪自幼延师学习举业，希望有朝一日能通过科举考试步入仕途，改变自己的命运。他早年拜种明逸为师，在准备去京城参加科举考试之前，他请种明逸为自己引荐几位公卿名流。种明逸就向他推荐了柳开，让他前去拜访。

柳开是北宋著名的文学家，他性情高傲，总是以唐代大文学家韩愈、柳宗元的继承者自居，甚至更名为“肩愈，字绍元”，表明自己是要肩负韩愈的使命，继承柳宗元的事业。在文学创作方面，柳开反对五代以来华靡纤弱的文风，提倡“文以载道”，他与梁周翰一起并称北宋初期古文运动的倡导者，在士大夫中享有盛名。

李迪按照种明逸的指点，带着自己写的散文、书稿，在赶往京程的途中绕道滑州，去拜访正在知滑州(治所在今河南滑县东)任上的柳开。柳开的门人接下他的文卷和名刺，让他在门外等候。过了很长时间，柳开才出来迎接，并解释说："我读了你的文章，十分敬佩。理当先沐浴更衣，才敢出来迎接。"名闻天下的柳开对眼前这位无名后辈非常欣赏，将他收为门生。

一日，柳开出一道赋题来考自己的门生，还亲自对门生写的赋一一审阅。当他看到李迪所作赋后，惊叹道："君是做宰相、魁天下的材料。"柳开命诸生及门下客一起向李迪叩拜，并嘱咐道："将来飞黄腾达时，别忘了我们。"受到柳开的盛赞，李迪迅速从一位无名小辈跃升为文学名士，声震京师。

真宗景德二年(1005)正月，诏翰林学士赵安仁权知贡举，负责考试各地发解来京的举子。省试录取492人，李迪名列其中。三月六日，真宗御崇政殿亲自覆试礼部奏名合格进士，出题三道：《无道犹张弓赋》、《德輶如毛诗》、《以八则治都鄙论》。殿试共录取二百四十七人，李迪独占鳌头，勇夺状元魁，这一年他三十五岁。李迪初授将作监丞、徐州(治所在今江苏徐州)通判，满任后召试馆职，改授秘书省著作佐郎、直史馆。随后，迁三司盐铁判官，分管国家的盐、铁专卖及税收。

早在景德元年，正当李迪为参加科举考试而不懈努力时，北宋与北方的辽国签订了"澶渊之盟"。此后，北宋政府每年要向辽输送银绢三十万匹两，以换取两国边境地区的和平与安宁。在"外患"稍加缓解后，宰相王钦若、丁谓竭力征集甚至伪造各地出现的"祥瑞"(吉兆)，渲染、粉饰太平盛世，歌颂真宗的功德。在他们的蒙蔽怂恿之下，真宗开始变得好大喜功、盲目乐观。

大中祥符元年(1008)，真宗以上天降"天书"为由，决定封禅泰山，号称"大功业"。李迪奉命从徐州调任兖州通判，兖州位于山东境内，下辖曲阜等地，而曲阜是孔庙所在地，也是封禅泰山必经之地。为了安排好此次的封禅大礼，真宗任命两位宰相判兖州，又命李迪为兖州通判，作为二位宰相的副职，负责维持当地的社会治安、保障举行祭祀孔子活动时所需的供给。泰山封禅之后，李迪迁尚书吏部员外郎、三司盐铁副使。后擢知制诰，为皇帝起草诏命。

宋真宗亲临亳州（治所在今安徽亳州），李迪也奉命出知亳州。当时，亳州逃亡军卒啸聚作乱，抢夺城镇、杀戮无辜。前任知州也曾经派兵前去追剿，却没能平定叛乱。李迪上任后，下令将负责追捕的官兵全部召回，改派便衣去叛匪经常出没的地区进行侦察，刺探叛匪的藏身之地和活动规律。当一切尽在掌握之中后，李迪再部署一批精锐士卒直捣叛匪老巢，将他们一网打尽。从此，亳州境内恢复了久违的平静和安宁。李迪擒贼有功，政绩突出，得到宋真宗的嘉奖。

大中祥符八年（1015），蕃部首领唃厮啰在宗哥城（今青海省西宁东南）建立政权。唃厮啰意思是“佛之子”，是吐蕃赞普的后代，也是青海东部地区的藏族大首领，控制着洮、湟流域的广大地区。当时，位于西北地区的西夏政权一直对北宋边境安全构成很大的威胁，唃厮啰为了讨好北宋政府，不仅主动向宋廷朝贡，还表示要“讨平夏人以自效”。事实上，北宋朝廷对唃厮啰的承诺一直将信将疑，唃厮啰对宋廷也是时叛时服，变化无常。守卫西北边防的秦州主帅曹玮既要防西夏、又要防唃厮啰，深感压力太大，就上奏朝廷要求增派兵力。

真宗看了曹玮的奏请后，认为他怯懦畏敌，对于是否派兵增援拿不定主意，特召曾担任知永兴军（治所在今湖北阳新县）的李迪来商讨此事。真宗问：“曹玮在秦州一再请求朝廷增兵，没有得到朝廷的准许，他就以辞职相威胁，这难道还不是懦弱的表现吗？依你之见，可派谁去秦州替代曹玮？”李迪说：“曹玮久在边庭，深知唃厮啰一直窥视关中、伺机大举入侵，所以多次请求派兵增援。他这样做不是怯弱，而是从捍御边防的大计着想。曹玮有勇有谋，非其他将帅可比及，有谁能够替代他呢？陛下迟迟不肯发兵，是不是因为大臣正准备向陛下上‘玉皇’圣号，而忌讳出兵？如果不是，关中兵马充足，完全可以派兵前去增援曹玮。”

真宗认为李迪的分析很有道理，就打消了罢免曹玮军职的念头。接着，真宗询问关中兵马详情，李迪从佩袋中取出一本小册子交给真宗。这是他以前在关中统兵时记录下来的，上面详细记载了关中地区的兵员人数和军粮储备情况。君臣二人共同商定留守关中的兵员总数，将剩余兵员全部发赴秦州。真宗感叹道：“朕有了你，诚如廉颇、李牧（均为古代名将）在宫中。”

事情正如曹玮所预料的那样，唃厮啰果然发兵大举入侵，曹玮当即出兵迎战。消息传来，真宗内心十分紧张，他立即召见翰林学士李迪，询问他：“曹玮此次迎战能够取胜吗？”李迪坚定地回答说：“必胜”。几天后，前线传来捷报，曹玮率军在三都谷大败唃厮啰。真宗兴奋之余又召问李迪：“爱卿如何预料曹玮必胜？”李迪回答说：“兵法所云，善战者诱敌深入而不被敌军所诱。唃厮啰远道而来，扬言一定会在某日攻下秦州，设宴庆贺胜利，以此激怒曹玮。而曹玮却按兵不动、以逸待劳，敌兵见无法引诱宋军出城，就急于进攻，终被曹军所败。”李迪的足智多谋令真宗赞叹不已。

天禧元年（1017），全国各地遭受到多年不遇的自然灾害，旱灾、蝗灾给农业生产及社会秩序带来极大冲击。再加上景德以来，政府的财政支出庞大，国库亏空，国家财政陷入窘境。面对经济上的巨大压力，真宗特召李迪商量对策。真宗问："国家财政现在陷入了困境，如何设法渡过这一难关？"李迪回答说："太祖、太宗设内库，目的是为了将剩余钱物储存起来以备战争及灾荒急需。如今，各地屡遭旱灾、蝗灾，当务之急是将内库的财物拿出来赈济百姓、稳定民心。这可是盛德之举。"

真宗对李迪的建议表示赞同，同时认为国家财政陷入如此困境，总领全国财政的三司使马元方难辞其咎。真宗打算撤换马元方，由李士衡接任三司使职务，再将内库所藏钱帛贷给三司。李迪听后当即表示反对："天子是一国之主，国家财富对于天子来说并无内、外之分。望能下诏'赐三司'，而不是'借贷给三司'。这样才可以将皇上的恩德昭示天下。"真宗采纳了他的建议，三司很快得到内库所拨巨额钱帛，在"民不加赋"的情况下缓解了灾区的燃眉之急。

这件事对真宗的触动很大，他专门写了一篇《宽财利论》，并送给李迪。李迪拜读后深受感动，决定上书直言。他在奏书中指出：陛下封禅泰山时，尚能注意节俭，下令沿途各地不得以清理道路为由砍伐树木，不得借机建造离宫别墅，而是将原有的馆驿稍加修整以安排人员食宿。可是，陛下在西祀汾阴时却铺张浪费，大兴土木，沿途骚扰，所耗费的钱物是东封泰山时的百倍。如今各地旱灾、蝗灾频发，这是上天在警示陛下啊。

显然，李迪上疏的目的是希望真宗能引以为鉴，避免此类耗财扰民事件再度发生。真宗有感于李迪的逆耳忠言，当即颁下诏令，严禁有司到各地砍伐森林，同时放宽百姓的力役，节省不必要的开支。真宗经过多年对李迪的考察，认为他具有公卿辅佐之才，决定委以重用，擢李迪给事中、参知政事（副宰相）。

真宗自幼身体较弱，到了天禧年间，他的身体状况更是每况愈下，只能卧床静养，由宰执轮流在宫中留宿侍奉。在这种情况下，预立皇位继承人就提上了议事日程。不过，真宗是一位喜怒无常、十分情绪化的皇帝，大臣们也不敢向他提及立太子的事。太宗的第八子赵元俨为了能当上太子，竭力在皇帝面前表现自己，殷勤侍奉，以至于数日不出宫门。宰执们虽心有不满却也无可奈何。一天，元俨令翰林司给他端热水洗脸，正好被李迪撞见，他灵机一动，拿起一支墨笔将盆中的水搅得乌黑。元俨见了大吃一惊，以为有人要加害自己，连忙乘马出宫。

第二年，真宗在李迪等大臣的举荐下，立年方九岁的赵祯为皇太子。真宗为褒奖李迪预立太子有功，任命他兼太子太傅，充当太子的老师。李迪以太宗朝东宫官未曾立"三傅"、"三师"官为由，加以辞谢，改兼太子宾客。

早在景德四年，郭皇后病故，中宫缺位，真宗想立刘德妃为皇后。刘妃是益州华阳(今四川成都)人，早年是一位民间艺人，因美貌绝伦，被当时还是太子的赵恒(真宗)看中，选入宫中并一直受到宠爱。真宗欲立刘妃为后，李迪上疏表示反对，认为刘妃"起于寒微，不可母仪天下"。再加上其他大臣的反对，立后一事就被一直拖延下来，直到大中祥符五年(1012)，刘氏才正式被立为皇后，"正位宫中"，史称"章献后"。刘皇后因为李迪反对自己做皇后而心生怨恨，这也是李迪后来被贬官的最主要原因。

太子赵祯为李宸妃所生，因刘皇后无子，就"取为己子"，抚养成人。赵祯即帝位，刘皇后母凭子贵，得以干预朝政。奸臣丁谓等人转而迎合刘皇后，将素以耿直著称的宰相寇准赶出朝廷，贬知地方。寇准罢相后，真宗打算拜李迪为相，李迪担心自己会遭到刘皇后的报复，就婉言辞谢。太子站出来说:“陛下如能任用宾客为宰相,我将以太子名义拜谢。”真宗看着李迪说:“事已至此,卿还能推辞吗?”遂拜李迪太子少傅、同中书门下平章事。

真宗驾崩,太子即位,是为仁宗皇帝。此时的仁宗年纪尚幼,刘太后得以垂帘听政。大权在握的刘太后开始肆无忌惮地发泄心中积蓄已久的怨气,打击报复李迪。她与丁谓结成私党,贬李迪衡州团练副使。为了置李迪于死地,丁谓特派打手王仲宣押送。在押解路上,王仲宣对李迪横加迫害,故意将已经腐烂变质的食物给他吃。李迪的随从邓余见状忍无可忍,他拍案而起怒斥道:“小子想杀我李公,以献媚于丁谓。我邓余不怕死,你若敢杀李公,我就先杀了你。”此后,邓余紧随李迪身旁,形影不离地保护他,令王仲宣无法下手。

明道二年(1033)二月,刘太后病故。仁宗亲政后着手整顿朝政,凡是与刘太后、丁谓有瓜葛的宰执大臣全部被罢免。李迪也结束流放生涯,奉命回朝重新担任宰相。历经磨难的他决心竭尽所能辅佐仁宗,以报答仁宗对自己的眷顾。不曾想,他刚回朝就被卷入了权力争斗的漩涡。当时的首相吕夷简见李迪受宠于仁宗,心生忌恨,千方百计诋毁他。景祐中,李迪的姻家范讽获罪遭罢,吕夷简借机在仁宗面前诬陷李迪包庇范讽。结果,李迪被罢相。

再次罢相的李迪感叹仕途的险恶,开始厌倦朝堂上的尔虞我诈。他上书请求恩准告老还乡,诏以太子太傅致仕。

宋仁宗庆历七年(1047),李迪病逝,享年七十七岁。李迪三十五岁登状元第,历仕真宗、仁宗二朝,二次拜相又二次被罢,仕途屡遭坎坷磨难。但他立朝刚正,不阿附权势,能文能武,宣力中外,堪称一代名相。

蔡　齐

蔡齐（988—1039）字子思，莱州胶水（今山东平度）人。他从小失去父母，在外婆家长大。宋真宗祥符八年（1015）春，蔡齐顺利通过州试、省试，参加由皇帝亲自主持的殿试。在宋仁宗景祐之前，省试合格进士如果殿试不合格，仍然会被无情淘汰。蔡齐和所有赴殿试的举子一样，都怀着惶恐之心。殿试题目是真宗皇帝亲自拟定的，他效仿西汉贾谊的“置器”说，将命题定为《天下如置器》赋。蔡齐凭着自己深厚的经学功底一挥而就，后经殿试阅卷官审定，他的答卷被列入前十名之中。

按照宋代科举条制，殿试前十名的卷子要直接送呈皇帝亲阅，以确定最终名次。据说，宋真宗在殿试前一天晚上做了个梦，梦见殿前长出一株青菜，这株青菜长势茂盛，竟然与殿基齐平。真宗在审阅蔡齐的《天下如置器》赋时，见内容含有安天下之意，就对大臣说：“这是宰相之才也！”随后，真宗诏见蔡齐，见他长得英姿勃勃、仪表堂堂，进退有法、从容不迫，遂钦定他为第一名。

蔡齐中状元似乎应验了“菜”（蔡）与殿基“齐”的梦境，真宗心里自然十分高兴，决定提高迎送状元的规格。在此之前，进士唱名后，须各自备鞍马还归居处，状元也不例外。真宗下令，此榜状元迎送，须由左、右金吾司派七名骑士在前面开道。从此以后，状元与其他新进士的迎送礼遇拉开

了距离。

蔡齐中状元时刚好二十八岁，初授将作监丞、兖州（治所在今山东兖州）通判。“将作监丞”是决定官员俸禄的官阶，他的实际职务是兖州通判，是仅次于知州的地方要员。蔡齐到兖州后一改前任政苛律繁、州民人人自危的压抑局面，省刑宽政、处事公正，狱讼无冤。蔡齐为政干敏，得到朝廷的嘉奖，任期未满就调任潍州（治所在今山东潍坊）通判。

在潍州，蔡齐又办了一件大快人心的好事：有人状告某氏私刻假税印谋求私利，数百人受牵连。蔡齐到任后案件还在查办过程中，尚未结案。他详细审阅案卷后叹息说：“此所谓法出而奸生者，是为政之过。”决定对涉案人员从宽处理，免死刑者十余人，其他受牵连者统统释放、不再追究。这件事在当地引起很大震动，老百姓奔走相告，对蔡齐充满感激之情，并说：蔡公施仁政于我，使我自新为善人。从此，潍州教化大行、风气大变，社会治安得到显著改善。

宋故事，进士高等者初任期满后，召试馆职。天禧二年（1018），蔡齐任满三年回到京城后，当权宰相却故意拖延，几个月过去了，也不进行召试。幸亏宋真宗还一直惦记着这位“宰相之才”，亲自催促大臣召试。蔡齐顺利通过考试，被授予馆职——著作佐郎、直集贤院。宋代馆职是清要之选，也是储才之地。士大夫一旦进入馆职，仕途升迁的速度就会很快。

乾兴元年（1022），宋真宗驾崩，仁宗赵祯即位，蔡齐迁官右司谏。宰相丁谓喜欢拉党结派，排斥异己。仁宗服丧期间，丁谓大权在握，掌管朝政。丁谓欣赏蔡齐的才学，千方百计想拉拢他，并许诺授予他知制诰（起草诏书）的要职。这时的丁谓称得上权势薰天，就连宰相寇准也因为与他意见不和而被罢黜。但是，蔡齐却丝毫不为权势所屈，拒绝了丁谓的笼络。不久，丁谓事败，贬官崖州，蔡齐迁尚书礼部员外郎、侍御史知杂事。

河阳节度使钱惟演上奏，要求朝廷特赐他镇兵钱。当时的朝政由垂帘听政的章献太后掌控，而钱惟演是外戚，他仗着有太后这个靠山，想借机搞特殊化。蔡齐闻讯，立即上章弹劾钱惟演：皇上刚继大统，钱惟演身为国戚，却要用国家府库钱遍赏河阳禁军士卒以结私恩，这是不正之风，不能答应。钱惟演迫于压力不得不收回自己的奏请。

章献太后在听政期间大兴土木，耗费国库钱财修建景德寺。景德寺建成，太后就让负责修寺的宦官罗崇勋去找翰林学士蔡齐，让他撰写一篇《景德寺记》，赞颂自己的功德，并且许诺说：文章写好后晋升参知政事（副相）。但刚直不阿的蔡齐不愿意为了升官而违心地写这样一篇文章，罗崇勋一再派使者来催促，蔡齐硬是不动笔。罗崇勋一怒之下就到太后面前告状，指责蔡齐不把太后放在眼里。章献太后也被蔡齐的举动激怒，决定将他赶出京师，调任西京（洛阳）留守，这是没有实权的闲职。副宰相鲁宗道在太后面前力争挽留，改授蔡齐知密州（治所在今山东诸城）。上述事例说明，蔡齐是一位不畏权势、不为权力所诱的刚正之士。

在知密州期间，京东地区正遭遇严重的饥荒。蔡齐为民请命，要求朝廷免除京东路百姓的租税、放宽盐禁，允许民间贩卖私盐以拯救饥民。他的建议被朝廷采纳。几十年后，京东路百姓仍然受惠于此，纷纷说："吾邦百万口能活下来不受饥饿，多亏蔡公之德。"

明道二年（1033），章献太后去世，她临终前写下遗诰，册封杨太妃为皇太后，继续垂帘听政，与仁宗皇帝共同治理军国大事。这时的仁宗已经年满二十四岁，但太后仍然独断专横，不让他亲政。阁门官催促百官庆贺杨太后称制，身为御史中丞的蔡齐坚决反对。他先是阻止御史台的官员入朝，接着又亲自找宰相申明："天子奉太后十余年，今始亲理国事，以慰天下之心。岂能女后相继垂帘听政，自古无此先例。"经过蔡齐等大臣的努力，杨太后最终只能总领后宫事务，从此结束了长达十多年皇太后垂帘干政的历史。

蔡齐为官稳重谦谨、心正无邪，能洞察奸恶。仁宗亲政后，京师传言荆王赵元俨为天下兵马都元帅，流言很快又在宫中传播开来。内侍省逮捕了传播飞语的三司小吏，经审讯，牵连到数百人。仁宗大怒，诏权三司使蔡齐负责审案，要严厉追查流言的由来。蔡齐经过内审外调却找不到制造流言的人，仁宗又催督甚急，大臣们都不知该怎么办，整个京师也陷入惊恐之中。为了安定人心，蔡齐一夜之间向仁宗连上三道奏疏，要求停止追究。他指出，流言起于小人之妄说，不值得穷治，否则将会使荆王元俨心中惶恐难安。仁宗接受蔡齐的劝说，只笞鞭数人。朝野上下人情始安。不久，蔡齐拜枢密副使。

南方的交趾酋长是一位非常残暴的首领，部族内的许多人为了躲避虐待纷纷逃离交趾，有八百多人逃入宜州（今属广西）内附。宋廷内有些官员认为，这些交趾人是叛蛮，应该将他们全部送归交趾。蔡齐强调说，南蛮是为了谋求生存而归附宋朝的，应该把他们收容安置在荆湖地区，赐以闲田、自力营生。如果他们既不能被宋朝收容，又不敢返回交趾，必然会逃入山谷之中，成为朝廷的一大隐患。不过他的意见没有受到重视。数年后，散入山谷的南蛮果然作乱，杀将吏、劫村舍。宜州、桂州以西地区都受到他们的骚扰，百姓难有宁日。

景祐元年（1034），蔡齐擢礼部侍郎、参知政事。黄河在横垅决口并改道北流，大臣们纷纷主张堵塞决口。蔡齐向仁宗建议：水性下流，而河北地势低平，宜顺水势而导引，只须筑新堤保护魏州，这样就可以避免当年澶州、滑州因壅塞而决堤的危害。仁宗采纳了他的方案。此后，澶、滑地区再没有发生崩堤之患。

契丹祭天神于幽州，屯兵宋辽边界。朝臣中有人提出发大军以备边，防止契丹南侵。蔡齐审时度势，料定契丹不会败盟、不会出兵，宋军可以按兵不动。真宗采纳他的建议没有发兵。结果，宋、辽两国边境没有发生重大冲突，相安无事。

宝元二年(1039)四月，蔡齐因病去逝，享年五十二岁。诏赠官兵部尚书，赐谥文忠。蔡齐为官二十余年，他遇事临危不惧，为官无私无畏、刚正谦和，不愧为北宋一名出色的状元宰相。

宋　庠

宋庠(996—1066)，原名郊，字公序，安州安陆(今湖北安陆)人，后徙居开封府雍丘县(今河南杞县)。父亲宋玘曾担任过江州椽吏，母亲钟氏。家境虽不算富裕，但也还过得去。

据说宋郊出生前，父母曾上庐山祈祷，回家当晚钟氏就做了一个梦，梦见道士将一本《小戴记》送给她，并说："此书送给你的儿子。"不久，钟氏怀孕生下宋郊。两年后，第二个儿子宋祁也降临人世。另据史书记载，钟氏还曾梦见一位红衣人送她一部《文选》，宋祁小名遂取作“选哥”。这种托梦的故事在古代非常多见，多为荒诞不经之说。不过从中可以看出父母对孩子所寄予的厚望，希望他们通过读书博取功名。

宋祁出生不久钟氏就去世了。父亲另娶朱氏为妻，并把宋郊、宋祁送到外祖父家抚养。兄弟俩在外祖父家过着清贫的生活，但他们都有远大的目标，常常能以苦为乐。有一年冬至节，兄弟俩想宴请一些青年朋友却苦于没钱，宋郊就拿出一把被视为传家珍宝的剑，将剑鞘上作装饰的银子取下，用来置办酒宴。弟弟宋祁打趣地说：“冬至吃剑鞘，过年当吃剑。”兄弟俩哈哈大笑。这种乐观的人生态度也感动了在座的一位青年王铎，他说：“看这兄弟俩居贫而不戚戚，谈笑自若，日后当享禄位。”日复一日，年复一年，宋郊、宋祁伴着青灯苦读经书、苦练诗赋，很快长大成人。

仁宗天圣元年(1023)，宋郊、宋祁顺利通过开封府的发解试，宋郊还取得解试第一名(解元)。第二年，他们双双参加了礼部省试。宋郊撰写的《良工不琢赋》非常出色，被选为赋卷第一。考官翰林学士胥偃一直酷爱宋郊的诗赋，虽然试卷上的考生姓名已经被粘贴起来看不见，但是，他读罢赋卷就十分肯定地说：“非大宋(宋郊)不能作。”可惜宋郊在赋中错押一韵，既言“环奇擅名”，又说“无刻画之名”，两个“名”字重韵，若按评卷标准是要扣分的。胥偃担心宋郊因为错押一韵而被黜落，就悄悄地将后一“名”字改写成“声”字。试卷拆封后，果然是宋郊所作。省试张榜，礼部奏宋祁(小宋)为第一，宋郊为第二。

当时，宋仁宗年幼即位，还在谅闇期(服丧)，下诏不举行殿试，以省试成绩为准。垂帘听政的刘太后见大、小宋的成绩都名列前茅，但小宋排在大宋之前，岂有弟弟排在兄长之前的道理？刘太后就将宋郊擢第一名，而把宋祁莫名其妙地放到第十名。命运之神青睐宋郊，却对他的弟弟宋祁不公平。这一更改直接影响到了兄弟俩的前程：宋郊仕途通达，升至宰相，而宋祁却止于翰林学士承旨。

宋郊初授大理评事、同判襄州（治所在今湖北襄阳）。以往状元及第初授将作监丞，此榜因为仁宗皇帝还在守丧期，按例要礼杀一等。所以，宋郊降一等授大理评事。"同判"即"通判"，当时为了避太后父讳，改"通"为"同"。宋郊一任期满后，依例召试馆职，迁太子中允、直史馆。后迁左正言、同修起居注，成为一名史官，随宰相入殿记录皇帝言行。

明道二年（1033），垂帘听政的刘太后病故，仁宗亲政。仁宗借口郭皇后没有生儿子下令废了她，这在朝中引起很大震动。宋郊与御史台御史一起伏阁争论，反对废除郭皇后。他的举动惹恼了仁宗，不仅被处以罚金，而且在一段时间内得不到提拔。自己一片忠心却得不到皇帝的肯定，这让宋郊很伤心。两年后，宋郊总算又获得升迁的机会，担任知制诰。他吸取废后事件中的教训，变得更加小心谨慎。

景祐二年（1035），仁宗皇帝决定将亲策制科举人与阅试武举人合并举行。宋郊虽然认为这与重文轻武的祖宗家法不相符，但他不再激昂陈辞，而是上了一道毫无政治风险的奏疏。他指出：贤良茂才等制科向来都是皇帝亲自策试的，如今将它与武人杂试混在一起，非所以待天下士。应该遵循本朝故事，将亲策制举人与阅试武举人分开。仁宗看了这则话语温和的奏折心情比较愉快，颁布诏令："御试制科举人，自今张幕次于殿庑，仍令太官供给食膳。武举人则另行安排阅试的时间、地点。"显然，宋仁宗采纳了宋郊的建议，这多少给宋郊一点安慰，说明皇帝已经不再计较自己以前的作为。此后，仁宗对宋郊的态度逐步改变，对他更加信任。宋郊在担任知制诰的同时，又兼任史馆修撰、知审刑院，负责对全国刑狱公事的管理。

在知审刑院期间，宋郊遇上了一件十分棘手的案子：密州土豪王澥违法私自酿酒，邻居发觉后就带人前去抓捕，想把他押送官府查办。王澥欺骗家奴说这些人是强盗，怂恿家奴将邻居父子四人全部杀死。密州州官对此案进行审理后，下令处死家奴，却没有追究王澥的刑事责任。死者家人认为密州官员处理不当，就向上申诉。案件送到审刑院后，宰相陈尧佐偏袒王澥，干扰案件的审理。宋郊最终顶住来自上层的压力，坚持将王澥判处死刑，为密州百姓除了一害。

仁宗认为宋郊为官正直、处事干练，打算重用他，擢升右谏议大夫、同知枢密院事（执政官）。宰相吕夷简提出异议，认为知制诰资格比较浅，以往还没有官员从知制诰直接擢升为执政的先例。吕夷简想方设法劝说仁宗，阻挡宋郊上升的步伐。仁宗没有接受吕夷简的劝说，诏宋郊迁翰林学士、右谏议大夫、同知枢密院事。

翰林学士李淑担心宋郊会抢先自己一步登上副宰相的宝座，就在仁宗面前抓住"宋郊"的姓名进行诋毁，说："宋，受命之号（国号）；郊，与交谐音。将姓和名连系在一起就很不吉祥。"言下之意是说，宋郊将来会出卖宋朝。仁宗算得上是一位开明的君主，他还不至于糊涂到听信这种昏言。不过既然朝中有人借姓名来攻击宋郊，提醒一下也好。仁宗就把这件事告诉了宋郊，宋郊遂改名宋庠，"庠"取"祥"之谐音。

不久，同榜进士叶清臣收到一封署名"宋庠"的信件，知道宋郊已改名，就开玩笑说："清臣是宋郊(榜)第六人选，遍阅《同年小录》无宋庠，不知何许人?"宋庠马上寄去一首《七绝》诗：

纸尾勤勤问姓名，禁林依旧沾华缨。
莫惊书录题臣向，即是当年刘更生。

宋郊借用西汉刘更生不得已改名刘向的典故，来表达自己的复杂心情。

宝元二年(1039)一月，宋庠擢拜参知政事，担任副宰相。宋庠是一位儒雅之臣，熟悉历朝的典章制度，主张要治理好国家就必须重振朝纲。他对朝会礼仪的日趋简化表示不满，为此，他将唐朝正衙上阁仪的规章制度奏呈给仁宗皇帝，希望本朝的朝会礼仪也能效仿盛唐故事，以垂范典则。

宋庠虽身居高位却始终不忘青少年时期守贫励志的往事，严格要求自己。他不追求奢侈豪华的生活，空余时间仍以读书为乐。宝元二年元宵节，他离开宰相办公场所后没有去城中闹市观灯，而是径直回家躲在书房中读《周易》，探求圣贤治国之策。

弟弟宋祁论才华并不比哥哥差，而且他的文学才能要超过哥哥。他写的"绿杨烟外晓寒轻，红杏枝头春意闹"等名句，至今仍脍炙人口。但是，宋祁却不是一块当官的好材料，他追求逍遥自在的生活，不愿意在窒闷的官场中苦熬。这种态度和秉性决定了兄弟俩命运的不同。当大宋在元霄繁华之夜依旧伴着青灯黄卷苦读时，小宋却在"拥歌妓醉饮"。宋庠闻讯后很生气，就让家人给弟弟带个口信，说："闻昨夜烧灯夜宴，穷极奢侈，不知你是否还记得当年过元宵节时，我们一起在州学内吃野菜饭的事?"宋祁对哥哥的责问一笑了之，回话说："不知当年吃野菜饭是为了什么?难道是为了一辈子吃菜饭吗?"

高层的官场总是免不了险恶的权力争斗。尽管宋庠小心谨慎、恪尽职守，颇得仁宗皇帝的信任，但他却遭到首相吕夷简的排挤。吕夷简为人奸刁，好罗织党羽。面对升迁迅速、势头正劲的宋庠，吕夷简担心他会危及到自己的地位，就千方百计孤立、甚至陷害他。吕夷简先是将与宋庠关系亲近的郑戬、叶清臣等朝臣统统罢去，然后又寻机在仁宗面前诋毁宋庠。

宰相府内有一封范仲淹答西夏主元昊的书信抄录本，吕夷简打算奏呈仁宗，他故意当着宋庠的面说："岂有沿边将领给叛臣元昊写信的道理?"吕夷简明知范仲淹不可能通敌，为避免日后被人抓住把柄，又含糊地补充了一句："奏本如此，但不知信中所写是什么内容。"吕夷简说这番话目的是想激起宋庠对范仲淹与元昊通书一事的关注，毫无防备的宋庠果然中计。第二天早朝，宋庠上了一道折子，切论范仲淹不当与元昊通书。仁宗沉默半晌才说："朕了解范仲淹的为人，不至于如宋庠所说。"吕夷简趁机说："范仲淹擅自回复元昊书信，这不能说没有错；可是宋庠却在不了解内情的情况下指责范仲淹有异心，则是大错特错了。"听了吕夷简这番话，仁宗开始对宋庠的为人产生怀疑。第二天，宋庠罢参知政事，出知扬州(治所在今江苏扬州)。

皇祐二年(1050)，宋庠拜兵部侍郎、同中书门下平章事、集贤殿大学士，正式成为宰相。在宰相任上三年，宋庠并没有什么骄人的政绩，遭到谏官包拯的弹劾，他就上疏请求解除相职。诏改授使相，封莒国公。

宋英宗即位，宋庠改封郑国公。他上疏请求致仕，英宗没有答应，诏判亳州(治所在今安徽亳县)。

治平三年(1066)，宋庠卒于判亳州任上，享年七十一岁。赐谥元献。

王尧臣

王尧臣（1003—1058）字伯庸，应天府虞城县（今河南虞城）人。他出身于官宦之家，六世祖曾担任唐朝刺史，父亲王渎累官都官员外郎，叔父王洙是一名翰林学士。官家背景为他攻读举业提供了良好的外在条件。

宋仁宗天圣五年（1027）正月，礼部侍郎刘筠权知贡举，得省元吴育以下正奏名进士四百九十八名。三月二十日，仁宗御崇政殿亲试，出试题三道：《圣有谟训赋》、《南风之薰诗》和《执政如金石论》。这三道试题非常深奥，省元吴育等请求皇上明示题旨与出处。仁宗作了详细解释，并列出所出经、疏。

宋代科举实行封弥、誊录制，不仅要隐匿考生的姓名、籍贯等个人资料，而且考生试卷还要先经专门的书手全部抄录一遍，再交给考官审阅。当时，翰林学士宋绶等二十多位官员负责阅卷、编排等事务，最后将前十名的卷子交仁宗亲阅，钦定状元、榜眼、探花至第十名的名次。此榜共录取王尧臣以下三百七十九人，其中包括韩琦、文彦博、包拯、吴育、赵概等一代名臣。

王尧臣初授将作监丞、湖州（治所在今浙江湖州）通判。宋制，官员三年为一任期，进士高等者初任期满，依例赴学士院召试馆职。王尧臣顺利通过学士院考试，授秘书省著作郎、直集贤院，在三馆秘阁担任校书工作。受叔父王冲犯法事件的牵连，王尧臣外调知光州（治所在今河南潢川）。

王尧臣刚到光州就遇上大饥荒，饥饿的百姓把官府粮库打开以救急。依照相关法律，凡抢掠府仓者一律处死。王尧臣上书指出，饥民为求生存不得已打开官府粮库，这与盗贼掠仓有本质的区别，当以“荒政”赦免。仁宗认为他的奏请合于情理，予以采纳，并将此条著入法令。

父亲亡故，王尧臣辞官回乡守丧三年。期满后迁三司度支判官，协助三司使管理百官俸禄发放、衣粮供给，以及诸州县常平公事和漕运、仓库存粮等烦杂事务。任满，迁右司谏。

明道二年（1033），垂帘听政的刘太后病卒，仁宗亲政。仁宗一直不喜欢由太后做主册立的郭皇后，宠幸张美人及其他嫔妃。刘太后死后，仁宗开始疏远郭皇后，引起皇后的强烈不满。一次，郭皇后当着仁宗皇帝的面，与深得恩宠的尚氏扭打起来。仁宗一味偏袒尚氏，郭皇后一怒之下打了仁宗一巴掌。仁宗十分愤怒，就召来宰相让他们看自己脸上的掌痕，决定废黜郭皇后。

宰相吕夷简与郭皇后有矛盾，支持仁宗废后；右司谏范仲淹认为郭皇后无大错，不应废黜。但是，仁宗决心已定，下令将郭皇后幽禁于瑶华宫，范仲淹也因为反对废后而被贬至地方。郭皇后在瑶华宫闷闷不乐，不久就病倒了。主监医药的内侍阎文应原先是力主废后的，他害怕郭皇后有朝一日复宫会对自己不利，就利用进药机会毒死了郭皇后。

郭皇后遇害之事在朝廷上下引起一片哗然，王尧臣上书竭力要求御史台彻底调查此案。案件水落石出后，阎文应被贬死岭南。仁宗哀矜郭皇后，命以大礼收葬。此时正逢元宵灯节，整个京城都在张灯结彩，准备庆贺。王尧臣又上奏：“郭氏已恢复皇后位号，如今尚未出殡，宫内外不宜吹乐张灯。"诏罢元宵节张灯。

景祐四年(1037),王尧臣迁知制诰,赐金紫服,兼同知通进银台司、提举诸司库务公事。他既要负责起草一般诏书,又要掌管内外百官的奏章出纳,还要过问京城内各仓库的事务,工作非常繁忙。此后,他又担任知审刑院差遣,负责审理天下刑狱,这也是十分繁重辛劳的工作。王尧臣在处理实际政务过程中表现出超强的能力,得到宋仁宗的嘉奖,诏迁翰林学士、知审官院,负责京朝官考核与选任之事,权力很大。

仁宗朝,西夏的李元昊不断侵袭宋境,两国之间战事不断。仁宗派翰林学士王尧臣为陕西体量安抚使,去了解边境实情。临行前,王尧臣向仁宗提了个要求:"依故事,朝廷使者体量沿边公事,只依诏抚问官吏将校,而不问百姓疾苦。如今,元昊侵扰边境已有三、五年,关中百姓备受用兵之苦,流亡甚众。朝廷可降诏向当地百姓承诺,平西夏后可免除二年租赋,以招募流亡、恢复生产。"仁宗采纳了他的建议。

王尧臣一到陕西就走访各地,了解陕西四路的屯兵情况以及当地的山川形势。然后,他上书指出:

> 陕西四路总兵力为二十万,但真正能投入战斗的只有十万。西夏入寇聚集众兵,我军往往只能以一战十。为此,必须调整兵力、适当增加这一地区的兵员数。泾原路地处险要,应增兵:二万屯渭州,万人屯泾州,二万屯环庆,万人屯秦州。至于延州之金明,镇戎军之刘璠、定州堡,渭州山外之羊牧隆城、静边寨等,西夏兵能进却不易出,不必增兵,只需派精兵扼守险要。

王尧臣还总结了官军在延州、镇戎军、渭州山外用兵失利的原因,是中了西夏"诱敌深入、以逸待劳"策略的圈套。

所以,官军绝不能轻易出击。接着,他又逐一分析了每位守边将领的长处和不足,向仁宗推荐二十多名武臣以备日后将帅之任。仁宗十分赞赏王尧臣言之凿凿、切中要害的战地调查报告,特下诏将王尧臣的“体量”奏疏颁发给陕西四路的将帅,告诫他们要听取王尧臣的意见。王尧臣所推荐的二十多位武臣,后来都成为名将。

康定二年(1041),宋军与西夏兵在好水川一带交战,宋军大败,大将任福等战死。主帅、陕西招讨副使韩琦、范仲淹分别受到降职处分,韩琦降知秦州,范仲淹降知庆州。王尧臣对这样的处罚表示不满,他上书仁宗皇帝指出:“韩、范二人,皆忠义智勇之臣,不该闲置散地。”仁宗不听。第二年,西夏众兵进攻葛怀敏守卫的泾原路,宋军大败,损失近万人,关中震恐。范仲淹主动带兵从庆州出击,西夏军遁走。仁宗下诏恢复韩琦、范仲淹陕西招讨使军职,并将招讨使的官署设在泾州,增兵三万重点把守泾原路。仁宗又派王尧臣为泾原路安抚使,主管当地的民事和军事,配合招讨使对西夏作战。

王尧臣返京后迁户部郎中、权三司使,成为管理全国财政的大臣。自从与西夏开战以来,国家开支日益巨大,财政陷于入不敷出的困境。前几任三司使都采取“厚赋暴敛”的方式来增加税收,缓解财政危机。王尧臣任权三司使后坚决反对加税增收,认为这样会进一步增加农民的负担。一旦生产者被盘剥得食不饱餐、穿不保暖,就不能安心生产;而生产日渐凋敝,国库收益不断减少,势必进一步加剧财政危机。

王尧臣针对当时的现状提出了“推见财利,出入盈缩”八字方针,主张采取减税节支、量入为出的办法,使民不加赋而足用,确保生产发展,增加国库收入,解决财政危机。

王尧臣是这样想的，也是这样做的。入内都知张永和为了讨好仁宗，提出增收十分之三的房租费以助军需。入内都知是入内内侍省（宦官机构）的头目，有一定的势力。仁宗把张永和的建议交由三司官员讨论，度支副使林潍表示赞同。王尧臣对仁宗说："这是衰世之政，只能招致民怨。我们不应该忘记唐德宗时，乱政导致朱泚兵变的教训！"建议将林潍黜出三司。仁宗听从王尧臣的意见，罢免林潍，加税助饷的讨论也逐渐平息下来。不久，夔州转运使又建议增加四川地区的盐井税收十余万缗，王尧臣同样予以拒绝，他说："皇上恩泽未能普及远方，朝廷反而牟取厚利，这只能造成边远地区臣民的不满和离心。"他的意见再次被仁宗采纳。

在三司使任上，王尧臣职迁翰林学士承旨兼端明殿学士，并兼群牧使。皇祐三年（1051）十月，王尧臣拜枢密副使，进入执政官的行列。第二年，侬智高谋反，攻下邕州。王尧臣推荐狄青为主将，率兵前往平定。狄青于皇祐五年大破侬智高、收复邕州，他也因平叛有功名噪当世，成为宋代著名将领。

嘉祐元年（1056）闰三月，王尧臣擢拜参知政事（副相）。三年八月，王尧臣卒于任上，享年五十六岁。诏赐谥文安，后改谥文忠。

冯　京

冯京（1021—1094）字当世，鄂州江夏（今湖北武昌）人。他出身于商人家庭，父亲冯式以入粟买官，四十多岁仍无子嗣。一次，冯式要去京城办事，妻子金氏拿出许多银两，让他在京城买妾生子，接续冯家香火。冯式物色到一位女子，

双方立好契约，钱也付了。冯式好奇地询问女子身世，女子顷刻间泪流满面，哭诉说："父亲在朝做官，妾已许配河南富翁家。因父押纲运亏损巨大，无法赔付，只好将我出卖，凑钱还债。"冯式听了十分伤感，决定将女子退还，付出的钱也不再要回。金氏得知事情经过后通情达理地说："君既有如此善心，何患无子?"过了几个月，金氏果然怀孕生下冯京。

冯京出生不久，父母相继去世，他成了孤儿，家业也从此凋零，由小康堕入贫困。冯京读书十分刻苦用功，加上天分极高，从小就表现得超迈不群。他早年就读于灊山，写有《灊山集》。宋代科举考试要过三关：地方发解试在前一年秋天举行，头名称解元；尚书省礼部省试，头名称省元；最后是皇帝亲自主持的殿试，头名即获状元美称。冯京是宋代少数几位三元及第的状元之一。

不过，冯京在鄂州的乡试并不顺利，主考官评阅他的试卷后本打算将他黜落，经其余几位考官的据理力争，冯京的名字才被放在榜末。当时，鄂州通判南宫成任监试官，负责拆封乡试成绩并抄榜公布。南宫成一看冯京被置于榜末非常不满，就与主司商量，定冯京为鄂州发解试第一名。这是仁宗庆历八年(1048)的事。第二年春天，冯京赴京参加省试、廷试，又连中两个第一，成了"三元"状元。

二十九岁的冯京三元及第轰动京师，顿时身价倍增。京城权贵纷纷攀附新贵，想招他为婿。张尧佐是仁宗皇帝的岳父，他认准冯京前途无量，就执意要把女儿、贤妃的妹妹嫁给他。张尧佐杖着自己皇亲国戚的身份捷足先登，干脆让人前呼后拥地把冯京接到显赫的张府。冯京刚在客厅坐下，张尧佐就给他系上一条金带，并说："这是皇上之意。"过了一会，张贤妃也派人送来酒菜和一套价值昂贵的嫁妆。聪明的冯京早已打定主意不与皇亲国戚攀亲，婉言辞谢了这门亲事。他最终选择宰相富弼的女儿为妻，而富弼则是宰相晏殊的女婿。

冯京释褐授将作监丞、通判荆南军府事（治所在今湖北江陵），而南宫成此时已调任潭州（治所在今湖南长沙）通判。荆南府与潭州同属荆湖南路，两地相去不远。冯京不忘恩师南宫成的提携，特地写诗以示感激：

常思鹏海隔飞翻，曾得天风送羽翰。
恩比丘山何以戴，心同金石欲移难。
经年空叹音书绝，千里常思道义宽。
每向江陵访遗治，色人犹指县题看。

冯京是一个重情重义、知恩图报的人，南宫成去世后，他曾把自己的郊礼恩荫官额让给南宫成的儿子。

通判荆南一任期满，冯京召试馆职，授太常丞、直集贤院、判吏部南曹兼同修起居注。仁宗皇帝一向宠幸张贤妃，不喜欢郭皇后。贤妃薨，仁宗降诏追封她为温成皇后。礼官吴充表示反对，认为皇后健在，追封贤妃为皇后不合礼数，希望仁宗收回诏命。他的观点得到了冯京的支持。宰相刘沆坚持说追册张妃为皇后是皇帝旨意，决难收回。刘沆利用宰相特权，越过礼官吴充，让吏部以本部状报表示同意。不久，吴充出知高邮军。刘沆原打算将支持吴充的冯京也赶出朝廷，仁宗出面干预说："冯京亦何罪？"冯京得以继续留在朝中任职，但罢去同修起居注兼职。半年后，复兼同修起居注。

仁宗欲擢冯京为知制诰，这是皇帝的近侍大臣，是令士大夫们羡慕的清要之职。冯京考虑到岳丈富弼是当朝宰相，为了避嫌，他决定辞谢，诏以龙图阁待制、知扬州（治所在今江苏扬州），后改知昇州（治所在今江苏南京），成为一名地方官员。

也许是仁宗爱惜冯京的才华，不想让他在地方上多呆，冯京很快擢升翰林侍读学士，奉诏还京。他先担任公务繁重的纠察在京刑狱公事及勾当三班院公事，然后被选入学士院，任翰林学士、知制诰。按北宋前期官制，知制诰称“外制”，翰林学士、知制诰称“内制”，总称“二制”，分掌草拟制诏。外制草拟一般性诏命，内制主要起草高一等的或重大诏命。翰林学士若不带知制诰，则不负责拟诏之事。冯京被授以翰林学士、知制诰，就成了皇帝的高等秘书，有望擢升执政官，这是仁宗打算重用他的一个信号。果然，冯京很快迁翰林学士、权知开封府（治所在今河南开封），负责治理京师重地。

仁宗嘉祐年间（1056－1063），韩琦与富弼同为宰相，作为朝官的冯京不仅没有主动接近韩琦，反而有意避开他。韩琦几个月见不到冯京心中很不高兴，就对富弼说：“冯京傲气。”富弼回家后将此事转告冯京，叮嘱他去拜见韩琦。冯京对韩琦并没有什么不满，就听从岳父的劝告大大方方去宰相府拜见韩琦，当面解释说：“公身为宰相，从官不敢轻易造访相公，这是出于对相公的尊重，何来的傲气？”两人相视大笑，误解也释然于笑声之中。

冯京奉命出任陕西安抚使，他在察视宋夏边境后上奏朝廷，主张在古渭筑城，令秦州与西羌唃氏往来沟通，进而斩断西夏的右臂，加强陕边防御力量。他的建议被采纳，成为宋廷节制西夏的重要策略之一。三年任期一到，冯京改授端明殿学士、知太原府(治所在今山西太原)。

治平四年(1067),英宗驾崩,宋神宗赵顼即皇帝位,次年改元熙宁。宋神宗对冯京印象一直不错,认为他在仁宗、英宗二朝提出的一些方略多被先帝采纳,是难得的人才。神宗即位不久,就任命冯京为翰林学士、御史中丞。宋神宗是一位年轻有为的皇帝,他重用王安石进行改革,希望借此达到富国强兵的目的,这就是中国历史上著名的"熙宁变法"。在推行新法的过程中,改革派与保守派的斗争十分激烈。从总体上说,冯京不支持王安石新法,他也因此与王安石产生矛盾。但是这些并没有影响神宗对冯京的信任。

在御史中丞任上,冯京就王安石的改革提出了六条意见,指陈新法失当。冯京所陈六事,史已失载,具体未能详。神宗仔细审阅了冯京这道洋洋洒洒数万言的奏折,又将它转给王安石。王安石看后十分不满地说:"冯京的奏疏极为荒谬。"神宗却说:"朕与冯京数次诘难,一时很难说服他。如不为流俗鼓惑,此人亦可用。"神宗话锋一转又说:"此人作御史中丞,恐失职。"王安石立即附和道:"冯京在御史台只是备位而已,无所建树。陛下应该时常提醒他,不要让他被流俗迷惑。"神宗沉思片刻,接着说:"令冯京作枢密副使,如何?"王安石这才意识到,神宗原来是想要重用冯京,他只得顺水推舟地说:"既然陛下要用他又有何不可!"诏冯京擢右谏议大夫、枢密副使。

冯京为官严于律己、勇于承担责任。河东麟州、府州、丰州的城防、兵器长久缺乏修整,在与西夏的战争中经常失利,三州官吏因此受到朝廷的谴责。冯京认为自己曾担任过陕西安抚使,对现状负有不可推卸的责任,就上章自劾:"麟、府、丰三州城垒兵械不治,帅臣有责,前任帅臣亦有责。臣曾担任陕西安抚使,当受谴责。如此,可使诸路帅臣(安抚使）明白，虽然离任了，仍必须为自己在任期间的过失承担责任。这样，他们就不至于在任内偷惰、失职。”神宗看了冯京自劾奏疏后不但没有处罚他，反而擢升他为参知政事（副相）。

冯京与宰相王安石因为新法分歧屡屡争辩，他还在神宗面前推荐反对新法的刘攽、苏轼任知制诰。王安石推行保甲、养马法，冯京断然表示反对，认为此法必不可行。熙宁六年（1073）七月至次年三月，全国很多地方旱情严重，大量东北流民涌入京师。监管开封府安上门的官员郑侠知道王安石听不进批评意见，就将扶老携幼、身无完衣的流民画成《流民图》上奏阁门，希望能呈送到神宗手里，结果被阁门司退回。郑侠情急之下就谎称密急文件，动用马递直接送入宫内通进银台司，终于将这幅画面凄惨的《流民图》长卷送到神宗手中。郑侠随画还附上一封时政书，建议神宗任命冯京为宰相。

神宗看了《流民图》后长叹短吁，夜不能寐。次日，神宗下令免去开封府的免行钱，令司农寺开常平仓赈济饥民。王安石则上书请求罢去宰相。吕惠卿、邓绾连忙劝说神宗："陛下数年以来废寝忘餐，终于成就今日善政，天下都被受新法恩泽。陛下若听信狂夫郑侠之言，罢去新法，前功尽弃，岂不可惜？”神宗思前想后，觉得新法的推行确实不易，国家那么大，天灾也是难免的。他下令御史台追究郑侠擅发马递之罪，王安石继续任宰相。吕惠卿又趁机诬告冯京与郑侠串通，诏罢冯京参知政事，出知亳州（治所在今安徽亳州）。不久，冯京又以资政殿学士，出知渭州（治所在今甘肃平凉）。

茂州（今四川茂汶羌族自治区）发生少数民族叛乱，冯京奉命知成都府，前去处理这一突发事件。蕃部酋领何丹正率部攻打鸡宗关，他听说冯京率宋军赶到，就立即请降。朝中有人又提议宋军可趁机扫荡蕃部酋领何丹的老巢。冯京反对这种血腥镇压的做法。他奏请朝廷从长计议，从稳定大局出发，努力化解矛盾；他还建议发放农具、粮食给叛兵，让他们回家从事生产、维持生计。朝廷采纳了他的建议。蕃部酋领十分感激冯京，就与他歃血为盟，表示愿世世代代成为大宋的蕃民。

王安石罢相后宋神宗召冯京回京担任知枢密院。冯京以身体不适为由上书辞谢。神宗对冯京思念日深，以至于做梦都梦见冯京入朝。次日，他给冯京降了一道诏书，其中有“渴想仪型，不忘梦寐”之句，意思是说自己渴望见到爱卿的仪容，连梦中也是如此。冯京接诏后很受感动，就带病入朝。不过，冯京糟糕的身体状况已不能担当枢密使的重任，神宗就安排他任观文殿学士、知河阳(治所在今河南孟县)。

哲宗即位后，司马光称赞冯京是“国之老成，可以倚信”，竭力推荐于朝，诏授保宁军节度使、知大名府(治所在今河北大名)。这时的冯京年事已高，身体也是每况愈下。元祐年间(1086－1094)，冯京以太子少师、宣徽南院使致仕。

绍圣元年(1094)，冯京病逝，享年七十四岁，赐谥文简。

郑　獬

郑獬(1022—1072)字毅夫，安州安陆县(今湖北安陆)人。父亲郑纾曾经担任郎官。郑獬年少时就以才华自负，所写诗文豪放简洁，流俗之辈未敢望其项背。

郑獬早年在国子监学习，皇祐四年(1052)，他参加国子监发解试，被录入发解名单的第五位，心中颇感不快。郑獬

在答谢考官的信中大发牢骚："李广才气，自谓无双；杜牧文章，止得第五。"又说："骐骥已老，甘驽马以先之；巨鼇不灵，因顽石之在上。"郑獬认为自己虽有李广、杜牧之才却只排在第五，就好像是驽马跑在了骐骥的前面。出现如此不公平的结果，原因在于考官像巨石般压制自己，使自己动弹不得。考官看了这封自以为是的信十分恼火。令郑獬没有想到的是，这位主考官后来成了殿试考官，他决心要在殿试时好好报复一下郑獬。

皇祐五年三月十二日，殿试在崇政殿举行。参加殿试的省试合格奏名进士共六百八十三人，试题分别为：《圜丘象天赋》、《吹律听军声诗》、《乐本人心论》。郑獬才思敏捷，在试赋的开头就写道："礼大必简，丘圆自然，盖推尊于上帝，遂拟象于高天。"他将"圜丘象天"四个字很自然地嵌入了开篇四句赋中，继而下笔滔滔、一气呵成。

北宋自真宗朝以后，科举考试卷在送交考官批阅之前，都要经过糊名、誊录，考官仅从卷面上是无法分辨出这是哪位考生的试卷。因此说，考官想要报复考生也非常困难，只能从文笔、风格上进行识辨。郑獬以简洁、工整、豪放的文风著称于世，这位一心想要报复郑獬的殿试考官就干脆将文风与郑獬相近的卷子全部黜落，这可冤枉了一些考生。最后，他将一篇文风不似郑獬、写得紧扣题旨的试卷列为优等。殿试唱名时才知道，被列为优等、不似郑獬一贯写作风格的试卷，竟然偏偏就是郑獬所作。郑獬一举夺得进士第一名，这年他三十二岁。

宋仁宗十分重视科举取人，每次临殿策试、考定名次之前，他都要焚香祭天祷告："愿得忠孝状元。"郑獬在《谢及第启》中就有"何以副上心，忠孝之术是也"之句。郑獬初授将作监丞、陈州（治所在今河南淮阳）通判。一任满期，他奉诏回京试馆职，授直集贤院、度支判官。后迁起居郎、知制诰。

郑獬立朝始终以天下为己任，忧国忧民、敢于直言。宋英宗即位后，打算参照仁宗皇帝当年修真宗山陵的"乾兴旧制"，大规模修建仁宗陵墓，以示对先帝的尊重。郑獬则认为，自仁宗朝以来国库空虚、财政日见危机，在这种情况下，皇帝更应该想方设法开源节流，而不应该套用旧制修建先帝陵寝。于是他上奏英宗皇帝，慷慨陈辞：

> 仁宗大行皇帝永昭陵，依乾兴制度建造，虽然算不上太过侈奢，但是今日不同于往昔。乾兴时国库盈满，财力宽裕，可以超出旧制规模兴建陵寝。而今国库亏空，军队赏赐都要靠加征税赋，横征暴敛来获取，就连有钱人都怨声载道。……财政如此窘急，岂能以昔日之制行今日之事？

> 先帝（仁宗）节俭爱民，出于天性，无犬马游观之戏，御服至于一洗再洗，器用十分简朴，这是天下所共知也。而修山陵耗资巨大，这岂不是有损于先帝仁德乎？希望皇帝告诫主管修建陵寝的部门削减规模。

北宋延续五代陋习：新皇帝即位后，各地官员都要委派一名子弟或亲信赶赴京城上表称贺，朝廷按例要授予送表称贺之人官职。郑獬对此提出批评，认为这是"五代余习"，理应废除。而且，如今官冗现象已经十分严重，不应该轻易授人官职，希望能从今朝天子开始革除此陋习。修先帝陵寝以及授予送贺表人官职，这些都是关乎新皇帝颜面的大事情。英宗虽然认为郑獬劝谏有理，但他内心却无法接受。

英宗初登帝位，尚在谅闇（守仁宗丧）期，不理朝政，国家大事多交由七、八个宰执大臣协商处理。知制诰郑獬认为新皇帝不预朝政，不利于国家的稳定，他再次进言：

陛下初临御天下，恭默不语，将政事交给七、八大臣。这又如何能尽采治国安邦的良策呢？希望皇帝陛下能降圣旨，晓谕各地士民，让他们畅所欲言，献计献策。如果士民所献计策有可取之处，就下诏让他赴京师与陛下当面讨论。陛下接见百官，虚心听取各方意见，可以避免朝政失误，有利于治国之道。

英宗采纳了他的建议，特降诏书，令地方上的各级官员举荐本地有才能的遗逸之士到京师，由秘阁对他们进行考试，合格者授以官职。可是不久，一些被举荐到中央的所谓遗逸之士闹出不少笑话，朝论哗然。英宗决定取消各地举遗逸的诏令。郑獬对此却有着独到的看法，他认为选拔人才是关系到国家未来的大事，不能因噎废食，因为一点问题就全盘否定。他再次上奏说：

古代荐举人才，以为荐举十人取五人，犹得一半；况且今日，所荐不合格人数还不到半数。怎么能因为一些人的非议就停止举荐呢？希望仍然恢复此利，使豪俊之士无遗滞之叹。

郑獬的言论令朝中大臣十分不满，纷纷指责他过于迂腐。结果，他被罢知制诰，出知荆南（宋称江陵府，治所在今湖北江陵县）。

英宗在位期间，开封地区曾遭遇多年不见的洪水灾害，民室毁坏无数。英宗下诏寻求对策。郑獬虽身在地方，却始终以“忠孝”自居，时刻不忘为国家社稷贡献智谋。他见皇帝亲自颁诏求言，又洋洋洒洒地写了一篇奏疏。他在奏疏中并没有提及具体的治国方案，而是劝谏皇帝要正确看待官员们的奏议。他说：

皇上谦恭地思考水灾发生的缘由，希望寻求消灾的办法。臣想要知道的是：皇上真的准备采纳可取之言论，还是虚应故事？历史上许多君皇都因灾异而求贤纳谏，但最后能被采纳的意见非常少。……为了避免流于形式、走过场，建议采取以下措施：选拔一批官员，组成一个阅读奏疏的班子，挑选出有价值的奏章，与两府（宰相府与枢密院）大臣从容讨论。遇有疑难问题，可集思广益，再作出决定。这样，求言才会真正收到实效。天下上言难，皇上受言更难。愿陛下这次求言确能有所收获。最后，希望陛下能让大臣在史册上记一笔：某年发大水，诏求直言，采纳了某某的言论，解决了某某事。如此，垂范于后世，不至于求言徒为虚文而已。

英宗在位时间只有短短的四年，之后，年轻的神宗皇帝即位。宋神宗是一位锐意进取、心高志远的皇帝，他在位期间，开展了轰轰烈烈的“熙宁变法”运动，以及“元丰官制”改革；他还发动了对西夏的战争，想一举解除长期困扰北宋政权的西北边患问题。一天晚上，宋神宗召知制诰郑獬到内东门小殿，命他起草三道诏书：任命吴奎知青州，张方平、赵概为参知政事。神宗还特赐两株高大蜡烛，让郑獬回舍人院草拟。任务完成后，郑獬迁翰林学士。

郑獬为人比较谦恭。他入学士院的时间比王安礼要早几个月，依宋代故事，先进学士院的翰林学士，朝会班会时应排在后进翰林学士的前面。郑獬觉得自己的学术、声望都不及王安礼，就上书请求排在王安礼后面。宋神宗把他的请求转告王安礼，王安礼推辞说：“岂可因郑某的谦恭，而变更祖宗法制?”过了几天,郑獬见皇帝没有答应他的请求,就提出辞去翰林学士之职。宋神宗只得颁诏“王某班列在郑某之上”,同时又补充说“下不为例”。这件事让王安礼十分感动。

王安礼后来任尚书左丞(副相),人称“王左撰”。他在为郑獬父亲郑纾撰写的墓志铭中,对墓主人给予了很高的评价,他还在挽辞中提到了郑獬谦让的事,并且说:“欲知阴德事,看取玉堂人。”“玉堂”是学士院的别称,这句话的意思是:要想知道郑家积阴德的事,只要看看翰林学士郑獬的为人就能明白了。

郑獬不完全赞同新法,与王安石的关系一直不太好。王安石讥讽他是“郑酤”,想方设法排挤他。郑獬晚年任权发遣开封府事,“权发遣”比“权知”要低一等。他在开封府任上,市民喻兴与妻子合谋杀害了一位妇女。对于这样一件民间诉讼,郑獬不想按照新法条例进行审问。王安石知道后非常不高兴,就将他调出京城,出知杭州(治所在今浙江杭州)。御史中丞上疏挽留郑獬,王安石没有理睬。后改知青州(治所在今山东青州)。

这时,作为王安石变法重要内容之一的青苗法正在全国各地广泛推行,各地知州都有责任散发青苗钱。但是,郑獬对青苗法既不理解也不支持,他说:“青苗法只有害处,没有好处。我不忍心把无罪的老百姓推入空纲。”就毅然提出辞职。宋神宗熙宁五年(1072),郑獬病逝于安州,享年五十一岁。

郑獬为官刚正清廉,过着清贫的生活。他死后连安葬的费用都没有,棺材长年摆放在一座破庙内。直到好友滕甫出知安州时,才出钱资助郑獬家人让他入土为安。

彭汝砺

彭汝砺(1041—1094)字器资,饶州鄱阳县(今江西波阳)人,父亲曾在州府担任过孔目吏。

治平二年(1065),彭汝砺顺利通过地方乡试,来到京城参加礼部省试。主考官为翰林学士冯京,他对彭汝砺的试卷特别满意,定为第一名(省元)。此榜科考,由于英宗尚在谅闇中(守仁宗皇帝丧),不举行殿试,以省试录取情况为准。于是,彭汝砺就以省元的身份不经殿试获得了状元,时年二十五岁。同榜共录取二百十三名进士。

彭汝砺高中状元的捷报传到饶州,知州非常高兴,决定免去他父亲的吏役,还把自己的马车借给彭父,派州吏一路护送他回家,十分风光。乡人也都以此为荣。彭汝砺与熊本是从小玩到大的好朋友,曾一起在州学读书,熊本的父亲也是一名州吏。有人见彭孔目乘着知州的马还家,就说:“彭孔目的儿子已考中状元,熊孔目的儿子是不是也能进士及第?”几年后,熊本果然中进士高第。新任知州沿用前例,免去熊孔目的吏役,并送他乘马回乡。这两件事在饶州当地被传为佳话,激发了州内的好学之风。以后每榜科举,饶州总有人登第,有时一榜竟达数十人。

由于是谅闇榜,没有经过殿试,登第进士的待遇相对要低一些。彭汝砺的初授官不是以往的将作监丞、州通判,而是入吏部选，初授保信军（治所在今安徽合肥）节度推官。之后，他在选人阶内沉浮十年，一直没有得到很好的升迁机会。宋神宗即位后任用王安石为宰相进行变法。王安石曾经看过彭汝砺写的《诗义》，认为他的见解独到，学问不错，就将他从潭州军事推官任上召回京师。彭汝砺升大理寺丞、国子监直讲。不久，经御史中丞邓绾举荐，他又入御史台，任监察御史。

邓绾推荐彭汝砺并不是因为了解他，而是为了投王安石所好。邓绾知道王安石欣赏彭汝砺，就想办法拉拢他，还约他见面。按故事，荐举官不能与被荐举者相见。彭汝砺觉察到邓绾举荐自己是出于私心，动机不纯，断然拒绝与他见面。这让邓绾非常不高兴。中书户房习学公事练亨甫与彭汝砺有矛盾，他欺骗邓绾说："公荐彭汝砺为御史，王安石不悦。"邓绾原本就对彭汝砺的傲慢无礼不满，又听说自己举荐彭汝砺竟让王安石不高兴，他立即上书自劾，认为自己推举彭汝砺为御史是错误的，希望收回荐章。神宗对邓绾出尔反尔的举动十分反感，诏罢邓绾御史中丞，批示说："翰林学士、权御史中丞邓绾心术不正，秉性奸邪，论事荐人，不宗制度。可罢翰林学士、御史中丞，以兵部郎中、出知虢州。"同一天，神宗又擢彭汝砺太子中允、监察御史里行。

宰相王安石对练亨甫的欺骗行为也很生气，他对神宗说："邓绾荐举彭汝砺为御史，事后又反悔，这其中必有缘故。我了解到，中书习学公事练亨甫与彭汝砺不和，曾到邓绾处造谣说我不希望彭汝砺任御史，让他另择贤人。练亨甫身为宰相属官却与御史台官员勾结，罪不容恕，望依法论处。"诏罢练亨甫漳州军事推官。

彭汝砺进入御史台不到一个月，就向神宗进陈十事：正本、任人、守令、理财、养民、赈救、兴事、变法、青苗免役、盐事。在这篇奏章中，彭汝砺大胆直白，指陈朝政利害得失无所避忌，多言人所未敢言之事。王安石听了心中不悦。宋神宗一向主张“用人不类”，只要是有才能人的，不论他是不是士人，都可进用。他任命入内副都知王中正为都大提举福建路捉贼公事，入内副都知李宪为秦凤、熙河路计议官，措置边事。对此，彭汝砺表示反对：

朝廷近几年战事不息，最令陛下担忧的有洮西、闽、蜀等地区。但是，陛下却将这些地区的兵权统统交给内寺官。难道说在陛下爱养尊宠的士大夫中，就挑不出可以掌管兵权的人吗？自古以来，人君在天下太平之时，往往看不到内寺揽权的危害，就认为士大夫的言论不足信、不足采。然而一旦发生宦官揽权、祸乱朝廷的事，就只能悔之太晚，无可奈何。因此，陛下从国家社稷长远利益考虑，不应该让内侍官掌管兵权。

宋神宗宠信王中正，听了彭汝砺这番谏言很不高兴，就责问他：“入内都知李宪在秦凤、熙河地区镇守，羌戎畏服，洮河以西边境安宁无战事，有何不可？”彭汝砺并没有因神宗的诘难而退缩，他仍然拱立殿中平静地回答：“臣并不因为李宪是内侍就认为他不能成大事，臣所忧虑的也不是李宪或者其他内侍。天下之事，固有风云际会而成功者。但是，兵权当付以内侍人抑或是付以士人，只要看一看汉唐以来宦官之祸，废立出于内侍，就不辨自明了。”神宗听罢情绪稍微缓和下来，表示可以接纳。朝堂上的官员无不为彭汝砺捏了一把汗，也为他敢于诤谏的精神所折服。

熙宁十年(1077)，彭汝砺又上书弹劾中书都检正官俞充，指责他居丧拥妓、强借民钱不还，甚至与中人王中正相勾结，不能充当宰相属官。神宗一面下令都检正官就御史弹劾的问题作出检点、分析，一面问彭汝砺：“这么重要的事情你是听谁说的？”显然，神宗对彭汝砺所弹劾的内容并不完全相信。彭汝砺义正严辞地说：

> 人君深居宫中，不可能遍察天下事，于是设御史台、谏院。御史作为人君的耳目之臣，也需要依靠众人才能获得信息和情报。臣检举、揭发官员不法事，丝毫没有为谋一己私利之意，完全是听从皇上的召唤。众人为臣提供信息情报，亦是为了天下社稷。如果皇上一定要追问提供情报的官吏姓名，那么，以后还有谁愿意为台谏官提供情报？一旦耳目之官失去消息来源，皇上又怎么能够照烛幽暗、弥缝朝政阙失？臣宁愿自劾，也不能奉诏供出提供情况的官员姓名。

宋神宗有感于彭汝砺的忠心，最终采纳他的建议，罢俞充中书都检正官之职。

元丰元年(1078)，彭汝砺以母亲年迈无人奉养为由请求离开朝廷，到邻近家乡的地方任职。诏彭汝砺罢御史，任馆阁校勘、江南西路转运判官。官员在离京外任时，一般要前去向皇帝辞行。彭汝砺在辞谢时又向神宗谏言：“如今不怕没有听命顺从之臣，只怕没有谏诤之臣；不怕没有敢做之臣，就怕缺少敢说真话之臣。”

元丰八年，宋神宗驾崩，未满十岁的赵煦(哲宗)即位，由高皇太后垂帘听政。高皇太后起用反对变法的司马光为宰相，着手废除王安石新法。元祐二年(1087)，在家守丧的彭汝砺服阕(守丧期满)，奉诏回京担任起居舍人(从六品)。一位执政官曾问他：“新旧之政如何？”彭汝砺虽然称不上是改革派，但他同样不主张废除全部新法，也不想阿谀旧党，就十分坦然地说：“政事不分彼此，以‘是’为准。行之有效的就是好决策。现在，为了更改新法而强制推行选士法与差役法，士、民都感到不方便。”可见，彭汝砺对待新法的态度还是比较客观和实事求是的，倔强刚直的他不会为了个人利益而改变自己的做人原则。第二年，彭汝砺迁中书舍人（正四品），赐金鱼袋、紫服。

这时发生了轰动一时的所谓“蔡确诗案”。蔡确早年曾拜吴处厚学赋，彼此间有着师生情谊，关系密切。可是在神宗元丰年间，他们因政见不同产生矛盾。结果，吴处厚被罢官，蔡确擢升宰相，两人遂反目成仇。元祐中，蔡确遭朝臣弹劾罢宰相，出知陈州、安州。内心倍感失落的蔡确空闲下来就写写诗，感时伤怀，聊发胸意。诗中有这么几句：“何处机心惊白马，谁人怒剑逐青蝇”；“叶底出巢黄口闹，波间逐队小鱼忙”。

吴处厚得到蔡确在安州写的诗后，对以上诗句妄加笺注、发挥，指责蔡确借写诗之名攻击朝政，认为朝廷用人不是出于“公心”，而是出于“私心”，使正臣被埋没，恨不能拔剑“逐青蝇”。高太后和一班宰相大臣听了吴处厚的诋毁之辞都非常气愤，决定要严惩蔡确。朝中一些大臣对蔡确的为人也颇有微辞，台谏官也借机群起而攻之，“欲置之极法”。

面对这一切，一向刚直的彭汝砺再次站出来仗义执言。他对当朝宰相说，所谓的“蔡确诗案”实际上是吴处厚为打击报复蔡确捏造出来的。这种罗织罪名、陷害别人以泄私愤的做法非常恶劣、危害甚烈，决不能纵容。但是宰相执意要严惩蔡确。不久，彭汝砺接到中书省谪废蔡确的除目，让他草拟诏书。彭汝砺态度坚定地说：“我不站出来，谁能站出来。”他将宰相拟好的谪罢蔡确的除目退回到中书省，拒绝草拟诏书。于是，谏官们又纷纷指责彭汝砺是蔡确的党羽。

事实上，彭汝砺不仅不是蔡确的党羽，而且与蔡确之间隔阂很深。在神宗朝时，彭汝砺曾经对吕嘉问的市易聚敛法提出批评，而吕嘉问是蔡确的亲信，结果蔡确将彭汝砺赶出了朝廷。现如今彭汝砺之所以站出来替蔡确辩护，完全是出于个人的良知。对于这一点，高太后心中还是十分清楚的，她说："彭汝砺怎么可能是蔡确的同党，他只是为朝廷论事尔。"尽管如此，彭汝砺仍被罢中书舍人，出知徐州（治所在今江苏徐州）。彭汝砺不计个人恩怨为蔡确辩护，可以说是以德报怨，不愧是一位坦坦荡荡的正人君子。

宋哲宗亲政后，一改高皇太后掌权时起用旧党、废除新法的作为，重新推行神宗新法，"绍述"新政。于是，那些见风使舵的官员们又转而为新法歌功颂德。彭汝砺却对此一言不发。有人好奇地问他："你一向以敢于直言而著名于朝，如今怎么一句话也不说？"彭汝砺回答说："我以前敢于直言是因为没有人敢说新法，如今那些不敢说新法的人个个都能说了，我也就不需要再说什么。"哲宗非常欣赏彭汝砺的刚直，亲自擢升他为权吏部尚书。但是，彭汝砺的鲠直也让朝中很多人对他不满意，他很快遭到台谏官的攻击，降授宝文阁待制、知江州（治所在今江西九江）。

元祐八年，彭汝砺到江州仅几个月就一病不起，卒于任上，终年五十四岁。彭汝砺的一生充满了坎坷与艰辛，但胸怀坦荡、刚正不阿一直是他做人的准则，令人敬佩。

彭汝砺的感情生活也充满了愁怅与无奈。在任江西转运判官期间，他的妻子宁氏病逝。当时，一位监管洪州仓库的官吏刚死不久，遗孀宋氏相貌出众。彭汝砺与宋氏一见如故，十分投缘，就想纳为妻室。由于宋氏正在为亡夫守丧，他的愿望没能实现。宋氏后又再嫁一朝官。彭汝砺心中仍念念不忘宋氏，发誓一定要等她。过了十二年，他终于如愿以偿地续弦宋氏，两人做了五年的夫妻。彭汝砺在病重垂危之际提笔写下一偈："宿世冤家，五年夫妇，从今而往，不打这鼓。"写完后释笔而逝。

叶祖洽

叶祖洽(？—1118)字敦礼，邵武军(今福建邵武市)人。熙宁三年(1070)，宋神宗任命王安石为参知政事(副宰相)，积极筹划一场旨在富国强兵的变法运动。这年三月，在改革浪潮即将风起云涌之际，神宗御崇政殿亲试礼部正奏名进士陆佃(陆游之父)以下三百人。殿试的策题围绕着"革新之治"展开，要求考生各抒己见，为国家富强献计献策。

叶祖洽是一个善于迎合潮流的人，对新生事物也比较敏感。他的对策洋洋洒洒数千言、通贯古今。在对策中，他极力赞同神宗改革弊政的主张，甚至为了迎合神宗及改革派的思想，不惜贬低以前历朝之政。他写道："祖宗多因循苟简之政，陛下即位，宜革而新之。"这样一篇充满附会之辞的策论，得到了一些考官的青睐。殿试初考官吕惠卿将他列名高等，而复考官宋敏求将他列于第五等。编排官苏轼认为对策中的某些言辞失之偏颇，但还是将叶祖洽排在上官均之后，列名第二。最后，宰相陈升之将前几名考生的试卷拿到神宗面前宣读，神宗对叶祖洽的对策评价很高，亲擢他为进士第一名。

叶祖洽初授京官，任签书奉国节度判官厅公事。尽管宋神宗对叶祖洽赞同变法的对策非常满意，亲擢为状元，但在熙宁、元丰变法期间，叶祖洽并没有得到重用。他曾担任判登闻检院，负责处理官民的申诉奏状；后改国子监丞，充当一名学官；又出知湖州（治所在今浙江湖州），在地方上任亲民官。宋神宗元丰官制改革后，叶祖洽奉诏回朝，任秘书省校书郎（从八品）。在中状元后的十五年里，他的官品始终在七、八品间徘徊不前。

元丰八年（1085），宋神宗驾崩，年幼的哲宗即位，由高太后垂帘听政，掌控朝政。这期间，叶祖洽虽然没有什么象样的政绩，但他的官职还是慢慢得到提升，由职方员外郎、兵部员外郎升迁至集贤校理、礼部郎中（从六品），他的仕途也好像变得通达起来。可是好景不长，给事中赵君锡翻出叶祖洽在殿试对策中的一些过激言辞，指责他对策中有"祖宗多因循苟簡之政"之语，这是在肆意攻击、诋毁太祖、太宗、真宗、仁宗、英宗诸帝的业绩。叶祖洽见状急忙为自己辩解，认为这句话虽然过于偏激，但是自己根本没有谤讪祖宗朝政之意。

高太后在听取了双方意见后，并没有当即作出裁定，而是召集侍从以上的官员对叶祖洽的殿试对策进行分析，在朝中展开了一场大讨论。苏轼和刘攽认为："叶祖洽之所以说祖宗朝保守成法，因循旧政，目的是希望神宗皇帝与大臣们能合谋革新。言论虽然乖谬，但要说他是在攻击先帝朝政似乎也太夸张，与事实不符。"苏轼、刘攽都是当时有名望的侍从官，对叶祖洽对策的分析也比较中肯、客观。诏罢叶祖洽尚书礼部郎官，出任提点淮西路刑狱公事，将他逐出朝堂以示惩戒。

高太后病故，哲宗亲政，改元"绍圣"，意思是要秉承先帝遗志，继续推行新政。于是，反对变法的守旧派官员纷纷遭到贬官罢逐，这对于因拥护改革被神宗亲擢状元的叶祖洽来说，则是个千载难逢的机遇。他很快调回到中央，先后迁左司郎中、起居郎、中书舍人、给事中。宋代中书舍人、给事中都是正四品的侍从官，官员一旦升至给事中，就有望擢拜参知政事。

叶祖洽踌躇满志，感觉仕途一片光明。得意忘形之际，他刚愎自用、善于阿附的本性再一次凸显出来。早在高太后掌权期间，宰相王珪曾秘密进言反对立赵煦（即哲宗）为皇太子。哲宗登帝位后，叶祖洽为了迎合哲宗皇帝，又将此事翻出来诋毁王珪。哲宗说："宣仁圣烈（高太后）乃妇人中之尧、舜也。她对社稷大计心中素有主张，不会受臣僚的影响。"叶祖洽见哲宗不为所动，又赶紧补充说："如果说臣所言之事没有根据，那么黄履、刘拯等大臣也曾以此事责难王珪。愿陛下考虑群臣的意见，明察秋毫。"哲宗最后颁诏，追贬已去逝十多年的王珪。

接着，叶祖洽又开始替蔡确鸣冤翻案。蔡确是当时公认的朝中小人，他早年因拥护王安石变法得到器重。王安石罢相后，他又因攻击王安石而进拜宰相，后因涉嫌谤讪高太后被罢相，贬逐而死。对于这样一位在官僚士大夫中口碑极差、反复无常之人，叶祖洽却想替他鸣冤。也许在他看来，蔡确是被高太后贬逐的，而哲宗与高太后政见不合，希望借为蔡确说情之举进一步博取哲宗的好感。

叶祖洽对哲宗说："司马光、吕公著都能终禄于家，恩礼隆重；而扶立皇上有定策之功的蔡确却遭贬逐，死于岭外。望陛下能矜恤蔡确家人。"言外之意，是对高太后贬逐蔡确表示不满。不过令叶祖洽始料不及的是，哲宗这一次不仅没有听信他的挑唆之辞，反而对他心生戒虑。当林希称赞叶祖洽为人正派、可担重任时，哲宗却不以为然地说："此人不可大用。”不久，叶祖洽就因举荐王回不当被贬官，先后出知济州（治所在今山东巨野）、洪州（治所在今江西南昌）。

试想，如果叶祖洽没有在哲宗面前攻击王珪，为蔡确说情；如果他没有一味地迎合、讨好哲宗，也许他的仕途不会遭遇如此坎坷。遭受挫折的叶祖洽变得心灰意冷，在任地方官期间，他没有尽力为百姓造福，而是肆无忌惮地聚敛钱财，以贪财闻名于朝。

俗语说“物以类聚”，与叶祖洽关系密切的曾布也是一位趋炎附势的小人。曾布与宋代文学家曾巩是兄弟，但是在为人做官方面，二人却大相径庭。曾布起初因积极支持新法而备受王安石的器重，王安石失势后，他立刻反戈攻击新法特别是“市易法”，引起变法派内部的分裂。哲宗去世后，曾布又附和向太后之意，坚持立赵佶为帝（即徽宗），因此登上宰相之位。曾布的奸诈、狡猾使他获得了“大狐狸”的绰号，而叶祖洽同样善于趋炎附势且与曾布交往密切，被人称为“小狐狸”。

曾布擢拜宰相后，叶祖洽又有了升迁的机会。曾布打算任命他为吏部侍郎，遭到宰相韩忠彦的反对。韩忠彦拟诏任命叶祖洽知青州，他却拒不赴任。不久，韩忠彦遭排挤罢相，曾布立即任命叶祖洽为吏部侍郎。可是好景不长，曾布又遭到另一位大奸臣蔡京的排挤，被罢宰相。树倒猢狲散，紧跟曾布的叶祖洽也被赶出朝廷，出知定州（治所在今河北定州）。

赴任之前，叶祖洽再次向徽宗表白自己的忠心，他说：“臣为朝廷社稷明（蔡）确之功，正（王）珪之罪，劝忠沮邪，是以万年计。臣能以此报效国家，心已足矣。”意思是说自己忠心为国却被蔡京排挤出朝廷，希望徽宗明察。徽宗正宠信蔡京，他听了叶祖洽这番表白不仅没有“明察”，反而认为叶祖洽太过浮躁。徽宗一怒之下罢叶祖洽知州差遣，改授集英殿修撰、提举冲佑观，成为一名没有实权、干领祠禄（享受正俸的一半）的休散官。

在这之后的十七八年里，叶祖洽除了曾出知洪州（治所在今江西南昌）、亳州（治所在今安徽亳州）外，再也没有机会重返朝廷。

政和八年（1118），叶祖洽在失意中离开了人世。作为状元出身的官员，叶祖洽留给后世更多的是教训和反思。

何　㮚

何㮚（1089—1127）字文缜，仙井监（今四川仁寿县）人。他生活的年代正是北宋政权崩溃的前夜：社会危机日益严重，宋夏战火未熄，女真贵族又在北方崛起，不断挑衅、侵扰边境地区。

政和五年（1115），女真人完颜阿骨打称帝，建立金国。同年，已经在地方科举考试中胜出的何㮚离开四川，来到京城开封参加统一考试，并顺利通过省试。殿试在三月举行，策题围绕着“道”展开。宋徽宗困于内政外交，想找到一种理想的治国之“道”，行无为之治。但究竟什么是道，如何行道，才能达到“无为”、“无言”而天下大化的境界？徽宗希望通过策试，让应试者就“治道”发表各自的观点，为朝廷献计献策。何㮚所作试策在众多答卷中脱颖而出，深得考官和徽宗皇帝的赞赏，他也因此获得魁首的殊荣。此榜共录取

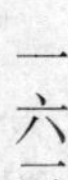

进士 670 名。

在前三名中，状元何㮚与榜眼潘良贵都是年少有风采，第三名郭孝友却是长相古怪。唱名后，当他们在开封府御街卫士的呵护下骑马游街时，两旁看热闹的观众随即编起了顺口溜："状元真何郎，榜眼真潘郎，第三真郭（谐古音怪）郎。"

何㮚初授秘书省校书郎（从八品），属于馆职，待遇优渥。按惯例，登进士高第者一任期满后召试馆职，何㮚刚得状元就授馆职，自然是春风得意，经常有一些达官贵人邀请他赴宴。在一次酒席中，他结识了一位名叫惠柔的侍女。惠柔漂亮聪慧，她仰慕何状元既有学问又长得潇洒，就暗递手帕，手帕上题字，约牡丹花开时再相会。何㮚被眼前这位女子的热情所感动，回家后提笔写下《虞美人》赋。多情的何状元在这阙著名爱情赋中，表达了自己等不到牡丹花开，就盼着与意中人相见的急切心情："重来约在牡丹时，只恐花枝相妒故开迟"；"催花无计问东风，梦作一双蝴蝶绕芳丝"。

何㮚任馆职一年后，奉诏提举京畿学事。不久又入朝，历任礼部主客员外郎、中书省起居舍人，迁中书舍人兼侍讲。中书舍人负责替皇帝起草诏命；侍讲属讲筵官，跟随在皇帝身边，为皇帝讲经诵史，属于皇帝的亲近侍从官。宋徽宗对何㮚的才学颇为器重，多次单独召他计议军国政事，并打算让他做言事官（谏官）。

宋徽宗即位后，打着"绍述"的旗号推行熙宁、元丰新法，将那些反对新法的人都列为"奸党"，还在各地立"奸党碑"。有官员忌妒何㮚官运亨通，颇得徽宗皇帝青睐，就诬告他反对新法，崇拜苏轼蜀党学说，是苏轼的乡党。这一招果然阴险。徽宗听后非常生气，不作任何调查就将何㮚外放，出知遂宁府（治所在今四川遂宁）。

但徽宗心里一直记挂着何㮚，宣和年间又将他召回朝廷，授以御史中丞之重任。当时，朝政被“六贼”（蔡京、王黼、童贯、梁师成、朱勔、李彦）把持，早已腐败不堪。何㮚担任御史中丞后，首先弹劾宰相王黼。王黼是开封人，狡黠善佞，因为帮助蔡京复相有功而升迁至御史中丞。为了博得徽宗宠信，王黼竟然不顾君臣大体，“短衫窄裤，唇涂口红，与倡优侏儒一道说唱市井淫秽谑浪之语”。在取代蔡京成为宰相后，他更加肆无忌弹地卖官鬻爵。当时三千贯可以买一个“直秘阁”，五千贯可以买个“州通判”。

面对这样一位胡作非为、民愤极大的贪官，何㮚毫不畏惧。他搜集了大量材料，上章弹劾王黼犯下十五项大罪。王黼强打精神“抗章”不服，竭力为自己辩护，但他内心却非常虚弱，只得提出辞职。王黼虽然上书请辞，但他贪恋权势，不愿意真的交出宰相官印。正在犹豫不决之际，何㮚又连上七道奏章弹劾他。宣和六年（1124）十一月，徽宗迫于舆论压力，诏罢王黼宰相。何㮚也因为屡屡上书弹劾王黼被罢御史中丞，领徽猷阁待制出知泰州（治所在今江苏泰州）。

第二年十月，北方的金贵族兵分两路进攻北宋。十一月，东路金军由平州侵宋；十二月，西路金军由大同进攻太原。消息传到开封，宋徽宗和大臣们乱作一团。徽宗连忙颁“罪己诏”，承认自己“任用非人”，“兴事作端、蠹耗邦财”。他还假装跌倒，用左手写下了“皇太子可即皇帝位”的禅位书。于是，太子赵桓即位，是为钦宗，改元靖康。钦宗在皇帝宝座上只待了一年多，北宋政权就被金军灭亡，史称“靖康之难”。

宋钦宗初登帝位时非常想有所作为，他召敢于言事的何㮚回京，恢复他御史中丞职务。一个月后，又授予何㮚翰林学士、知制诰，充当皇帝的秘书。不久，何㮚擢升中大夫、尚书右丞（副相），又迁大中大夫、尚书右丞、中书侍郎（副相）。数月后，拜通奉大夫、尚书右仆射、中书侍郎，擢升宰相。说明钦宗非常器重何㮚，对他寄予厚望。

金军大举南侵，宋钦宗派使者王云赴金议和。但是，宋廷在决定是否割让太原、中山（今河北定县）、河间（今河北河间）三镇的事情上反复多变，拖延不决，激怒了金人。他们退回宋政府送去的礼物，并威胁说：再过十天同意割让三镇的和谈使者还不到，就将挥兵直攻开封。朝中大臣唐恪、耿南仲、聂昌等都主张将三镇割让给金，何㮚坚决表示反对："三镇是国家根本之地，为什么一定要放弃？更何况金人狡诈，出尔反尔，谁能保证割让三镇后，金军就会退兵？我认定：割三镇，金军亦来；不割三镇，金军亦来。"面对朝中割与不割两种声音，宋钦宗犹豫不决。何㮚力排众议，大声疾呼："河北百姓，皆吾赤子，弃三镇则弃赤子。难道身为父母，能如此狠心吗？"钦宗接受了何㮚的意见，拒不割让三镇，坚持抗金。

宋钦宗曾向何㮚询问抗敌良策，何㮚建议在京师周围设东、南、西、北四道总管，每道总管都有责任统率当地的勤王兵保卫京师。靖康元年（1126）九月，钦宗任命知应天府胡直孺为东道都总管，知大名府赵野为北道都总管，知邓州张叔夜为南道都总管，知河南府王襄为西道都总管。钦宗赋予四道都总管以很大的权力，特地颁发诏令：四道都总管统辖本道的勤王师保卫京城，事得专决，财得专用，官得辟置，兵得诛赏。

同知枢密院事种师道对何㮚的建议也十分赞同，他立刻檄召四道总管各率勤王兵前来保卫开封。南道总管张叔夜、陕西制置使首先率兵奔赴开封。可把持朝廷军政大权的宰相唐恪、耿南仲却认为，此时聚兵京师必然会激怒金军，加速他们南侵的步伐。他们下令张叔夜退兵回原处，并令其他三道都总管按兵不动。举旗不定的宋钦宗采纳唐恪的建议，解除何㮚宰相职务，改授资政殿大学士、领开封尹。主和派再次在与主战派的交锋中占据上风。

宋廷内的主和派将国家的希望寄托在与金军的谈判上，但是对于金军统帅斡离不、粘罕而言，和谈不过是一种麻痹北宋君臣的手段，灭亡北宋才是他们的最终目的。金军长驱南下，京师开封危在旦夕。宋钦宗见大势不好，连忙将唐恪罢相，恢复何㮚宰相之任。

宋徽宗的第九个儿子赵构奉宋廷之命，作为和谈使者北上金营。他行走到河北磁县时，被主战派将领宗泽等阻留下来。何㮚上书建言，任命康王赵构为天下兵马大元帅，号召抗金军队集合到大元帅旗下，组成一支强有力的军队，加强开封防御力量，保卫京师。宋钦宗采纳了他的建议，亲笔书写密诏，派人送至康王处，正式任命赵构为天下兵马大元帅，陈遘为兵马元帅，宗泽、汪伯彦为副元帅。没有想到的是，钦宗皇帝的这位“九哥”惧怕金军，只顾自己保命，不肯率军保卫京师。

靖康元年闰十一月底，金军攻陷开封，俘虏宋钦宗、何㮚等君臣，将他们拘押在金营。金军曾打算让被俘的宋朝官员商议拥立一个傀儡皇帝，提出的一个条件是：“只有何㮚、李若水不得参预议论。”说明何㮚抗金态度坚决，就连金军也早有耳闻。

靖康二年二月六日，金军下令废掉徽宗、钦宗二帝，北宋灭亡。接着，金军又决定将徽、钦二帝、赵宋宗室、大臣等三千余人，以及掠夺到的大量奇珍异宝，全部押送回北庭。

何㮚也在俘虏之列，他悲痛于国破家亡，不甘心做亡国奴，绝食而死，年仅三十九岁。临死前，他题诗于壁：

念念通前劫，依依返旧魂。

人生会有死，遗恨满乾坤！

沈　晦

沈晦(1084—1149)字元用，初名杰，秀州崇德县(今浙江嘉兴)人。他出身于世官之家，祖父沈遘是北宋著名的学者，曾在皇祐元年的殿试中列名第一，后按"有官人不得为状元"的惯例，退居第二。

沈杰自幼聪明过人，年轻时曾代别人参加科举考试，结果被当场发现。替考在宋代属非常严重的舞弊行为，无论是代考者还是原考者都要受到惩罚。考官将此事上奏朝廷，宋徽宗看到沈杰的名字，发话说："这个名字朕曾经在沈遘的传记中见到过，他绝不是一般的人，可从轻发落。"皇帝一言九鼎，沈杰侥幸逃过了发配他州的重罚，被暂时取消应举资格。当然，这样的责罚对那些希望通过科举考试博取功名的士子来说，也是很重的。

沈杰被取消应试资格后非常苦闷，人也变得十分消沉。正在这时，他的外祖父出任秀州知州，时任湖州司录参军的舅舅宏父赶来秀州省亲，父子一起用餐。外祖父的侍姬杨氏才貌出众，她在席间忽然说："有沈廿六者(按：指沈杰)，六艺绝伦，不幸因科场作弊，失去应试机会，奈何？"宏父听后，觉得外甥年纪轻轻的就失去发展机会太可惜了，说："我刚为我的门客争取到一个赴转运司牍试的机会，我可以把这个机会转给外甥。"第二天，沈杰去拜见舅舅，舅舅还特意给他改名沈晦，取"韬晦"之意。沈晦就以舅舅门客的名义赴浙江转运司应试，取得第一名的好成绩。

徽宗宣和六年(1124)，沈晦顺利通过礼部省试，信心十足地参加殿试。此次殿试的策题出自《易经》之数，又涉及《尚书》、《内经》等典籍。要求应试者围绕着道与数、数与万物的关系，阐明彼此间的相通之理，进而探求治理天下的道理。应该说，这样的策题对应试者提出了很高的要求，如果考生不熟悉《易经》及其注疏、没有很好的经学功底，就很难作答。

据史书记载，沈晦在殿试前秘密地从徽宗亲信梁师成处得到策题，他参加殿试是有备而来，殿试成绩排在第一名也就不足为怪。当然这只是传说，并无事实依据，仅供参考。从家学渊源以及后来的仕宦生涯看，沈晦的经学与文学功底还是不可低估的。他甚至自夸说："从古到今，天下真秀才只有三个人：孔大头(孔子)算一个、王安石与苏轼合为一个，第三个就是我沈晦。"口气十分狂妄。

沈晦中状元时正是北宋王朝即将覆灭之际，他是北宋最后一位状元。宋徽宗为了挽回颓势，给予新进士非常优渥的待遇。沈晦初入仕途即授馆职，任秘书省校书郎。第二年，金军分东、西两路南侵北宋，势头强劲，所到之处宋军望风而溃。金国派往开封的使臣甚至公然要求北宋政府割地称臣。宋徽宗见大势将去，赶紧派使臣赴金求和，战争的阴云笼罩着整个京师。在这国难当前的紧要关头，沈晦的官位上升得更快，第二年就迁著作佐郎(正八品)。不久，徽宗禅位于皇太子赵桓，是为宋钦宗，改元靖康。

靖康元年(1126)初，金军渡过黄河围攻京师。宋廷再次要求议和，但是金军统帅斡离不提出了极为苛刻的条件：宋廷必须支付黄金五百万两、银五千万两、青缎一百万匹；割让太原、中山(今河北定县)、河间(今河北河间)三镇；以宰相、亲王为人质。宋钦宗不得已派肃王赵枢赴金营充当人质，并任命著作佐郎沈晦假借给事中官衔，跟随肃王一同前往。十一月底，金军攻破开封府，京师沦陷。

靖康二年，金军在北撤之前立张邦昌为楚帝，建立伪政权。张邦昌向金军提出一个条件，要求把扣押在金营中的冯澥、沈晦等宋臣放还。金军满足了他的条件。这样，沈晦没有追随徽宗、钦宗二帝被俘虏至金国，而是继续留在开封。他官衔中的"借"字也被拿掉，直接授给事中（正四品）。沈晦的官阶从正八品一下跃升为正四品，这样的升迁速度在和平时期简直是不可思议。他的官运不仅没有因战乱停滞，反而是顺畅亨通。

张邦昌的伪楚政权很快被废黜，康王赵构在商丘（今河南商丘）登皇帝位，是为宋高宗，南宋政权宣告建立。一些言事官对沈晦一下子被提升为给事中表示不满，认为他虽然奉命跟随肃王赴金营做人质、受尽了苦难，但是朝廷也不能拿官位作补偿，授予他给事中这样的高官。高宗颁诏，降沈晦集英殿修撰（正六品）、知信州（治所在今江西上饶），一下子降了个三品阶（每品有正、从）。不过对沈晦而言，能在短短的三年时间里就从初入仕时的校书郎，升迁至正六品官阶，并出任地方大员，这已经属于非常之迁了。

建炎二年（1128），金军步步南逼，宋高宗逃至扬州。他想起沈晦颇有干才，就打算将他从信州召至行在，授予中书舍人职务，负责草拟诏书。侍御史张守表示反对，并论及沈晦早年曾在科场代人考试一事。高宗不赞同这种翻旧帐的做法，他对张守说："前不久，我与沈晦同在金营被押，看他慷慨激昂、以身许国，丝毫没有苟且偷生的懦夫之态。大节可用，至于说他小节不谨，岂能因此而累及终身？"高宗虽然这么说，但见许多官员都表示反对，皇帝宝座尚未坐稳的他只得作罢，诏沈晦知明州(治所在今浙江宁波)。不久，高宗在金军的追赶下从扬州逃往明州，再从明州下海逃至温州江心寺。

建炎四年春，南下金军北撤，高宗从温州返回越州(今浙江绍兴)。沈晦奉命调知婺州(治所在今浙江金华)。一支由成皋率领的游寇攻掠婺州境内，骚扰百姓，严重危害当地的稳定。沈晦采纳州学教授孙邦的建议，派数百民兵出城迎战，结果民兵大败而归，他一怒之下欲斩孙邦。待怒气稍稍平息后，沈晦意识到孙邦也是出于一番好意，自己应该对兵败负主要责任，就下令放了孙邦。此时浙东防遏使傅崧卿正在婺州城内，他表示愿意去说服成皋投降。沈晦同意了。傅崧卿单骑前往成皋营寨，晓之以大义、感之以祸福，成皋终于接受招降。诏沈晦进徽猷阁待制(从四品)。

谏官上章弹劾沈晦，指责他在处理游寇成皋攻掠事情上乱用“便宜指挥”，不请示朝廷就擅自派兵出城，有违犯军法之嫌。沈晦降集英殿修撰、提举临安府洞霄宫，成为一名没有实职、干领朝廷俸禄的祠禄官，等于是靠边站了。不过，宋高宗一直对沈晦比较器重，认为降职处理太重。等言官弹劾风头过去后，高宗随即诏沈晦复职，任徽猷阁待制、知建康府(治所在今江苏南京)。仅过了一个多月，沈晦又遭到御史常同的弹劾，被罢官。

绍兴四年(1134)，高宗重新起用沈晦，任命他知镇江府(治所在今江苏镇江)、两浙西路安抚使。沈晦途经临安府，高宗召他入殿面对，商议军政大事。沈晦向高宗阐述了自己的用兵策略：

> 藩帅(安抚使)所统领的地方兵可派大用。如今沿长江一线有千余里，倘若令镇江府、建康府、太平州、池州、鄂州各领兵一至二万，给以官田，让他们屯田自给。

一旦金军南侵，可下令五郡各派水军把守江面，派步军驻守要害、关卡，这样一来金军自然难以渡过长江天险。假使金军果真渡江南进，可以合五郡兵十万共同抗击。金军虽然骁勇善战，也不可能在一日之间攻破诸多城池。金军若分兵包围五府州城，其军力势必减弱，很难攻克；如果金军分偏师阻止我大军，而以主力部队南侵，那末，就下令合五郡之兵尾随进击，使其有后顾之忧，无法前进。皇上若采用这个策略，就可使金军难以渡江深入。三年后，我军再移师江北，防线就能巩固了。

接着，沈晦又请求高宗拨给自己二千精兵，并允许他召募三千勇士屯兵京口，使镇江成为朝廷抗金的一道屏障。应该说，沈晦所陈述的用兵策略还是有可取之处的，他虽号为文官，但在军事上也颇有才干，讲求谋略。高宗考虑到淮东宣抚使韩世忠已经率重兵屯驻在镇江，就没有采纳沈晦的建议。

在知镇江府任上，沈晦没能妥善处理好与大将韩世忠的关系，遭到韩世忠的排斥。当时，宋金战事频发，高宗正需要倚重韩世忠、张俊、岳飞、吴玠等大将，只得下诏罢去沈晦职事，让他提举临安府洞霄宫。沈晦在家赋闲三年后，被任命为广西经略使兼知静江府（治所在今广西桂林）。沈晦采用分化、瓦解南州各部落酋长的办法，孤立了反叛宋廷、力量最强的南蛮酋领莫公晟，使他不敢再来骚扰，维持了广西沿边地区的安宁和稳定。他还设法每年征购三千军马供应前线宋军，缓解急需。由于这几件事办得都很出色，沈晦迁徽猷阁直学士（从三品），迈入了三品以上高官的行列。之后，沈晦历知衢州（治所在今浙江衢州）、潭州（治所在今湖南长沙），卒于提举太平兴国宫任上。

纵观沈晦一生，他以才学自负、胆略过人，为官颇有才干。遗憾的是，他不能坚守清贫、尽循法度，以致于屡屡遭到台谏官的弹劾，不获重用。

张九成

张九成（1092—1159）字子韶，号无垢居士，又号横浦居士。他生于北宋末年的战乱时期，祖籍开封府，早年游学京师，拜理学家杨时为师。为躲避战火，举家迁至杭州钱塘（今浙江杭州）。

南宋高宗绍兴元年（1131），年近四十的张九成首次参加科举考试。当时南宋偏安政权刚在杭州安顿下来，喘息未定，高宗为了赢得士大夫的支持，仍然坚持开科取士。这是南宋政权第二次举行科举考试，第一次是在建炎二年（1128）。在参加考试之前，老师杨时告诫张九成说：答题时要竭力让高宗对振兴纲纪充满信心，并提出了一些有助于中举的策略。

宋高宗对这次科举考试十分重视，对宰相说：“朕此举就是要培养人才，为将来做准备。”他还告诫考官：“凡是直言不讳的答卷，置于高等；凡阿谀奉承之文，居下列。”张九成在对策中写道：

> 国有祸难，是上天所以启圣人。愿陛下高瞻远瞩，不必以暂时的困顿惊忧沮丧。今日之计，当采用越王勾践之策略，使敌人骄奢肆意，无所忌惮，权臣争斗，篡夺之祸必起，天将亡之。

陛下之心，臣得而知之。……今闾巷市民，樵夫村妇，都知有父兄妻子之乐，家室聚居之欢。陛下虽贵为天子，富有四海，却因金人之故，使陛下冬不得温暖，夏不得清凉，晨昏不得问父母之安。享天伦之乐，何时可以遂愿？日月往来，二宫何时可归乎？望远伤怀，何时可释乎！……臣窃谓前世中兴之主，大体以刚德为上，去谗节欲，远佞人防奸邪，皆中举之本也。

张九成在殿试对策中还抨击宦官干政对国家的危害。据说，当他写到宦官干政之弊时天色将晚，监场宦官催促他赶快交卷。他正色回答："还没写完，刚刚谈到你们的事呢。"宦官惶恐而退。张九成接着写道："陛下不如让宦官们干一些洒扫之类的工作，看守门户。禁止外廷官与内侍官结交，倘有干预朝政的宦官，杀无赦。"他还建议皇帝要疏远宦官、女子而亲近儒士，与士大夫探讨诗书趣旨，论古今成败，一日不忘收复中原的大业。

高宗审阅张九成的对策后十分感动，亲擢他殿试第一名，余杭人凌景夏列名第二。左相吕颐浩认为凌景夏的文词胜过张九成，应该排在第一。高宗坚持说："张九成的对策，文词虽不甚工，然上自皇帝、下至百官小民，批评无所回避，当擢置首选。谁说他不如凌景夏？"此榜共录取 379 人。

张九成的殿试对策很快在士大夫中广泛传播开来。对策中还论及伪齐刘豫，他说："那个刘豫素无勋德，殊乏声称。天下人只看见他背叛君亲，委身寇敌。他的行为如同刁钻小儿做事，无非儿戏。何足忧虑哉！"刘豫读后大怒，在汴京城大路两边张榜召募刺客刺杀张九成。高宗闻讯又嘉奖了张九成一番。

从汴京南逃来的人说张九成在为刘豫伪政权做事，一位官员听说后觉得很奇怪：张九成居住在离杭州不到百里的盐官县（今浙江海盐），前两天还收到过他的来信，怎么可能一眨眼又到了汴京呢？这位官员就将消息告诉了宋高宗，高宗也不相信，认为这只是谣传。后来经过了解才知道：张九成的殿试对策传到北方后，北方老百姓因不满刘豫的傀儡政权，很多人都以诵读张九成的对策为快，发泄心中不满。渐渐地就有人误以为张九成在汴京了。说明张九成的对策卷在当时的影响非常大。

张九成初授左宣教郎（从八品）、签书镇东军节度判官厅公事，节镇在绍兴府（今浙江绍兴市）。这期间他遇上一件案子：浙江地处沿海盛产海盐，常有百姓贩卖私盐的事件发生。绍兴三年十月，有人向朝廷检举揭发婺州地区私盐贩卖活动猖獗，左相吕颐浩遣人送来批示要严惩私盐贩。提点刑狱官张宗臣为了交差就抓了几十个平民，张九成强烈反对这样做，张宗臣却说："这是吕左相的意思，你懂不懂？"张九成并不退缩，据理力争："皇上屡次下诏要宽恤用刑，唯恐无辜百姓被囚。你难道不体量圣意，却要看宰相的态度吗？不是我不懂，我只知有圣旨，不知有宰相。"一席话说得张宗臣哑口无言。张九成说完就交出官印辞职回家。不久，殿中侍御史常同上疏弹劾张宗臣素有贪贿劣迹，也被罢官。

张九成回到家乡后开馆授徒，前来拜师求学的人非常多。绍兴五年正月十九日，宰相赵鼎推荐张九成入朝，授左奉议郎（正八品）、太学博士。入朝不久，张九成又被任命为秘书省著作佐郎，参与编修国史、《神宗实录》。同年九月，赵鼎领衔上《重修神宗实录》五十卷，高宗下诏赏赐参与编撰的官员，张九成进一官。他上疏辞谢："臣入馆修史还不到一个月，工作做得很少，不敢领赏。希望等编撰工作全部结束后再进官秩。"他的谦让并不是故作姿态，而是发自内心。

绍兴六年三月，张九成迁著作郎（从七品）；八月，迁直徽猷阁、提点两浙东路刑狱公事。张九成上疏说：

我大宋家法，强调“仁”而已。仁之推行，尤重于用刑。陛下以省刑为当前最急需解决的问题，但负责刑狱诉讼的官员却不以宽刑为念。为此，希望朝廷降诏天下：凡能平反冤、假、错案，救治几个人者，可以给予减少磨勘年限的奖赏，提前升迁。

他还建议朝廷降诏，告诫那些负责刑狱诉讼的官员要以宽刑恤民为念。朝廷采纳了他的建议。

绍兴七年正月，左司谏陈公辅弹劾张九成沽名钓誉，指责他屡次辞谢朝廷奖赏是虚情假意，有矫伪之心。虽然说陈公辅的指责只是他个人的主观推测，与事实并不相符，但朝廷还是罢免了张九成提点两浙东路刑狱公事的职务，改授知州。张九成坚辞不受，诏主管江州太平观，成为一名干领俸禄却没有实权的祠禄官。

绍兴八年三月，高宗重新起用张九成，授予他宗正少卿（从五品）。高宗还特降制敕，对张九成加以劝慰：“朕对敦厚廉退之士唯恐不知，唯恐不用。我既然已经将谗说壬人黜退，理当复用名节之士。”对张九成敦厚廉退的人品给予了肯定。张九成很快迁权礼部侍郎兼侍讲，寻兼权刑部侍郎。张九成到刑部任职后，发现刑部官吏在判决死囚时，往往不追究导致犯罪的具体实情，或者缺少实证，认为在事实不清的情况下判人死罪太过轻率。他一改以往的做法，使不少情节较轻、危害较小的罪犯得以免除死罪。

一天，大理寺送来一宗已判“大辟”（死刑）的定案，张九成仔细审阅卷宗后，感到此案的犯罪证据不足，一些事实不清，就将案件退回大理寺重新审核。再次审讯囚犯时发现，他是因为遭到严刑逼供而被迫认罪的。一起冤案得以纠正,具体承办案件的官员也受到相应处罚。台谏官上疏称张九成纠正错案有功,应该给予嘉奖,张九成坚决辞谢:"我的职责就是审理刑狱诉讼。具体审理案件的官员受罚,而主管官却受到奖赏,天下哪有这样的道理?"

绍兴八年,高宗起用秦桧与赵鼎为宰相。秦桧力主对金政权妥协议和,赵鼎坚决主张抗击金兵,收复北方失地。张九成站在赵鼎一边反对议和,他向高宗奏论十事,认为金人经过长期征战后已经开始出现厌战情绪,他们扬言要进攻中国无非是虚张声势。应该将战争与议和的主动权掌握在我们手中,不要受金人的左右。宋高宗曾经就与金人和议一事征求张九成的意见,他毫不含糊地说:"金人诡诈,不可不察。"同年十月,主战派赵鼎遭到秦桧的排挤罢相。秦桧独相专权,与高宗串通一气打击主战派人士。

张九成作为当时颇有影响的名节之士,自然成为秦桧竭力想拉拢的对象。秦桧主动找张九成谈话,希望他能帮助自己达成与金人的和议。张九成当面拒绝说:"我张九成不是苟且偷安之人。"秦桧威胁说:"要想在朝堂上立足就必须学会委曲求全。"张九成毫不退却地说:"我不会委屈自己而顺从别人。"秦桧知道张九成是一条硬汉,不可能以利诱之、以势压之。

秦桧见不能拉拢张九成就决定让他靠边站,罢去他刑部侍郎兼侍讲职务,授提举江州太平观。绍兴十年,秦桧的亲信、御史中丞何铸弹劾张九成依附赵鼎,诏罢秘阁修撰。次年四月,秦桧借口张九成的父亲病逝,命他在家持服。秦桧还不放心,害怕他在家聚众讲学时议论自己,又把他贬谪到南安军(今江西大庾县)。这一谪就是十四年。在贬谪的后期,张九成寓居城西、邻近横浦的宝果寺,遂有了"横浦居士”的雅号。继室马氏去世后，张九成更加心灰意冷，一度萌生了削发为僧、遁入空门的念头。他自号无垢子，孑然一身、形影相吊。张九成居住的房间内有一扇不大的窗户，每天天刚亮，他就起床倚窗读书。时间久了，窗下用石块铺成的地面上留下一双深深的脚印。

绍兴二十五年，秦桧死，张九成重新得到任用，出知温州（治所在今浙江温州）。户部经常派吏人来温州督办军粮，当地百姓对此意见很大。张九成写信给户部尚书，痛陈派吏人下来督粮的危害。户部拿着这封信到高宗面前告状，高宗偏听户部一面之辞，没有下诏禁止，任由户部继续派人到各地督办军粮。张九成不改刚强的秉性，见皇帝没有对户部的做法提出批评，就上章请求解职，诏授秘阁修撰、提举江州太平兴国宫。

绍兴二十九年八月八日，张九成病逝，享年六十八岁。

据史书记载，张九成晚年患有风病（高血压），双目失明。在去逝的前五天，他的双眼忽然复明，亲戚朋友们都前来表示祝贺。张九成自己也非常高兴，就手捧江少虞的《皇朝事实类苑》开始诵读起来。当念到真宗封禅泰山，奸臣丁谓取走真宗玉带时，他大骂道：“丁谓奸邪，连人主的御物也要骗取。”并将书掷到地上。张九成情绪过于激动导致高血压病发作，顿时不能说话，于当晚病逝。

张九成著有《横浦集》二十卷，他的学生继承了他的学说与思想，形成“横浦学派”。

汪应辰

汪应辰（1118—1176）字圣锡，原名洋，高宗赐名应辰，信州玉山县（今江西玉山）人，人称“玉山先生”。

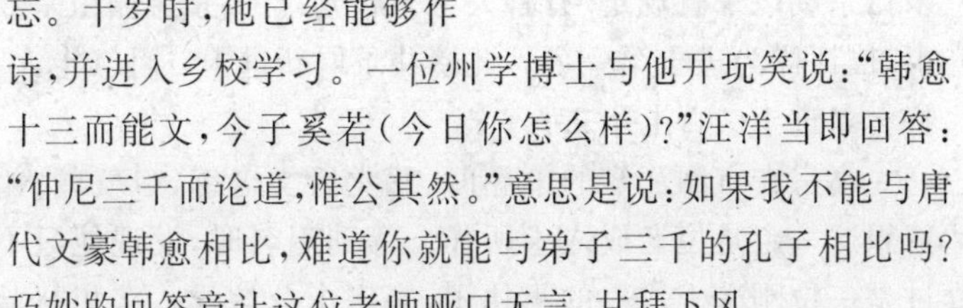

汪洋从小举止稳重，异于平常儿童。他五岁时就喜欢读书，识字能力与记忆力都很强。由于家境贫困，买不起蜡烛、灯油，他就自己到山上拾柴枝，晚上烧火照明苦读；家里没钱买书，他就经常向别人借书阅读，过目不忘。十岁时，他已经能够作诗，并进入乡校学习。一位州学博士与他开玩笑说："韩愈十三而能文，今子奚若(今日你怎么样)?"汪洋当即回答："仲尼三千而论道，惟公其然。"意思是说：如果我不能与唐代文豪韩愈相比，难道你就能与弟子三千的孔子相比吗？巧妙的回答竟让这位老师哑口无言、甘拜下风。

汪洋的父亲是玉山县的一名弓手，在县尉喻樗手下当差。喻樗是建炎二年(1128)进士，初仕玉山县尉。据说，喻樗有识鉴人才的非凡能力，他曾经预言沈晦、张九成可中状元，结果这两人后来都高中状元。在玉山县任职时，他曾经亲自给诸生授学，有人告诉他："汪弓手的儿子好学。"他就叫弓手汪某带着儿子来见他。喻樗见汪洋状貌奇伟，就对他产生了好感，打算考考他，让他做一副对联。喻樗先题上联："马蹄踏破青青草"，汪洋应声答道："龙爪拿开白白云。"喻樗听罢大吃一惊："这孩子将来必成伟器。"就决定将他留在自己门下授学，还把女儿许配给他。

绍兴五年(1135)，汪洋首次参加科举考试就顺利通过乡试、省试，殿试由高宗亲自出题，高宗在策题中心情沉重地说："朕即位已经九年，日日想雪父兄之耻，复祖宗之大业。……子大夫以为如何修身，如何经理国家，方能达到这一目标？望坦言陈述，朕将参考焉。”汪洋在对策中首先指出：“治道之要，不在乎他，在反求诸已而已。”开宗明义，强调帝王要治理好国家关键在于自身。接着，他主张通过施行仁政使天下归心，“然后大举兴师，削平蕃伪(指刘豫的伪齐政权)”。他还强调用人须专：“今日之事，陛下应该责成宰相，兴利而除害。”

考试详定官胡寅等人将汪洋的策卷列为第二名，右修职郎黄中列为第一。黄中是在职官员，属于有官人，而自北宋仁宗朝以来就规定“有官人不为状元”。高宗遵循祖宗故事，擢汪洋为进士第一名。此榜共录取新进士二百二十人，特奏名进士二百七十二人。

高宗在审阅汪洋的策卷时，感觉行文老练、口气颇大，猜想这一定是位老成之士所作。等到唱名时，发现他只不过是一位刚满十八岁的小伙子，高宗十分诧异。宰相赵鼎上前谢恩，赞颂高宗选得贤良之才。汪洋在殿前提出避远祖嫌名的请求，高宗就说：“前朝状元王拱辰也是十八岁折桂，与你同龄”，遂赐名“应辰”。

高宗本打算破例授予汪应辰馆职，宰相赵鼎提出异议：“先让他去外地任职，任地方官可以体验民间疾苦，然后再逐步培养成才。”高宗不再坚持，诏授汪应辰镇东军签书节度判官厅公事。高宗在授命制敕中又把汪应辰的对策大大赞扬了一番：“前不久，朕延见多士，问以治国之道，汝年未及冠(未满二十岁)，而能阐述帝王治理之策，且刚直坦言，没有曲附阿谀之态。”

按常例，殿试第一人可立即授官赴任，不需要待阙(等待有空缺的官职)。不过这一次，汪应辰虽被授予签判官职，却要先在家中等一年半时间然后再赴任。汪应辰回到家乡后首先去拜谢有知遇、授学之恩的喻樗，在喻樗那里，他了解到前一榜状元张九成是一位学识渊博的贤良之士，就离开家去拜张九成为师，学问日有长进。一年半时间很快过去，汪应辰奉命前往绍兴任镇东军签判。

绍兴六年底，宰相赵鼎调任两浙东路安抚制置大使兼知绍兴府，成为汪应辰的上司。赵鼎对汪应辰信任有加，幕府中无论大事小事他都会与汪应辰一起商讨。第二年，绍兴府境内遭遇旱灾，赵鼎命汪应辰到会稽山祷雨，并由汪应辰起草祷雨文，主持祷雨仪式。世界上偶然巧遇的事总是有的，汪应辰祷雨后，当地果真下了场大雨。老百姓都说："这是相公（指赵鼎）雨。"赵鼎却说："这不是相公雨，而是状元雨。"

绍兴八年三月，汪应辰迁左丞事郎（正九品）、秘书省正字。宰相秦桧善于揣摩高宗心理，力主和议。秦桧还千方百计打压主战派，为与金人妥协议和扫平道路。他首先将第二次任宰相的赵鼎排挤出朝廷。当时，金人议和的姿态也显得十分积极，表示愿意将黄河以南的土地归还宋朝。面对主和派咄咄逼人、打击异己的险恶形势，汪应辰挺身而出，上书力陈和议不可恃，呼吁高宗不要放松对金人的防御，他指出：

> 和议不成并不可怕，但如果因和议成功而导致朝廷上下因循苟且、放松防备，这才是可怕的。战与和争论不休并不可怕，排斥异议、上下相欺，使朝野内外只有一个议和声音，这才是可怕的。如今，朝廷排斥主战派，或窜逐，或罢官；而对那些赞同议和者破格重用。于是，阿谀小人得以高升，沉默畏懦者得以保全，而忠臣正士却难以立足于朝，这正是上下相蒙的可怕之处。陛下切不可认为与金议和就可无忧，当思敌人随时而入，绝不能放松警惕。

汪应辰将矛头直指当权宰相秦桧。秦桧阅后非常生气，二话不说就罢去他秘书省正字职务，外调至福建，降授建州（治所在今福州建瓯）通判。汪应辰是一条铮铮硬汉，他不愿意任由秦桧摆布，干脆提出辞职。秦桧也不希望自己与金人议和的大事遭到破坏，当即同意他的辞呈。汪应辰这次贬逐不是三年五载，而是将近十一年之久。直到绍兴二十年五月，他才重新得到任用，授左承议郎、静江府（治所在今广西桂林）通判。

在辞职期间，汪应辰寄居常山（今浙江常山县境内）永年院。院内蓬蒿塞路，室中空荡无物，他甚至连一天三顿稀饭都吃不上。友人开始为汪应辰的身体健康担忧，他自己却处之泰然，坚持修身、讲学，在艰难困苦的环境里涵养胸中浩然之气。当时，张九成谪居邵州（今湖南邵阳），他担心秦桧党徒会告发与自己有往来的官员，就主动断绝与友人的交往。但是，汪应辰毫不畏惧，坚持与他保持通信联系。张九成的父亲去世，汪应辰不顾可能受到的牵连不远千里赶赴邵州，为张九成的父亲吊丧，忠义之气感人肺腑。

旧相赵鼎是主战派的领袖之一，被秦桧视为眼中钉，一贬再贬，直至贬死于海南岛。当赵鼎儿子赵汾护送着父亲灵柩返家，途经常山时，汪应辰还特地撰写祭文祭奠赵鼎，其中写道：

> 唯公两次登相位，都是临危授命。不期远斥南荒，遂成生死之别。平生功业已定于盖棺，可是所得到的龙恩，却是只允许遗骨返归故里！

这篇祭文无疑是对当权派的血泪控诉！赵汾害怕连累汪应辰，就让随从将祭文焚毁。果然，当赵汾一行经过衢州时，知州章杰迎合秦桧意，指责汪应辰是赵鼎的同党。刑部下令审讯赵汾一行人吏，勒令搜查汪应辰的祭文，所幸祭文早已被烧掉,查无实据。再加上胡寅也写信给秦桧替汪应辰说情,认为无凭无据不足信,此事最后不了了之。

绍兴二十年五月,秦桧迫于舆论压力重新起用汪应辰,让他远赴岭南任静江府通判,后又调任广州(治所在今广东广州)通判,转谭州(治所在今湖南长沙)通判。显然,秦桧根本不想让汪应辰迁官,希望他老死在通判任上。汪应辰始终不附和秦桧,在通判任上照样与秦桧党徒进行斗争。静江府录事参军周某是秦桧的党徒,他自恃有秦桧这个靠山横行霸道,甚至在国忌日召妓陪酒。汪应辰获悉后就当面责问他,怀恨在心的周某写了一封告密信,状告汪应辰曾经给流放海南岛的赵鼎写信,并与另一位被贬的主战派官员李光也有交往。幸运的是,这件事被静江府将卒王超发觉。王超曾经犯过错误,静江府知府吕愿中愤怒之余竟要下令处死他,被汪应辰阻止。王超为了报答汪应辰的救命之恩,就从送信人手中偷偷取走这封告状信。汪应辰得以幸免于难。

绍兴二十五年十月,秦桧病死。第二年春,汪应辰迁尚书吏部郎中。绍兴二十九年十二月,进直秘阁、秘书少监(从五品),寻迁权吏部尚书。绍兴三十二年,高宗禅位于孝宗,孝宗拟改元"重熙"。汪应辰指出"重熙"是契丹曾使用过的年号,遂改元"隆兴"。当时的内禅大典文字多出自汪应辰之手。

高宗退位后,朝廷议上尊号,李焘、陈康伯等密议以"光尧寿圣"为称。汪应辰表示反对:"尧"岂可以"光"?这句话很快传到太上皇赵构的耳中,他非常生气。恰在这时孝宗前来拜见,太上皇就对他说:"汪应辰一向对我不满。"汪应辰一向反对高宗与秦桧密谋向金人求和,这一点孝宗是清楚知道的。不过既然太上皇这么说了,他也不能不听,遂定太上皇的遵号为“光尧寿圣”。

汪应辰知道自己在上尊号一事上得罪了太上皇，就主动请求外调。诏迁敷文阁待制（从四品）、知福州（治所在今福建福州），后迁敷文阁直学士（从三品）、四川制置使、知成都府（治所在今四川成都）。在担任蜀帅期间，汪应辰竭力革除军政民事中的弊病、取消民间虚额，使全蜀百姓受益良多。诏除吏部尚书（正二品）兼翰林学士、侍读。

正当汪应辰仕途通达有望入政府担任高职时，他向孝宗上《论爱民六事》奏疏，批评孝宗和朝中大臣与民争利。他因此得罪了包括一些中贵人（有权势的宦官）在内的许多朝廷要员，埋下祸根。一次，太上皇在自己居住的德寿宫内修建石池，石池中泻满水银，上面漂浮着用黄金制作的金凫鱼，十分奢华。孝宗进入德寿宫时经过石池，高宗趁机诬陷汪应辰说：“国家水银正缺乏，池中水银是从汪尚书家买来的。”孝宗听了大怒：“汪应辰上《论爱民六事》，批评朕建造房廊是与民争利，他自己却在贩卖水银？”

汪应辰听说这件事后万分感慨地说：“我已经不能留在朝中，但求能辩白种种诬谄不实之事。”不久，汪应辰罢吏部尚书，以端明殿学士、知平江府（治所在今江苏苏州）。中贵人韩玉从外地经平江府返回京师后，又诬告说：“臣所过州县，没有一个地方像平江府那样乱糟糟的。”汪应辰再遭贬秩，辞官返乡。经历种种磨难与坎坷的他一回到家就病重不起。

淳熙三年（1176），汪应辰在家中病逝，享年五十九岁。

张孝祥

张孝祥（1132—1169）字安国，号于湖居士。他出生于明州鄞县(今浙江宁波),祖籍和州乌江(今安徽和县),后定居在太平州芜湖县(今安徽芜湖)升仙桥西。父亲张祁号“总得居士”,是一位才气过人的士大夫,但在绍兴年间深受秦桧的迫害,只做到明州观府使推官。伯父张邵是太学上舍释褐,曾假借礼部尚书官衔出使金国,被扣为人质长达十余年,终致精神错乱。张孝祥就出生在这样一个知识家庭,从小在学习方面表现出特异的天赋,读书过目不忘,文思敏捷,下笔滔滔。

张孝祥在十六岁那年就开始参加科举考试。绍兴二十四年(1154),他顺利通过乡试、省试,进入殿试。这一年,宰相秦桧仍然处于权力的顶峰时期,党羽爪牙遍布朝廷各个机构。科举大权自然也被秦桧牢牢控制着,考官全部都是由秦桧指定的:同知贡举官是御史中丞魏师逊、权礼部侍郎汤思退、右正言郑仲熊,吏部郎中沈虚中、监察御史董德元、张士襄担任参详官,他们全是秦桧一手提拔起来的亲信。因为参加这次科举试的不仅有秦桧的孙子秦埙、侄子秦焞、秦焴,还有考官董德元子董克正、郑仲熊兄子与兄孙、秦桧馆客曹冠、秦桧姻党沈兴杰等等。有这样一批秦桧父子亲党参加考试,自然需要考官保护他们顺利过关。

早在省试之时,考官魏师逊就已经内定秦埙为第一名(省元),但是宋代科举考试采用弥封、誊录一套制度,考官无法事先得知考生的试卷。怎么办?魏师逊等人干脆勾结誊录所的官员,将秦埙等一帮亲党子弟的试卷号码取出,再按号找到他们的试卷打上高分,议定秦埙为省元。当董德

元从卷录中找到他们需要的试卷号码时高兴地说："吾辈可以富贵矣！"一语道破了这帮以权谋私者的丑恶嘴脸。省试结果一公布，秦埙果然排在第一。

接下来要做的是如何安排秦埙高中状元，一个难以逾越的障碍就是秦埙属于有官人，不是布衣。北宋仁宗时，为更好地奖掖寒俊，规定有官人参加科举考试不能得状元。这项制度作为祖宗家法一直沿用至南宋。秦埙很小时就已恩荫补官，连他的妻子高氏也已被封为利国夫人，按规定他显然不能中状元。

为了让秦埙能够荣获状元，吏部郎中沈虚中上奏宋高宗要求更改祖宗定制，允许有官人为第一。殿试的策题是："师友渊源，感念欣羡。行何修而无伪，心何治而克诚。"秦埙与曹冠（秦桧门客）等人事先已知道策题，并相约对策时攻击二程理学。张孝祥的对策虽然没有攻击二程理学，但也有一些赞美秦桧的言辞，他写道："今朝廷之上，盖有大风动地，不移存赵之心；白刃在前，独奋安刘之略。忠义凛凛，易危为安者，固已论道经邦，燮和天下矣！"正是这番话让张孝祥能够顺利通过"秦记"考官的审查，被定为第二名。第一名自然是秦埙，第三名是曹冠。

宋代故事，殿试前十名的试卷需经皇帝亲自审阅。高宗在审阅试卷时发现秦埙对策中所写的都是秦桧平时的言语，心中颇感不悦。当拿到张孝详的对策时，只见洋洋万言写满了卷纸，却不见一点涂抹的痕迹，高宗十分惊讶。再看张孝祥的字体遒劲有力，酷似颜鲁公（真卿）体。高宗原本就爱好书法，看到这样的字体更加高兴，就对秦桧说："张孝祥词翰俱美！"亲擢为第一，秦埙退居第三。

唱名时，张孝祥赋诗拜谢，诗文隽永令高宗大加赞赏。按惯例，状元要率新进士一起去拜谒宰相，秦桧就对新状元说："皇上不仅仅喜欢状元的对策，还喜欢状元的字与诗，可谓'三绝'。"接着秦桧问他："诗学谁、字仿谁？"张孝祥回答说："诗本杜甫，书法颜鲁公。"秦桧听罢冷笑着说："天下好事，你都占尽了。"

张孝祥初授承事郎（正九品）、签书镇东军节度判官厅公事，赴绍兴任职。秦桧对张孝祥"意外"获得状元十分恼火，在他看来，凭自己的权势加上精心策划，这榜状元非秦埙莫属。本应是囊中之物的状元名衔竟被张孝祥抢夺，秦桧心中的这股怨气难以平复，就想方设法要整治张孝祥。秦桧很快了解到张孝祥是张祁之子，而张祁又与自己的政敌胡寅有很深的交往。胡寅是胡安国的弟弟，以言论切直著称于朝，他也因此得罪了秦桧，被一贬再贬。秦桧有一亲信名叫曹泳，他在殿试唱名后就对张孝祥行礼，提出要将女儿许配给他，遭到张孝祥的拒绝后也怀恨在心。秦桧就在幕后指使曹泳出面诬告张祁有谋反言论，张祁被逮捕下狱。张孝祥闻讯非常恐慌，不敢去见身陷囹圄的父亲。

绍兴二十五年十月二十二日，即张孝祥状元及第后的第二年，秦桧病死。一个半月后，宋高宗举行郊祀大礼并大赦天下，张祁得以释放出狱重获自由。张孝祥也以特旨恩授秘书省正字（从八品），成为一名馆阁官。按故事，状元及第需一任（三年）期满后，才能召试授馆职。张孝祥登第入仕未及一年就授馆职，这与秦桧党羽垮台的政治事件有密切关联，属于特例。

宋代官员一旦出任馆职，就有机会与皇帝面对，互相商讨军国大事。张孝祥在高宗第一次召见时，就针对秦桧专权与推崇"王学"（王安石新学）提出两条更改措施：一是"总揽权纲"。皇帝要乾纲独断，不让权臣擅权。他建议对那些因触忤秦桧而被罢官、流放或下狱的官吏，一律予以平反。

二是修正《日录》。他指出，宰相王安石作《日录》时将一时政绩全部归于自己名下，这与神宗皇帝对他的宠信有关。如今，本朝的《时政记》也是故相秦桧所作，很可能与王安石的《日录》一样，都出于当权者的一己私利，有失公允。建议高宗对已经修成的本朝《日录》重新进行审订，以正视听。这两项建议都被高宗采纳。

不久，张孝祥迁秘书郎。绍兴二十九年闰六月，他又由起居舍人迁中书舍人（正四品）。张孝祥升迁速度之快超出寻常，这与宰相汤思退有很大关系。张孝祥曾经是汤思退的门人，秦桧死后，汤思退继任宰相，大力提携自己的门人，他也因此仕途通畅。但张孝祥不能很好地约束自己的言行，他在任馆职期间与汪澈为同僚。他们一个是年少气锐，一个则是老成持重。张孝祥盛气凌人、目空一切，常使汪澈难以忍受。宰相汤思退又与汪澈不和，这就埋下了倾轧的祸根。

绍兴二十九年八月，汪澈升任御史台殿中侍御史，负责弹劾官员的言行与朝仪。汪澈将他精心搜集到的有关张孝祥在交游、用人与处世上的一些垢病，写成一篇弹劾奏疏。他抨击张孝祥浮躁任情、善用权术、年少气锐、肆无忌惮；更为严重的是，他还指责张孝祥雇养游侠左鄯刺探情报，交结权贵（指汤思退）。通篇奏章罗列张孝祥无数罪状，就只差说他“意欲谋反”了。

宋代御史台的监察权力非常大，官员一旦遭到御史台的弹劾，无不缩颈敛舌、惶恐不安。张孝祥见状，只得上疏请求辞去中书舍人的职务，改任没有实际职权、干领俸禄的祠禄官。宰相汤思退虽然出面为他说情，却也无法挽回局势。诏罢张孝祥中书舍人，提举江州太平兴国宫。不久，汤思退也被罢去宰相之职。汤思退原本是追随秦桧的主和派，秦桧党徒遭到清算之初，他的日子也并不好过。汪澈以张孝祥为突破口，将矛头直指汤思退，并最终将他拉下宰相的座椅。此后，汤思退的门客、门生一个接一个地被逐出朝廷。

绍兴三十二年闰二月，张孝祥起知抚州（治所在今江西临川）。金主完颜亮撕毁与宋签订的"绍兴和议"，派兵南侵，宋金两国又重开战事。六月，高宗禅位于孝宗。张孝祥在知抚州任上处事谨慎，治政有方，取得不俗的政绩。他喜欢效仿北宋文学家苏轼，在政事之余召妓饮酒作词。一次宴请中，陪席的歌妓吟诵起陈济翁的《蓦山溪》词，当诵至"金杯酒，君王劝，头上宫花颤"（按：指状元得第时头戴宫花）时，张孝祥回忆起自己中状元时的情景，不由得也摆动起身体，引得在座陪客都笑了起来。

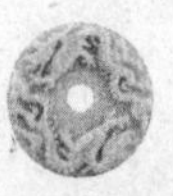

张孝祥还是一名孝子，对父亲十分孝顺。父亲张祁则始终摆出一副严父的架势，不苟言笑。一日，张祁在书斋内写信，招呼家人拿笔笺来。一会儿走进两个吏人，他们递上笔笺后就站在老人身旁侍立。张祁见这两人自己都不认识，就问他们是谁，吏人回答说："我们是书表司（吏人职），听到运使（张祁官称）要发信，就赶来侍候。"张祁一听马上打发他们离开，接着大声唤来张孝祥，责备他说："抚州书表司是知州的吏役，是专门听你差唤的。我怎么能够假公济私，使唤他们？你是我的儿子，应该由你来服侍我。"张孝祥听罢乖乖地站在旁边，等父亲写好信，题写好信封，这才接过信退下。

孝宗即位后，诏复张孝祥集英殿修撰，改知平江府（治所在今江苏苏州）。平江府公事繁剧，张孝祥依然能从容应对、剖决如流。当地有一豪横大户，专门靠贩卖私盐获取暴利。而在宋代，盐利是由国家专控的，禁止民间贩卖。张孝祥在掌握确凿证据后，就将他逮捕入狱，并从他家中搜出数万斛的粮食。第二年，吴中地区遭遇严重旱灾，张孝祥下令用搜缴来的粮食赈济饥民。

隆兴元年(1163)，出于抗金斗争的需要，孝宗起用抗战派首领张浚，任命他为江淮宣抚使，不久拜宰相兼枢密使。同时，孝宗又命主和派的汤思退复任宰相兼枢密使。张浚一上任就推荐张孝祥入朝为官。张孝祥早先得到汤思退的提携，如今又被张浚荐用，这让汤思退很不高兴。张孝祥夹在两位宰相之间左右为难，他上奏孝宗，希望"二位宰相能够同心协力，不负陛下恢复失地之志"。他同时指出："自靖康以来，朝堂上就只有'和'与'战'的争议，遗祸无穷。为今之计，应该先强调自治之策，再商议'和'、'战'问题。"张孝祥的这番言论实际上是想调和张浚与汤思退之间的矛盾，他不愿意得罪这二位手握大权的宰相。因此很多官员都讥讽他是骑墙派、两边倒。

张孝祥复任中书舍人，不久又迁直学士院兼都督江淮等路军马府参赞军事，在都督军马府张浚的麾下协助处理军务，寻兼建康府(治所在今江苏南京)留守。隆兴二年，金军大举进攻南宋边境，张孝祥在陈述金军的战争意图时宣称，金军南侵不过是要议和而已，朝论一片哗然。结果，他再次被弹劾罢官。孝宗乾道元年(1165)，宋金两国达成第二次和议。虽然说，张孝祥的上述言论在双方正处于交战状态时显得不合时宜，但他对形势的分析并没有错，两国间的战争确实是以签订"隆兴和议"而收场。

孝宗决定重新起用张孝祥，任命他为集英殿修撰、知静江府(治所在今广西桂林)、广南西路经略安抚使。乾道二年，改知潭州(治所在今湖南长沙)、权荆湖南路提点刑狱公事。张孝祥为政简易，恩威并举。他在任期间，湖南一地的社会治安状况良好，没有出现大的骚动。诏知荆南、荆湖北路安抚使。荆州位于长江之滨，经常遭遇水患。张孝祥就招募民工修筑寸金堤，使该地区在很长一段时间里没有出现水灾。

乾道五年，张孝祥进显谟阁直学士。此时的他已经厌倦了官场上的尔虞我诈，加上身体患病，遂主动上书请求奉祠。同年，张孝祥病逝，年仅三十八岁。孝宗惊闻噩耗非常惋惜地说："用才未尽，逝朕而去。"

张孝祥具有较强的爱国精神，但是汤思退主张与金人议和，张浚力主复仇，他夹在这两派之间，不愿意得罪任何一方，在和、战问题上或持两端，因此成为一个颇有争议的人物，时常遭到谏官的弹劾。张孝祥才华横溢、书法精妙，与张元乾一起被称为南宋初期词坛上的"双璧"。《宋史》称赞他"文章过人，尤工翰墨"。张孝祥的诗词在描绘雄浑秀丽的山川景色的同时，也寄托着他的爱国情怀。《念奴娇·过洞庭》是他的代表作之一，极富浪漫主义色彩：

洞庭青草，近中秋，更无一点风色。玉界琼田三万顷，着我扁舟一叶。素月分辉，明河共影，表里俱澄澈。怡然心会，妙处难与君说。　　应念岭海经年，孤光自照，肝肺皆冰雪。短发萧骚襟袖冷，稳泛沧浪空阔。尽挹西江，细斟北斗，万象为宾客。扣舷独啸，不知今夕何夕。

王十朋

王十朋（1112—1171）字龟龄，号梅溪，温州乐清县（今温州乐清）人。他出生于一个普通的农户家庭，家境贫寒。据说他的外貌酷似自己的祖母兄严伯威阇黎（和尚），严伯

威阁黎是江浙一带著名的法门大师。

王十朋天资颖悟且学习刻苦，每天坚持背诵数千言。他早年在温州江心寺潜心苦读，颇得住持真歇了禅师的赏识。真歇了禅师是一位得道高僧，他称王十朋是“龙种”，将来一定会很有出息。成人后，王十朋开始在梅溪收徒讲学，生徒多达百余人。随后他又进入临安府太学，学习进士课程，他的文章经常受到太学官员的称赞。当时正值秦桧当道，把持朝政，科举考试也已经沦落为谄媚权臣的工具，得中进士高第者多为秦桧的亲信、或阿谀奉承之辈。正直的王十朋在科举场上也是屡遭黜落，直到秦桧死后两年，即绍兴二十七年(1157)，他才顺利通过乡试、省试。

宋高宗对秦桧当权时大臣不敢直言的状况十分忧虑，决心广开言路。他在殿试之前就告诫考官：“对策中有鲠亮切直者，置于上等。”三月二十一日，王十朋赴殿试，他的对策以“法天揽权”为中心，针砭时弊，他直言不讳地写道：

> 朝廷曾颁诏禁止民间侈用翠羽，可是以翠羽为头饰者安然如故。难道是国家的法令乏力不能禁止？或者是皇宫中穿旧衣的风尚，未能传之于民间？国家公平之法，莫过于今日取士之制；名器之重，没有超过科举的了。然而，往年科举试，权臣(指秦桧)子孙、门客都能轻而易举登第，主管科举考试的官员把国家名器当作谄媚权贵的工具。如此，怎么能得人才？愿陛下以身正为本，以任贤用能为助，广采众言以收治理

之效。

王十朋的对策洋洋洒洒万余言，被殿试考官圈定为前几名。高宗亲览后称赞王十朋策卷议论醇正、经学贯通，并对大臣说："昨天看完进士试卷，其中有极切直者，至论及销金铺翠。朕历年禁止，至今尚未革除，从今后当立法严禁。去年，交趾进贡翠毛五百尾，朕搁置不用，宜当街焚烧。"宰相汤思退趁机附和说："前几名考生的试卷如不经圣上御览，怎能让直言者冠多士?"于是，高宗亲擢王十朋为第一名。同榜登进士第者共四百二十六人。殿试唱名次日，朝廷颁发诏令：禁止宫人以销金翠羽为饰，违者罚款二千、判徒刑二年。

南宋政权偏安一隅，官员冗滥现象极其严重，没有现阙可供安排。王十朋高中状元后也只能在家等待官阙。直到殿试唱名五个月后，高宗特降圣旨："左承事郎王十朋，朕亲擢进士第一人，至今尚在家中等待远处官阙。可特差签书镇东军节度判官厅公事。"王十朋随即自温州奔赴绍兴，正式踏上仕途。绍兴府内的胥吏以为王十朋不过是一介书生，经常欺侮、刁难他，想趁机谋取私利。不料王十朋非常精明干练，处理公务更是既快速又稳妥，胥吏难以联手作弊。

宋制，进士高第者初任满期后，召试馆职。绍兴二十九年十二月，王十朋授左承事郎(正九品)、守秘书省校书郎。不久，朝廷诏以德行、言语、政事、文学四科求士，王十朋得到绍兴知府王师心的举荐，顺利中选。第二年四月，他担任秘书省校书郎兼建王府小学教授。王府教授主要负责教授王府子弟，讲课时，教授一般坐在嘉宾位置上，皇孙们则占据主人的位置。王十朋认为这种现象有悖师道尊严，要求改正。建王接受他的意见，让教授居讲堂正中，皇孙居宾位。

北方的金国想撕毁与宋的盟约，派使者高景山、王全来到临安，扬言要以长江为界重新划定两国边界，并带信说赵桓（钦宗）已死于金国。面对金使者的蛮横无礼，高宗及大臣们都十分紧张。王十朋建议高宗起用张浚、刘锜等老成忠义之士对抗金人，并说：

自建炎（南宋初）至今（绍兴三十一年），金国内部为争夺权力互相残杀，一主毙、一主生，没有一个对中国有利。关键在于本朝的防御能力如何。要抗击敌寇，当务之急莫过于用人。如今的朝廷既有天资忠义、才兼文武可任将相者；又有擅于统兵，且士卒乐于听命可为大帅者。他们或被排斥在一边，或赋休在家。望陛下能起用他们以挫败敌人的图谋，实现恢复中原的大计。

禁军统帅杨存中是秦桧的党徒，曾经出卖过抗金名将岳飞。秦桧死后，他就与内侍（宦官）相勾结，掌控朝政。王十朋勇敢地站出来弹劾杨存中擅权，指责他是在步秦桧的后尘。王十朋还说：

现在政权虽归于陛下，然而朝政仍出于多门，可以说是一个秦桧死，百个秦桧生。杨存中作为三衙统帅，却与北司（内侍省、入内内侍省）内的宦官勾结，窃取大权。唐朝的祸患起于掌权宦官与藩镇勾结。如今，杨存中位居三公之列，暗中勾结将领，互相党庇，子弟亲戚布满要害部门，就连御史台官员也不敢过问。如此，何以为国？

高宗下令解除杨存中的兵权。经过王十朋、冯方、胡宪、查籥、李浩等敢于议论朝政得失官员的共同努力，久被秦桧堵塞的言路终于得到开启。为此，太学生还撰写《五贤诗》，赞美他们刚正不阿的大无畏精神。

绍兴三十年十二月，王十朋迁著作佐郎。第二年初春，本应是天寒地冻的严冬时节，却出现了风雷雨雪交加的反常天气，言事官纷纷上书议论朝政阙失。王十朋虽然不是言事官，他仍然写信给宰相陈康伯，希望能以《春秋》灾异说为鉴，向皇帝谏言，“进君子，退小人；内修政治，外御强敌；广开言路，以通下情”。他在信中还写道：“前日，我因在圣上面前论事得罪了权贵(指杨存中、内侍官等)，我自知应该封口结舌，不言时事。今日又向相公论事，这完全是出于拳拳忧国之心。倘由此获罪，固所不辞。”

敢于揭发朝政弊端的李浩、胡宪、查籥遭到台谏官弹劾，先后罢官奉祠。王十朋自感不安，就主动请求离去，诏任大宗正丞。这一年夏天，金主完颜亮发兵南侵，高宗采纳王十朋建议，起用抗金老将刘锜和主战派首领张浚。

绍兴三十二年六月，高宗禅位于太子，是为宋孝宗。孝宗一上台就任命王十朋知严州(治所在今浙江建德)，又召他入殿面对(当面讨论国家大事)。王十朋提出任贤、纳谏、赏罚是君主的三大职责，深得孝宗嘉赏，先后拜司封郎中、国子司业、起居舍人、侍讲。孝宗还提拔著名的抗金派官员胡铨为侍御史，并对胡铨说：“卿与十朋，皆朕亲擢。”显然，孝宗对敢于直言的王十朋、力主抗金的胡铨都十分信任。王十朋也悉心关注朝政，他只要有机会见孝宗就力陈恢复大计，并且说：“愿诫在位者，去附和之私心，赞国家之大计，如此，中兴日月可冀矣。”

孝宗即位之初，擢参知政事史浩为宰相。史浩为人阴险，好结党弄权、欺上瞒下，朝中不少官员都惧怕他。王十朋则向孝宗大胆谏言，矛头直指史浩，逐一列举史浩八大罪状：心奸、误国、结党、盗权、忌惮不同意见、压制贤才、欺君、取笑皇上。诏史浩罢相，出知绍兴府，他在宰相位置上只待了五个月。王十朋又上书指出，史浩早年曾经在绍兴府内任职，有奸赃劣迹，不宜再任亲民官。孝宗遂改授史浩祠禄官，让他赋闲靠边。虽然史浩被罢，但他亲手扶植的私党史正志、林安宅等人还在朝中。特别是史正志，他与史浩虽非同族但关系密切，甚至拜史浩为父，极尽谄媚之能事。因此，王十朋又上疏弹劾史正志，孝宗决定将史浩私党全部罢去，朝廷为之一清。

隆兴元年(1163)，枢密使张浚派兵北伐，宋、金大战于符离(今安徽符离集)。宋军将领李显忠、邵宏渊彼此不和，导致十三万大军败北。宋金签订“隆兴和议”。北伐失败令朝廷内的主战派元气大伤，主和派又一次占据上风。王十朋曾推荐张浚任统帅，得知北代失败后他主动引咎请辞，诏改吏部侍郎。他还竭力劝说孝宗不要听信主和派的言论，放弃北伐：“陛下恢复之志，固不以一败而为主和派所摇动。”然而，北伐的失败对孝宗的打击十分沉重，他无法振作起来继续措置恢复大业。

眼见朝政被主和派把持着，王十朋决定离开京师，他上书请求到地方任职。孝宗答应了他的请求。这之后，王十朋历任饶州(治所在今江西波阳)、夔州(治所在今四川奉节)、湖州(治所在今浙江湖州)、泉州(治所在今福建泉州)知州。他所到之处能体恤民情，尽力为国家解困，深得民心。当他奉命徙知夔州时，饶州百姓舍不得他离去，就聚集在断桥处希望能挽留他。王十朋只得改道而行。饶州百姓又将断桥修复一新，命名为“王公桥”。百姓还在家中绘制王十朋的画像，纪念这位为官清廉、爱民如子的好官。

在知泉州任上，王十朋曾邀请下属七县的知县来聚会。他在宴饮时赋诗一首：

九重天子爱民深，令尹宜怀恻隐心。

今日黄堂一杯酒，使君端为庶民斟。

一片爱民之心洋溢于诗情之中。

乾道七年(1171)，孝宗册立皇太子，诏王十朋任太子詹事，辅佐皇太子。此时的王十朋饱受脚气病的折磨，不能走路，就上书请求告老还乡。诏以龙图阁学士(正三品)致仕。朝廷诰命刚刚颁下，王十朋就离开人世，享年六十岁。追谥忠文。

梁克家

梁克家(1128—1187)字叔子，泉州晋江县(今福建泉州)人。他从小聪明绝伦，读书过目不忘，这对参加科举考试非常有利。

绍兴三十年(1160)三月六日，梁克家顺利通过礼部省试参加殿试。殿试成绩出来后，他名列第二，第一名是右迪功郎许克昌。许克昌的身分属于有官人，按照北宋仁宗以来的故事，有官人不得为状元，梁克家遂由第二名上升至第一，获得状元荣衔。此榜共录取进士四百十二人。

梁克家初授平江府(治所在今江苏苏州)签书节度判官厅公事，辅佐知府治理府事。第二年八月，金主完颜亮率军分四路大举南下攻宋：一路从海上直逼南宋的行在临安；一路由蔡州(今河南汝南)南进；一路从凤翔(今陕西凤翔)直取大散关；完颜亮本人则亲自率一路兵马，在寿春渡过淮河，向淮南地区进发。十一月，完颜亮率部到达长江边的瓜州渡时，军队内部出现骚乱，他被部下杀害。金兵北撤，并派使者赴镇江与南宋议和。

金政局动荡不安让南宋君臣看到了希望，主战派逐渐在朝堂中占据上风，他们力主北伐，收复失地。宋高宗重新起用抗金老将刘锜、张浚，准备向金人发动反攻。当时，身居下位的梁克家审时度势，认为北伐时机还不成熟。他写信给兵部侍郎陈俊卿说："金军虽遁，我兵力未振，如自不量力而北伐，将后悔莫及。"陈俊卿当时正在浙西训练水军，得知李宝在海上击败金军后，他起身还朝。

回到临安后，陈俊卿将梁克家信中内容告诉了当朝宰相陈康伯。陈康伯惊叹梁克家的远见卓识，竭力向高宗推荐他。高宗召梁克家进京担任秘书省正字，让他进入国家的储才基地——馆阁，以备他日重用。

隆兴元年(1163)，宋金大战于符离(今安徽符离集)，由于主将李显忠与邵宏渊关系不和，互相不配合，结果宋军惨败而归。新登帝位的孝宗决定更换朝中的主战派，起用主和派的汤思退为宰相。次年，宋金重开和谈，双方签订了《隆兴和议》。从此以后，宋孝宗对北伐失去了信心。梁克家迁著作佐郎(正八品)。

乾道年间，各地屡见灾异。梁克家上疏建议朝廷颁诏求直言，孝宗遂下令侍从官、台谏官、卿监、郎官、馆职等官员，上疏指陈时政阙失。梁克家提出了自己的治国方略：一正心术，二立纪纲，三救风俗，四谨威柄，五定庙算，六结人心。他还专门就"定庙算"(宋廷的对金策略)提出了具体建议，希望能在储将才、强兵卒、足国用三方面下功夫，增强抵御敌国的综合实力。他的言论既中肯又无讳，受到孝宗的嘉奖，累迁中书舍人。

不久，梁克家奉命出使金国，祝贺金主的生辰。金主获悉梁克家是南宋朝的状元，对他十分尊敬，安排重礼接待。金主在梁克家下榻的饭舍举行宴、射(射箭比武)，梁克家连发数十箭，箭箭中的。南宋使者文、武双全，为宋廷赢得声誉，就连善于骑射的金国陪从也大加赞叹。回国后，梁克家为了肃正朝仪、显耀国威，向孝宗建议：金国使者前来宋廷祝贺庆典、节日时，一律由南门进入，本国的文武百官则从北门进；随从人员一律不得随便走近宫殿门外。孝宗采纳了他的建议，并定为法令。

国家举行三年一次的郊祀大礼时遭遇雷雨天，一些地区还发生了地震。这原本只是自然现象，但朝廷上下却视之为不祥之兆，孝宗连忙下诏求直言。梁克家借此机会再次向孝宗陈述自己的六大治政方略，诏迁给事中（正四品）。给事中隶属于门下省，负责封驳中书省起草的诏令，权力颇重。官员一旦升任给事中，就很有希望擢拜执政官，进入统治集团的高层。在给事中任内，梁克家坚持秉公办事，凡是他认为“不可”的诏令坚决驳回、毫不留情。他还针对当时言路不畅的问题向孝宗谏言：

> 陛下喜欢用有实际办事能力的人才，不喜欢只讲空论的人。专讲空论固然无益，但陛下如果对讲空论的人予以惩戒，他们就会因担心受罚而不敢直言。谏官的职责就是议论朝政，陛下总不可能让他们去做诸如治理黄河、训练士卒这样的实事。如果谏官都缄口不言，朝廷谏诤之路不就被堵塞了吗？愿对空言有所区别、有所开导。

孝宗欣然接受了梁克家这番切合实际的言论，并让他就当前谏官论事中存在的问题阐明自己的观点。梁克家概括为四条：一、讲一些欺上瞒下的谎话；二、多一事不如少一事，苟且偷安；三、沉默不言；四、争出风头，急于仕进。孝宗认为他的言论切中朝廷言事风气不正的要害，亲写手诏嘉奖。

乾道五年（1169）二月，梁克家由给事中迁端明殿学士、签书枢密院事(从二品);四月,兼参知政事(正二品);次年闰五月,诏拜参知政事、兼同知枢密院事、兼同知国用事。乾道七年三月,梁克家兼权知枢密院事。梁克家处事稳重、议论深刻、秉公执政,深得孝宗皇帝的器重。从绍兴三十年状元及弟到乾道五年任执政官(参知政事),他仅仅用了九年时间,升迁之快在南宋实属罕见。

《隆兴和议》签订后,按说宋金两国应该和睦相处,加强经济往来。但是,金国并没有放弃他们的野心,时刻准备着伺机南进。金贵族经常以追索俘虏为名,在两国边境地区寻衅滋事。梁克家虽然是主和派,但决不是妥协派,主张积极备战,防止金兵南侵。他建议朝廷修筑楚州城(今江苏淮安),在淮河上遣水军巡逻,增强北部边境的防御力量,阻止金军的骚扰袭击,确保两淮安宁。

梁克家任参知政事(副相)兼权知枢密院事(掌管军事),与抗金名将、宰相虞允文互相配合协作,遇有不同意见他仍然会如实提出,决不苟且。虞允文力主抗金、收复中原,曾在采石一战中大败金军,他对待和战的态度显然与梁克家存在差异。孝宗既重用主战派的虞允文为宰相,又提拔主和派的梁克家为副相,这一方面是搞平衡,另一方面也是为了在与金国的军事外交斗争中保持灵活性。梁克家比较好地处理了与虞允文之间的关系,既尊重宰相又能坚持自己的主张。

当时有很多官员附和虞允文的北伐主张,梁克家却坚持表示反对,并向孝宗密谏北伐不可取。孝宗问他:“真的不能对金用兵吗?”他回答说:“国家用兵,以财用为先。如今国库亏空,国家的经济实力不强,如何能支持庞大的军费开支?”孝宗听取梁克家的意见后说:“朕将认真考虑爱卿的意见。”因与宰相意见不合,梁克家曾当廷请求辞去执政职务。次日早朝，孝宗召见他说："朕经过彻夜思考，认为爱卿所言十分正确，你不能辞位。"梁克家遵依圣旨，继续留在政府中。

乾道八年二月，孝宗进行官制改革：罢三省长官（尚书令、中书令、侍中、尚书左右仆射）官称，改尚书左仆射、同中书门下平章事为左相，尚书右仆射、同中书门下平章事为右相。任命虞允文为左相，梁克家为右相，两人同时兼枢密使，掌控国家军政大权。一日，孝宗对左、右相说："近日朕去德寿宫，见太上皇（高宗）颐养天年，身心愉悦健康，朕喜不自胜。"梁克家不失时机地对孝宗、太上皇的德行大加赞颂："尧以未得舜接班为忧，既得舜，自然极为高兴。"梁克家这番话讲得很得体，孝宗点头称是。

同年九月，虞允文罢相，授观文殿大学士、知福州。在虞允文离去后的一年里，孝宗没有任命新的左相，这样，朝堂上就形成梁克家一人独相的局面。

梁克家立朝公正，不屈服于权佞贵戚，凡事皆依成法，决不以公徇私。不过在法度允许的范围内，他也会尽可能去帮助别人，宽以待人。张说是一个器量狭小的人，与当朝皇后沾亲带故。他想借机进入枢密院任职，遭到一些官员反对、迟迟不能如愿。他对那些阻挠自己的官员怀恨在心，伺机报复。乾道九年，张说擢同知枢密院事，开始实施报复计划。身为宰相的梁克家总是想方设法保护那些被张说造谣中伤的官员，使他们免遭迫害。他的举动得到多数官员的拥护，为自己赢得了很高的声誉。

但是，梁克家也因为触忤权贵而受到攻击。朝廷议论要降低对金国使用文书的等级，由原来使用的奉上之文改为平级使用的文书——牒。梁克家对此提出异议，认为不应该急于降低文书的等级。宋孝宗这回没有采纳他的意见，他上书提出辞呈。乾道九年十月，梁克家罢相，授观文殿大学士、知建宁府（治所在今福建建瓯）。

梁克家临行前去向孝宗辞别，孝宗又向他询问治国方略，他回答说："希望陛下不要总想着立奇功。"劝孝宗在对待金国的态度上要坚持守和保境，不要兴兵北伐。梁克家离朝后，三省、枢密使开始对金使用移牒，表示现在的宋金之间不再是下对上的臣服关系，而是兄弟邻邦的平等关系。结果，宋方送去的文书被金国退了回来，金主还专门派使者前来兴师问罪，朝野震骇。一些人开始赞同梁克家实事求是处理国政的态度，敬佩他对国家的一片忠心。

淳熙六年（1179），梁克家起知福州（治所在今福建福州）。九年九月，诏梁克家拜右丞相、封仪国公。梁克家因病辞命，改授祠禄官兼侍读。淳熙十四年六月，梁克家病逝，享年六十岁。赐谥文靖。

梁克家在知福州期间，主持纂修《淳熙三山志》，这是宋代地方志中的佳作，流传至今。

陈　亮

陈亮（1143—1194），原名汝能，改名亮，又改名同；字同甫，号龙川，婺州永康（今浙江永康）人。他出生在一个地主家庭，曾祖父陈知元做过小武官，靖康年间，战死在抗击金军围攻汴京（开封）的战场上；祖父陈益立志走科举之路，曾先后参加过文举、武举的考

试，都落第而归；父亲陈次尹连科举梦也不做，专心守着一份田产过日子。

绍兴十三年(1143)，宋金“绍兴和议”签订后，南宋朝野到处弥漫着一股受屈辱的压抑气氛。这时，陈次尹刚满十四岁的妻子黄氏生下一个儿子，给陈家带来了喜气。当上爷爷的陈益自然非常高兴，他曾梦见过一个叫童汝能的状元，“童”是指儿童。于是，陈益就给孙子取名汝能。也许他是想把自己的状元梦想寄托在孙子身上。

据说陈汝能刚刚出生时就双目圆睁、目光如炬，他受曾祖和祖父的训诲、影响，从小喜读兵书，以经纶天下为己任。他读书不知疲倦，下笔立就数千言。怀着重拾旧山河的理想，陈汝能先后考察了曹操、诸葛亮等十九位著名历史人物的事迹，探究他们的成败得失，写成数篇文章，汇集为《酌古论》。知婺州周葵看了他的著作后，就约他到婺州相见。经过一番交谈，周葵对眼前这位博通古今用兵之术的翩翩少年颇感惊讶，将他视为座上贵客，以礼相待，并让他跟随在自己左右。周葵对别人说：“陈汝能，未来国士也。”

隆兴元年(1163)六月，周葵由兵部侍郎兼侍讲擢升为参知政事(副相)。遇到有官员前来汇报工作时，周葵都要让他们先与陈汝能见面。这对陈汝能来说是十分难得的机会，他可以广结豪俊之士，与他们议论朝政，开阔眼界。遗憾的是，周葵在第二年的闰十一月就被罢参知政事，以资政殿学士、提举临安府洞霄宫，成了一名没有实权、干领俸禄的祠禄官。陈汝能也只得离开周家。

宋金签订“隆兴和议”后，许多人为重新获得的所谓和平局势感到欢欣，陈汝能却坚持对议和说不，固执地为国家前途、百姓命运担忧。乾道元年(1165)，陈汝能的母亲病故，父亲因邻里纠纷被诬告下狱，终日抑郁寡欢的祖父、祖母也相继病故。面对这接踵而来的灾难，陈汝能并没有消沉下去，他振作精神参加科举考试。乾道四年，他改名陈亮。

乾道五年，陈亮在地方发解试中勇夺第一（解元），但是在第二年的礼部省试中，他被考官何澹黜落，后经补试进入京师太学，成为一名太学生。在太学期间，陈亮又曾改名同，他向朝廷献上自己撰写的《中兴五论》，朝廷却借故不受。他愤而退学，回永康老家著书立学。

在家乡的十年时间里，陈亮与当时的名流吕祖谦、朱熹、叶适等都有过交游或争论，实际上这也是南宋不同学术流派——理学与事功学派之间的交锋。吕祖谦在婺州（今浙江金华）讲学，四方学者赶来聆听。陈亮也曾赴席听讲，但他恃才自负，首先发起争论。吕祖谦病故，陈亮在祭文中写道：

> 孝悌忠信常不足以趋天下之变，而材术辩智常不足以定天下之经。在人道无一事之可少，而人心有万变之难明。虽高明之独见，犹小智之自营；虽笃厚而守正，犹孤垒之易倾。

陈亮所说的"人心有万变之难明"，正好与理学所倡导的"心即理"、"求之于心"、"人皆可以为尧舜"的观点背道而驰。他还进一步批评那些"高明"的理学家大讲"守正"（修心养性），只不过是一些小智之技，像孤垒似的很容易被攻破，是站不住脚的。

前来吊唁的朱熹看了陈亮祭文非常不满，临走时留下一封信说："诸位君子聚在一起，点香磕头，究竟于东莱学问明白了多少，居然发出如此怪论。"陈亮看罢心中也颇感不悦。事实上，这并不是他们个人之间的恩怨，而是学术观点上的分歧。朱熹不赞同陈亮只讲事功、不讲性命的学术观点；而陈亮则反对朱熹只讲性命、不讲功利的思想。陈亮后来在奏呈孝宗皇帝的书中也批评朱熹的理学："今世之仁人志士，自以为已得诚意正心之学，却全然不关人之痛痒。置君父大仇未报而不顾，却拱手扬眉大谈什么性命，真不知性命为何物？"

陈亮曾经亲自去考察京师的地形，叹息说："一旦两湖决水，京城就会被淹没。"他又考察了建康府（今江苏南京）的山川地势，认为朝廷以临安府作为行在不利于国家的恢复大计。淳熙五年（1178），陈亮三次上书给孝宗皇帝纵论时事，反对议和，力主抗金，建议将行在迁移到建康府。他还议论宰相得失，希望能得到皇帝的召见。孝宗看后十分感动，准备将陈亮的上书张贴在朝堂上以激励群臣，同时决定召布衣陈亮上殿，授予官职。

宰相得知孝宗的想法后显得不知所措，大臣曾觌抢先提出要会见陈亮，但陈亮却不愿意见他，翻墙逃走，这让曾觌很难堪。朝中宰相对陈亮的所作所为非常不满，就接连在孝宗面前诋毁他。孝宗将信将疑，召陈亮到都堂（宰相厅）与宰相对话，结果双方话语不合，陈亮再次上书："坐钱塘浮侈之隅以图中原，则非其地。"强烈要求迁都建康府。孝宗听了大臣们的一番议论后已无意召见陈亮，打算授予他官职了事。陈亮无奈地说："我想为国家开数百年之基业，岂是为我个人求得一官半职？"他满心失落地离开临安府，泛舟回到了永康。

此次临安之行，陈亮不仅没能见到孝宗皇帝，还得罪了朝中许多大臣，心中十分郁闷。一天，他与几位同乡来到艺妓萧氏家中喝酒解闷，醉意朦胧的他口出狂言，竟然称呼萧氏为"妃子"。这原本只是酒后戏言，但是有一位同乡早就不满陈亮的恃才傲物，想设计陷害陈亮。他问另外一位同乡："既然册立妃子了，那末，谁是宰相？"这人不知是计，随口说："陈亮为相。"又问："如何安排我？"答："汝为右相。我用左、右二相，大事成。"他乘机让这位同乡面南而坐，自己与陈亮、萧氏扮作妃与二相，戏呼"万岁"。

狡猾的同乡又探听到，陈亮早年被省试考官何澹黜落后，曾向朝中故友抱怨说："我老了，反而被这小子侮辱。"同乡就主动到刑部自首告发陈亮。时任刑部侍郎的何澹又把"自首状"上送孝宗。孝宗阅罢龙颜大怒，责令严查。何澹借机公报私仇，把陈亮等人逮捕入狱，严刑拷打。陈亮被打得体无完肤，只得承认自己图谋不轨，以求一死。幸运的是，孝宗皇帝对审案结果产生怀疑，暗中派人到永康再作调查，搞清真相，原来这只是醉酒儿戏。当朝的宰相大臣仍然请求以"图谋不轨"罪处罚陈亮，孝宗说："秀才醉了，胡说八道，何罪之有？"下令放了陈亮等人。

逃过一劫的陈亮却是祸不单行，他刚走出大狱回到家里，家僮又闯下大祸，将一个同村人给杀了。被杀者碰巧又与陈家结怨，生前曾侮辱过陈亮父亲陈次尹。被害人家属据此怀疑陈亮是主谋，又将他告上官府。陈亮再次被投入大狱。宰相王淮知道孝宗爱惜陈亮的才华，不会将他处死，就主动为陈亮说情。再加上当朝名流辛弃疾、罗点等人竭力相救，陈亮才重获自由。相反，素与陈亮交情颇深的大学者朱熹、叶适、陈傅良等人，在陈亮身处危难之时都不肯出手相救。陈亮在写给辛弃疾的感谢信中万分感慨地说："君举（指陈傅良）吾兄，正则（指叶适）吾弟，竟成空言。"

陈亮以匡扶社稷、抗金救国的豪侠情怀为朝廷献计献策，得到的却是屡遭大狱的不幸。他深切体会到人微言轻与社会的险恶，再次下定决心埋头于举子事业，拼杀于科举考场，博取功名。

光宗绍熙四年(1193),陈亮顺利通过了礼部考试,殿试以礼乐刑政之要为题,陈亮以君道、师道对答。光宗是在孝宗退位后登基的,孝宗退居重华宫,但即位后的光宗却一直不去重华宫拜见父亲,朝臣们认为这有悖孝道,屡屡上奏劝谏。陈亮在殿试对策中却为光宗辩解说:“陛下在太上皇二十八年莅政期间,没有一政一事不记挂于心,何必非要一月四次朝见太上皇,并将此视作美观?”光宗看后十分高兴,殿试考官定陈亮策卷为第三名,光宗亲擢第一。

等到试卷拆封后,光宗一看状元是陈亮,高兴地说:“朕所擢果然不错。”光宗还在赐陈亮登第的诰词中说:“尔早就以文艺得解元,后又以纵横议论动宸听。此次殿试,朕亲阅对策,深嘉尔学问渊源博大精深,擢置榜首。此乃天赐奇才以遗朕也。”陈亮初授签书建康府(治所在今江苏南京)节度判官厅公事,这年他五十一岁。

金榜夺魁后的陈亮仍念念不忘恢复中原、抗金救国,他在《及第谢恩和御赐诗韵》诗中写道:

治道修明当正宁,皇威震叠到遐方。

复仇自是平生志,勿谓儒臣鬓发苍!

然而人生遗憾的事毕竟太多。陈亮还没来得及赴任就大病不起,不久,他带着满腔的爱国热情仙然而逝,享年五十二岁。而此时,仕途通达的叶适已升任吏部侍郎,他念及旧情,破例荫补陈亮子一官。端平初,诏追赐陈亮谥号文毅,又赐其子一官。

吴　潜

吴潜(1195—1262)字毅夫,号履斋,宣州宁国县(今安徽宁国)人。父亲吴柔胜是进士出身,累迁秘阁修撰;兄长吴渊登嘉定七年(1214)进士第,累拜参知政事。

吴潜年少时就与兄长一起刻苦读书,在吴渊考中进士后的第三年即嘉定十年,他也顺利通过礼部省试。四月二十二日,宋宁宗御集英殿,引见礼部奏名进士,擢吴潜为正奏名进士第一名。此榜共录取523人。吴潜状元登第后初授承事郎(正九品)、签书镇东军判官厅公事,一任期满后,改签书广德军判官厅公事。父亲病故,吴潜辞官回乡守丧三年。服除,授秘书省正字(从八品),迁校书郎,历权发遣嘉兴府(治所在今浙江嘉兴)事。

绍定四年(1231),吴潜迁尚书省右司员外郎。在这期间,临安府发生重大火灾,太庙以及三省六部等机构都被大火吞噬。吴潜上奏说:"愿陛下节衣缩食,疏远声色,勿亲阉宦,勿昵女宠。明诏宰相大臣,同心竭虑,召贤人,选忠良,屏小人,斥奸贪。这样就可以挽回天意,平息天灾。"他还写信给宰相史弥远论六事:格君心(正君心),减俸禄,赈恤都城灾民,进用老成廉洁之人,选良将以抵御蒙元,改革吏治。诏授吴潜直宝章阁、提举浙江东路常平公事,吴潜坚辞不赴,改授吏部员外郎兼国史院编修、实录院检讨。后迁太府少卿(正六品)、总领淮西军马钱粮公事。

绍定年间(1228—1233)正是天下形势急剧变化之时,新崛起的蒙古政权想联合南宋共同灭金;金哀宗也派使臣前来商讨和议。如何制定正确的外交策略,这是考验南宋朝廷应变能力和维护国家安全能力的关键。绍定六年,蒙古窝阔台汗派使臣王楫来到襄阳,想邀南宋军队共同进攻蔡州,并请求兵粮支援。蔡州是金哀宗政权的最后一个据点,金哀宗也希望能与宋军联合抗击蒙古。南宋政府根本不理会金国的请求,决定与蒙古联合。九月,蒙古都元帅塔察儿的军队兵临蔡州城下,南宋派孟拱、江海率军到蔡州与蒙古军会师。理宗端平元年(1234)正月,宋军攻入蔡州,金哀宗自杀,金亡。

事实上,蒙古早有侵灭南宋政权的野心,金人也曾向南宋政权发出了“唇亡齿寒”的警告。但是,南宋小朝廷对蒙古大军的威胁缺乏警惕,许多官员在金亡后都沉醉于胜利的喜悦中,对蒙古军毫无防备。右丞相郑清之甚至异想天开地认为,朝廷可以趁机收复三京地区,把北边防线从淮河推向黄河以北。时任淮西总领的吴潜深知国库亏空、国力不济,难以用兵。他上书宰相反对聚师北进,指出:

金人既灭,宋廷与北边蒙古为邻,当以和为手段,以防守为实事,必要时再以军事行动作配合。但是自从与蒙古合约进攻蔡州以来,战事耗费巨大,百姓生活更加困顿。边臣误国之罪已毋庸置疑,近来又听说有大臣提议要进攻中原,献此计策者真可称得上是俊杰,谁不想恢复故土呢?现在的问题是,宋廷一旦大举用兵,所需兵力、钱粮从哪里抽取?百姓已经穷困不堪,一旦激起民变,遍地皆贼矣。即便是能够攻取一、二个城池,又如何把守?今日之事不容轻率决定。

吴潜这封实事求是、充满忧国忧民之情的奏议却没有被朝廷采纳。金灭亡后的第四年,南宋军队攻入洛阳。蒙古窝阔台闻讯立即派兵南下,在洛阳城以东地区击溃宋军。驻守汴京、洛阳的宋军终因粮运不继而溃败撤退,损失惨重。事实证明,吴潜对形势的分析、估计是正确的。

此后,吴潜迁太府卿(正五品)兼权沿江制置使、知建康府(治所在今江苏南京)事、江南东路安抚留守。他上奏朝廷力论保卫川蜀的重要性,并积极为守护襄阳、巩固江防海防献计献策,他还再次重申自己反对北上收复失地的观点。吴潜战略思想的重点仍然是防范蒙古军队的进攻。

端平年间(1234—1236),理宗下诏求直言。吴潜进陈九事得罪了当朝宰相,被罢官奉祠。后改秘阁修撰、权江西转运副使兼知隆兴府(治所在今江西南昌)事、主管江西安抚司;又进右文殿修撰、集英殿修撰、枢密都承旨、都督府参谋官兼知太平州(治所在今安徽当涂)。

面对蒙古军咄咄逼人的架势以及严峻的防守形势,吴潜上疏指出:京西(河南府)失陷后,朝廷应当以重兵救护襄阳,招募京西、两淮壮丁组成精锐之师,确保江西等地。理宗认为他的建议有可取之处,诏迁权兵部侍郎,参与全国兵政的管理。吴潜后转知庆元府(治所在今浙江宁波)兼沿江制置使,又改知平江府(治所在今江苏苏州)。

在知庆元府、平江府任上,吴潜大力整顿地方财政以减轻百姓负担,增加地方财政收入。在南宋后期政治腐败、贪官横行的官场,吴潜仍然能切实地为民解忧、为国分忧,他的廉洁与忠诚堪称官僚士大夫的楷模,值得称赞。宋理宗被吴潜的爱国热情所感动,诏进工部尚书,改吏部尚书(从二品)。正在这时,吴潜的母亲去世,他辞官回家为母亲守丧三年。服除,诏迁翰林学士、知制诰兼侍读,充当皇帝的私人秘书兼老师。

淳祐七年(1247)四月,吴潜拜端明殿学士、签书枢密院事,入政府为执政官。五月,擢参知政事,为副宰相。他向理宗谏言:

> 国家出现弊政犹如人之得病,这是避免不了的。关键在于如何革除弊政,更新政治。臣以为今日之计,应该重新起用那些元老旧臣,给予他们报效国家的机会;同时,皇帝要明辨是非,要警惕奸臣误国,国家大事要多听取大臣们的不同意见。

淳祐十一年,吴潜进宣奉大夫(正三品)、右丞相兼枢密使，封金陵郡开国公。第二年，一些地区遭遇水灾，吴潜上章请求解除职务，诏授观文殿大学士、提举洞霄宫。四年后，他又被任命为沿海制置大使、判庆元府（治所在今浙江宁波）。在任期间，吴潜不辞辛劳，千方百计地筹集了一百四十七万钱，充作当地百姓的税款以减轻他们的负担。几年内，他共为百姓蠲欠官钱五百四十九万多。

久在宦海的吴潜感到心力交瘁，上章请求致仕。理宗不想舍弃这样一位栋梁之才，诏进封崇国公、判宁国府（治所在今安徽宣州），让他回老家任职。不久，理宗又授予他醴泉观使兼侍读，在自己身边备顾问。针对奸臣丁大全、贾似道当权，政治腐败、国势日衰的局面，吴潜劝理宗要“畏天命，结民心，进贤才，通下情”。开庆元年（1259），理宗称赞吴潜是朝中正直廉洁的老臣，诏拜特进（从一品）、左丞相。

然而此时的南宋小朝廷早已处在风雨飘摇之中，蒙古大军渡过长江天险攻入鄂州，并攻陷了广西、湖南，形成对南宋政权的心脏——临安府的包围圈。宰相贾似道、丁大全却继续隐瞒军情、结党营私。值此国难当头，吴潜不顾个人得失挺身而出，向理宗陈述国家危机之根源。他将矛头对准丁大全、章鉴、高铸、萧泰来、沈炎等奸臣，指责他们结党盘踞、欺下瞒上，最终酿成兵戈之祸。希望理宗能采取果断措施力挽狂澜，救社稷于危难之中。十月，丁大全罢相。

仅仅依靠少数正臣的拼争并不能冲破朝中的黑暗势力，吴潜的努力同样收效甚微。景定元年（1260）春，理宗提议立忠王为皇太子。在这之前，理宗的亲生儿子缉、绎不幸夭折，忠王是理宗胞弟赵与芮之子，原名赵德孙。据说，忠王出生时“手足皆软弱，至七岁始能言”，是一个发育不全、资质较差的人。如果将这样一个人册立为皇太子，将来很难胜任一国之君的重任。

在传统社会里，册立皇太子一直是最敏感的问题之一，大臣们都不愿意发表看法。吴潜冒着极大风险上疏反对立忠王为太子，并说："臣无史弥远之材，忠王无陛下之福。"史弥远是前朝的宰相，他在任时拥立并辅佐宋理宗。吴潜自称无史弥远的才干，不能很好地辅佐太子；同时又毫不避讳地说忠王没有当皇帝的福份。这需要极大的勇气。宋理宗是一个昏庸君主，他听了吴潜的这番话勃然大怒，根本不管什么忠言逆耳，下诏罢吴潜宰相之职，远谪潮州。奸臣贾似道趁机煽风点火，余怒难消的理宗又下诏，贬吴潜至循州（今广东龙川县）。

贾似道为了置吴潜于死地，又安排自己的爪牙刘宗申出知循州。景定三年（1262）的某一天，刘宗申设宴邀请吴潜。吴潜预感到来者不善，就以私忌（亲人祭日）为由婉言辞谢，刘宗申再派人登门邀请也被辞谢。第二天，刘宗申第三次邀请吴潜赴宴，吴潜自知不能免祸，他在临赴宴前为自己立下棺铭：

> 生于霅川，死于龙水……。一物不带，敛形（收尸）而已。其人伊谁？履斋居士。

吴潜的棺铭写得十分悲怆，蕴含着对自己一生从政的悔悟，死后宁愿以"居士"投来世，而不是官爵。果然，吴潜被刘宗申毒死在宴席上，结束了既辉煌又悲凉的一生。享年六十八岁。

吴潜从政四十余年，始终以忧国忧民为怀、以天下社稷为任，与黑暗势力进行着不屈不挠的斗争。然而，他既不能拯救百姓于水火，也无力挽救腐朽政权走向灭亡的命运。

吴潜擅长诗文，多感怀之作。所作《题暗香疏影词后用潘德久赠姜白石韵》一诗，堪称他坎坷人生的真实写照：

人生浮脆若菰蒲，四十年前此丈夫。
拟向西湖酹孤魄，想应风月易招呼！

文天祥

文天祥（1236—1283），原名宋瑞，长大后改字天祥。吉州吉水县（今江西吉水）人。他身材高大，长得英俊潇洒、一表人才。宝祐三年（1255），他改名天祥，改字履善，号文山，并参加了地方科举考试，应举得解。第二年，文天祥与弟弟文璧携手参加礼部省试，顺利过关。

文天祥从小就立下了成就伟业、为国尽忠的大志。当他还是一名童生时，看见乡学祠堂内供奉的吉州先贤欧阳修、杨邦乂、胡铨的谥都是“忠”字，就肃然起敬、欣然向慕。他对家人说：“我死后如果不能列入祠堂，与诸贤共享俎豆（祭器，意为祭祀），就不是大丈夫。”

宝祐四年五月八日，殿试策题围绕着“道久而未洽，化久而未成”展开，求变求通。文天祥以法天不息为对，他写道：

> 臣闻天地与道同一不息，圣人之心与天地同一不息。……为天地立心，为生民立命，为往圣继绝学，为万世开太平，亦不过是以一不息之心充之。充之，而修身治人，此一不息也；充之而致知，以至齐家、治国、平天下，此一不息也；充之而自精神心术，以至于礼乐刑

政,亦此一不息也。

这篇对策洋洋万余言,考官王应麟称赞说:“此卷古谊若龟鉴,忠肝如铁石。”文天祥初列第五名,理宗读了对策后非常赞赏,亲自定为第一名。五月三十四日拆卷唱名,理宗得知第一名是文天祥后,高兴地说:“天之祥,乃宋之瑞也。”于是,文天祥又改字宋瑞。此时的文天祥刚满二十,正值青春年少、风华正茂,状元的荣誉为他提供了尽显才华、施展抱负的大好时机。他在《集英殿赐进士及第恭谢诗》中表露出精忠报国的雄心壮志:

于皇天子自乘龙,三十三年此道中。
悠远直参天地化,升平奚羡帝王功?
但坚圣志持常久,须使生民见泰通。
第一胪传新渥重,报恩唯有厉清忠。

宝祐四年榜进士中出了不少永载史册的忠臣烈士,除文天祥之外还有:二甲第一名谢枋得,二甲第二十名陆秀夫等。他们或从容就义、或绝食而亡、或投海献身,忠节萃于一榜已成千古绝唱。

文天祥的父亲文仪望子成龙心切,他带领文天祥、文璧兄弟俩来到临安参加科举考试,结果一病不起,留居旅馆。文天祥高中状元后的第四天,父亲终因病情恶化,瞑目而逝。兄弟俩在同榜士子的资助下护柩南归,将父亲安葬在吉州故里。按礼制,文天祥在家守丧三年,没能立即出任官职。

开庆元年(1259),文天祥任承事郎、签书宁海军节度判官厅公事。不久,蒙古忽必烈率军渡过长江围攻鄂州。理宗闻讯,诏罢丁大全宰相之职,重新起用吴潜为相。面对蒙古军队的长驱直入,朝野内外一片恐慌。内侍董宋臣提议迁都四明(今浙江宁波),一旦敌兵逼进,可以效仿宋高宗乘船到海上避难。文天祥对逃跑和不抵抗的行径十分痛恨，上疏要求将董宋臣斩首以安社稷。见朝廷没有采纳自己的建议，他倍感失望，愤而辞官。第二年，朝廷任命他为签书镇南军节度判官厅公事，文天祥仍然拒绝受命，只请求担任没有实权的祠禄官。理宗特旨差除他主管建昌军仙都观，奉祠在家。

景定二年(1261)，朝廷授文天祥秘书省正字，他再三推辞未果，前往临安就职，负责校正典籍。不久迁校书郎，升著作佐郎兼权刑部侍郎。刑部事务非常繁重，很多自命清流的官员都视审刑办案为琐碎细务，不愿意亲力亲为。他们往往让手下的吏员具体承办，自己只是在旁边监督一下。具体操办案件的吏员乘机贪赃枉法，致使冤狱频频。文天祥在兼任权刑部侍郎期间，亲自查阅了大量的卷宗和断案判词，夜以继日、不知疲倦。刑部的吏胥慑服于他的正直与勤勉，不敢作弊。

内侍董宋臣遭文天祥弹劾被罢职，不久又复出、升任内侍都知。文天祥再次上书弹劾，结果他的奏折被留中不报(理宗不予处理)。性格刚烈的文天祥立即收拾行李准备辞官回乡，宰相派人来挽留他："公不可走。"但是文天祥去意已定，诏出知瑞州(治所在今江西高安)。

瑞州历经兵火蹂躏，百姓生活十分困苦。文天祥上任后，抚民以宽、镇恶以严。他不仅将骄悍的州兵首恶绳之以法，还在市井大道两旁张帖军民须知的国家法纪。经过整治，瑞州上下肃然守法、秩序井然。文天祥还创设了使民库，积存本州上交国家税款后的余钱，用于救济贫苦与灾荒。遗爱在民，瑞州人对文天祥充满了感激之情。景定五年，文天祥奉诏赴行在(临安府)，除礼部郎官。一个月后，他改任提点江西刑狱公事，主管江西一路的司法、刑狱、监

察等事务。

度宗咸淳元年(1265)四月,文天祥祖母病故,他上书请求解职服心丧。文天祥的父亲文仪自幼被母亲梁夫人过继给叔父,梁夫人后又改嫁刘家。虽然梁夫人是文仪的亲身母亲,文仪长大后也曾将梁夫人接到家中奉养,但是,她按礼只能是文仪的伯母,也就是文天祥的伯祖母。因此,文天祥不为梁夫人戴孝守丧,而是解官服心丧,这是合乎礼教的。但一些人却借此大做文章,攻击文天祥不为祖母守丧是大不孝。心灰意冷的文天祥又一次辞官归隐。

二年后,文天祥奉诏担任尚书左司郎官,后兼学士院权直兼国史院编修官、实录院检讨官,参与修史工作。朝廷内奸臣当道,文天祥屡屡遭到御史台官员的弹劾,仕途充满了艰辛与坎坷。咸淳六年,受新任宰相江万里的器重,文天祥迁军器监(正六品)兼崇政殿说书兼学士院权直,负责为皇帝讲经解史,并起草诏令。

这时,独揽军政大权的宰相贾似道托病请求归养,事实上,他并不是真心想退养,而是以此来试探挟度宗。被贾似道一手扶上皇帝宝座的度宗自然不希望他离去,就命文天祥起草"不允诏"以示挽留。文天祥痛恨贾似道一手遮天,在诏书中暗含讥讽之意。按当时习惯,学士院起草的诏命都要先呈宰相过目,宰相可以随意涂改。文天祥认为这种做法严重损害"王言之体",拒不呈移宰相。贾似道很不高兴,就唆使张志立弹劾文天祥,文天祥被罢职。

文天祥因触忤权贵而屡遭斥罢,他越来越厌倦正气难伸的官场,就在文山建造房舍,过起悠闲自在的隐居生活,"退为潜夫,自求其志,不知老之将至矣"。咸淳九年,朝廷任命文天祥为提点荆湖南路刑狱公事。在长沙,文天祥与故相江万里相遇,两人谈及江河日下的时事万分伤感。江万里说："我已经老了，观天时人事当有大变。我认识的人很多，但是能担当起救世重任的只有你。"言语间充满了对时事的无奈和对文天祥的期望。

咸淳十年，文天祥知赣州（治所在今江西赣州）。七月，度宗驾崩，年仅四岁的恭宗登基，由太皇太后临朝听政。不久，元朝大军攻破长江天险，攻陷鄂州、汉阳等地，形势危急。朝廷下达勤王诏，要求各地起兵勤王。文天祥手捧诏令泪流满面，他捐出所有家财，召集地方豪杰之士组建成一支万余人的队伍，赶赴临安保卫皇帝。有人劝阻说："君以乌合之众，去迎敌三路大兵，无异于驱群羊而搏猛虎。"文天祥义无反顾地回答："吾自不量力，希望天下忠臣义士闻风而起。义胜者谋立，人众者功成。能如此，则国家犹可保也。"

文天祥率勤王兵赶赴临安，途中接到朝廷任命他知平江府（治所在今江苏苏州）的诏命，他随即率兵直奔平江。获悉元朝大军攻陷常州，文天祥立即派兵驰援，结果失败。宰相陈宜中、留梦炎命令他放弃平江，退守余杭。德祐二年(1276)正月十八日，元军已逼近临安府北郊的皋亭山，宰相陈宜中逃遁。十九日，恭宗任命文天祥为右丞相兼枢密使。二十日，文天祥奉旨赴皋亭山元军大营，与元丞相伯颜商谈和议之事。文天祥面对伯颜慷慨陈辞，要求元军后撤，伯颜大怒，下令将他扣留在元军帐中。二十一日，新宰相吴坚手持降表来到元军阵营，也被扣为人质。二月十八日，文天祥和吴坚等人被元军押往镇江。

在北上途中，文天祥一直等待时机准备逃脱。二十九日，文天祥与随行的杜浒、余元庆等人被押至镇江，他们买通一名替元军看管船只的人，乘着夜色掩护机智地逃出羁押所，驾船逃离镇江，直奔真州城。

三月，元朝丞相伯颜押解被俘的宋恭宗及南宋宗室、大臣北归。闰三月，陆秀夫、张世杰、陈宜中等在温州尊奉九岁的益王为天下兵马都元帅，六岁的广王为副都元帅。四月，文天祥历尽艰险由海路抵达温州。五月，益王在福州即位，改年号景炎，史称端宗。小朝廷任命文天祥为通议大夫、右丞相、枢密使、都督诸路军马。文天祥上书请辞，改任枢密使、同都督诸路军马。

文天祥在南剑州（治所在今福建南平）建立督府，号召四方起兵抗击元军。景炎二年（1277），元大军追至汀州，文天祥移师漳州（今福建漳州）。降元的宋将孟浚来说服文天祥投降，被文天祥就地正法。随后，他率军收复梅州，又挥师进入江西，收复吉州、赣州等地，并驻扎在兴国（今江西兴国）。文天祥率军收复失地的消息传到北庭，忽必烈大感震惊，立即派元帅李恒增援江西。在与元军的对决中，文天祥的军队节节败退，遭遇“空坑之败”，他的妻妾子女全部被元军俘获，自己则在部下赵时赏舍身掩护下得以逃脱。

成功脱险后的文天祥来到广东，打算重整旗鼓，继续与元兵对抗。景炎三年，端宗病故，大臣们拥立卫王赵昺为帝，改元祥兴。八月，文天祥加封少保、信国公，他率军进驻潮阳（今福建潮阳）。元军主帅张弘范指挥大军从海、陆两路进攻广东，十二月十五日，文天祥寡不敌众，引兵撤出潮阳。二十日，文天祥在广东海丰的五坡岭被元兵擒获。

文天祥被押解至潮阳去见元帅张弘范，张弘范以客礼相待，要他写信招降张世杰。文天祥笑曰：“我不能保卫自己的父母，难道还要教唆别人背叛父母吗？”张弘范的部队乘船向厓山进逼，文天祥也被押解随行。当船队驶经零丁洋时，文天祥挥笔写下了著名的《过零丁洋》诗：

辛苦遭逢起一经，干戈寥落四周星。
山河破碎风抛絮，身世飘摇雨打萍。
惶恐滩头说惶恐，零丁洋里叹零丁。
人生自古谁无死，留取丹心照汗青！

祥兴二年(1279)二月，宋元海军在厓山展开决战，宋军大败。陆秀夫抱着小皇帝投海赴死，宋亡。元帅张弘范一直敬佩文天祥的忠贞不屈，他在庆贺攻占厓山的酒宴上再次劝说文天祥归顺元朝："国破，丞相忠孝已尽；倘能改心报效元帝，可保丞相之位不失。"文天祥黯然落泪，说："国亡不能救，为人臣死有余罪；更何况为逃一死而作叛臣乎！"

张弘范壮其忠义，不再劝降，派人押送文天祥北上至元大都(今北京)。途中，文天祥曾绝食八日，准备以死殉国。他被押送至元大都后，元世祖曾想方设法劝他投降，都遭到他义正辞严的拒绝。

元世祖至元十九年十二月九日(1283 年 1 月 9 日)，一代民族英雄文天祥从容就义，年仅四十八岁。几天后，文天祥的妻子欧阳氏前去收尸，从衣带中找到了文天祥写的遗书：

孔曰成仁，孟云取义，唯其义尽，所以仁至。读圣贤书，所学何事？而今而后，庶几无愧。

西夏、辽、金、元状元

李遵顼

李遵顼(1162—1226)是西夏国宗室的后代,襄宗李安全的族侄,父亲李彦宗被册封为齐国忠武王。西夏天庆十年(南宋宁宗嘉泰三年,1203)三月,李遵顼参加科举考试,西夏桓宗李纯佑临殿御试,擢为状元。

李遵顼虽贵为宗室子,但他自幼好学不倦,长大后已经是一位博通群书的知名学者,他的隶书、篆书也写得非常好。他能够从众多举子中脱颖而出、夺得状元荣衔并非偶然。

李遵顼初授大都督府主,掌管西夏的军政。三年后,李安全发动政变,废桓宗李纯佑自立为帝,改元应天。这一年,蒙古族首领铁木真统一蒙古各部,被推举为成吉思汗。李安全在位时间只有短短的六年。皇建二年(南宋宁宗嘉定四年,1211)七月,李遵顼废襄宗李安全自立为帝,改元光定。李安全在被废的第二天离奇死亡。这一年李遵顼五十岁。他在位十三年,庙号神宗,是中国科举史上唯一一位状元出身的皇帝。

就在李遵顼篡夺帝位的同一年秋天,蒙古军队发动了对金政权的大规模战争。成吉思汗率军直逼金国的西京,并在会河堡大败金兵三十万。早在李安全在位期间,西夏就曾背着金与蒙古和亲，遭到史家的抨击："鲜耻寡恩，何足挂齿！"李遵顼上台后，他看到金国国势衰微、气数将尽，而新兴的蒙古国正在迅速崛起。于是他审时度势，一改过去联金抗蒙的国策，决定与蒙古联合，在趋附蒙古的路上走得更远，史称"（趋附蒙古）莫过于李遵顼"。

李遵顼乘着金军惨败于会河堡、元气大伤之机，派遣一万人组成的骑兵围攻金东胜城，被金军击溃。十一月，李遵顼又派兵进攻金国的泾、邠二州，包围平凉府，又被金军所败。

军事上的屡次失败使李遵顼意识到，仅凭自己的实力还不足以与金抗衡，就决定与金议和。光定二年（南宋宁宗嘉定五年，1212）正月，李遵顼派遣贺金正旦使到金，叙属国之礼。故事，西夏使臣到了金国后，在会同馆与金人贸易。此次，当贺金正旦使至金后，金国的皇亲国戚与西夏使臣交易，遭到监察御史聂天骥的弹劾，认为不应该与西夏人交易。李遵顼闻讯后立即命令西夏使臣火速回朝。三月，金卫绍王派遣使臣来到西夏，册封李遵顼为夏国王。李遵顼表面上接受金国的册封，内心却早已决定反叛。不久，他又派兵进攻金的葭州，被金延安路兵马总管完颜奴婢击败。同年十二月，李遵顼不得不派国信使赴金，向金卫绍王谢封册之恩。

光定三年八月，金胡沙虎杀害金主卫绍王完颜永济，拥立完颜珣为帝，是为金宣宗，改元贞祐。李遵顼得此消息后，乘金国国内混乱之机派兵突袭会州。金军都统单丑儿引大军与西夏兵激战于窄土峡，副都统乌古沦长寿亲自冲锋陷阵，锐不可挡，西夏兵再次溃败。然而此时的金国内外交困，犹如强弩之末。十二月，西夏攻陷金的巩州，进围平凉，遭到金按察副使卢庸的顽强抵抗。

李遵顼在位的前四年，西夏每年都在平凉、巩、会州地区与金军作战，终因力弱势衰而无法得偿所愿。于是，李遵顼开始筹划与南宋政权联合攻金。他降诏左枢密使、吐蕃路招讨使万庆义勇，命他派遣蕃僧减波把波等人秘密携带蜡封的密函二丸，来到西和州的岩昌塞，与南宋边将商议夹攻金人事宜。南宋制置使董居谊担心其中有诈，没有将西夏的计谋上报朝廷，西夏想与南宋联合的企图破灭。应该说董居谊的决定是值得肯定的，李遵顼联宋攻金只是想利用南宋，而南宋却无法利用西夏。况且在宋人眼里，西夏主是忘恩负义之辈，“戎性轻忽”。

这之后的两年里，西夏与金的战争不断，双方互有胜负。有意思的是，李遵顼虽然屡屡发兵攻金，但西夏国所有的文书奏折仍使用金的年号，以表示西夏仍是金的附属国。光定六年，西夏首次在移牒中署上“光定六年”的年号，结果被金国退还不受。李遵顼攻金屡战不胜，有点气急败坏。在与南宋政权联合的计划流产后，他又决定与蒙古联合，双方合兵攻打金的延安府及代州，又迅速攻破潼关。

从历史渊源上讲，蒙古人曾经三度入侵西夏，是西夏人的仇敌；而金与西夏相邻，自金太宗天会初(1123)与西夏议和以来，两国边境八十多年没有发生战事。如今，西夏竟然以邻国为仇、以仇国为友，最终导致被蒙古军灭亡的悲剧，这实在是咎由自取。

西夏与蒙古联军攻破潼关后，李遵顼又遣三万骑兵与蒙古军一起进攻平阳。金尚书右丞胥鼎檄五州兵马夹攻蒙、夏联军，蒙古军大败，西夏兵也远遁。此后，蒙古军转而围攻西夏中兴府，李遵顼赶紧命太子据守，自己却逃往西凉。

西夏为了联合蒙古攻金，不惜与蒙古和亲请降，成为蒙古的属国。后因用兵不断，蒙古对西夏的征派也日益增多，西夏疲于奔命，渐渐疏淡了作为属国的礼节。蒙古大汗一怒之下，派兵渡河进攻西夏的中兴府。李遵顼自知无法抵御蒙古大军，只得率先逃命。眼看蒙古大军就要攻陷中兴府，他又赶忙遣使者赴蒙古军营请降，蒙古军这才撤兵北归。从事件的整个过程来看，李遵顼作为一国之主，不能坚守京城，竟然让太子留守，自己逃命，全无君王的风范。

自李遵顼即位以来，夏、金兵连祸结，两国信使不通，边民贸易也被迫中断，给两国造成严重后果，损失惨重。李遵顼也逐渐开始出现厌兵情绪。光定八年，西夏向金提交国书请求恢复两国的贸易，遭到金的拒绝。金宣宗拒绝西夏请和是不明智的，假如他能从其所请，两国释怨修睦、互为援手，就不会轻易被蒙古大军各个击破，西夏与金也不会这么快亡国。

李遵顼见金不肯讲和、恢复互市，又派步骑兵三千引蒙古兵经葭州入侵鄜延路，两国重开战事。光定九年初，金宣宗为了避开蒙古兵锋，决定迁都长安。为防止西夏兵入侵，金宣宗派左都监赤盏合喜率重兵守备靠近西夏边境的巩州。李遵顼害怕金兵逼侵西夏，赶紧开始第二次联宋攻金的外交活动。他派枢密都招讨使宁子宁、忠翼赴四川制置司，与南宋商议合兵进攻秦州、巩州。南宋制置使聂子述表示同意联兵，同时他告诫南宋将吏严阵以待，以防西夏使诈。不久，聂子述罢制置使，西夏想联合南宋攻金的计谋再次宣告失败。

眼见与南宋联兵无望，李遵顼又派统军司写信给金国的保安等各州，信中有“保境息民”之语，希望与金国息兵休战。面对西夏的请求，金国宰相却不以为然，他说：“夏人屡屡犯我边疆，现在又移书息兵，无非是缓兵之计。我军仍须严加守备，以破西夏奸计。”李遵顼见金国不肯议和，又派兵突袭通秦寨，杀死金刺史纥石烈等人。两国在葭州、秦州一带冲突不断、干戈不止。

光定十年正月，李遵顼又遣使至四川宣抚制置司，请求与南宋合师伐金。这一次，四川宣抚使安丙决定与西夏联合，他回书西夏商定两国夹攻金人的计划。于是，李遵顼率万人围攻会州。金同知平凉府事郭禄武艺高强，他看见西夏的统兵将领与乘骑都披着耀眼的兵服出入阵中，就亲自拿起弓箭射杀一名西夏将领、射伤一名。西夏兵损失两员大将后反而愈加勇猛，最终，金会州守将乌古论世显投降，会州沦陷，郭禄被生擒。李遵顼爱惜郭禄的武功，决定不杀他，将他关押起来。

会州失守后，关西为之震惊，金宣宗赶紧命陕西行省与西夏议和。在此之前，西夏两次派使与金议和都遭到拒绝，如今会州失陷，金使求和，李遵顼当然不会答应。不久，西夏与南宋联合进攻巩州，遭到金军的顽强抵抗，联军战败。

光定十一年，南宋四川宣抚使安丙返回利州。安抚使崔与之告诫边将，今后不要轻易接待西夏使节。同年九月，李遵顼又派百余骑兵突入四川凤州，邀南宋将领联合伐金。李遵顼请求南宋出兵，不派使者持国书前来商议，却动用武力，非常无礼，理所当然遭到南宋的拒绝：“请求联兵当遣使者持书前来，岂能遣兵径入？假如边民不熟悉，拼杀起来，有伤两国和气，宜收兵退回。”从此，西夏再也不提与宋联军之事。

光定十三年，李遵顼命太子德任率军攻金。太子眼见父王穷兵黩武、国力日衰，就劝谏说：“金兵势强，不如与其议和。”李遵顼根本不听，笑着说：“这不是你所能了解的。金国失掉兰州，至今都无法收复，何强之有？”德任见不能劝阻父王用兵，就提出辞去太子位，削发为僧。李遵顼大怒，下令将太子幽禁于灵州。同年十一月，金通远节度使郭虾蟆亲率五百骑兵进攻会州，他先下令所有的将兵都身穿赫色衣服，隐蔽于会州南面的山脚下。守城的西夏兵看见后，以为是神人自天而降，纷纷举手招摇，被金军射杀数百人。会州兵民震恐，出城投降。金军收复会州。

十二月，蒙古屡遣使臣来西夏责问李遵顼，李遵顼非常害怕，下诏传位给次子德旺，自称太上皇。献宗乾定元年（南宋理宗宝庆元年，1226），蒙古大军发动对西夏的战争，李遵顼在惊恐中死去，享年六十五岁。

状元出身的李遵顼在位期间，除了不断挑起与金的战争外，政治上几乎没有什么建树，老百姓长年生活在战争阴影中，没有宁日。持续不断的征战也使西夏国力大衰，很快被蒙古灭亡。

张　俭

张俭（963—1053）字师约，又字仲宝，蓟北（今北京）人。他出身于显宦世家，祖父张正曾任太仆卿，父亲张雍累官左赞善大夫，母亲刘氏是宰相刘敏之女。张俭自幼禀承父训，潜心学术、志存高远。

辽圣宗统和十四年（宋太宗至道二年，996），张俭参加科举考试，荣登状元，时年三十四岁。张俭初授云州（治所在今山西大同）从事，成为云州节度使的属官。不久，辽圣宗耶律隆绪到云中狩猎，途经云州。按照惯例，皇帝所经过的州县长官都要进献贡物。云中节度使比较器重张俭，认为他才学超凡，就决定向圣宗举荐他。当辽圣宗途经云州时，节度使就上奏说："本境没有什么特产，只有幕僚张俭堪称一代之宝，愿呈献给皇上。"

据说在此之前，辽圣宗曾做过一个梦，梦见有四个人侍立在旁，其中两口（人）赐食。梦境究竟是什么寓意？圣宗一直百思不得其解。当云中节度使提及"张俭"姓名时，圣宗恍然大悟："俭"（繁体"儉"）字包含四个"人"字，一个"一"字。"一"代表"予一人"，指皇帝；四个"人"字，表示侍立在皇帝身旁的四人。而且，"俭"字中间还有两个"口"，圣宗拆梦，将它理解为"赐食人二口"。这样合起来正好是一个"俭"字。经过这番解梦，辽圣宗对张俭产生浓厚的兴趣，马上召见他。

张俭举止朴实淳厚，当皇帝询问国事时，他一口气上奏三十余事，君臣两人一谈即合。于是，张俭就跟随圣宗回到了朝廷。圣宗对他"顾遇特异"，提升他为大理寺丞。不久，张俭因为在大理寺任上处理刑狱允当，调任范阳县（治所在今河北定县）令。同样因为政绩突出，他很快擢升御史台监察御史。在担任监察御史期间，张俭总是随身带上簪笔，只要发现朝中有大臣违纪、或是其他当奏之事，他都一一记录下来，准备上奏朝廷。他工作认认真真、兢兢业业，在肃正朝纲方面业绩显著。圣宗对张俭十分满意，提升他任尚书省刑部司门员外郎，负责城关、隘口、桥梁、津渡、道路等出入禁令，检查军民、官吏、商贩身份，搜捕假冒犯法等事。张俭在任上宣禁令、观民风，治理有方，号称"明干"。

统和二十七年，张俭父亲病故，他辞官回家守丧三年。服除后的第二天，他就接到授礼部郎中、知制诰的诏命，负责起草诏命，成为皇帝身边的近臣。很快他又迁直枢密院，辽代的枢密院是国家政治中枢。圣宗还特赐他金鱼袋、紫服，授柱国勋级，封开国男爵、食邑三百户。这意味着张俭已经进入侍从高位，将得到重用。随后，圣宗又任命他为"贺南朝皇帝生辰国信副使"，前往宋廷祝贺宋真宗的生日。张俭深谙宋朝礼仪，进退有节，达到了修好宋、辽睦邻关系的外交目的，圆满完成出使任务。

开泰四年（宋真宗大中祥符八年，1015），张俭迁宣政殿学士，守刑部尚书、参知政事、同知枢密院事，在宰相府中参预计议军国大事。同年十月，张俭拜南枢密院枢密使，加崇禄大夫、尚书左仆射兼门下侍郎、平章事、监修国史，成为一名宰相。圣宗还特赐他"翊圣佐理"功臣号。作为密预万机的百官之长，张俭持重顾大体、保守治众事，是一位善于守成但缺乏开创精神的重臣。当然，作为一名在少数民族政权内担任宰相的汉人而言，要想保住自己的地位并非易事，他也只能是遵循"旧典"而已。

开泰七年，张俭加政事省政事令（后改为中书省中书令）。太平四年（宋仁宗天圣二年，1024），进拜政事省左丞相。第二年，他出任武定军节度使兼平章事，坐镇大同。太平六年，张俭入朝任南院枢密使。参知政事吴叔达与他意见不和，双方时常发生争执。圣宗闻讯大怒，罢吴叔达参知政事，出任康州刺史。而对于张俭，圣宗不仅没有责备他，反而提升他为左丞相兼政事令、监修国史、鲁国公、推忠翊圣保义守节功臣，此为上相之职。圣宗还在南京（今北京）赐张俭府第，对他恩宠有加。

太平十一年，辽圣宗病危，张俭等人受诏担任顾命大臣，辅佐太子。同年，圣宗驾崩，太子耶律宗真即位，是为辽兴宗。张俭以训导皇太子有方，加太师，位至三公，增食邑五百户。年过七十的张俭上章请求退归乡里。重熙四年(宋仁宗景祐二年,1035),诏张俭守太师兼政事令、洛京留守致仕,称号"山中宰相"。六年,特封韩王。

重熙五年是辽朝的科举年,在此之前,辽代的科举制度还没有推行皇帝临轩策试的殿试。张俭虽然退休在家,还是以元老旧臣的身份奏请兴宗亲临礼部贡院,目的是要提高科举在辽的地位。兴宗采纳了他的建议,御元和殿亲试进士,赐冯立、赵徽等四十九人进士及第。这是辽代科举考试中殿试制度的开始。

辽兴宗对张俭十分尊重,凡张俭进见,不直呼其名而尊称丞相,并赐诗嘉奖。张俭生活十分俭朴,很少吃鱼肉荤菜,所穿衣服也总是很陈旧。兴宗曾私下让近侍故意用火将张俭穿的长袍烧了一个小洞,结果发现,张俭仍然穿着这件破长袍上朝。兴宗就问他为什么不换一件新的,他回答说:"这件长袍我已经穿了三十年,还可以穿。"当时,辽朝上层社会崇尚奢华,官员之间互相攀比,这更突显出张俭的简朴。兴宗就将张俭树为典型,要求大臣们学习他节俭的美德,希望以此刹住日益弥漫的奢靡之风。

张俭位居三公,享受高额俸禄,生活又如此俭朴,他的钱财都用到哪里去了?根据史书记载,张俭"月俸有余,赐给亲旧",用节省下来的俸禄接济亲朋旧友。一次,兴宗让张俭到国库中任意选取财物。张俭进入国库后,看见堆积如山的金银珠宝、绸缎布帛,丝毫不心动,只选取了三匹布。兴宗深知张俭既不贪婪、又不做作,对他更加敬重。张俭的五个弟弟参加科举考试先后落榜,兴宗打算特赐他们进士及第,让他们入仕为官,都被张俭一一辞谢。

张俭虽然退休在家,但身体还算硬朗,加上他治国经验丰富,兴宗仍不时向他请教。一次,宋朝在一封致辽皇帝的信中出言不逊，兴宗看了非常生气，准备亲自带兵去向宋廷兴师问罪。在做最后决定之前，兴宗亲登张俭府第与他商议。宫中尚食监把做好的美食送到张俭府中，兴宗命令他们全部撤回，和张俭一起吃家中的粗菜淡饭。兴宗吃得津津有味，边吃边询问出兵事宜。张俭认为，皇帝仅仅因为宋廷言语失礼就大动干戈，这太不值得。他建议说："只需派一名使者去宋廷责问，何必远劳车驾长途奔袭？"兴宗听罢打消了出兵的念头，改派使臣到宋廷问罪，并扬言要发兵攻宋。宋廷果然慌乱，几经交涉后，将每年输辽的绢、银各增加十万匹两。

重熙二十三年，张俭病故，享年九十一岁。张俭任宰相二十余年，位至太师，封爵国王，食邑二万五千户。真可谓官逾一品，爵首五珪，位极人臣，生享耆年。不过，这位状元宰相最能够启迪后人的还是他的人生哲学：

> 外荤中素，富与贵视之如浮云，名与身弃之似大患。急流而勇退，知进退存亡。

王　　鼎

王鼎（1030？—1106）字虚中，涿州（今河北涿县）人。他从小向学，为了能潜心攻读，长年幽居于太宁山，不与外界往来。王鼎博通经史，熟读《五经》、《史记》、《汉书》等典籍。成年后，他下山四处交游、寻访知音，为参加科举考试作准备。

某年的“上巳节”(三月上旬第一个巳日),燕、蓟地区颇具盛名的文士马唐俊邀请一些志同道合的文士,共同举行祓禊活动。所谓“祓禊”是指在新春来临之际,人们结束了寒冬蛰居家中的生活,迎着春阳到东流的溪水或江边洗濯,以祓除疫病和不祥。文学之士往往也在这时候相聚一起,迎春踏青、酌酒赋诗。因此,“上巳节”成为汉晋以来文人雅士的传统节日。东晋大书法家王羲之在《兰亭序》中所记述的,就是三月初三和朋友在会稽兰亭水边宴饮赋诗的盛况。杜甫《丽人行》云:“三月三日天气新,长安水边多丽人。”反映的也是唐代士大夫过上巳节的情景。辽朝仍然保留着这个传统节日。

王鼎听说马唐俊要搞祓禊活动,也赶去赴会。不过那时的王鼎尚属无名小辈,马唐俊见他衣着朴实,没有放在眼里,只把他安排在下座。马唐俊取出自己事先写好的诗,请王鼎和上一首,想让他在众人面前难堪。不想王鼎挥笔立就,写出的诗既合韵又有文采,博得一片赞叹之声。马唐俊也被王鼎的文思敏捷和出众才华所倾倒,立即改变态度,主动提出要与王鼎结交为友。王鼎凭着自己的才华和学识,开始融入燕、蓟的文人圈。

清宁八年(宋仁宗嘉祐七年,1062)六月,辽道宗御清凉殿亲试进士,唱名放进士九十三人,王鼎荣居榜首,夺得状元魁。他初授易州(治所在今河北易县)观察判官,不久,改涞水(今河北涞水县)县令。据《辽史》记载:一天,王鼎正在县府内午休,天空忽然刮起一阵龙卷风,将他连同卧榻一起卷至空中。王鼎朦朦胧胧中感觉好像有人正把自己往上抬,一阵剧烈的颠簸后,发现自己已经被悬在空中,惊慌之余他口中念念有词地说:“我王鼎是朝中正直之士,邪不压正,怪风可缓缓地把我放回原处。”过了一会儿,卧榻下降落在原处。王鼎被飓风卷入空中又抛至地下却毫发未损，这真是奇迹。

王鼎累迁翰林学士，负责起草诏书制敕，成为皇帝身边的亲近大臣。当时，辽朝的典章与诏令多出自他的手笔。王鼎为官刚直不阿、敢于直言，他曾向道宗上治国十策，道宗看了很高兴，对他更加信任。这之后，道宗遇事经常会主动征求王鼎的意见。然而，王鼎也因为敢于直言、敢于批评朝政得失招致一些官员的忌恨。

寿昌元年（宋哲宗绍圣二年，1095），王鼎升观书殿学士。一日宴请，王鼎酒醉后与一位来客发生争吵，他还发牢骚，埋怨皇上不了解自己。那些对王鼎早就不满的人借机在皇帝面前告了他一状。埋怨皇上是官场最忌讳的“犯上”行为，王鼎为自己的酒后失言付出了惨痛代价，被逮捕下狱。愤怒至极的道宗下令对他处以杖刑、黥面、罢官、流放镇州（辽国西北边防之城，在今蒙古境内）的重罚。

乾统元年（宋徽宗建中靖国元年，1101），辽天祚帝耶律延禧即位之初大赦天下，王鼎却不在宽赦之列。尽管如此，天祚帝还是让镇州守臣召见王鼎，命他写一篇《贺即位表》。这说明王鼎的文采在当时是最好的，堪称“一枝笔”，朝廷也没有忘记他。王鼎在贺表中夹进一首诗，请使者带回上京。诗中有“谁知天雨露，独不到孤寒”之句，悲切之情跃于纸上。天祚帝读后心生怜悯，下令将王鼎从遥远的镇州召还，官复原职。乾统六年，王鼎卒于任上。

辽道宗在位时，听信太师耶律乙辛和状元出身的奸相张孝杰的谗言，害死了萧观音皇后和皇太子。天祚帝拨乱反正，下令对耶律乙辛和张孝杰处以剖棺戮尸的极刑，办了一件大快人心的好事。备受挫折困顿的王鼎复官后，耳闻奸臣张孝杰与耶律乙辛串通，陷害皇后与皇太子的惨烈经过，又亲眼看到他们最后遭到严惩的可耻下场，决心将这一历史事件的真相调查清楚写成纪实，以警示后人。王鼎眼中的历史真相是：

辽道宗耶律洪基是一个昏庸无道的君主，他喜欢听阿谀奉承、歌功颂德之辞，宠信奸臣耶律乙辛、张孝杰，整日沉缅于游猎戏嬉。咸雍五年（宋神宗熙宁二年，1069），耶律乙辛拜太师、魏王、北院枢密使，并享有“便宜从事”的特权，权倾中外。可是到了大康元年（宋神宗熙宁八年，1075），皇太子开始参预朝政，他对耶律乙辛擅权误国的奸行早有察觉。耶律乙辛开始感受到皇太子的威胁，就与汉人宰相张孝杰密谋，设计除掉皇太子。

张孝杰是辽兴宗重熙二十四年（宋仁宗至和二年，1055）状元，擅长溜须拍马、阿谀奉承，深得道宗宠信，十几年功夫就爬升到了宰相位置。道宗还把张孝杰比作唐代的名相狄仁杰，让他改名仁杰，并赐国姓，称“耶律仁杰”。这个状元宰相贪婪无比，曾经公开说：“无百万两黄金，不足为宰相。”他和耶律乙辛同样感受到皇太子对自己的威胁，两人一拍即合，把魔爪伸向萧观音皇后与皇太子。

萧观音皇后是辽代著名的女文学家，她美貌绝伦，工于诗文，善弹琵琶，曾经深得道宗的宠爱。道宗喜欢骑射游猎，经常单骑深入荒野，萧皇后担心皇帝的安全，多次规劝道宗要有所节制。可是，辽道宗根本听不进皇后的劝谏，反而认为她是多管闲事，开始慢慢疏远她。萧皇后十分苦闷，常以作诗、弹琵琶来舒解心中的愁苦。

大康元年（宋神宗熙宁八年，1075），宫女单登与乐师朱顶鹤向道宗告密，说皇后与乐师赵惟一私通，道宗命耶律乙辛、张孝杰负责查办。北院枢密副使萧维信认为这件事纯属诬告，特地对耶律乙辛、张孝杰说：“皇后贤能端重，而且还生了储君。不要轻信那个叛主背恩的婢女所言。”耶律乙辛、张孝杰一心要置皇后于死地，哪里肯听？他们很快就把所谓“审理”结果上呈道宗。结果，年仅三十六岁的皇后被“赐死”，为皇后说情的赵惟一也遭“族诛”的噩运。护卫官萧忽古得知皇后被赐死是耶律乙辛亲手策划的，他就埋伏在桥下准备刺杀耶律乙辛。不巧，一场大暴雨把桥冲垮，刺杀行动未能成功。

皇太子因为母后被害终日郁郁寡欢、忧形于色，这让耶律乙辛、张孝杰更加坐立不安，决心除掉太子以绝后患。他们串通护卫太保耶律查剌，诬告北面官耶律撒律等人预谋拥立太子为帝。昏庸的道宗竟又听信谣言，下令囚禁皇太子于上京。耶律乙辛仍不罢手，干脆派人潜入太子居所将太子杀害。道宗听说太子“病”卒，十分哀痛，准备将太子妃接回京城。耶律乙辛害怕露出马脚，又派人将太子妃杀死于途中。大康五年，耶律乙辛又将魔爪伸向皇孙。禁卫统帅（同知点检）萧兀纳挺身而出，向道宗进谏：“陛下如果采纳耶律乙辛的建议，将皇孙独自留下，那就让我也留下来保护皇孙，以防不测。”这之后，道宗开始对耶律乙辛等人的奸计有所察觉，不再信任他们。

王鼎有关这则历史事件的记录收录在他的《焚椒录》中，并传存至今。《焚椒录》还收录了王鼎个人的诗文以及辽代其他学者的诗作，具有很高的学术价值。在辽代状元中，王鼎是唯一被列入《辽史·文学传》的状元。

韩　昉

韩昉（1082—1149）字公美，燕京（今北京）人。他出生于显宦门第，五岁时父亲去世，他悲痛哀泣如成人，被誉为孝子。

辽末代皇帝天祚帝天庆二年(宋徽宗政和二年,1112),韩昉在科举考试中力拔头名,荣登状元位。他初授右拾遗,为谏官,后转史馆修撰,累迁少府少监、乾文阁待制,又加卫尉卿,转知制诰,负责起草诏命。

保大二年(宋徽宗宣和四年,1122)正月,金军大举侵辽,很快攻陷辽的中京(今内蒙宁城西大明城),天祚帝奔走西京。三月,金军西进,天祚帝被迫出走夹山(今内蒙五原西北)。不久,耶律淳在燕京称天赐皇帝,遥降天祚帝为湘阴王。六月,耶律淳病死,以德妃为萧太后,主管国事。九月二十七日,萧太后决定派遣使者到中原,向北宋称臣。她任命永昌宫使萧容为正使、乾文阁直学士韩昉为副使。

辽使来到宋廷后,向徽宗皇帝进献称臣文书,上面写道:

> 辽太后臣妾萧氏上言:……念臣妾先祖乘五代唐、晋之衰世,取燕云以北之地。及逢圣人之运,约和结盟,义深如一家,誓结百代之好。谁料天命改图,国难降临。先王遭战火蹂躏之后砺志中兴,才得拥戴,遽尔沦丧。属孤寡之妾,使祀宗庙。也曾想动干戈以自卫,宁与国共存亡,又念黎民百姓将再遭涂炭之祸。与其陷于执迷不悟之失,不如转而致力于侍奉上国。今遇皇帝陛下胸怀四海,为民立命。文以布德,安抚方国;武以扬威,顺天惩逆,必将拯救吾土黎民百姓,统一天下。翘首以待禀承钦命,故输归顺之诚心,庶几得保臣

妾余生，享永安之福。

据说，这封充满悲悯屈辱的归顺表就是由知制诰韩昉起草的。十月九日，韩昉等人奉表来到宋辽边境的雄州，宣抚司通过飞递，以最快速度将归顺表送到京城开封。北宋宰相王黼接到辽归顺表后，率百官向徽宗祝贺。但是，由于这封归顺表中并没有提到要将辽的国土献给北宋，宋廷因此拒绝了辽的归顺。

这时，已经投降北宋的辽将郭药师向徽宗献计，要求朝廷乘着辽气数将尽之时，派兵直捣辽的燕京府。宋廷采纳了郭药师的计策，命刘延庆率大军在涿州集结，与郭药师的军队会合进攻燕京。郭药师率先攻入燕京城门，但刘延庆却没有如约跟进，结果郭药师的军队被守城辽军打败。刘延庆见势不妙，赶紧焚烧军营，狼狈逃归。十二月，辽降金。韩昉作为辽的官员也降为金臣，并得到金太宗的信任。

金太宗完颜晟天会四年（宋钦宗靖康元年，1126），高丽主派使臣到金廷奉表称藩臣，但是不肯正式进誓表以确立臣属关系，金廷屡屡派使者去高丽谈判都没有结果。于是，金太宗决定派状元出身的韩昉出使高丽，并告诫他说："此次出使务必成功。"

韩昉抵达高丽后，再三督促高丽主落实誓表事宜。高丽主难以推诿，只得认真对待。高丽主下诏征聘国内博通古今的读书人，商讨与韩昉酬对的具体方案。经过十多天的准备，高丽主才决定与韩昉正面交锋。在见面会上，高丽的谈判代表对韩昉说："高丽只是一小国，事辽、宋二百年，从来没有进誓表，也从来没有失属国之礼。今奉上国（按：此指金国），当与事宋、辽同礼。既然结盟历来如此，如果今日生变，就连古圣人也不会同意。因此，本朝肯定不会同意进誓表。"韩昉从容论辩说：

既然贵国一定要用古礼，那末我们就按古礼来办。舜五年一次巡狩地方，万方邦国都要依东、南、西、北的顺序参加朝会。西周时规定，五服以内的属国六年一朝拜；又六年，周王按岁时季节巡狩各地，诸侯国分别朝于方岳。现如今天子正在西巡，贵国之主也应该依古礼亲赴朝会了。

韩昉要求高丽国主依照古礼，亲自前往金国参加朝会，这不是比进誓表更让高丽主犯难吗？面对韩昉咄咄逼人的气势，高丽谈判代表一时语塞无法回答，就使出缓兵之计："容再商议。"韩昉见状穷追不舍，他说："高丽国主或进誓表，或赴朝会，一言可定，何必再拖。"进誓表与赴朝会，两者权衡轻重自然择其轻者。高丽国主万般无奈，只得承诺将如约进誓表。韩昉见出使的目的已经达到，就起身返回金国。金太宗对韩昉的出色表现十分满意，赞扬他说："如果不是爱卿，谁又能如此出色地完成使命！"金太宗转身对宰相说："从今以后，派出国使者必须挑选最佳人选。"

天会五年，韩昉加昭文馆直学士兼堂后官，在宰相办公厅任职，后迁谏议大夫，进翰林侍讲学士。天会十二年，擢翰林学士、礼部尚书兼太常卿、修国史。韩昉在礼部尚书任上待了七年，此时金国军队在与宋的战争中节节取胜，并控制了淮河以北的中原地区，版图面积迅速扩大。金贵族受中原汉文化的影响，越来越重视王朝礼制，而在礼部与太常寺共同议定制度的过程中，韩昉作出了非常大的贡献。这之后，他曾出任济南府（治所在今山东济南）尹，很快拜参知政事。

金熙宗皇统四年（南宋高宗绍兴十三年，1143），年过六旬的韩昉自感年老体衰，主动上章请求解职，金熙宗没有答应。六年，他再次上章乞致仕，诏封郓国公，除汴京留守。

韩昉又陈乞，诏进仪同三司（从一品）致仕。海陵王完颜亮天德元年（南宋高宗绍兴十九年，1149），韩昉加开府仪同三司，同年病逝，享年六十八岁。

韩昉是一位仁厚长者，待人宽容。一次，他的家奴向朝廷告密，说他曾经为一叛人提供骏马和盘缠，帮助叛人逃到境外。大理寺经过审查后认定这件事毫无事实依据、纯属诬陷，就将家奴送回韩府，让韩昉亲自处置。按理说这个家奴肯定是凶多吉少，不过韩昉并没有追究诬告之事，待家奴一如从前，好像此事根本没发生过。韩府上下都困惑不解，韩昉解释说："家奴诬告主人的动机只是想借此脱身为良民，不做家奴。这没什么好奇怪的。"韩昉虽贵为国公、礼部尚书，但仍能宽厚待人，值得敬重。

韩昉一生酷爱读书，手不释卷。他擅长写作，尤善于撰写诏册，所撰写的《太祖睿德神功碑》被誉为一代杰作，当世称颂。据说，韩昉也因为在高丽国时的出色表现赢得了高丽人的尊敬，每当高丽使者来到金廷，都会主动询问他的近况。

胡　砺

胡砺（1107—1161）字元化，磁州武安（今河北武安）人，汉族。他出生在北宋末的动荡年代，从小酷爱读书。

金太宗天会五年（宋钦宗靖康二年，1127）金国贵族以所向披靡之势直入中原，灭亡北宋政权。生活在北方的宋人处于金国统治下，陷入国破家亡的悲惨境地，这一年胡砺刚好二十一岁。他在金军攻下河北时被俘虏，后押解至燕京（今北京附近）。胡砺不堪忍受金人的虐待折磨，设法逃出魔掌，躲进香山寺，混在寺内佣工之中充当杂役。在这期间，他幸运地遇见了韩昉。

韩昉原是辽国的状元，辽亡后就在金政权内担任官职。一次，韩昉到香山寺游览，遇见了身着佣工服装但气质超然、与众不同的胡砺，直觉告诉他，眼前这位佣工决非泛泛之辈。韩昉就把胡砺叫过来，让他作一首诗，胡砺挥笔立就，诗格清婉。韩昉看后大加赞赏，并将他收为门生，让他与自己的儿子在一起生活学习，身处困境的胡砺幸得伯乐韩昉的亲自栽培，学业从此与日俱进。韩昉自然也非常高兴，他欣喜地对人说："胡生才器一日千里，将来必将著名于世。"

天会十年，胡砺在科举考试中技压群芳，一举夺得状元桂冠，初授右拾遗、权翰林修撰。若干年后，改授定州（治所在今河北定州）观察判官。胡砺在定州特别重视教育，对州学督教很严，并利用自己几十年研经究史、写诗作赋的体会，以及在科举场上拼搏成功的经验，悉心指导当地士子。许多曾经受过胡砺指导的士子，在后来金代的科举考试中荣登甲科。胡砺在职期间，定州州学盛况空前，学生数始终保持在百名以上，位居河朔地区之冠。

随着定州举子在科场上的表现越来越出色，胡砺的名字也被更多的人知道。举子们纷纷追索、求购他的文章；他的文体在金代科举场中已成为一种公认的范文，被称作"元化格"，受到举子们的推崇和仿效。因此说，胡砺对金代科举文风的影响是非常大的。

天会十五年，金太宗下诏废伪齐刘豫政权，在汴京地区改设行台尚书省。金熙宗皇统元年（南宋高宗绍兴十一年，1141），胡砺奉诏到真定府（治所在今河北正定）出任河北西路转运司都勾判官，负责转运司的财务审计事务。不久，新任的行台尚书平章政事高桢在前往汴京的途中，路过真定府，河北转运司设宴款待高桢，胡砺作为转运司属官也赴宴陪席。

宴席上一阵寒暄后，官员们纷纷入坐，胡砺刚要坐下，不料高桢居然斥责他不当就坐。胡砺性格刚直，他毫不示弱地说："公如果尚在政府任相（平章政事），那么按照仪制，应该礼绝百僚（在百官之上，不能平起平坐）。但你现在身为行台平章政事，是作为贵宾接受本司邀请的，就应当行宾主之礼。我是主人，为何不能坐！"高桢十分尴尬，用威胁的口吻说："将来如果有一天你到尚书省担任省吏，又该当如何？"胡砺坦然回应："当什么官都要按制而行，我没有什么可回避的。"高桢敬佩他的胆识，情绪也逐渐缓和下来，宾主交觥，相谈甚欢。

胡砺任职期满后改朝奉（请）大夫、同知深州（治所在今河北深县）军州事。深州郡守性情暴戾，蔑视僚属，胡砺到任后面对郡守的责难不卑不亢，总是以为官之礼相待。郡守终于被他的涵养和才学所折服，干脆把一州之事全部托交给他，自己只管去打猎、喝酒玩乐去了。

深州下辖五县：静安、束鹿、武强、饶阳、安平，共有56340户。为了维护当地的社会治安，各县都招募了一批弓手，多则一百人，少则五六十人。而且，政府每年要向五个县征收5000余万民钱，用予支付弓手雇钱。然而招募来的弓手大多是一些市井无赖，他们往往借追捕盗贼为名侵扰百姓。为什么一定要用百姓的钱雇一批无赖去骚扰百姓呢？胡砺洞察其弊，决定遣散弓手以减轻百姓负担。被解散的弓手到处散布流言，并威胁说："一旦州内出现盗贼，先杀通守（指胡砺）。"官吏们纷纷提醒胡砺要多加防备，胡砺却不以为然地说："盗贼所取无非是钱财，我胡砺清贫如此，有什么好防备的？"他还下令将看守州署大门的人撤掉，结果什么事也没有发生。胡砺治政有方，颇得朝廷赞许，诏补翰林修撰，迁礼部郎中。

金政权灭亡北宋后，将中原大片地区纳入自己的版图。随着汉儒文化影响的日益加深，朝廷仿唐宋之制创设礼仪制度，韩昉在创制金朝仪制方面发挥了重要作用。海陵王完颜亮擢拜平章政事(从一品)，官员们都来到尚书省都堂向新宰相跪拜祝贺，唯独胡砺没有下跪。海陵王就问他："为什么唯独你不肯下跪?"胡砺引用礼仪条令说："穿朝服而跪拜，是见君主礼也。"海陵王听了不仅没有责怪他，反而对他平添了几分尊重。

皇统九年(南宋高宗绍兴十九年，1149)十二月，完颜亮杀金熙宗，自立为帝，改元天德。胡砺迁翰林侍讲学士、同修国史，不久，母亲病故，他辞官回家为母亲守丧三年。胡砺起复还朝后，被海陵王任命为宋国岁元副使，出使南宋，刑部侍郎白彦恭为正使。临行前，海陵王还对胡砺作了特别的解释："白彦恭的官位虽然比你低，但是他的资格比你老，因此让你担任副使。"胡砺出使还朝，迁翰林学士，改刑部尚书(正三品)，掌管国家的律、令、格、式，审定刑名等事务，工作十分繁忙。

正隆六年(南定高宗绍兴三十一年，1161 年)六月，正是盛夏酷暑时节，完颜亮想单方面撕毁与南宋签订的"绍兴和议"，决定迁居汴京(今河南开封)。胡砺扈从金主刚到汴京就一病不起，完颜亮数次遣使前来看望他，同年，胡砺病逝于汴京，享年五十五岁。

石　琚

石琚(1111—1182)字子美，定州(今河北定县)人。父亲石皋曾担任过州吏，随金左副元帅宗辅（完颜阇母）攻掠青州（今山东青州市）。建炎二年（1128）正月十八日（李清照《金石录后序》作建炎元年十二月），金军攻陷青州，宗辅命石皋统计青州军民人数，准备分配给诸军为奴隶。石皋有意将此事拖延，宗辅责问，他借机劝谏说："大王受命为朝廷抚定郡县，当使百姓安居，而不是侵苦百姓。倘若对已经攻取的城邑实施摧残，那么所有未被攻占的城邑内的百姓必将死守。我迟迟不办理此事，正是考虑到利害关系，岂敢推脱罪责？"宗辅恍然感悟，下令："谁敢侵犯州人，将以军法论处。"青州城得以免遭屠掠之灾。

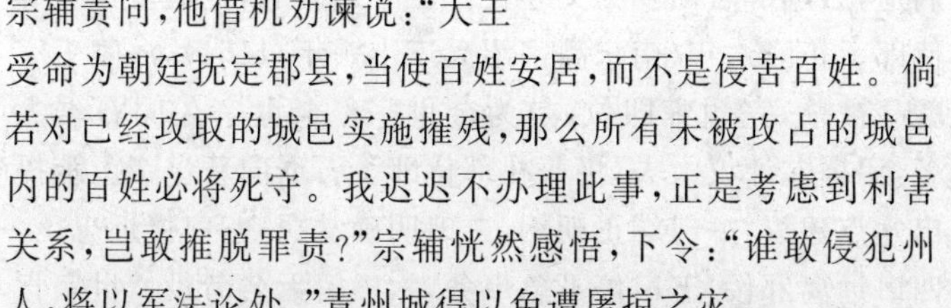

石皋又跟随宗辅驻守定州，定州唐县人王八暗中联络了县民一千多人，登记在册，阴谋造反。有人拿着名册向金人密告，石皋见名册中有一千多人，如果断然定为谋反案，后果不堪设想，就决定保护这些人。此时正值北方严冬季节，石皋抱着名册上厅议事。他假装跌倒，将名册抛进厅中的炉火中，名册顿时化为灰烬。没有了名册，案件无法继续审下去，最后官府只下令将为首者处死。石皋此举保住了一千多人的性命，被老百姓尊为仁厚长者。

父亲的宽厚仁慈对石琚产生了很大的影响，他从小就表现出为人沉厚的优点，而且酷爱读书学习。根据史书记载，石琚有着过人的天赋，读书过目不忘，长大后，他博通经史、工于词章。金熙宗天眷二年（南宋绍兴八年，1138），石琚参加科举考试并一举夺魁，先后担任弘政县（今辽宁义县）令、邢台县（今河北邢台）令。邢台县隶属于邢州，当时的邢州郡守十分贪暴，对所属各县横征暴敛。县令迫于压力，只能千方百计搜括民财以满足长官的贪欲。唯独邢台县令石琚没有屈服，他顶住上司的高压，坚持不向百姓征收额外钱物。不久，邢州郡守因贪赃枉法罪遭到惩处，唐山、钜鹿等六个县的官员全部受到牵连。石琚廉洁自律、刚正不阿的品行受到朝廷嘉奖，诏改秀容县（今山西忻州）令。后迁尚书省行台礼部主事，吏部郎中。

海陵王贞元三年（南宋高宗绍兴二十五年，1155），石皋病逝，石琚辞官回乡为父守丧。三年期满后，他起复任吏部侍郎。正隆六年（南宋高宗绍兴三十一年，1161），海陵王完颜亮被杀，完颜雍即位，是为金世宗。金世宗久闻石琚大名，诏擢左谏议大夫，仍兼礼部侍郎。石琚向新皇帝上疏提出六点建议：一曰端正朝纲，二曰明确赏罚，三曰接近忠臣，四曰远离邪佞，五曰停不急事务，六曰罢无名劳役。世宗肯定并接受了这些建议，对石琚的才智更加赞赏，擢升他为吏部尚书。石琚先后在吏部任职十年，从吏部郎官升至尚书。他对宋朝和伪齐刘豫政权的官制，以及本国的南北铨选之法了如指掌，号称“详明”。

世宗诏拜石琚参知政事（从二品），石琚谦辞再三，世宗说：“以卿之才能和声望，当之无愧，用不着辞让。”石琚应诏升副宰相。当时，右丞苏保衡负责监督十六项募役工程，动用了大量民丁、工匠。世宗对苏保衡一人负责如此浩大的工程不放心，就让石琚与他共同监护。世宗亲授石琚二十四块银牌，给予他足够的信任，允许他在必要时可以“便宜规画”，自作决断而不必上奏。世宗还交代说：“凡所用丁匠，都要给予雇佣钱，严禁贪官从中渔利。”

由于母亲病逝，石琚又辞官归家。三年守丧期满后，诏拜尚书右丞。金制，严禁捕猎狐狸、野兔，违者将被判刑。

石琚认为这样的处罚太过苛刻，有伤民情，他上奏说："因捕禽兽而罪至判刑，恐怕不是出于陛下之意。只要处以杖责就可以了。"世宗采纳他的建议。

燕京天长观遭火灾洗劫，面目全非，世宗下令有司重新修复。有司（主管部门）乘机拆迁民居，擅自扩大天长观的建筑面积，总花费达三十万贯。蔚州官员为了采摘地蕈以满足宫庭需求，甚至动用数千的劳力。对于这些官吏打着御前旨意的旗号为所欲为、鱼肉百姓的行为，石琚非常痛恨。他把自己了解到的情况如实上奏世宗，竭力劝说世宗采取措施杜绝此风的蔓延。世宗闻奏后当即表示："从今以后，凡称'御前'者，领旨后必须经朝廷向皇帝奏报核实，防止弄虚作假。"石琚高兴地说："有此圣训，百姓之福也。"诏擢石琚尚书左丞（正二品），任第一副相，兼太子少师。

石琚作为女真政权的高级官员，对汉人的历朝礼仪制度十分精通。世宗准备举行郊祀大礼，召集大臣讨论先帝配享制度。石琚引经据典地说：历代都推崇宗祖以配享天帝。《孝经》曰："郊祀后稷以配享于天"，汉魏晋都是以一帝配享于天，唐宋开始出现以二帝、或三帝配享于天的情况。如唐高宗时，以高祖、太宗两位先皇配祀；宋仁宗时，以太祖、太宗、真宗共同配享。他最后总结说："将来郊礼当应古礼，以一祖配天。"世宗对他的提议表示赞同："唐宋不是法，只应奉太祖皇帝配享。"

石琚曾经建议世宗督促太子练习政事，而在此之前，有关皇储问题历来都是官员最敏感、最忌讳的事情。朝中有人借机诋毁石琚，说他有"立东宫以希恩"的野心。金世宗对石琚的为人比较放心，知道他这么做完全是出于一片忠心。不过世宗还是将别人诋毁的话转告给石琚，石琚听罢非常惶恐，再次向世宗表明心迹："臣本出身孤寒，承蒙陛下厚爱提拔，备位执政，兼师保之职。臣愚钝，以为太子为国家之本，宜使他早日了解民事，因此言及东宫事。”既然有人对自己的动机提出质疑，石琚就主动要求解除太子少师之职。

石琚起自民间，有过多年在地方从政的经历，比较了解下情。世宗十分看重这点，每当遇到一些关系国计民生的大事，经常会征询石琚的意见。世宗曾经非常坦诚地对他说：“女真人在朝中占据要职，但他们往往随意而为，不受礼制约束，也不了解民间疾苦。爱卿曾担任过县丞、县主簿，对民间事无不知晓。凡是有关国家社稷的大事，要随时奏陈，不必顾虑。”一次，世宗与大臣讨论铸钱事宜，认为钱币不利私铸，打算禁止民间铸钱。大臣们个个不置可否，没有明确表态。世宗就问石琚：“古时亦有百姓私铸钱币的吗？”石琚回答说：“如果允许民间私自铸钱，一旦小人为了牟取暴利而相互挤压，钱币就会愈斗愈薄，质量也会越来越差。所以自古以来都禁止民间私自铸钱。”石琚关于禁止铸私钱的议论，更加坚定了世宗禁私铸的决心。

金世宗尽管称得上是一位励精图志的好皇帝，但他统治时期的天下也并不太平，特别是被金人占领的汉族地区的民间反抗活动一直没有停息。大定十三年（南宋孝宗乾道九年，1173），大名府僧人李智究与人密谋攻取被金人占领的诸州府。事情败露后，世宗决定以谋反罪论处，他问宰臣：“南方还有反侧事件发生，这是为什么？”石琚委婉地回答说：“这是南方一些无赖之徒假托佛、道迷惑人心，老百姓愚昧无知，轻信上当。所以说，许多起来造反的百姓并不是有意要与朝廷对抗，他们是受到无赖之徒的欺骗。”世宗认为石琚的分析有道理，应该把那些假托僧道的“无赖之徒”与良民区别开来。于是，世宗告诫大臣在处理李智究事件时不要伤及良民:“僧人李智究不值得宽恤,我担心军士在追捕查办过程中索取民财,害及良民。不如防微杜渐,事先晓谕。”

大定十七年,石琚拜平章事,封莘国公,升为次相;第二年,拜右丞相(从一品)。在这之前,金朝皇帝议论军国大事时还没有史官入殿记录的规定,修起居注(史官)移剌杰上书说:“凡朝会或者朝奏,向来都是屏去他人,单独议事。如果不允许史官参预,有关皇上旨意以及军国政事之议论,史官就无法记录。”世宗以此事询问宰相,石琚回奏说:

古代史官,天子的一言一行都必须记录下来,以儆诫后代的君主,使他们有所敬畏。周成王剪桐叶为圭璧,并将它授与叔虞以封国,史佚立即严肃地指出:“天子不可戏言,言,则史官记录在册。”由此可知,史官应该记录人君的一言一行,没有回避。

世宗接着说:“朕观《贞观政要》,唐太宗与臣下议论国事时,史官都会站在旁边一一记录下来。朕只怕史官在场可能会泄漏机密政事。可以让史官入殿记录,但必须严格选择史官以防泄密。”从此,皇帝与重臣议论机密要事时,仍然会屏退左右无关人员,但史官不在被屏退之列。这一制度的确立,使金政权在汉化道路上又向前迈进了一大步。

年近七十的石琚体弱多病,上章请求辞官。世宗再三挽留,并说:“朕知卿年老,勉为朕留任,等一两年再说吧。”世宗曾对宰相说:“朕为天子,未曾专行独断。每遇事总要遍问诸位宰相,可行则行,不可行则止。”石琚回答说:“好问则能集思广益,从容处事,易于公正。专断自用,则见识有限,处事容易偏狭、出错。陛下能博采众见,天下幸甚。”

一年后,石琚再次上表请求致仕,世宗不再坚持,特诏荫补其孙为閤门祗候。石琚退休后,世宗常常惦念着他,曾说:“知人最为难事。近来左选(文官)多不得人,只有石琚任宰相时,往往得人。”又说:“唯石琚最为知人。”

大定二十二年,石琚卒于家,享年七十二岁。赐谥文宪。

纳兰胡鲁剌

纳兰胡鲁剌(1160? —1218)是女真族大名路(今河北大名)伯鲁欢猛安人。他生性淳朴、戆直,自幼喜爱读书,博通古今。

金章宗承安二年(南宋宁宗庆元三年,1197),纳兰胡鲁剌参加科举考试,荣登榜首,初授应奉翰林文字(从七品)。他曾奉诏到临潢路、上京路等地括牛,核查漏报的民间养牛数。当他一路检查来到肇州时,发现常山郡王、左丞相完颜襄的家奴故意隐匿耕牛数不报。纳兰胡鲁剌不避权贵,以抗拒罪依法逮捕家奴,坚决清点丞相家圈养的牛数并全部登记入册。这一举动在当地引起很大震动,那些富家豪民个个惧怕,如实上报牛数,无一隐瞒。纳兰胡鲁剌圆满完成朝廷使命回到京城后,丞相完颜襄表现得颇有气度,不仅没有怨恨他,反而称赞他办事果敢。

不久,纳兰胡鲁剌的父亲病逝,他请求辞官返乡为父守丧。御史被他的孝心感动,上奏称赞他的清节。服除,转翰林修撰(从六品)。平章政事(宰相)仆散端竭力向金章宗举荐纳兰胡鲁剌,称他为官廉洁有干才,且颇具文采,诏迁同知顺天军节度使事,跟随金军攻伐南宋。金军在战场上取得胜利,纳兰胡鲁剌也因功进朝请大夫(从五品),后改任礼部员外郎、曹州(治所在今山东荷泽)刺史。

仆散扫合是曹州当地的豪猾刁民,他纠集当地一些无赖之徒擅自在定陶县附近私设渡口，征收渡河钱。对于那些要求渡船的人，他不管是逃兵、盗贼、或是一般百姓，只要有钱都给摆渡。曹州历任刺史都惧怕他的恶党势力，不敢追查。纳兰胡鲁剌到任后，决心要铲除这股黑恶势力。他派兵将仆散扫合抓捕归案，并穷治其党，很快将散布在定陶县各渡口的黑恶势力一网打尽。从此，曹州的社会治安大为好转，"阖郡肃然"。纳兰胡鲁剌也因为政绩突出，改迁南京路按察副使。

金宣宗贞祐二年（南宋宁宗嘉定七年，1214），纳兰胡鲁剌任泗州（治所在今江苏盱眙）防御使。按规定，地方上的州分刺史州、防御使州、节度使州。官员由州刺史（正五品）迁州防御使（从四品），虽然同为一州的长官，但不属于平调，而是升迁。纳兰胡鲁剌任职期满，诏为吏部侍郎（正四品），寻升绛阳军节度使（从三品）、权河东南路宣抚副使。这期间，迅速崛起壮大的蒙古军开始大举进攻金政权。贞祐三年，蒙古大军势如破竹，攻占金的北京（今蒙古宁城西南大明城）、中都（今北京西南隅）等地，形势危急。

为了抗击蒙古军的进攻，纳兰胡鲁剌在绛州积极部署，召集百姓修筑城墙，打造兵器，组建乡兵。他还延请当地的耆老、儒士，向他们咨询防守绛州之策。同时，他下令储备足够的盐粮，动员当地的富人捐纳钱粮。由于绛州的城防工作做得深入细微，当蒙古大军兵临城外时，面对固若金汤的城池，一时竟未能撼动，只得放弃攻城计划。绛州百姓得以免遭杀戮。金宣宗颁诏嘉奖纳兰胡鲁剌，擢升资善大夫（正三品），荫补其子一官。

朝廷复诏纳兰胡鲁剌返朝，任代理经略使，但是他已经身患重病不能前行。金宣宗兴定二年（南宋宁宗嘉定十一年，1218），纳兰胡鲁剌卒于绛州任上。

纳兰胡鲁剌为政清廉、不避权势，敢为民办实事，称得上是一位优秀的状元官。

王　鹗

王鹗（1190—1273）字百一，曹州东明（今山东东明县）人。据说他刚出生时，有一只大鸟停落在屋内庭院中，乡先生说："鹗也，此儿其有大名乎！"并且说鸷鸟百数不如一鹗。王鹗由此得名。

王鹗自幼颖悟，每日可背诵千余字且能久久不忘，他工于词赋，是当地远近闻名的才子，有望在科举场上获得好成绩。十九岁那年，王鹗通过地方考试，解送礼部。恰逢河朔战乱，为了躲避战火，他们举家南渡。在流离困顿中，王鹗一直坚持学习，学业进步很快。金哀宗正大元年（南宋宁宗嘉定十七年，1224），王鹗终于考中词赋进士第一甲第一名，荣获状元称号。

王鹗初授翰林学士院翰林应奉文字（从七品）、同知制诰兼国史院编修官，正大六年，授归德府判官兼亳州城父县令。在任城父县令期间，他立教条、正风俗，吏知畏而百姓安宁，取得了很好的业绩。按察司将王鹗的政绩上报朝廷，诏迁同知申州事兼汝阳县令。不久，王鹗母亲病逝，他辞官回家为母守丧。

这时的金政权正面临着成吉思汗率领的蒙古大军的进攻，处于风雨飘摇、危机四伏之中。天兴二年（南宋理宗绍定六年,1233),金哀宗完颜守绪在蒙古兵的追击下狼狈南逃至蔡州,他命令尚书省写信给恒山公武仙,让他出兵救驾。这封信写得悲壮感人,饱含着忠君救国的情感。哀宗阅后很受感动,就询问信是谁人所写,丞相回答说:"信是前翰林应奉文字王鹗所写。"哀宗问:"就是朕即位时亲擢的状元?"得到肯定回答后,哀宗立即召见王鹗。交谈中,哀宗被王鹗的才情深深打动,后悔用之太晚,诏授尚书省右司都事,迁左右司郎中。

第二年正月,蔡州被宋、蒙联军攻陷,金哀宗自杀,金亡。正在这危急时刻,蒙古的万户张柔久闻王鹗大名,冒险用手推车将他救出蔡州城。大难不死的王鹗北上至保州(今河北保定),就此安顿下来。王鹗在保州深居简出,打算就这样度过余生。

元世祖忽必烈喜欢访问前代帝王事迹,对唐太宗李世民充满了敬意。李世民在秦王府时就广延四方文学才能之士,讨论治国之道,即位后大行仁政,终达"贞观之治"。忽必烈效仿李世民,在藩邸时就开始广招贤良之士,他听人称赞王鹗的才学,就派赵璧、许国桢到保州聘请王鹗。王鹗认为自己是亡国之臣,从道义上讲不能再仕胜国(元朝),就借口身患疾病不愿受聘。赵璧等人再三劝谕,王鹗推辞不掉,就同意出仕,与赵璧一起来到北庭。

忽必烈见了王鹗十分高兴,赐坐,并尊呼他状元而不直呼其名。这以后,忽必烈经常召见王鹗,听他讲《孝经》、《尚书》、《易经》,以及齐家治国之道、古今历史之变。忽必烈胸怀大志,他延请四方学者,访问治道、熟悉儒学,都是为将来成就大业作准备。他在听王鹗谈经论道的过程中,加深了对汉文化的了解,对王鹗的学识也非常赏识,说:"现在我虽然不能施行你所讲的治国之道,但将来说不定会有实施的一天。”忽必烈采纳王鹗提出的行释奠礼以尊孔子的建议，并让他负责具体事宜。王鹗亲自撰写祝文，行三献（初献、亚献、终献）之礼，礼毕，进胙肉于忽必烈。忽必烈下令将胙肉煮熟，上下均分。从此，释奠礼在蒙古逐步推行。

王鹗在北庭三年，忽必烈考虑到自己即将亲率蒙古大军进攻南宋，无暇顾及，担心王鹗年事已高、不胜漠北严寒，就决定送他回南方。临行前，忽必烈赠给他骏马，还让自己的近侍阔阔、紫祯等五人随行护卫，同时向王鹗学习汉儒文化。

中统元年（南宋理宗景定元年，1260），忽必烈登帝位，特诏王鹗为翰林学士承旨。当时，元朝的制诰、典章制度等多由王鹗裁定。他上奏指出：

> 自古帝王得失兴废，之所以历历可考，主要是因为有史册可查。我国以威武定四方，大军所到之处无不臣服，这都是太祖（铁木真）运筹决断的结果。如果不及时加以记录，恐怕将来会失传。现如今，金《实录》还保存着，有不少善政可采；而辽史已散佚不少。宁可亡人之国，不可亡人之史。如不尽快创置史官修史，后世之人就不知道今天这段历史。

元世祖十分重视王鹗的意见，下诏编修本朝《实录》和《辽史》、《金史》。

王鹗非常重视对人才的选拔任用，他建议忽必烈按唐宋之制，设馆阁作为国家培养人才的基地。他说：

> 唐太宗始定天下，置弘文馆学士十八人。宋太宗即位之后，设学士院，代修史册，号称文治。难道说堂堂的蒙古政权会缺少像唐、宋那样的英才吗？为今之计，应仿中原之制，除拜学士官，以储养人才。

中统二年七月三日，忽必烈颁诏创建翰林国史院。王鹗先后荐举李治、李昶、王磐、徐世隆、徒单公履、郝经、高鸣等为翰林学士，杨恕、孟攀麟为翰林待制，王恽、雷膺为翰林修撰，周砥、胡祗遹、孟祺、阎复、刘元为翰林应奉文字。可以说，前金政权内的遗老及当代鸿儒硕士差不多都在他的搜罗举荐之列。接着，王鹗又上奏建议国家广兴学校以培养人才，诏设十路提举学校官。

言事官上疏论国家用人不当，一些宰执任非其人。忽必烈召儒臣廷议，讨论宰执官的人选。平章政事阿合马是一位善于巧佞、野心勃勃的人，他早就觊觎宰相宝座，乘机拉拢部分大臣为自己摇旗呐喊。朝中一些官员虽然不满阿合马的狡猾奸诈，却畏惧他的权势而选择了沉默，不敢公开站出来反对他。只有王鹗挺身而出，坚持说："我已是衰老之人，无以报国。但是如果让阿合马任宰相，我就没有颜面再站在朝堂之上矣！"阿合马的图谋没有得逞。不过忽必烈对阿合玛仍然比较器重，几年后，阿合马还是登上了宰相职位，后因滥用职权、结党营私，被王著刺杀。

至元元年（南宋理宗景定五年，1264），王鹗进资善大夫。至元五年，王鹗已经是一位七十九岁高龄的老者，身体状况越来越差，他再次上章恳请致仕。忽必烈同意了他的请求，并规定他退休后可以享受全俸的待遇。而且，每当朝廷遇有重大决策，也要派人去询问、听取王鹗的意见。

至元十年，王鹗病逝，享年八十四岁。赐谥文康。

王鹗作为金国的状元，受到元世祖忽必烈的重用。他在促进蒙古贵族吸纳儒家学说，走向汉化的过程中，在促进蒙、女真与汉民族的文化交融方面，都发挥了重要的积极作用。王鹗生性乐观、随和，为文章讲义理、不事雕饰。著有《论语集释》及诗文四十卷，汇编成《应物集》。

张起岩

张起岩(1285—1353)字梦臣,号华峰,济南府历城(今山东济南)人。他出生于官宦之家,高祖张迪曾经在金政权内担任权济南府事;曾祖张福历仕济南路军民镇抚兵钤辖、权济南府事;祖父张铎曾任东昌录事判官;父亲也担任四川行省儒学副提举。张氏自祖父张铎开始由尚武转向崇文,成为儒士。张铎特别重视对子女的教育,他曾指着《论语》等儒家经典对子侄们说:"这些经书里有宰相之业!"

张起岩从小跟着父亲熟读经书。元成宗大德八年(1304),二十岁的张起岩通过地方官举荐担任福山县(治所在今山东烟台)县学教谕。福山地区爆发蝗虫灾害,县令将主要精力用于捕杀蝗虫,就让张起岩摄福山县事,管理一县事务。在代理县令期间,张起岩处理狱讼公正平允,深得县民称赞,有县民说:"如果张教谕能成为真县长,吾辈就不愁了。"不久迁安丘县(治所在今山东安丘)县学教谕。

年迈的父亲辞去四川儒学副提举职务返回故里,家庭生活的重担全部落在官轻位卑、收入微薄的张起岩身上。为了赡养家人,他处处节俭,经常是自带干粮步行百里赶往县衙。艰苦的生活磨炼了他的意志,他决心要追求荣登进士、云霄附凤的前程。他在白羊铺壁上题诗一首,记录下内心的沉重与希望:

迢迢长日路途间，两字功名抵死难。
岂为身荣爱奔竞，正缘亲老逼饥寒。
云霄附凤心徒壮，客饭无鱼铗自弹。
百亩薄田容易得，也应无梦到长安。

元朝建国后迟迟没有重开科举，丞相史天泽、翰林学士王鹗、留梦炎等纷纷上奏，建议遵循唐宋之制开科取士。元世祖忽必烈虽然推崇汉儒文化，但对重开科举之门仍心存疑虑，下不了决心。直到元仁宗皇庆二年(1313)十一月，才正式颁诏重开科举。科举考试为那些平民士子打开了通向仕途的大门，他们个个摩拳擦掌，跃跃欲试。久已蓄势待发的张起岩从成千上万举子中脱颖而出，一举夺得了延祐二年(1315)状元，成为元朝第一位状元。

张起岩初授同知登州事，他还没来得及赴任，元仁宗就特旨改授他集贤院修撰(从六品)。集贤院是提调学校、征召贤良的机构。后迁国子监博士，负责教育国子监士子，审查儒士著述、教官教材等职事。又迁国子监丞(正六品)，总领国子监事务。进翰林待制(正五品)兼国史院编修官。这时，张起岩的母亲病故，他辞官回济南老家为母亲守丧三年。服除，任御史台监察御史(正七品)。

张起岩在工作中并没有什么过失，他的官职为何会从正五品的翰林待制降为正七品的监察御史呢？这与当时的政局变化有密切关联。延祐七年正月，元仁宗驾崩，掌权的皇太后任命铁木迭儿为右丞相。铁木迭儿是蒙古贵族守旧派的代表人物，曾因贪赃犯法遭到御史中丞赵世延的弹劾而被罢相。复相后的铁木迭儿拥立硕德八剌为帝，是为英宗。英宗即位后，铁木迭儿因拥立新帝有功，再加上有皇太后这个靠山，他的权势如日中天、无人能撼。他开始肆意报复那些曾经弹劾自己的大臣，把赵世延逮捕下狱。他还一改仁宗朝提倡议法的政策，排挤打击汉族士人，就连仁宗皇帝的老师、平章政事李孟也被降职贬官。张起岩起复还朝时，正遇上这样一场政治风波。作为汉人状元的他被降官也就不足为怪了。

至治二年(1322)，铁木迭儿病死。英宗任命拜德为右丞相，重新起用张珪、吴澄等旧臣，释放赵世延，对铁木迭儿党徒给予沉重打击。但蒙古贵族中的保守势力并不死心，仍伺机而动。第二年，铁木迭儿之子也先帖木儿发动兵变，杀死英宗和右丞相拜德。诸王迎立晋王也孙铁木耳为帝，是为元泰定帝。泰定帝即位后，处死也先帖木儿等参与兵变的蒙古贵族，任命有拥立之功的西域人倒剌沙为丞相。不久，中书省参知政事杨廷玉因为贪赃罪被人揭发，御史台官员奉泰定帝的旨意，在中书省将他逮捕入狱。杨廷玉是倒剌沙的朋党，两人关系密切，他被捕后，倒剌沙非常气愤，就诬告御史台官员欺骗皇上陷害朝廷命官，要将御史台官员处以重刑。泰定帝初登帝位，根基不稳，不敢触犯倒剌沙，只得宣布杨廷玉无罪释放，并以罔上罪惩处御史台官员。

这件事引起许多朝臣的不满，议论纷纷，但是他们畏惧倒剌沙的权势，谁也不敢站出来公开表示反对。只有刚直不阿的张起岩拍案而起，冒着可能被政治旋涡卷进深渊的风险毅然上奏说：

> 御史台臣按察、弹劾违法官员，论列朝政，这是他的本职。如今他却因恪守本职而获罪，这必然会导致风纪解体，使正直的官员封舌沉默，令忠良之士寒心。世祖创建御史台，广开言路，维持风纪。陛下即位，遵依祖宗法度。如今台臣备受谴责，公论堵塞，祖宗法度何在？

张起岩三上奏章，但都如石沉大海、杳无音信。他并不气馁，仍坚持在殿堂上论辩。泰定帝最终决定要治杨廷玉的罪，但为了顾及丞相倒剌沙，他同时下诏罢免台臣。

泰定帝有感于张起岩的刚正无私，诏擢中书左司郎官(正五品)兼经筵官，为皇帝讲经论史。泰定五年(1328)，张起岩父亲去世，他辞官回家处理丧事。七月，泰定帝病死于上都。在确立新皇帝人选方面，签书枢密院事燕铁木儿与丞相倒剌沙展开了激烈的争斗，两派之间相互攻伐。结果燕铁木儿占据上风，他杀天顺帝，与怀王勾结毒杀在和宁登基的明宗(怀王兄)，拥立怀王登帝位，是为元文宗。

元朝政权几经血腥风雨，整个社会陷于混乱之中。张起岩目睹眼前所发生的一切，心灰意冷，萌发了退居林下的念头。他在《游金牛山》诗中写道：

余生爱林壑，梦想云水间。
悠然尘嚣外，俗类每相关。

元文宗自幼在内地长大，深受汉儒文化的熏陶，他即位后积极推行汉化政策，并设立奎章阁学士院。天历二年(1329)九月，诏翰林国史院与奎章阁学士院编撰《经世大典》，并派儒臣代祭孔子。饱学之士和汉儒再度受到尊重，这让张起岩重新燃起了从政的热情。

服丧期满后，张起岩改任燕王府司马，拜礼部尚书(正三品)，掌管国家礼乐、祭祀、朝会、燕享、科举之政令。文宗举行郊祀大礼，张起岩奉命担任大礼使。郊祀仪式上，张起岩引导文宗上下祭坛，举步有节、仪容庄严，百官见状无不叹服。文宗自己也十分满意，赏赐优厚。此后，张起岩历任翰林学士承旨、知制诰兼修国史、知经筵事，又拜御史中丞。在御史中丞任上，他因论事切直得罪了权贵，很快被罢职。不久又复为翰林学士承旨。

张起岩奉命编修《辽史》、《金史》、《宋史》，任三史总裁官。他对于宋代的儒、道学术源流有很深入的研究，尤谙熟于金朝典制。在审阅史稿时，一旦发现史官炫耀才华、立言不实之处，他都一一予以删定。张起岩笔法浑厚醇雅、文理兼具，不愧为状元。元惠宗至正五年(1345)，继《辽史》之后，《金史》、《宋史》也相继修成。当时，与张起岩一同担任三史总裁官的还有欧阳玄、吕思诚、揭傒斯等儒学之士，他们对张起岩严谨的修史态度都非常敬佩。在三史中，张起岩用力最多的是《金史》，《金史》也被誉为“二十四史”中的“良史”。

三史完成后，张起岩已经是六十五岁的老者，而这时的元朝政治也陷入极度黑暗、濒于崩溃的境地。他对国家大治已不再抱有什么希望，主动上书请求致仕，结束了四十年的官宦生涯。回到乡里，张起岩赋诗一首表达自己矛盾而复杂的心境：

崇天门下听胪传，台阁联翩四十年。
今日悬车归故里，杖藜携酒落花前。

元惠宗至正十三年(1353)，张起岩病逝，享年六十九岁。张起岩生得眉目清扬、美髯方脸、面如紫琼，一看就是高雅君子。他临政议事刚直果毅，一旦做出决断就屹立如泰山不可动摇。他遇见不平事敢于当面争辩，一直争得面红脖子粗也决不停息。了解他的人都称赞他外和内刚、不受人笼络，时论称他为“中流砥柱”。张起岩与宋代的欧阳修一样，在邻国享有很高的知名度。安南国使臣来元朝进贡，在致辞时一定会询问张起岩的近况。张起岩生活俭朴、待人宽厚，他将自己的俸禄和各种赏赐除养家所需外，全部用于救济故友和宾客，死后家无存粮余钱。张起岩生平著述丰厚，流传至今的有《华峰漫稿》。他博学多文，还练就了一手好书法，尤擅长于篆体、隶书。

泰不华

泰不华（1304—1352）字兼善，初名达普化，元文宗赐名泰不华，号白野先生，蒙古族人。父亲塔不台曾担任台州（治所在今浙江临海县）录事判官，全家就迁居于此。达普华生长于元朝中后期，统治层的汉化已日趋成熟。尽管父亲只是一名下级官吏，家里生活比较清苦，但在蒙古族汉化大潮的影响下，达普华自幼爱好读书，勤于问学、记诵，并且有幸得到同乡、集贤院待制周仁荣的悉心指点。

周仁荣是汉族人，精通《易经》、《礼记》、《春秋》等儒家学说。达普华师从周仁荣，刻苦钻研《四书》、《五经》与程朱理学。聪颖善学的他很快掌握学习要领，渐入佳境。十七岁时，达普华参加地方科举考试，获得乡试第一名的好成绩。第二年，即元英宗至治元年（1321），他又顺利通过礼部会试。在殿试时，达普华沉着应答，获右榜状元。元朝是少数民族入主中原建立起的政权，在科举考试中亦贯彻了民族歧视的政策，规定蒙古人、色目人与汉人、南人（长江以南的汉人）分开考试、分榜录取，考试的难易程度也各不相同。蒙古人、色目人及第列右榜，汉人、南人列左榜。

达普华荣登右榜榜首并不是偶然的。从平时所作的诗赋来看，他具有深厚的汉学功底与超凡的才华。他在《衡门有余乐》诗中写道：

衡门有余乐，初日照屋梁。
晨起冠我帻，亦复理我裳。
虽无车马喧，草木日夜长。
朝食园中葵，暮撷涧底芳。
所愿不在饱，颔瘦亦何伤。

这首诗自然清雅，融入了汉魏乐府诗歌的底蕴。作为一名蒙古族青年，达普华能写出这样的诗句实属难能可贵。

达普华初授集贤院修撰（从六品），不久转著作郎，又迁江南诸道行御史台监察御史（正七品）。监察御史的官品虽低但权力很大，专门负责纠劾、检举百官的不法行为，是皇帝的耳目之臣。达普华入台不久，发现御史大夫（从二品）脱欢仗势贪暴，败坏御史台纲纪，影响极坏。他毫不犹豫地上章弹劾自己的上司，朝廷闻奏，罢去了脱欢御史大夫的职务。天历二年（1329），元文宗为了加大推广汉儒文化的力度，下诏在京城建奎章阁学士院，选择精通儒学的文士进入学士院，给朝中大臣及贵戚子弟讲经授史。达普华也被选进学士院担任典签，寻迁御史台监察御史。崇尚汉学的元文宗非常欣赏达普华的才华，特赐他汉名泰不华。

至顺四年（1333），元顺帝即位，册封文宗皇后不答失里为太皇太后，追封已故大臣燕铁木耳为德王，伯颜为秦王，并赐给他们大片封地。而此时，元朝内部的阶级矛盾日趋激化，国家财政也陷于入不敷出的窘境。时任监察御史的泰不华率同僚上章指出："当今皇上的婶母不宜加'太皇太后'徽号，相臣也不宜复土封王。"太后闻讯大怒，扬言要杀死上章的言官。泰不华挺身而出，正义凛然地说："上章是由我发起的，要杀就杀我一人，不要牵连到其他官员！"太后被泰不华冒死进谏的精神所感动，特赐他二枚金印，并说："霜台有如此风宪之官，还担心不能守祖宗成法吗？""霜台"是御史台的别称。时人也称赞泰御史："褰帷肃宪纲，当道去豺狼。"

泰不华出任河南肃政廉访司签事（正五品），又转淮西江北道肃政廉访司签事，迁江浙行省左、右司郎中。浙江西部地区遭遇洪水灾害，大片农田被淹没，许多农民辛劳一年却颗粒无收，生活没有着落。泰不华在实地了解灾情后上书中书省，要求蠲免当地的田租。朝廷批准了他的请求，浙西灾民得以度过难关。诏泰不华擢秘书监、礼部侍郎（正四品）。

元顺帝至正元年(1341)，泰不华出任绍兴路总管府总管（正三品）。他到达绍兴后深入各地调查民间利弊，了解到百姓对政府征收官牛租十分不满。官牛租的征收开始于元朝初期，各地经过长期战乱的焚劫，生产遭到严重破坏。国家为了鼓励民户垦田开荒，就由官府发放官种、官牛给民户，帮助他们恢复生产，民户向国家交纳一定的税收。这项措施对加快恢复农业生产起到一定的积极作用。但这只是权宜之计，随着社会的稳定发展，国家早就不再向民户提供官种、官牛。按理说民户也不用再缴纳官牛租，可绍兴路却一直没有停止征收，这当然要引起公愤。泰不华下令革除官牛租，采取由农户自报实田、按田缴纳赋税的办法，受到当地百姓的拥护。

泰不华还在绍兴地区兴办学校，劝民向学，用儒家文化礼仪教导百姓，收到了很好的成效。诏入史馆，参与《辽史》、《宋史》、《金史》的修纂。三史修成后，升秘书监卿（正三品），转礼部尚书（正三品）兼会同馆事。

黄河决口，泰不华奉诏到决口处举行祷神禳灾大礼，活动中需要用珪玉瘗地，还要杀白马祭河神。泰不华并不相信这种祷神活动，大礼结束后，他又上奏提出实际的治理方案，主张参照宋朝治理河道的方法，定期对黄河内的沉积泥沙进行清理，从而减少或避免河堤决口所造成的危害。具体做法是：在淮安以东到入海处的黄河沿岸设置撩清夫，用辊江龙铁帚搅动、撼荡河底泥沙，使泥沙浮起并随滚滚东流的河水冲入大海。这项建议被朝廷采纳。

至正九年，泰不华任江东廉访使，寻迁翰林侍读学士、知制诰、同修国史，出任都水庸田使。至正十年冬天，台州黄岩地区的刁民方国珍在沿海地区烧杀抢掠，危害一方。次年二月，泰不华奉命担任浙东道宣慰使都元帅，与江浙行省左丞孛罗帖木耳一起，夹击、清剿方国珍为首的盗匪。当方国珍侵袭温州时，泰不华下令军队用火筏进攻方国珍的船队，火借风势很快将盗匪的船只烧毁，方国珍趁乱逃窜。随后，泰不华与孛罗帖木儿秘密约定，各自率一支大军于六月十八日会合，共同讨伐方国珍。不知什么原因，孛罗帖木耳的军队提前三天到达指定地点——大闾洋。方国珍见孛罗帖木儿孤军深入，就下令火攻孛罗帖木耳的军营，同时采用心理战术，让匪兵们大声叫嚷，喊“杀”声震天。官军见势不战而逃，近一半的官兵慌不择路跳入水中，溺水而死，孛罗帖木儿也被活捉。

泰不华闻讯十分悲痛，绝食数日。方国珍让孛罗帖木儿上书朝廷表示自己愿意向官府投降。朝廷派大司农达识帖木尔前往黄岩招降。方国珍兄弟从海上登岸迎接，当晚暂居在民间小楼。此时恰逢中秋月明夜，泰不华得知方国珍没有返回海上，认为这是突击生擒匪首的最好时机。他将自己的计划告诉前来招降的达识帖木尔，达识帖木尔当即表示反对，他说：“我奉命前来招降，公难道想擅自抗旨违命吗?”袭击计划被迫取消。

不久,泰不华迁台州路达鲁花赤。他一到台州就深入基层,走访当地的耆老、文士,体察民风民俗。他为政清廉、体恤民情,在当地老百姓中的口碑非常好。一次,泰不华在台州农村察访时夜宿农家,隔壁房间里有妯娌二人正在织布,夜深人静时,她们不胜严寒,便打算喝点酒暖身驱寒。开酒时,嫂子对弟媳说:“上半瓶酒清冽,留给姑姑喝,我们就喝下半瓶吧。”弟媳一边将上半瓶酒倒入另一酒瓶中,一边自言自语地说:“此酒清纯,似达元师(指泰不华)。”听着隔壁房间里妯娌之间的谈话,泰不华深受感动。

至正十二年,元末农民大起义席卷全国各地,元政府决定派兵征讨徐州,命江浙行省招募船只、水兵,守卫长江一线。不久,已经被元朝政府加授官职的方国珍借机再次入海为寇,对抗朝廷。这一次,泰不华发誓一定要将这伙盗匪全部歼灭,他对部下说:

> 我一介书生,以科举入仕担任显要职务,时常担心会辜负自己平生所学。今日共同守卫海防,希望你们能助我击败方国珍叛匪。胜者,功归大家;败者,我以死报国!

部下被他的豪言壮语所感动,纷纷表示愿效死力。泰不华派兵扼守在黄岩的澄江,同时派王大用等人到方国珍盘踞处,向他表明朝廷招降之意。

方国珍并不甘心受降,他扣留王大用,并派出二百余只小船突入海门、进犯马鞍诸山。与此同时,方国珍又派亲信陈仲达与官军往来商讨受降事宜。事实上,接受朝廷招降是方国珍施放的烟幕弹,而招降也只是泰不华的歼敌计谋。泰不华率部众高举招降大旗乘船前行,不料船只触沙搁浅动弹不得。正在这时,方国珍的海船也刚好驶来,两军对峙。泰不华发现站在自己身边的陈仲达表情异样，好像在示意方国珍赶紧进攻。他当即挥刀砍杀陈仲达，并命令弓箭手向靠近的方国珍船只放箭，射杀五人。匪徒人多势众，纷纷跃上官船。泰不华奋力砍死二人后被匪徒团团围住，他拒不投降，又连杀二人，最后被长枪刺中颈项而死。年仅四十九岁。

泰不华为国殉职，朝廷追封他魏国公，赐谥忠介，并在台州立庙，赐庙额崇节。

泰不华为人尚气节，不随俗浮沉。宰相太平遭御史弹劾罢官，当他离开京城时，朝中官员都不敢为他送行。只有泰不华不惧人言，置酒设筵与太平作别，将他一直送到都门外。太平既感动又不安，劝他说："公且止步，不要因为我而连累了公的前程。"泰不华却说："士为知己者死，难道还怕祸。"泰不华此举引起当朝宰相的不满，很快被降官。尽管如此，他不惧权势的凛然正气受到广泛赞誉。朝廷赐庙额"崇节"，正是对他崇尚气节的一种褒奖。

宋　本

宋本(1281—1334)字诚夫，号垂纶亭主人，又号江汉羁，大都(今北京)人。他出生于清贫的下层官吏家庭，父亲宋桢是一名读书人，宋本出生后，全家人的生活更加困难。至元二十二年(1285)，宋桢为了养家糊口，就带着全家老少长途跋涉、历尽艰辛，从大都来到杭州。当时，南宋政权刚灭亡不久，忽必烈为了稳定大元帝国在南方的统治，恢复当地的社会生产和秩序，亟须招用人才充实管理队伍。宋桢有幸谋得杭州录事判官的差事，这一年，宋本才四岁。

在杭州期间，宋本受业于何天麟，开始了早期的启蒙教

育。四年后，宋桢被调往归州，任兴山县（今湖北兴山县）主薄。他在兴山县一连干了三任，这十年正是宋本成长的最关键时期。兴山县地处偏僻山区，文化落后，连塾师也找不到。好学善思、聪明绝顶的宋本就想尽办法收集经、史书籍，坚持自学。他日夜苦读，学业进步飞快。元成宗大德三年（1299），宋桢任职期满，按例要到元大都参加吏部调选，等候分配新的职务。可是主薄职卑禄微，除了勉强养家糊口外所剩无几，连去大都的盘缠都凑不齐，宋桢只好寓居武昌。没有官职就没有收入，十八岁的宋本主动承担起赡家重任，开始招收百姓子弟进行讲学，换取微薄的收入。

一段时间后，宋桢调任江陵路平准引用库提领，宋本也跟随父亲来到江陵。王奎文是当地颇有名望的理学家，专门讲授性命义理之学，宋本慕名前去求教，收获很大。宋本的学问造诣日深，被当地官员推荐为“俊秀子弟”，补为江陵路儒学弟子员。当时的元朝还没有恢复科举取士制度，宋本进入官学自然也不是为了参加科举考试，而是要借此提高自己的社会地位，享受免除赋役的特权，并希望获得推荐为官府吏员的机会。他曾经被湖北道肃政廉访使郝采麟看重，准备辟为廉访司吏员。可惜他还没来得及获任，郝廉使就去世了。

既无科举之路又无做官之门，宋本只能是一边读书、一边聚徒讲学。大德十一年，父亲宋桢去世，一家人的生活更加艰难。宋本始终坚持究经读史，每晚都要学习到夜深，甚至连吃饭都要翻开书本边吃边看。功夫不负有心人，宋本的古文自成一家，越写越有特色。元仁宗皇庆元年(1312)，河南河北道肃政廉访使李彧推荐宋本担任本司书吏，于是他带着弟弟前往开封赴任。宋本不喜欢书吏这份工作，在廉访司工作不到一年，就请假回江陵省亲。

元仁宗长期生活在汉族地区，深受汉儒文化的影响。他在即位后的第二年就颁诏，恢复三年一次的科举取士制度。这一举措赢得了全国各地儒生文士的拥护。正请假在家的宋本听到这条消息后激动不已，下决心准备举业。河南廉访司多次催促他回去任职，他都不为所动，与弟弟一起闭门读书，一心一意准备参加科举考试。仁宗延祐三年(1316)，宋本母亲去世。按规定，还在守丧期内的举子不能应考。三年守丧期满，宋本已年近四十。他决定返回老家——大都(北京)，那里是全国政治、文化的中心，信息灵通，可以拜访学者名流。延祐六年，宋本举家重归故里。

举子拜见名流、寻求知己，这是唐宋流传下来的遗风。宋本兄弟俩已有深厚的儒学根底，通过与京师一些达官、名流的交往，“大小宋”的名气越来越大。礼部尚书张养浩是一代儒林领袖，他看了宋本的诗文后赞叹不已，直接向吏部推荐宋本入馆阁。名进士许有壬读了宋本的《千树粟》后说：“这是一份值千户侯、万户侯的珍贵产业。”宋本的真才实学得到了两位著名学者的充分肯定。

延祐七年，仁宗驾崩，英宗即位。宋本兄弟参加了大都的乡试，宋本一举获得乡试第一名。至治元年(1321)二月，英宗亲试举子，共录取右榜护都达儿(蒙古人)、左榜宋本等六十四人。新状元游街时，宋本骑在披红挂绿的高头大马上，面对万人相迎的荣耀场面，他想起了已故的父母、想起了数十年的奋斗与坎坷，不禁热泪盈眶。通向成功的道路是如此的漫长和艰辛。

宋本释褐授翰林修撰(从六品),参与编修《仁宗朝实录》。他据实直书的史笔、辞旨文采兼具的文风堪称一流,受到侍讲学士袁桷等官员的称赞。元英宗在位仅仅三年,一批官员发动政变,将英宗杀害。也孙铁木儿继承帝位,是为泰定帝。泰定元年(1324),宋本迁御史台监察御史、文德郎(正六品)。监察御史的品秩虽然不高,但握有监察百官之权,被称为"天子耳目"。

宋本忠于职守,在不到一个月时间内接连上书,锋芒直指权贵。他批评中书宰执官十天半月不赴中堂(宰相办公厅)批办公事,却每天到皇宫内大搞私交以巩固自己的地位,致使机务壅滞。他请求皇帝告诫大臣,除规定轮流入宫宿卫值日外,必须赴中堂治事。一个刚上任的监察官居然敢批评宰执大臣"日趋禁中,固宠苟安",这需要何等的勇气和魄力!宋本继而又上书,批评朝廷未能彻底查办杀害元英宗的"弑君案"。原枢密副使何散曾参与弑君犯罪,后因揭发他人而获得宽赦,被贬窜岭南。宋本认为这样的处置太轻,必须让何散伏法才能服众。宋本不避权贵、直言不讳,得罪了当朝大臣,所上奏折也不被采纳。一个月后,他改任国子监丞,被调离了御史的岗位。

宋本在国子监期间,国家相继遭遇烈风(疑飓风)、地震等自然灾害,泰定帝寝食不安,召集朝中百官商议消灾之策。宋本以儒学为本,将天灾与人事联系起来,他通过一些典型事件对朝政腐败进行抨击。其一,来自北方的一些京师宿卫士兵在桓州杀人越货,右丞相旭灭杰却袒护兵卒,不予处理。其二,某蒙古千户在光天化日之下将路过居所门前的朱尚医妻女抢进室内,朱尚医向中书申诉,右丞相旭灭杰又不予处理。宋本十分气愤地指出,正因为刑政失度招致天怒人怨。满朝文武官员听了他的发言后肃然起敬。

同样是商讨消除天灾的对策，左丞相倒刺沙与平章政事乌伯都剌却趁机狼狈为奸、谋取私利。在元朝，一些西域商人时常将收集到的奇石珍玩献给朝廷，并索取高价，朝廷通常按照他们的要价支付银两。此外，一些倒刺沙、乌伯都剌门下的官员，因为过失被御史台弹劾罢官。他们就趁天灾频发之际命中书拟诏：因地震大赦天下，向西域商贾支付历次所欠奇石珍玩钱；重新录用英宗朝以来被御史台弹劾罢官的人。很明显，诏书完全是为胡商和倒刺沙、乌伯都剌的门生说话。由于倒刺沙掌管朝政，权势极大，许多朝臣敢怒不敢言。

宋本虽然早已离开御史台，但他看了左司员外郎胡彝交给他的诏书稿本后，毫不犹豫地站出来批评丞相，他说："如今天灾警告，大臣却害怕献物未按价付钱招致天怒，这么一件小事却付之于王言，简直是贻笑天下。御史台罢去有罪官员是祖宗成宪，今日却为之平反，如此则置祖宗成法于何地？以后御史台还敢不敢治罪？"宰相大臣们看了宋本的奏书，个个相视苦笑、无可奈何。宋本位卑言轻，他的观点并不能影响泰定帝。次日，在左丞相倒刺沙的游说下，泰定帝宣诏施行。宋本闻讯非常气愤，就请病不赴朝以示抗议。

泰定四年，宋本迁礼部郎中（从五品），不久升吏部侍郎（正四品），又改礼部侍郎，负责祭祀、科举等事务。元文宗至顺元年(1330)，宋本进奎章阁学士院供奉学士，参与《经世大典》的编修工作，负责编撰其中的《夏官政典》部分。二年，擢礼部尚书（正三品）。

至顺三年冬，元宁宗驾崩，君位虚悬。到了第二年的二月，正值科举会试，新君仍未立，由皇太后临时主政。各行省的合格举人都已齐集京师准备参加会试，中书省却以等待新君为由迟迟不举行考试。而那些在京候考的举人中有很多来自各地的贫困子弟，他们无力承受久客京师的费用，又不愿放弃辛辛苦苦准备了几十年的举业。身为礼部尚书的宋本感到责任重大，他上书宰相："会试与廷试不同，属礼部试，试题由知举官出，不必上奏皇帝，也不必皇帝亲临。如果推迟会试将动摇人心，以为朝廷要废罢科举。"宰相听取了宋本意见，决定照常举行会试，并命宋本知贡举。宋本为大批进京参考的举人排忧解难，做了一件大好事。

同年六月，惠宗即位，改年号元统。这年的廷试时间推迟到九月举行，宋本奉命任殿试读卷官。元朝科举分左榜（汉人、南人）和右榜（蒙古人、色目人），而且一甲只有一人赐进士及第。宋本对此提出异议，建议左、右榜各放三人赐进士及第。他还建议从这榜开始，取消殿试与会试之间三比一的名额限制，参加会试的人数无论是否达到三百人，廷试都录足一百人。朝廷最终采纳他的建议。《元史·选举志》盛赞元统元年进士榜得人，"科举取士，莫盛于斯"，宋本功不可没。

元统二年(1334)，宋本升任太中大夫、集贤院直学士、兼国子祭酒、兼经筵官。同年冬十一月，宋本病逝，享年五十四岁。

宋本为官廉洁自律，深受同时代人尊敬。他虽然历官通显，病故时家中仍无余财，还得靠朝廷出钱办理丧事。出殡那一天，前来送葬执绋的人将近二千，都是缙绅大夫、门生故吏和国子监生。

普颜不花

普颜不花(？—1367)字希古，蒙古族人。他从小立有大志，进入蒙古国子监读书。至正五年(1345)，普颜不花赴殿试，擢为右榜进士第一人，授蒙古翰林院修撰。

至正十一年，普颜不花迁江西行省左右司郎中(从五品)。这一年，全国爆发了大规模的反元农民起义。徐寿辉等人大造“弥勒佛下世，当为世主”的舆论，以红巾为号，聚众起义。这就是元末历史上著名的红巾军大起义。起义军的队伍迅速壮大，很快攻入江西境内。江西行省平章政事、高昌人道童既不懂军事也无心抵抗，面对着来势汹涌的起义军，他仓惶恐惧、手足无措。普颜不花及时向道童推荐军事人才章伯颜，他说：

> 如今贼势强劲，大敌当前，南昌城内竟无兵备，很难保全。我知道有一位叫章伯颜的熟知兵法军务，他曾经担任过前江西行省的左丞，现已退休在抚州的家中。你可以聘请他出山，以礼相待，让他签署本省左丞事务，专门负责调发军队，如此可以度过难关。

道童接受了普颜不花的建议。章伯颜接到任命后欣然前来就职，并表示：“这正是我报效国家的时候。”

章伯颜和普颜不花共同商讨御敌守城的方案，两人决定主动出击，派兵救援江州(今江西九江)。十二年正月，普颜不花率领军队赶赴江州，在石头渡与红巾军遭遇，元军虽然奋勇作战仍惨遭失败。平章政事道童听说普颜不花在前线打了败仗，慌忙揣上江西行省的官印躲藏在一户百姓家中。普颜不花率残兵退回南昌后，与章伯颜商定加强城防，固守南昌。几天后，道童见起义大军没有攻入南昌才又回到行省官署。普颜不花看着眼前这位懦弱的上司，决定不计前嫌，一致抗敌。他与道童、章伯颜共同商议南昌城的防守分工部署，并且一一落实、严阵以待。

第二年三月，红巾军果然围攻南昌城。道童下令在城内各厢、坊巷都安排厢官、巷长日夜坚守。道童虽然缺乏军事指挥才能且是贪生怕死之辈，但他平时为政能体恤民情、善于用人、赏罚分明，算得上是勤政爱民的官员。南昌城的军民也乐于听从他的指挥。而且普颜不花、章伯颜已经制订出了一整套缜密的防城部署，军民齐心协力、众志成城，抵挡住了红巾军一次次的进攻。红巾军围困南昌城达两个月之久，却始终无法攻进城内，将士们慢慢开始有所懈怠。

道童决定出城迎敌，他密召数千名敢死壮士担任前锋，挑选数千民兵作为中军，再招募一些市民组成殿军，统一由万户章妥因卜鲁哈罗指挥。一天深夜，数千名前锋战士个个脸上涂成青色，额头上扎起黄布，身穿黄色衣裤，装扮成“怪人”。他们趁着红巾军将士熟睡之际，借着夜幕的掩护悄悄出城，埋伏在红巾军帐营的四周。待到天蒙蒙亮时，元军发起攻击，他们大敲战鼓、伏兵齐发，喊杀声震天。围城的红巾军突然看见四周杀出一个个黄色的身影，以为是神兵天降，吓得纷纷溃逃。官军乘胜追击，南昌城终于保住了。虽然在这次省城保卫战中，章伯颜、普颜不花的作用最大，但是朝廷仍然将功劳归于一省之长的道童，诏加封大司徒、开府，恩赐龙衣、御酒。

至正十六年，普颜不花由左右司郎中升任江西湖东道廉访使（正三品），成为一道的监察长官。后擢中书参知政事（从二品），任副宰相。至正十八年，普颜不花奉诏与御史台治书侍御史李国凤一同经略江南军事。这时红巾军已遍布江南各地，作为农民起义军领袖的朱元璋也已建立政权，自称吴王。普颜不花与李国凤商议兵分两路向江南进发。普颜不花率军行进到建宁(今福建瓯宁)后,江西反元大军统帅陈友谅派部将邓克明围攻建宁。正当普颜不花积极进行备战时,行省平章政事阿鲁温沙却连夜逃遁。而此时,邓克明的部队已经将延平(今福建南平)团团围困,负责镇守延平的李国凤在危急关头却不作抵抗,延平很快沦陷。

形势对元军越来越不利,普颜不花决心与建宁共存亡、决不退却,他发誓说:"我承制到此,往那儿逃?誓与此城共存亡。"在四面受敌的情况下,普颜不花下令城中军民在各城门口筑起瓮门,增派精兵把守,共拒敌六十四天。元军终因寡不敌众被起义军击败,建宁失守。

至正十九年,普颜不花改授山东宣慰使,迁山东行省平章政事(从一品),负责守卫益都(今山东青州)。在这期间,朱元璋先后消灭陈友谅、张士诚的势力,基本上平定了南方,开始谋划北进。至元二十七年,朱元璋派大将徐达进攻益都。普颜不花死守力战,但是面对强大的明军他已无力挽回败局。经过几天的残酷厮杀,益都城失守,平章政事保保出城投降。

普颜不花不愿意投降,决心以死报国。他先返回家中与母亲告别,对母亲说:"孩儿忠孝不能两全,好在还有二弟,由他们来奉养母亲终身。"拜别母亲后,他回到行省衙门,整好衣冠坐在正堂上,凛然不可犯。明将徐达早就听说普颜不花贤明忠诚,十分敬重他,就一而再、再而三地劝说他到吴营归降。普颜不花拒而不赴,吴军只得涌入正堂把他捆绑起来带走。普颜不花大义凛然地说:"我元朝进士,官至极品,臣各为其主。"宁死不屈的普颜不花被徐达杀害。

普颜不花遇害前,他的妻子阿鲁真也发誓要随丈夫一起赴死。她召集所有家人,对他们说:"我丈夫蒙受国恩,我也被封为齐国夫人。今日城已陷落，事已至此，无路可退，唯有一死！"家人听罢抱头痛哭。过了一会，普颜不花二弟的妻子怀抱幼子跳入南舍井中自尽，婢妾也随之跳入井中。当阿鲁真准备投井时，南井已被填满，她就抱着孩子纵身跳入北舍井。接着，普颜不花的女儿、妾女、孙女也纷纷投井。一门忠烈，载入史册，昭示后人。

普颜不花死后不到一年，明军攻入大都，元朝政权灭亡。

明代状元

吴伯宗

吴伯宗（1334—1384）名祐，字伯宗，以字行，抚州府金溪县（今江西金溪县）人。父亲吴仪元是元朝末年的乡贡进士，后在家乡聚徒讲学，人称“东吴先生”。他精通《春秋》，推崇扬雄之学，著有《类编》、《禅传》、《五伦辨义》等。元朝灭亡后，知州敬重他的学问和人品，想聘用他，他力辞不肯仕明。

吴伯宗自幼受家学薰陶，智力开发较早。他十岁已开始学习进士课业，下笔成文。一些先辈贤达对他过人的才气感到十分惊讶，叹曰：“此儿玉光剑气，终掩不住。”吴伯宗的青春年华是在元末战乱中度过的，三十岁以后，风云际会，他赶上了新生的、充满朝气的明朝立国。明太祖朱元璋建国之初亟需用人，下诏重开科举大门，翘首以盼的四方士子登堂入室、求取功名。

朱元璋自起事反元之初就非常重视收罗各地人才，洪武三年(1370)，他正式颁科举诏：“自今年八月始，特设科

举，务取经明行修、博通古今、名实相称者。朕将亲策于廷，定其高下而授以官。中央、地方文官皆由科举而进，不是科

举出身者不得做官。”这一年，京师、各行省都进行乡试，国家还允许高丽、安南、占城等外国士子在本国参加考试，合格者赴京师(南京)会试。

吴伯宗参加了江西乡试，获得第一名(解元)。洪武四年会试，录取俞友仁以下一百二十人，吴伯宗名列第二十四位。殿试时，明太祖亲自出策题，问以帝王之务：“古时帝王观察一个人的才能，无不听其言、试以事。汉代举贤良方正，宋代设制科取人，都是盛极一时。朕自即位以来，屡屡下诏搜罗贤能之士，然罕见有特别杰出的人才。因而又招徕士大夫于殿廷，由朕亲自考试，期望能重现古帝王擢人之盛。”吴伯宗在对策中写道：

> 臣闻：古时帝王治天下，无不以敬天勤民为首要任务，以明伦厚俗为急事。天生民而立君，君是代表上天意志来管理民众的。君主无论施政、施教都必须敬天。勤民之道在于养民和教民，至于明人伦、厚风俗，三代以下只有东汉重士之俗，宋代重伦理之风堪称楷模。如今应当致力于崇学兴教，教化行而人心正，人心正就能达到伦理明、风俗厚的境界。

吴伯宗的对策并没有显现出过人的才气，无非是综合了先儒之说、围绕策题中心拼凑而成。不过策题也反映出他对宋代理学比较精通，这正与明初确定的以《四书》、《五经》为内容、以程朱理学为依据的科举考试方针相吻合，吴伯宗的殿试成绩排在第二。明太祖见第一名郭翀容貌丑陋，心里不高兴；再看吴伯宗仪表不凡、应对明辨，就决定擢吴伯宗为状元。

明太祖奉天殿唱名赐第后，下令将考试结果在皇城午门外张挂黄榜昭示天下。太祖还仿宋制，于中书省赐新进士闻喜宴。吴伯宗作为明朝开国第一位状元，初授承事郎、礼部员外郎（从五品），这是超越前朝的优渥待遇。

吴伯宗赴任后，奉命与学士宋濂等共同编修《大明日历》。当时，丞相胡惟庸擅权用事，多方网罗朝中官员、结为朋党。吴伯宗为人刚直不屈，不肯依附胡惟庸。洪武八年，吴伯宗罢礼部郎官，谪居凤阳。他人在凤阳仍心系朝廷，继续上书议论时政。胡惟庸疏于防范，竟让他的奏章漏过审查，直接呈送到明太祖的案前。在奏疏中，吴伯宗指责胡惟庸为相专恣、擅权用事，他还提醒皇帝说，胡惟庸独相既久又缺乏监督，将来必生祸端。朱元璋读了吴伯宗的奏疏后，对胡惟庸更加戒备。为了褒奖吴伯宗的忠心耿直，朱元璋召他返回京师，赏赐袭衣、钞锭。不久，吴伯宗奉命出使安南（今越南国），受到上国礼遇，回国时获赠驯象及一批贡物。明太祖称赞他出使成功，诏授国子助教。

洪武十二年，吴伯宗在东宫为皇太子讲学，他第一次讲课就陈述正心诚意之说，受到皇太子的嘉纳。次年，改翰林典籍（从八品）。翰林院是明朝的储才、清要之地，官员一旦进入翰林院就表明将会被委以重任。虽然吴伯宗还没有恢复到原来的官品，但能在翰林院任职，预示着他的仕途出现了新的转机。明太祖非常器重吴伯宗敢于触忤当朝宰相的刚正秉性，对他的才学也十分欣赏。太祖曾亲自出十道赋题，命吴伯宗完成。吴伯宗接题后不加思考、挥笔立就，词意高雅峻洁。太祖看后连声赞叹说："才子也。"诏赐织金锦衣，迁太常寺丞（正六品），吴伯宗辞不受。

洪武十五年，诏授国子司业（正六品），吴伯宗又辞不受。这让明太祖十分恼火，以为他是嫌官职太低所以不接受。太祖一怒之下干脆将吴伯宗贬为县学教谕，让他到遥远的金县出任没有品阶的低职。吴伯宗二话不说，卷起铺盖就出了京城。当他西行至淮安时，又接到命他回京的诏书。也许是明太祖冷静下来后发觉这样处置吴伯宗不妥，连忙派人将他追回。重新回到京城的吴伯宗被任命为翰林院检讨(从七品)，成为一名史官。明代，翰林院检讨与翰林编修一起，负责记录有关天文、地理、宗室、礼乐、兵刑等方面的事件、活动，以及政府诏、敕、书檄，皇帝批示等等，为将来修皇帝实录作准备。

同年十一月，明太祖下诏设大学士，以礼部尚书刘伸质为华盖殿大学士、翰林检讨吴伯宗为武英殿大学士(正五品)、翰林学士宋讷为文渊阁大学士。明太祖任命这些有学问的名流为大学士，目的是让他们经常侍奉在自己左右，随时备顾问。至此，吴伯宗在朝堂上的地位大大提高，官品也恢复到了贬官前的五品甚至略高。明代以状元任大学士者共二十三人，吴伯宗是第一个。

然而好景不长，第二年，三河县知县吴仲实在荐举人才时弄虚作假被人告发，朝廷下令立案审查。吴仲实是吴伯宗的弟弟，他的供词牵涉到吴伯宗。诏吴伯宗罢武英殿大学士，降翰林检讨。此后，他再也没有获得升迁的机会。洪武十七年，吴伯宗病逝。享年五十一岁。

吴伯宗在明代科举第一榜中崭露头角。他为人温厚但内心刚强，不肯随声附和、不肯依附权臣，因而屡遭困顿。

黄　观

黄观(1360—1402)字伯澜，一字尚宾，直隶贵池(今安徽贵池)人。元顺帝至正二十年，他降生于一个普通的农户家庭，家里世代务农，生活十分贫困。父亲娶不起妻子，只得入赘家境较好的许家，成为上门女婿。所以，黄观从小跟随母亲姓许。许观自幼聪明好学，母亲在他很小时就让他拜师受业。老师黄昪是一位饱学之士，曾担任元朝的翰林国史院待制。许观年幼时就能师从这样一位学者研经治史，令一般士子羡慕不已。

许观少年时代正值元末农民起义风起云涌、元王朝即将土崩瓦解，整个社会陷于战乱动荡之际。元朝灭亡后，黄昪不愿意仕明，殉节尽忠于元朝。许观虽然跟随先生学习的时间并不长，但先生的学识与操守已经给他留下难以磨灭的印象，让他终生受用。黄昪去世后，许观更加砥砺发奋，他在家乡东门外的清溪河畔搭建起一座茅舍，命名为"翠微书舍"。清溪流水潺潺，深谷幽兰芬芳，许观就在这十分幽雅、几乎与世隔绝的环境里潜心攻读。经过十几年的苦心专研，他的学问大有长进，能博古通今，在当地的名气越来越大。

明太祖朱元璋建国后，急需大批人才来治理天下，遂于洪武四年(1371)首次开科取士，但此后科举考试被停废了一段时间。像许观这样的士子都引颈期待着国家能重开科举，以博取功名利禄。洪武十七年，许观进入太学深造。同年，明太祖下诏恢复科举，许观在地方乡试中获得第一名(解元)。正当他踌躇满志、准备在科场上扬威显名时，父亲不幸去世，他只得回家守丧三年。服除，许观又回到国子监读书。许观是一个大孝子，他不忘父母的养育之恩，亲手绘制了一张双亲的墓图，时刻带在身边。每当思念双亲时，他就拿出墓图来看，禁不住泪流满面。

洪武二十四年二月，许观赴南京参加会试。当时，应试

的举子有六百六十多名，只能录取三十一人。许观继夺得省元后，又在会试中一举夺冠，成为会元。三月初，明太祖

殿试合格进士，策题为《御戎策》。许观挥笔对答，大意是：天道存福、善、祸、淫之机会，人事靠练兵、讲武之法以得道。朱元璋对许观的对策非常满意，亲擢为第一名。

许观初授翰林院修撰（从六品），每天侍立在皇帝身边以备顾问。许观表述问题的能力很强，既简洁明快又有条理，颇得明太祖朱元璋的器重。朱元璋经常召见他，询问他对一些事情的看法，并让他编写《省录》、《贪录》。朱元璋对许观的器重还表现在：大理寺、刑部等部门张贴公布的榜文都命许观撰写；有关军事职务方面的奏疏也由许观摘出提要写成贴带，粘在奏疏封面上进呈，供皇上参阅；六部等诸司文件的注销也让许观核定。不久，许观升东宫讲官，专门为皇太子讲经论史，后迁尚宝卿、礼部右侍郎（正三品）。这时，许观上奏请求恢复自己的祖姓，得到批准后，他改姓黄。

洪武三十一年闰五月，明太祖朱元璋去世。皇太子朱标已先于太祖病故，遂由皇太孙朱允炆即帝位，史称建文帝。建文帝上台对官制进行改革，下令在六部各机构中增设侍中一员，序位在侍郎之上、尚书之下。黄观被任命为礼部侍中，仍兼尚宝卿。他与兵部尚书齐泰、太常寺卿黄子澄、翰林博士方孝孺一起，成为建文帝信用的重臣。建文帝的即位，使原本就十分严重的政治矛盾迅速激化。建文帝的叔父们大多为藩王，他们拥兵自重，岂肯臣服于下辈。建文帝担心诸藩王有朝一日会起来谋反，就与黄观等大臣商定削藩之策，相继削除了周、齐、湘、代、岷诸王。但是，面对实力最强、野心最大的燕王朱棣，朝廷迟迟不敢轻易动武。

正当建文帝翦灭诸王势力，准备在北平四周调集兵力讨伐燕王时，燕王朱棣抢先一步采取行动。建文元年(1399)七月，朱棣打出“清君侧”的旗号，发动“靖难之役”。黄观奉命起草了一份檄文，严辞斥责燕王不孝不仁之举，令其解散军队，束身谢罪。朱棣虽然自知失理，却不愿意罢手，而是继续率军进攻南京。

建文四年春，燕王军队在馆陶(今山东冠县)渡过黄河，南下直逼南京。京城内的文武官员顿时一片惊慌，就连深得皇帝器重的齐泰、黄子澄也借口募兵，不等建文帝诏准就匆匆外逃。黄观则是忠心耿耿、毫不畏惧，他奉建文帝的诏令秘密赶到长江上游地区招募军队以救援南京。当黄观率领新招募的军队抵达安庆(今安徽安庆)时，燕王的军队已经渡过长江、直逼南京。燕王的弟弟谷王朱穗和建文帝的大将李景隆打开城门迎降，整个皇宫陷于一片火海之中，建文帝下落不明。燕王朱棣篡夺皇位，是为明成祖，改元永乐。

朱棣进入南京城后，开列出一份奸臣的名单和罪状，黄观名列第六位。朱棣还下令搜取国宝(皇帝的玉玺)，却总也找不到。这时有人告发说皇帝的宝玺已经交给黄观，让他去招募兵马了。朱棣随即下令追捕黄观，同时将留在京城的黄观妻子翁氏与二女扣押，发配给自己的家奴为妻妾。家奴向翁氏索取头上的金钗、银钏换酒喝，翁氏从头上摘下全部饰物交给家奴，趁着家奴酒醉之际，她携二女及家仆十余人逃到南京淮清桥投河自尽，十分悲壮。

黄观在安庆听说金川门失守、朱棣已经攻入南京城后痛哭流涕，对身边的人说："我妻有志，必死无疑。"他在长江边上立幡为亡妻招魂。有亲戚从南京逃到安庆，将翁氏自尽的消息告知黄观，黄观闻讯恸哭不已。这时，朱棣派遣的追捕使者已经赶到，黄观自知难以逃脱，他就欺骗使者说："进入京师祝贺新皇帝登基，按礼制应当先做好准备。"于是他身穿朝服向东跪拜，趁使者不注意，投身于罗刹矶急流之中。追捕使者急忙用长钩去拉，只找到黄观头上的珠丝棕网帽，就将帽子进呈朱棣，作为黄观已死的证物。黄观死时年仅四十三岁。朱棣对黄观真可谓恨之入骨，他竟然命人扎了个草人，戴上黄观的帽子，押解到刑场，斩首示众。朱棣还下令抓捕黄观的姻党，前后受牵连被杀的有百余人。

黄观举家成仁，对后世的影响很大。民间流传着很多有关他的故事，寄托对这一门忠烈的哀思。据传，黄观的妻子投河时吐血于石上，形成人的影像，晴天则隐、阴雨天则现。这块石头至今还保存在南京市午朝门遗址公园内，名为翁夫人血影石。

明成祖下令诛杀黄氏一族，但黄观最小的儿子事先已经被他的弟弟黄觐藏匿起来，躲过劫难。黄氏一脉得以延续下来，现在的贵池还有黄氏的后人。贵池百姓为纪念黄观，将当地的一座山命名为黄公山，并在山上建起一座黄公庙，庙内香火不断，为黄观的忠魂祈祷。

胡　广

胡广（1370—1418）字光大，号晃菴，吉安府吉水县（今江西吉水）人。父亲胡寿昌字子祺，曾在太祖朝任职，被誉为良吏。早在元朝末年，随着农民起义军在战场上纵横驰骋，不断取得胜利，起义军内部也开始出现分化。陈友谅率部攻陷吉安，朱元璋派兵前往收复。平定陈友谅后，朱元璋的部将打算将那些败兵全部处死。危急时刻，胡寿昌以一介书生走访统兵主帅，竭力劝说他不要滥杀无辜，主帅被他的真切言辞所感动，下令免去一千多人的死罪。

洪武三年(1370)，胡寿昌参加明朝建国后的首次科考，举明经登第。明太祖赐宴，授监察御史。胡昌寿曾经上书请求将都城定在关中，明太祖决定派太子巡视陕西、考察长安，后因太子病故而作罢。胡昌寿历任广西按察佥事、知彭州，他所到之处能够体恤民情，平反冤狱，修整都江堰，拆毁淫祠，受到当地百姓的拥护。后卒于知廷平府任上。

胡广是胡寿昌的次子，先祖胡铨是南宋有名的忠臣，父亲又是一位勤政爱民的好官。出生在这样一个官僚家庭，从小受到良好家风的熏陶，为他将来的成长奠定了坚实的基础。胡广八岁时父亲病故，知书达理的母亲独自承担起对他的启蒙教育，教他识字、读书，学习举业。胡广勤奋好学又有极高的天赋，日诵数千言，很快能熟读《四书》、《五经》，在当地颇有名望。

建文二年(1400)，胡广顺利通过乡试，赶赴南京参加礼部会试和殿试。当时，驻扎在北平的燕王朱棣已经起兵南下，建文帝的皇位正遭遇到空前的威胁。殿试策题中有“闻尧舜之世，亲则象傲，臣则共鲧之凶”之语，意在抨击燕王的大逆不道。胡广顺应皇上意旨，在殿试对策中也愤然谴责燕王的跋扈嚣张，指责他“亲藩陆梁，人心摇动”。建文帝在审阅前十名策卷时，对胡广的对策十分满意，钦定为第一。当得知状元是胡广后，建文帝信口说了一句：“胡可广耶?”遂赐名曰“靖”，含有“靖难”之意。胡靖初授翰林修撰(从六品)。

建文四年六月，燕王朱棣通过武力推翻了建文帝的帝位，自己做上皇帝，改元永乐。据传在燕王军队攻入南京之前，翰林院待诏解缙、修撰王艮、胡靖等人曾在吴溥家中聚

会，谈到燕王军已在长江北岸扎营、京城危在旦夕时，大家忧心忡忡。解缙首先慷慨激昂地大讲君臣大义，发誓要与

圣上同赴死难；胡靖也站出来表态，说臣为君死当是义不容辞的责任；只有王艮坐在那儿一语不发。

客人散去后，吴溥的儿子吴兴弼说："胡叔叔是当今皇上钦点的状元，他一定能为国尽忠。"父子两人正说着话，突然听见住在隔壁的胡靖大喊："外面兵荒马乱，千万不可失掉猪羊！"原来，胡靖听说官府要没收在城外放养的猪羊，担心自家养的牲畜会被收走，便训斥家仆要严加看管。吴溥转身对儿子说："你看，连一头猪都怕丢失的人，又怎么可能为国舍命呢？"果然不出吴溥所料，燕王朱棣进攻南京时，胡靖、解缙、杨荣、金幼孜等文臣纷纷到城外迎降。只有聚会上不发一言的王艮，他在朱棣进城前殉节自尽。

明成祖知道自己的帝位是强行篡夺来的，会招致一些人的非议，决定采用恩威并施的办法：为了笼络人心，他对降顺的文臣都给予重用；为了震慑大臣，他又下令处死一批不肯投降的官员。明成祖对胡靖能够降顺感到特别高兴，因为他是建文帝钦点的状元，在当时士大夫中名气很大。胡靖奉旨恢复旧名胡广，并由翰林修撰（从六品）迁翰林侍讲（从五品），成为新皇帝身边的近臣，为皇帝讲解经史、奉旨起草制敕。永乐五年（1407），胡广迁翰林学士（正五品）兼左春坊大学士。明成祖对胡广十分器重，他甚至对吏部官员说："胡广侍朕既久，任满后不得将他外调。"

明成祖在抚平内部反抗情绪后又遇到了外患，旧元瓦剌、鞑靼和兀良哈部经常南侵，给边境人民的生产和生活造成很大危害。为了解除来自北方蒙古部族的威胁，明成祖曾先后五次亲征漠北。永乐八年，他亲率50万大军征讨鞑靼。此次北征声势浩大，胡广、杨荣等文臣也随驾扈从。在行军途中，明成祖经常召胡广入帐殿中，君臣一起商讨用兵良策，有时长谈至深夜。途经山川要塞时，明成祖会将马停下来，与胡广等大臣聚在一起指点江山、谈笑风生。一次，胡广在行军中掉队迷路，明成祖立即派出骑兵四处寻找。胡广归队后，他又嘘寒问暖、慰劳有加。胡广精通书法，途中遇见刻石记铭，明成祖都要命他抄写下来。

永乐十二年，明成祖再次率军亲征，命皇长孙随驾扈从。胡广、杨荣与金幼孜等大臣再次随军北伐，一路上为皇长孙讲解经史。这一年，明成祖又下诏胡广、杨荣、金幼孜三人共同担任总裁，负责《四书五经大全》、《性理大全》的编纂。十三年九月，书成，诏胡广进文渊阁内阁大学士，参与国家机要政务的商议和决策。

胡广在明成祖身边备侍从顾问，表现得敦厚顺从、能识大体。加上他下笔滔滔、才思敏捷，很快成为明成祖信任的重臣之一。中央的判命典册等大多出自胡广手笔。所谓"伴君如伴虎"，当年一起出城恭迎朱棣做皇帝的七个翰林官中，胡俨刚直不善迎合，早被调离；曾被朱棣誉为有远见的黄淮，获罪下狱长达十年之久，直到朱棣死后才被释放；解缙恃才傲物得罪宗室，被诬陷至死；就连善于察言观色的杨士奇也曾两度入狱，唯独胡广、杨荣、金幼孜三人得以陪伴永乐帝始终。原因就在于杨荣明敏灵活、金幼孜忠厚不欺、胡广则顺从中庸。百姓中流传着"汉时胡广号中庸，今日中庸又见公"的说法。汉代的胡广立朝三十余年，历仕东汉安、顺、冲、质、桓、灵六帝，处事圆通练达，号称"中庸公"。

胡广立朝谨遵"中庸之道"，遇事小心翼翼、秉公办理。他顾识大体，有时也敢于发表不同意见。明成祖对他赞赏有加，认为他忠心可靠。礼部郎中周讷建议皇帝封禅泰山，得到朝堂上众多大臣的赞同与附和。封禅大礼在封建社会被视为盛世大礼，目的无非是歌颂帝王盛德。封禅大礼仪式非常隆重，每每兴师动众、劳命伤财，所以不经常举行。

胡广的头脑还算比较清醒，他见本朝连年用兵、国库严重不足，就上奏反对举行封禅大礼。明成祖听取了他的劝谏，对提议封禅的官员周讷予以斥责。胡广随后上《却封禅颂》，为永乐帝大唱赞歌，这让皇帝高兴了一阵子。

胡广虽荣华富贵一生，但他的品性却颇遭人非议。除了早年变节事新君外，他的趋炎附势、欺贫爱富的行为也遭到世人的唾弃。胡广与翰林官解缙是同乡，又同时归顺燕王朱棣并得到器重。燕王曾经说：解缙有一子叫祯亮，胡广如生一女，两家可结秦晋之好。后来，胡广妻果然生下一个女儿，胡广就主动跑到解缙家，提及皇上为他们儿女指腹为婚的事。解缙当然表示同意，两家便结成了亲家。然而世事难料，解缙晚年被诬告下狱，后被锦衣卫活埋雪中。解缙的家也被抄没，妻儿包括祯亮被流放到遥远的辽东。

胡广眼看解家失势，就提出要解除两家的婚约，遭到女儿的反对，女儿哭诉道：妾薄命之婚却是皇上钦定，父亲是当着皇上面许下的承诺。倘若父亲悔婚，女儿只有一死。胡广见状只得作罢。直到明成祖驾崩，明仁宗即位后，被放逐的解缙妻儿才获准归来。誓死等待未婚夫归来的胡广女儿也终偿所愿，与祯亮完婚。不过，胡广并没有等到这一天，他于永乐十六年病故，享年四十九岁。

明成祖获悉胡广病逝十分悲痛，赐谥文穆。明代文臣死后获赐谥号，从胡广开始。

曾棨

曾棨（1372—1432）字子启，吉安府永丰县（今江西永丰）人。他出生于名门望族，高祖曾晞颜、曾祖曾选甲、祖父曾如瑶、父亲曾叔本，先后在宋、元、明三代为官，父亲累迁左春坊大学士兼翰林侍读。曾棨从小就深受"学而优则仕"的家风薰染，五岁开始识字读书，虽然他早年遭父亲厌弃，但仍能坚持自学不辍，专攻《尚书》。

永乐二年(1404)，明成祖下诏举行科举考试，意在选拔博闻多识之士。此次参加殿试的共472人。明成祖命翰林学士解缙以天文律历为题，想有意为难这些贡士。曾棨对策时文思如泉涌、下笔如有神助，近二万字的对策一气呵成。明成祖亲阅前十名的答卷，对曾棨的对策大加赞赏，亲擢进士第一。明成祖在曾棨答卷上的御批是："贯通经史，识达天人。有讲习之学，有忠爱之诚。擢冠天下，昭我文明。尚资启沃，惟良显哉!"

曾棨初授承务郎(从六品)、翰林修撰。四天后，明成祖从新进士中挑选二十八位明秀通敏者为庶吉士，进入文渊阁读书，曾棨也名列其中。这是明代选庶吉士之始。凡有幸被选为庶吉士者统一由太官提供伙食，每月可享受一定的津贴，还可以阅读殿中收藏的图书秘籍，条件十分优厚。曾棨状元及第后丝毫没有意满自得，反而更加努力、日夜苦读，学识与文采都取得长足的进步。一次，明成祖召见二十八位庶吉士，命他们以《夫马歌》为题，即兴写一篇诗赋。曾棨挥笔立就、滔滔千言，词气豪放、文理俱优，在场的庶吉士都自愧不如。明成祖见了非常高兴，特赐他冠带、朝服及玛瑙腰带。

明成祖喜欢在书籍中找出一些生僻的典故来试问文官，每次问到曾棨时，他都能对答如流，这让明成祖十分满意。每当大臣或吏部官员上章推荐文士时，成祖就会反问道："你们所推荐的人才，能像曾棨这般出类拔萃吗?"明成祖下诏编纂《永乐大典》，任命解缙为总裁、年青的曾棨为副总裁。永乐五年，曾棨迁承直郎(正六品)、翰林侍讲(正六

品)。永乐七年,明成祖巡幸旧燕王藩邸所在地北京,命曾棨陪从。不久,曾棨升承德郎,奉诏参与《太祖皇帝实录》的

修撰。

永乐十二年，曾棨第二次扈从明成祖巡幸北京，他侍宴、应制、赋诗，屡获褒奖。曾棨的一位同乡获罪下狱，审讯过程中牵连到曾棨，官员将此事上奏朝廷。明成祖有意庇护曾棨，对这件事置之不问。曾棨喜欢喝酒，特别爱豪饮，曾因醉酒引发火灾，大火还烧及皇宫，明成祖也没有治他的罪。

永乐十二年，曾棨担任北京乡试的主考官，第二年又被任命为殿试读卷官。《太祖皇帝实录》编撰成功后，诏赐钞锭、袭衣、绸缎。永乐十六年，曾棨任礼部会试考官，后升翰林侍读学士(从五品)。不久，他被任命为编修《天下郡县志书》的副总裁，遗憾的是这本书没有完成。永乐二十二年，曾棨再次出任礼部会试考官。同年，明成祖驾崩，皇太子朱高炽即帝位，是为明仁宗，改元洪熙。曾棨迁左春坊大学士兼翰林侍读学士，在文华殿为皇帝进讲经史。

明仁宗是个短命的皇帝，他在位时间只有短短的十个月。此后，明宣宗朱瞻基即位，改元宣德。宣宗对曾棨也非常器重，赏赐他宝带，让他参与编修《太宗(成祖)实录》、《仁宗实录》。书成，诏赐金织袭衣、文绮、白金。随后，曾棨升詹事府少詹事(正四品)仍兼翰林侍读学士，每天在文渊阁值班以备应对顾问。

宣德七年(1432)春正月二十一日，曾棨病逝，享年六十一岁。诏赠礼部侍郎，赐谥文敏。

曾棨为官三十年，历成祖、仁宗、宣宗三朝，颇得皇帝的宠信。他两次扈从明成祖北巡，三次担任会试考官，以文学侍从闻名当朝。他为人温雅厚重，喜欢推荐贤能之士。他对那些科举落第、落魄困顿的士子十分同情，经常接济他们，帮助解决一些困难。曾棨学识广博、富于才华，书法也非常出色，特别是他的草书奔放洒脱、极尽天趣，受到清初书法名家的赞誉。

曾棨体魄魁伟、酒量极大，能饮数十斤酒而不醉。一次，外国贡使入朝，这位贡使称自己非常能饮酒，礼部官员闻言面露怯容，没有一人愿意陪宴。曾棨就自告奋勇去陪贡使喝酒，要与贡使一比高低。结果贡使喝得酩酊大醉，曾棨却神志清醒如同常人。明成祖知道后十分高兴，对大臣说："先不论才学，就以酒量而言，曾棨已称得上是酒圣。难怪他能成为大明朝的状元。"曾棨病危时仍然招呼家人拿酒来，与家人饮别，还提笔写下"白云青山，乐哉斯丘"八个大字，然后释笔而逝。

曹　鼐

曹鼐（1402—1449）字万钟，号恒山，真定府宁晋县（今河北宁晋）人。他虽然不是出生在仕宦之家，但家境还算比较殷实。父母亲对他寄予厚望，从小就为他提供非常好的读书环境和各种学习机会。曹鼐自幼聪明过人且好学向上，他给自己定下目标，每天必须熟读数千言的典籍。在乡人眼里，曹鼐是出名的大孝子，无论是对生母还是继母都非常孝顺。

明成祖永乐二十一年（1423），曹鼐获得乡荐赴举。明宣宗宣德二年（1427），他在地方考试中脱颖而出，获得第二名的好成绩，被任命为代州（治所在今山西代县）州学正。

他上疏称自己年轻学浅，不能胜任教师工作。吏部经过讨论，改授他泰和县典史。

泰和县位于江西省中部的赣江边，离曹鼐的老家河北很远。典史又是县令的属官，无品阶，负责一县文书的收发工作，地位低且任务重。曹鼐并没有计较这些，他千里迢迢、跋山涉水前去就任。当时，朝廷不断派使者到地方考察工作，朝廷的各种诏令文书也源源不断地发往地方，以致于"邮无虚日"，各地每天都能收到一批邮件。尽管事务繁重，曹鼐仍然能应付自如。他有时还会协助其他官员抓捕盗贼，维持地方治安。一次，曹鼐捉到一名女贼，女贼有着倾国倾城之貌，曹鼐见了也不免心动。于是，他就在纸上大书"曹鼐不可"四个字，写一张烧一张，一连烧了十几张，想用这种方式提醒自己不要感情用事，最终依法对这名女贼进行了处罚。

考中举人并进入官场任职，这并不是曹鼐的最终目标。他从小就立下雄心壮志，要有更好的发展前途。尽管工作繁忙，曹鼐仍不忘自己的学业。他利用公务之余，延聘有学问的老师为自己上课，学业得到很大提高。但是，泰和县知县却看不惯曹鼐的行为，经常用一些话语讥讽他："你这样用功，将来肯定是要中状元的"。曹鼐一笑置之，照常苦读不怠。

宣德七年，知县派曹鼐督送一批工匠进京。这一年正好是"大比之年"，要举行科举考试。身为举人的曹鼐也跃跃欲试，但是他已经做了典史，要想应试就得从乡试开始，而这时再赶回老家报考已经来不及。为了能在北京参加顺天府乡试，曹鼐写了份赴顺天府乡试的申请报告，直接进呈皇帝。曹鼐的请求得到了批准，他满怀信心地参加顺天乡试，并取得第二名的好成绩。第二年年初，他又顺利通过会试。殿试的题目是《羲禹河洛象数》，明宣宗亲擢曹鼐为一甲第一名。

自唐宋以来，每当新榜进士产生，皇帝都会赐宴款待。御宴通常在皇家花园内举行，如唐代的“曲江宴”、“杏园宴”，宋代的“琼林宴”等。这一次，明宣宗特赐进士在礼部举行恩荣宴。新进士赐宴于礼部，从曹鼐榜开始。

曹鼐初授翰林修撰(从六品)。正统元年(1436)，新登帝位的明英宗下令开讲筵，曹鼐被选为经筵讲官，为英宗讲读经史。明初，皇帝听课时间没有定制。这时开始规定：“以二月之二日，御文华殿进讲，月三次，寒暑暂免。”明英宗朱祁镇登基时还只是一个九岁的小孩，难以治理国家，军国大政都由太皇太后掌控。太皇太后特别重视英宗的教育问题，命礼部尚书胡濙制定经筵制度，并于正统元年二月初一举行了隆重的开经筵典礼。典礼由武臣英国公张辅、辅政大臣“三杨”(杨士奇、杨荣、杨溥)共同主持。这以后，曹鼐与其他三名讲官分班轮流进讲《四书》、《五经》及《资治通鉴》等典籍。除了规定的一月三讲外，经筵讲官们每天还要陪着小皇帝，随时随地向他灌输经史知识。在与讲官经常接触的过程中，英宗对曹鼐渐渐产生好感，这为曹鼐日后入阁创造了条件。

曹鼐在担任帝师之余，还参加了由张辅监修、“三杨”任总裁的《宣宗实录》的编修。《宣宗实录》共一百三十卷，历时三年完成。曹鼐作为纂修官之一，出力颇多，晋升翰林院侍讲(正六品)，赐三品章服。正统九年，曹鼐进翰林学士(正五品)，后迁吏部左侍郎(正三品)兼翰林学士。第二年，他经杨荣、杨士奇推荐入直文渊阁，成为一名阁臣，参与国家军政大事的计议。

当英宗还是太子时，宦官王振就在东宫服侍他，颇得太子的宠爱。英宗即位后，王振迁司礼监太监。他恃宠骄横，根本不把辅政大臣“三杨”放在眼里。一天，王振当着杨士奇、杨荣的面说:“国家大事,有劳二位多年,该罢了吧!”暗示他们年老可以靠边了。这时的杨士奇、杨荣都已年过七十,确实感到力不从心。为了避免内阁大权落入宦官之手,他们就推荐侍读学士苗衷、侍讲曹鼐和马愉进入内阁。不久,杨荣病故,杨士奇体弱多病、很少上朝,内阁事务多交由曹鼐决断。曹鼐才智过人,受到英宗的器重。

正统十四年七月,蒙古族瓦剌部兵分四路大举南侵,酿成了历史上著名的“土木堡之变”。瓦剌原是蒙古族的一支,到了明宣宗宣德十年,瓦剌部酋长脱欢统一了鞑靼阿鲁台部,势力日益强大。正统四年,脱欢死,也先嗣立,继续扩张势力。也先为了打消明王朝的猜疑,照样毕恭毕敬地向明廷进贡,待明朝放松警惕、边防松驰时,于正统十四年发动军事侵略。明朝的塞外城镇一一陷落,重镇大同也遭到瓦剌军的围困。

面对突如其来的灾难,明英宗和大臣们感到手足无措,朝野内外一片惊慌。太监王振盲目轻敌,竭力劝说英宗御驾亲征大同。阁臣曹鼐、张益,兵部尚书邝野,侍郎于谦都表示反对。年轻的英宗一贯宠信王振,根本听不进大臣们的意见。他下令内阁、兵部必须在三天内调集五十万大军,准备亲征大同。英宗还让成王朱祁钰留守北京,命曹鼐、张益、张辅、邝野、王佐等大臣随从扈驾。

三天之内仓促调集的五十万军队没有经过很好的训练、斗志涣散,后勤保障又明显跟不上,这样一支军队怎么可能击退入侵之敌?曹鼐忧心忡忡,决定在行军途中作最后一搏。他知道此时再向皇帝进谏不可能起到任何作用,唯一的办法就是设法除掉王振。曹鼐冒险与扈驾的御史进行商量,请他派一名武士刺杀太监王振,众御史都被他的大胆计划吓破了胆,一个个不敢吱声。无奈之下,曹鼐又去找张辅商量，可是身为武臣的张辅竟然也不敢采取行动。

五十万大军每天都要消耗大量粮草，由于准备工作不充分，部队还没有抵达大同前线就已经受到缺粮的困扰。宋瑛、朱冕率领的先头部队孤军深入、缺少后援，最终导致全军覆没。随驾大臣建议英宗赶紧班师回朝，却遭到王振的反对。他还假借英宗之命，命令大将朱勇跪地前行听命；又罚兵部尚书邝野、户部尚书王佐跪在草地上整整一天。钦天监监正彭德清以“天象示警”上奏说：天气阴霾、黑风四起，上天示警，恐危及乘舆（皇上）。希望英宗能下令班师。王振闻讯大骂：“你怎么知道上天发出了警告！即便真是这样，一切也都是天命！”曹鼐再次劝谏说：“我一个人的生命固不可惜，但皇上的安危关系到社稷天下，怎么能轻率冒进？”王振根本不加理睬。

也先率瓦剌军队采用佯装撤退、诱敌深入的战术，待明军行至土木堡后，突然从四面包围了英宗所扎军营。蒙古军左冲右突、杀声震天，明军匆忙应战，终致惨败：十余万大军被歼灭，曹鼐、张益、邝野、王佐等52名大臣全部战死沙场，英宗被也先军擒获。王振见势不妙就丢下英宗自顾逃命，被护卫将军樊思追到，樊思怒吼道：“我为天下诛此贼。”举起手中铁锤砸向王振，王振一命归天。堂堂的大明朝皇帝受太监鼓惑，视战争为儿戏，最终成了“俘虏皇帝”，成为后人的笑柄。

英宗被俘后，兵部侍郎于谦等大臣拥立英宗年仅二岁的儿子朱见深为皇太子，英宗的胞弟、北京留守、成王朱祁钰为皇帝，史称明代宗，次年改元景泰。代宗遥尊英宗为太上皇，追赠曹鼐为少傅、吏部尚书、文渊阁大学士，赐谥文襄，并赐其子曹恩为大理评事。

景泰元年（1450）八月，也先将英宗放回。八年四月，英宗乘代宗病重之机发动政变，杀于谦，重登帝位。英宗复位后，再次褒奖土木堡死难官兵，曹鼐追谥文忠，加赠太傅。

商　辂

商辂（1414—1486）字大朴，一字弘载，号素庵，严州府淳安县（今浙江淳安）人，父亲曾在严州府内担任过吏职。明宣宗宣德十年(1435)，商辂以浙江乡试第一名的成绩进京参加会试，结果落第。他决定进入太学继续攻读举业。国子祭酒李长见商辂聪明好学，特地在国子监东厢房后面开一馆，安排他在那里专心学习。经过十年的磨砺，商辂于英宗正统十年(1445)再次参加会试，获得第一名的好成绩；殿试时，他又技压群雄，夺得状元，成为明朝唯一的“三元”进士(解元、会元、状元)。这一年他三十二岁。

商辂初授翰林院修撰(从六品)，为史官。不久，他奉诏与刘俨等大臣一起赴东阁进学，专门为皇帝进讲经史。英宗见商辂身才高大魁伟，就任命他为展书官。在古代，皇帝读书时不用亲自动手翻书，而是由专门指定的展书官站在一旁为皇帝翻书。

正统十四年，发生了明朝历史上著名的“土木堡之变”，英宗在亲征大同时，被蒙古的瓦剌也先俘获。政治风云骤变，商辂也被卷入这场险恶的政治漩涡中。英宗被俘后，皇太后孙氏下诏任命英宗的弟弟朱祁钰监国，商辂在陈循、高穀等大臣的举荐下奉诏入内阁参预机务。面对当时混乱的

局势，朝廷中形成两派不同意见：一派以兵部侍郎于谦为代表，主张坚守北京，抗击蒙古瓦剌军；一派以徐有贞为代表，

主张放弃北京迁都南京。商辂虽然是状元出身,平时文质彬彬,但关键时刻他却表现得十分果敢刚毅,他当面指责徐有贞的南逃主张、支持于谦等主战派拥立朱祁钰为帝。最后,于谦一派占据上风,代宗朱祁钰即位,遥尊英宗为太上皇。商辂因为拥立有功,升翰林院侍读(正六品)。

景泰元年(1450)秋,瓦剌也先见明朝已另立新皇帝,再扣押英宗不可能在政治上谋求到任何利益,就决定放人。商辂奉诏前往居庸关迎接太上皇,他撰写的迎太上皇制诰措辞妥当,代宗阅后十分高兴,诏赐马匹。景泰三年,商辂升兵部左侍郎兼翰林学士、左春坊大学士(正五品),皇帝还在京城赐给他一座新宅邸。商辂一心事从代宗,没有意识到危险正一步步逼近他。

太上皇英宗回到京城后,被安排居住在南宫。代宗担心太上皇利用旧势力夺权,就禁止他与朝中大臣相见。英宗实际上是被"软禁"起来了,他养尊处优、终日无所事事。景泰三年五月,代宗为了巩固自己的统治地位,就想另立太子。他经过一番劝说,征得包括商辂在内的内阁大臣同意,废掉英宗儿子朱见深的皇太子位,改封沂王;同时册立自己的儿子朱见济为皇太子。立储是关系到皇位继承的最敏感问题,太上皇朱祁镇得知太子被废后内心受到沉重打击,他不甘心这样过一辈子,积极寻找机会夺回失去的皇帝宝座。

同年秋天,太上皇将一个镀金绣花袋交给御用少监阮浪,袋里藏着一把镀金刀。阮浪一直负责照顾太上皇的日常生活,太上皇对他也十分信任。阮浪后来把这个镀金绣花袋转赠给侍奉代宗的宦官王瑶,不料被锦衣卫指挥卢忠发现。卢忠意识到这是一个往上爬的绝好机会,他诱骗王瑶一起喝酒,把王瑶灌得酩酊大醉,趁机偷走了绣花袋和金刀。接着,卢忠让校尉李善拿着这两件东西去向代宗告发:

"阮浪奉了太上皇命令，用绣花袋和金刀联络王瑶，欲图谋复辟帝位。"代宗闻讯大怒，下令刑寺官立即将王瑶、阮浪逮捕下狱，严刑拷打逼他们招供。但是，王、阮二人始终不肯承认是受太上皇指使。

卢忠认为自己告发有功，日夜盘算着什么时候能得到皇帝的重赏，他还跑去找巫师同寅，让他预测一下自己的前程。同寅虽然是一名巫师，但他痛恨那些沾着别人鲜血往上爬的人，就吓唬卢忠说："此卜为大凶兆，死有余辜。"卢忠顿时吓得脸色惨白，为了躲避祸事，他一回到家就开始装疯卖傻。商辂是个极其聪明的人，他知道代宗是要借这个案件大做文章，顺藤摸瓜地挖出幕后策划者——太上皇，以便名正言顺地废了他。但是代宗的这种做法，无论从皇族同胞情谊还是从国家安定方面来考虑，都有百害而无一利。因此，商辂上奏劝谏说："卢忠是个疯子，他所告发的事不足信。皇上不宜听信他的妄言乱语，以致伤及兄弟和气。"代宗觉得商辂所言有理，就决定不再追究下去。他下令将卢忠贬至广西任职，并将案件中的另外二个关键人物王瑶、阮浪先后处死。

为了防备瓦剌军对边疆的侵扰，朝廷决定调派军队增强西北地区的防御力量，这给军粮供应带来了很大困难。对此，商辂上疏代宗提出一个解决方案，他说：边塞良田多被豪强势家侵占，政府可派官员去重新检查核实，迫使他们退出侵占的良田，专供边军屯田之用，以减轻远途运粮的负担。代宗景泰年间，河南开封府、安徽凤阳府发生自然灾害，大批饥民流入山东济宁、临清一带，当地官员不愿意收留这些难民，打算把他们驱逐出境。商辂担心这样会激起民变，建议对饥民进行招抚，让他们到京师附近地区开垦闲田以自救，使他们有所归依。这两项建议都被代宗采纳。

景泰四年，新册立的皇太子朱见济病逝，诏赐谥怀献，史称“怀献太子”。朱见济一死，谁当皇太子就成了朝廷内外最关注的大事。次年五月，御史钟同、礼部郎中章纶在谈话中提及被废太子位的沂王朱见深，不禁伤心落泪。两人相约共同上疏代宗，请求恢复沂王皇太子的身份。他们在奏疏中说：“父坐天下，本应该传位于子。前不久皇太子伤逝，这也是天命所定。臣以为太上皇之子就是陛下之子。沂王厚重，可托宗社之寄。愿皇上拥有天地般宽广的度量，敦守同胞兄弟之仁义，恢复沂王的储君地位。”

代宗的帝位原本就是从兄弟手中抢夺来的，他又怎么可能再立兄子为皇太子呢？于是，代宗下令将章纶、钟同逮捕下狱。商辂与一些大臣多方奔走，竭力营救，想保全两人的性命。代宗怒气难消，下令锦衣卫杖责章纶、钟同各一百棍。结果，钟同毙命于杖下；章纶虽侥幸逃过死劫，但仍被囚禁狱中。代宗见商辂屡屡偏向南宫（太上皇），对他不再信任。

景泰八年正月，代宗朱祁钰病重，皇太子的人选尚未确定，朝野内外人心忧惧，就连太监们也议论纷纷。当文武百官齐集在左安门向皇帝问安时，太监兴安不无讽刺地说：“你们都是圣上的股肱、耳目大臣，不为国家前途着想，天天来问安，又有什么用？”言下之意，是要他们赶紧议立皇太子，避免因帝位虚悬而闹出乱子来。

在议立太子时，朝中多数官员主张复立沂王为皇太子，但遭到大学士王文、陈循的反对，代宗也不同意。王直、于谦等群臣准备再次奏请，他们推举商辂执笔写《复储疏》，商辂写道：“陛下是宣宗皇帝之子，当立宣宗皇帝之孙为太子。”意思也是要恢复沂王的皇太子位。由于天色已晚，商辂的奏疏未能在当天进呈代宗。夜晚，武清侯石亨来到代宗病榻前，他见代宗已经病入膏肓，就对太监曹吉祥、徐有贞等说："与其立皇太子，还不如迎太上皇复位。"于是，他们内外合谋，发动了"夺门之变"，恭迎太上皇重登帝位。

英宗复辟后，召商辂、高穀入便殿，命他们草拟复位诏，并对他们说："朕在南宫时就知道你们二人没有偏向之心，今日正要用你们。"石亨嘱咐商辂："赦文不要另列条款。"商辂不同意："复位诏书当遵从旧制，我不敢随便更改。"石亨听了非常不高兴，就唆使谏官弹劾商辂，指责他与王文等人朋比为奸，商辂被逮捕入狱。在狱中，商辂上书英宗为自己辩解，并说《复储疏》就存放在礼部，可以证时自己一直主张复立沂王为皇太子，不可能与王文是朋党。太监兴安也站出来为商辂说情："当年陛下危难之际，徐有贞等大臣都主张迁都南京，他们把陛下置于何地？而商公却是坚决反对南迁，还面唾徐有贞。"代宗听了兴安此番话，就下令释放商辂，贬为平民。

商辂罢官后回到了浙江淳安，赋闲在家整整十年。英宗心中也时常惦记着他，曾对大臣说："商辂是朕亲自提拔的状元。"由于徐有贞的阻挠，英宗一直没有召商辂返朝。天顺八年(1464)，英宗薨，明宪宗朱见深即位，改元成化。成化三年(1467)二月，宪宗召商辂还朝，以原官入内阁参与机务。商辂上表辞谢。宪宗派人带信给他说："先帝已知卿遭冤枉，可勿辞。"于是，商辂起程返京，入阁从政。新皇帝向老臣询求治国方略，商辂上疏力陈八事：劝学兴校、虚心纳谏、培养将才、加强边防、裁省冗官、普设社仓、崇先圣号、广开育才之路。这些建议大多被宪宗采纳。

一日，有彗星掠过天空。在古人眼中，彗星出现是不祥之兆。御史上疏弹劾失职官员，其中涉及到商辂，御史批评他在代宗朝曾参与废立太子事，不宜重用。虽然宪宗没有听从御史的建议，但是商辂仍自感不安，上疏请求罢官。宪宗发怒，下令严惩那些批评商辂的御史。商辂见状连忙说："臣请求陛下宽容言事官，如果他们因为弹劾我而受到责罚，社会舆论会怎么看？"宪宗对商辂的这个表态很满意，诏御史林诚杖责过后官复原职。不久，商辂拜户部尚书兼文渊阁大学士。皇太子册立后，商辂加太子少保，成为皇太子的老师。成化十三年，商辂拜吏部尚书兼谨身殿大学士，官至极品。

商辂为人平和、宽厚有容，但在面对重大决择时又能果断行事、坚定不移。一次，宪宗的生母仁寿太后要圈占百姓的田地建造皇庄，宪宗为了让母亲高兴，就准备把田地上的农户迁移到边塞去。商辂认为这样做明显是以权欺人、不得人心，他不惜得罪太后、皇帝，毅然为民请命："天子以天下为家，何必再置什么皇庄？"圈地建庄园的事情暂时被搁置下来。

明成祖早年为了稳定自己的统治地位，加强对文武百官的监督，下令在太祖所设锦衣卫之外又增设新的特务组织——东厂，由太监负责，时称"厂卫"制度。明宪宗仿效老祖宗的办法又新设西厂，由太监汪直统领，权势更在锦衣卫、东厂之上。西厂的太监屡兴大狱、为非作歹、气焰薰天，官民敢怒却不敢言。这一次，又是商辂首先站出来，他率阁臣们集体向宪宗上奏，历数太监汪直的十一大罪状，且证据确凿。其中一条是"假托禀承陛下旨意，擅用刑杀，作威作福"。随后，六部大臣也纷纷上疏控告汪直的罪行，宪宗最终下令关闭西厂。

汪直虽然不再负责西厂事务，但他照样得到宪宗的宠信。他对商辂率阁臣弹劾自己非常不满，伺机报复。明初大臣杨荣的曾孙杨晔犯法，为躲避追捕逃到了京城。杨晔被捕后交待自己曾经去过商辂府中，汪直趁机诬陷商辂接受杨晔贿赂，暗中包庇他。商辂心里清楚这是汪直在借机报复自己，所谓“欲加之罪，何患无辞”，商辂选择了沉默，不再为自己申辩。御史戴缙上奏为汪直请功，并要求恢复西厂，商辂见状决定急流勇退，远离险恶与倾轧的官场。这一年他六十三岁。

商辂在家休闲十年，于成化二十二年七月病逝，享年七十三岁。诏赐谥文毅。商辂曾参与《寰宇通志》与《宋元通鉴纲目》的撰写工作，著有《商文毅公集》、《商文毅疏稿略》等。

彭　时

彭时（1416—1475）字纯道，号可斋，江西安福县（今江西安福）人。他自幼端重内向，不爱说话，但十分喜欢读书且颖悟过人。十九岁时，他跟随叔父研读《春秋》，开始学习举子业。第一次参加科举考试时，彭时顺利通过江西省乡试，但在京城参加礼部会试时却意外落榜。面对挫折他并不气馁，而是进入国子监继续苦读。国子祭酒李时见彭时勤奋聪明、博学精思，对他非常关照，不仅为他提供学习和生活上的便利，还时常勉励他将来要成为公辅之才、国家栋梁。

明英宗正统十三年（1448），彭时再次参加会试，成绩名列第三，第一名（会元）是岳正。廷试时，彭时从一百五十名应试者中脱颖而出，被英宗亲擢为一甲第一名进士，时年三十三岁。

据说，明英宗在廷试举子前一个月曾做了个梦，梦里有儒生、僧人、道士三人来拜见。英宗对这个梦境印象深刻，

但不知道所梦何意。等廷试结束、成绩揭晓后发现：新榜状元彭时是一介儒士；榜眼陈鉴年少时曾居住在神乐道观；探

花岳正应举前曾出家当过和尚，任庆寿寺内的书记。三个人的出身、经历正好与英宗的梦兆相符。

按制，新进士要在第二天上朝谢恩。彭时竟然没有按时上殿，明英宗端坐在大殿上却迟迟不见新状元到来，满朝文武议论纷纷。御史上前弹劾彭时，指责他辜负皇恩。彭时很有可能被取消状元资格。好在明英宗宽大为怀、爱惜儒臣，他并没有表现得非常生气，而是下令锦衣卫派人四处寻找。锦衣卫是明朝的"特务"组织，耳线遍布各地、消息灵通，很快就把彭时找到了。新进士谢恩仪式结束后，负责仪式的大鸿胪又将彭时狠狠责备一番。彭时并没有显露出惊慌的神情，只是态度诚恳地进行道歉。

彭时初授翰林院修撰（正七品）。第二年，明英宗亲征蒙古瓦剌军，在土木堡被瓦剌也先俘虏。他的弟弟朱祁钰即帝位，是为代宗，遥尊英宗为太上皇。彭时迁翰林侍读（从六品），奉诏与前榜状元商辂一同入内阁参与机务。他步入仕途才一年就能进入决策机关，着实令许多官僚羡慕不已。恰在此时，继母病故，彭时上章要求辞官回家守丧。值此国难当头、朝廷急需用人之际，代宗没有答应他的请求。诏彭时"夺情"，继续留在内阁任职。

一年后，在兵部尚书于谦等人的共同努力下，明军组织起积极有效的军事反击，抵挡住了蒙古瓦剌的进攻，北方边境的军事冲突得到缓和。彭时再一次上书要求回家守丧。代宗虽然批准了他的请求，但对他的行为深感失望，认为他只念小家而不顾国家。三年服丧期满还朝后，彭时已失去代宗的信任，不再入内阁参与机要，而是奉诏回翰林院供职，离开了政治权力的中心。不久，代宗改立自己的儿子朱见济为皇太子，彭时迁左春坊大学士（正五品），负责皇太子的奏、笺起草，并为皇太子讲经读史。

景泰八年(1457),石亨、曹吉祥、徐有贞等人发动“夺门之变”,迎立太上皇重登帝位。明英宗朱祁镇复辟后,改元天顺,诏徐有贞入阁掌管大权,同时在内阁的还有彭时榜进士第三名岳正。不久,岳正遭到曹吉祥的诬陷被罢官,发配至肃州。徐有贞一心想排挤石亨、曹吉祥,结果反被他们排挤、削官为民。阁臣许彬很快也被调往南京担任南礼部侍郎。这样一来,内阁就几乎成了“空阁”。明英宗心里非常着急,就召彭时到文华殿问话,英宗问:“你是正统十三年的状元吗?”彭时回答说:“臣不才,误蒙圣恩亲擢。”英宗又问:“同榜的榜眼是陈鉴、探花是岳正,对吗?”答曰:“是。”再问:“你今年多大?”对曰:“臣犬马齿四十二。”英宗笑了笑说:“正好用你。”彭时奉诏迁太常少卿兼翰林侍讲,再入内阁参预大政,很快又迁翰林学士(正五品)。

彭时立朝正派、诚挚待人、遇事公正,不徇私、不趋利避言。英宗宠信内阁大臣李贤,时常令他独对(一个人留下来与皇帝商议国事),而李贤遇到难以决断的事情时又会去征询彭时的意见。彭时经常会为了坚持自己的观点与李贤争辩,双方争得面红耳赤也无所顾忌。李贤起初对彭时的固执很不满,不过经历的事情多了,他意识到彭时与自己争辩完全是出于公心,转而开始佩服彭时的勇气和胆识。李贤曾对别人说:“彭公是一位真君子。”两人在内阁共事,相处一直比较融洽。

天顺二年(1458),英宗决定为皇太后孙氏上尊号曰“圣烈慈寿”。彭时想借此机会推恩百姓,就对李贤说:“太后上尊号,应有恩典。”李贤说:“已经颁过一次大赦诏,一事不得降两次赦诏。”彭时又提议:“可借这个机会颁布优老诏。凡朝官父母年七十岁,可给诰、敕,封赠官阶;凡百姓年八十者,可授与冠带服,真正做到‘老吾老以及人之老’。而且,颁布优老诏也与上太后尊号的意图相符合。”李贤对这项提议表示赞同，并上奏英宗。

天顺八年正月，明英宗病危，命太监牛玉执笔记录下四条遗嘱，其中一条是“不要以嫔妃殉葬”。在此之前，皇帝治丧都要嫔妃殉葬，多者达数十人，十分残酷。英宗颁遗诏宣布废除殉葬制度，实在是做了件大好事。彭时看着遗诏感动得落泪不止，牛玉又将彭时接诏时落泪的情况向病重的英宗作了汇报，英宗也流下了眼泪。

明英宗驾崩，皇太子朱见深即位，是为明宪宗，改元成化。新皇帝对彭时非常信任，诏迁兵部尚书（正二品），入阁参政。宪宗即位后，就开始考虑为生母周贵妃上徽号，这是一个非常棘手的问题。皇后钱氏虽然没有生子却深得英宗的眷宠，英宗被瓦剌俘虏后，钱皇后还拿出自己全部的私房钱相救，这更让英宗终生难忘。而且，钱皇后持身严谨，英宗怜惜她家世孤寒，曾想给她的家人加官进爵，也被钱皇后拒绝。在英宗所立四条遗嘱中，其中一条明确规定：“钱皇后千秋万岁之后，要与朕同葬。”足见钱皇后在英宗心里的地位是丝毫不能动摇的。

宪宗即位后，理应遵从先帝遗嘱尊钱皇后为皇太后，宦官夏时奉周贵妃密旨，四处扬言说：“钱皇后大病不起，似当尊陛下生母为皇太后。”作为儿子的宪宗皇帝既不敢违背先帝遗诏，又不愿意违抗自己的亲生母亲，陷入左右为难的境地，决定召朝臣共同商议讨论。阁臣李贤首先站出来表示反对：“有先帝遗诏在。”彭时也随即附和说：“李贤所言极是。”宦官夏时急忙回中宫秉报，周贵妃传出话来说：“儿子为皇帝，母亲理所当然尊为皇太后；无子，岂可称太后？不闻宣德中故事吗？”

所谓“宣德故事”，是指明宣宗的皇后胡氏主动让出皇太后位的故事。胡氏虽是宣宗的皇后，却不是英宗朱祁镇的生母。英宗即位后，胡皇后就主动写下让位表，让出皇太后位。因此，英宗没有给胡皇后上尊号，而是册封自己的生母孙贵妃为皇太后。现在，周贵妃搬出"宣德故事"，要求册封自己为皇太后。

李贤听了周贵妃的话后觉得也有道理，不再坚决反对。彭时却仍然固执地表示："今日事与宣德时不同，胡皇后是主动上表让位，退闲别宫，因此英宗正统初未上尊号，而册孙贵妃为太后。今日，先帝有遗诏，名分已定，不能同日而语。"宦官夏时大声说道："为什么不能依照旧例，让钱皇后写辞位表?"彭时坚定地说："谁敢擅自代钱皇后写让位表?先帝不曾写，今日谁敢写?"夏时见彭时态度坚决，就威胁说："公等怀二心，于理未便。"彭时坦然一笑，拱手拜谢说："太祖、太宗列圣在上，钱皇后既然没有子嗣，就不存在我为谋一己私利而偏袒钱皇后的道理。此事最关利害的还是陛下自己。如果要讲大孝之心，臣以为钱后、周贵妃理应同时被尊为太后。为了稍示区别，可在钱后尊号之上加'慈懿'两字。"彭时提出的这个方案很快报到宪宗那里，宪宗欣然采纳。一场轩然大波就这样平息了。

事后，宦官覃包来到内阁对大臣们说："皇上心里确实想尊二后为太后，但是碍于亲生母亲的心意，不敢自己出面说话。要不是彭、李二公力争，几乎贻误国家大事。"在中国古代，人们把名分看得很重，认为事关国家纲常。从这件事上可以看出，彭时不屈服于权势、坚持正论的风骨。成化元年(1465)，彭时进兵部尚书(正二品)，成化三年，他又奉诏担任编修《英宗实录》的总裁官，书成后进太子太保(从一品)，兼文渊阁大学士。

明宪宗怠于政事、崇信佛教，潜心寻求长生不老之道，因此很少接见大臣。内阁首辅万安也无心政事，热衷于结交宦官、外戚以巩固自己的地位。他见了宪宗皇帝只会高呼万岁，时人讥称“万岁内阁”。与万安形成鲜明对比的是，彭时立朝始终以军国大事为重，孜孜不倦地处理政务，遇事敢言敢争，始终保持着为臣的大体。宪宗专宠万贵妃，然而万贵妃迟迟不能怀孕生子，还总是设法独占皇帝，不允许其他嫔妃接近。眼看着时间一天天过去，嫔妃中没有一人能为皇帝生个太子，朝廷内外都非常着急，但是对于立储这样敏感的问题谁也不敢轻易发言。

这年秋天，有彗星从天空划过，彭时赶紧抓住机会向宪宗谏言：

> 外廷大臣本应以处理大政为先，但宫中国本（指储嗣）尤为紧要。谚语说“子出多母”，如今六宫嫔妃众多，为什么没有一个生子的呢？想必是因为陛下爱有所专，可是受专宠的万贵妃已过生育年龄（40岁）。深望陛下在六宫能平均恩爱，不要专宠一人，以国家根本为念。

彭时说出了百官想说却不敢说的话。宪宗虽然不肯接受彭时的劝谏，但还是对他的忠诚耿直予以嘉奖，诏转吏部尚书。

太监刘永诚病逝，家属认为他曾经为国立下战功，要求追封伯爵。彭时引用成法，对家属的请求予以拒绝。一些朝臣对彭时的处理表示不满，站出来替刘家说话：“宋代的童贯尚且能够封王，伯爵何足惜？”彭时当即驳斥道：“童贯封王是在什么年月？是在宋徽宗末年，是在亡国之秋，这究竟是吉还是凶？”刘永诚最终没有被封爵。

成化十一年初，彭时加少保（从一品）。同年三月病逝，享年六十岁。诏赠太傅，赐谥文宪。

彭时天资聪颖过人、学问深厚；为人温粹谦谨、恪尽职守。他立朝三十年，除生病以外没有一日不赴朝办公；而当他退朝回家后，又从不与家人谈及朝堂政事。他生活节俭，不取一分不义之财。时人称赞他有古代贤相的风范。

谢　迁

谢迁(1449—1531)字于乔，号木斋，绍兴府余姚县(今浙江余姚)人。他出生于一个官宦家庭，祖父谢莹，号直菴，曾担任福建布政司都事。谢迁出生时正逢家里忙着乔迁新居，祖父就给他取名迁、字于乔，意为乔迁之喜。

谢迁自幼聪慧异常，七岁时就能对句。一次，祖父问："蛙鸣水泽，为公乎，为私乎?"谢迁立即反问道："马出河图，将治乎，将乱乎?"他的属对既巧妙又高深，让在场的大人们惊奇不已。来访的客人说："白犬当门，两眼睁睁唯顾主。"谢迁脱口对曰："黄蜂出洞，一心耿耿只随王。"属对同样敏捷、切韵。谢迁学习也很勤奋刻苦，对自己的未来充满自信，家人也对他寄予厚望。

明宪宗成化十年(1474)，谢迁参加浙江省的乡试，夺得第一名(解元)。第二年，他赶赴京城参加礼部会试，名列第三。廷试时，谢迁的对策写得流畅大气，颇具辅君治国之体，宪宗钦点为第一甲第一名进士。胪传唱名引见时，宪宗见新状元仪表俊伟、气宇端重，更加满意。

谢迁初授翰林院修撰(从六品)，入馆学习进修。他勤

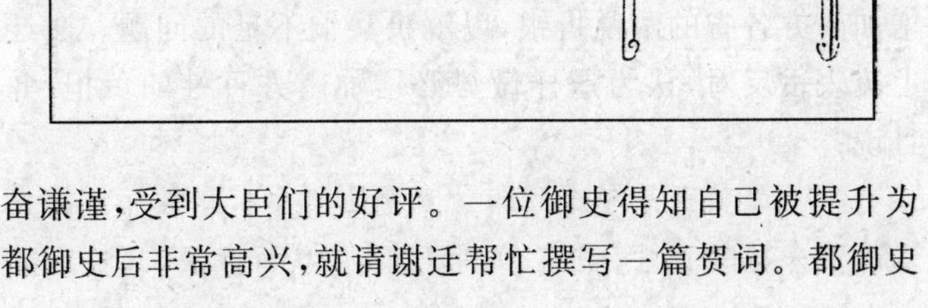

奋谦谨，受到大臣们的好评。一位御史得知自己被提升为都御史后非常高兴，就请谢迁帮忙撰写一篇贺词。都御史

是御史台的长官，专门负责纠劾百官，因此文武百官都对御史恭敬有加，不敢怠慢。谢迁不是一个喜欢奉承的人，他拒绝了新任都御史的要求。明宪宗册立朱祐樘为皇太子，首选谢迁任东宫讲官，诏迁左谕德（从五品），寻迁左庶子（正五品）、兼翰林院侍讲。

成化二十三年，明宪宗驾崩，皇太子朱祐樘即位，是为明孝宗，改元弘治。宦官郭镛善于逢迎拍马，宪宗刚去世，新皇帝还在守丧期内，他就迫不及待地提出要为新皇帝预选六宫妃嫔。这显然是不合时宜。谢迁上书指出："先皇帝山陵（坟墓）尚未修竣，吉礼应该稍缓再办。陛下正富于春秋（刚 19 岁），请等谅闇（守丧三年）期满再讨论此事，为时也不晚。"孝宗采纳了他的建议。孝宗初开讲筵，谢迁被任命为日讲官，为皇帝讲授经史。谢迁遵循儒家"衣冠正，动作慎"的传统礼仪，上课前一天晚上必定穿戴整齐地准备讲义。在讲经释史时，他语言生动、深入浅出，孝宗听得饶有兴趣，屡屡称赞。

弘治八年（1495），孝宗命谢迁与李东阳一起入内阁，参与计议军国大事。谢迁当时正在家中守丧，力辞诏命。三年服丧期满后，他返回京城复职，诏进詹事府詹事（正三品）。弘治十年，敕修《大明会典》，谢迁被任命为总裁官。第二年，谢迁擢太子少保（从一品）、兵部尚书（正二品）兼东阁大学士，他劝谕皇太子要"亲贤远佞、勤学戒逸"。弘治十四年，大同边防遭遇北方蒙古的侵袭，兵部尚书马文升主张增加南方各省的两税折银，以解决兵饷不足的问题。谢迁上疏表示反对，认为这样做势必增加南方百姓的负担，并且说：

先朝正是考虑到南方赋税过重，才采取折银的办法来减轻百姓负担。如果朝廷再增加折银，只怕南方地区的百姓会不堪重负。况且，要使国库充盈、开支足用，最重要的是开源节流、重视节用。否则，即使增加赋税也无济于事。

孝宗听从谢迁的劝谏，否决了马尚书的提议。

明孝宗称得上是一位贤明的君主，他励精图治、决心革除弊政。当时，御马监、腾骧、武骧左右四卫军隶属于禁军，不归尚书省兵部管辖，兵部只负责按人员编制发放粮饷。事实上，兵籍中记录的兵员数要多于实际的兵员数，这就意味着，国家每年所支付的军饷中有很多是空名支饷，漏洞很大。谢迁上奏朝廷力陈空名支领粮饷的弊病，孝宗遂下令严禁空名支领。谢迁认为仅仅立一个禁约并不能解决问题，他建议："应该下令有关部门查清空名支饷的实情，找出问题的根源以及问题严重的程度，然后上奏朝廷。朝廷再根据存在的问题有针对性地立约禁止，并严惩违犯者。只有这样才能最终堵住漏洞。"谢迁的建议切中要害，孝宗下令依此执行。

谢迁刚正忠节，他与内阁大臣刘健、李东阳共同辅政，使明孝宗一朝政治清明、社会稳定、国力增强，号称"中兴"，明孝宗也因此被誉为"中兴之君"。当时人们对这三位阁臣给予了很高的评价，称赞他们是"贤相"，并且说："李公谋，刘公断，谢公尤侃侃"。

明孝宗在位十八年，驾崩后由皇太子朱厚照继承皇统，是为明武宗。武宗却是一个贪图享乐、不理政事的昏庸君主，明孝宗在弥留之际嘱吒刘健、谢迁、李东阳等大臣辅佐皇太子时，就曾说："太子聪明，但年龄尚幼且好玩乐，卿等要督促他好好读书。"然而小皇帝刚登基就被刘瑾、谷大用、张永、马永成、高凤、罗祥、魏彬、丘聚这一帮宦官群小包围着。这八名宦官人称"八虎"，其中最狡诈凶狠的要数刘瑾。

他仿效英宗朝权阉王振，每天引导小皇帝游戏玩乐，变着花样进贡一些鹰犬、歌舞、杂技，甚至带着小皇帝微服外出寻欢作乐。武宗整天沉溺于游戏享乐之中，将政事交给自己最亲信的刘瑾去办，刘瑾很快迁内官监，总督团营。

内阁大学士刘健、谢迁、李东阳见武宗整日不理朝政，内心都非常焦急，他们上书劝谏武宗，希望他能继续孝宗兴利除弊的事业。御史台官、谏官也纷纷上章劝谏。但武宗根本听不进大臣们的逆耳忠言，依旧不理政事。一日，天空有彗星划过，杨源再次以“天象示警”为由进行劝谏，武宗这才有所收敛。刘健、谢迁连忙抓住机会上疏请求斩杀刘瑾。正德元年(1506)，户部尚书韩文率领六部大臣上奏，弹劾刘瑾。武宗迫于压力，在与司礼太监陈宽商议后，决定把刘瑾遣送到南京居住。

谢迁、刘健等阁臣对武宗的决定表示不满，认为这样处罚刘瑾太轻。他们一连三次面见武宗，要求对刘瑾从重处罚。尚书许进对他们说：“事已至此就算了，否则过激生变。”刘健、谢迁不听，坚决要求诛杀刘瑾。这时，吏部尚书焦芳为了争取进入内阁，不惜出卖刘健、谢迁，他私下派人给刘瑾传话，告诉他谢迁等大臣上书要求处死他。刘瑾听了焦芳的话立刻吓得脸色发白，连夜带领张永成等人面见武宗，跪伏在地泣诉，并且说：“阁臣们想限制陛下出入，所以要除掉奴辈。况且奴辈们只是进献了几只老鹰、几条小狗，又怎么会影响到国家?”武宗原本就宠信刘瑾，见他这么一哭心早就软了，想想自己和刘瑾在一起时日子过得多么逍遥快活，还真舍不得他们离开。于是，武宗不仅没有处罚刘瑾，反而提拔他到司礼监任职，司礼监是明朝“宦官二十四衙门”中权势最大的。

谢迁、刘健、李东阳三位阁臣眼见风云突变，提出辞呈。

武宗留下李东阳，召焦芳进入内阁，恩准谢迁、刘健致仕。刘瑾对谢迁、刘健恨之入骨，必欲除之而后快。焦芳也是个心胸狭窄的小人，谢迁早年曾经推荐礼部尚书吴宽、吏部左侍郎王鏊进入内阁，却没有举荐焦芳，焦芳对此一直耿耿于怀。于是，刘瑾就与焦芳联合起来，想方设法要置谢迁、刘健于死地。

正德四年，朝廷降诏各省，要求地方官员向朝廷举荐本地区内怀才抱德之士。浙江布政、按察二司就举荐了余姚的周礼、徐子元、许龙，以及上虞的徐文彪。浙江举荐的四人中有三人来自余姚，而谢迁正是余姚人；再加上起草举荐信的不是别人，正是刘健。这就给焦芳、刘瑾抓住了把柄，他们借这件事大做文章，极尽诬陷之能事。刘瑾又矫诏称"所荐余姚隐士特别多，其中必有徇私舞弊之处"，下令将周礼等三人逮捕下狱，对他们进行严刑逼供，目的就是要把谢迁、刘健牵连进来。刘瑾拿到逼供信后就准备逮捕谢迁、刘健，幸亏尚在内阁的李东阳出手相救，谢、刘二人才得以免遭牢狱之灾。刘瑾又对浙江布政司、按察司的官员施以重罚，甚至颁布诏令：从此余姚人不得选为京官。谢迁、刘健以及尚书韩文被追夺诰命，同时受牵连被削官的多达六百七十五人。

正德五年，刘瑾罪恶暴露，武宗下令对刘瑾家进行查抄，竟然从他家中搜出了假造的皇帝玉玺。武宗极为震怒，大声说："此奴果然反"，立即下令将刘瑾分尸于市。直到这时，武宗想起了忠心耿直、力劝自己诛杀刘瑾的谢迁、刘健，遂诏二人复原官致仕。

正德十六年三月，武宗驾崩，他的堂弟朱厚熜即位，是为明世宗，改元嘉靖。被焦芳罢官的谢迁弟谢迪、子谢丕齐，也分别被授予参议、翰林官。嘉靖六年(1527)，大学士费宏荐举谢迁入阁，明世宗派人手持敕命赶赴余姚，召谢迁返京。谢迁再次进入内阁时已经是七十九岁的老者。他看见奸臣张璁也在内阁，想到自己年事已高不可能有大的作为，在阁中任职仅数日后，就上章力求辞职。明世宗竭力挽留，但谢迁去意已决。

嘉靖十年，谢迁在家中病逝，享年八十三岁。诏赠太傅，赐谥文正。

费　宏

费宏(1468—1535)字子充，号健斋，铅山(今江西铅山)人。伯父费瑄是成化十一年(1475)进士。成化十九年，十六岁的费宏与叔叔费瑞一起通过乡试，成为举人。第二年，他们来到京城参加礼部会试，结果双双落第。费宏在北京时收到伯父费瑄来信："你如果落第就不要回家，应该进入国子监读书。"费宏听从伯父的劝告，进入国子监继续从事举业。费宏读书非常刻苦勤奋，他节衣缩食，将省下的经费全部用来购买书籍。费宏善学好思，能够触类旁通、博采精华，再经过独立思考形成一家之言，学业进步很快。在国子监举行的月试、季试等各种考试中，他的成绩总是名列前茅。

成化二十三年，费宏经过三年苦读，终于顺利通过会试，并在廷试时技压群雄，勇夺状元。这一年他只有二十岁，是明代最年轻的状元，也是明宪宗钦定的成化朝最后一

位状元。据说，费宏后来问伯父费瑄：“我赴京赶考，尚未发榜，您怎么就预计到我可能落第，并建议我入国子监读书？”

费瑄笑了笑说:“我做了个梦,梦见你入北雍(北京国子监)领班签,签是彭时的旧物。而彭公正是游学北监后中状元。因此勉励你入监读书。如今不是也中了状元吗?”

费宏初授翰林院编修(从六品)。同年九月,明宪宗去世,皇太子朱祐樘登基,是为明孝宗,更元弘治。费宏在弘治朝的十八年里政绩一般,历官未显。他参加了《宪宗实录》的编修;曾担任礼部会试同考官。弘治九年,他奉命担任左春坊左赞善,负责辅导皇太子。弘治十二年、十三年,费宏的母亲、父亲相继病故,他辞官回家为双亲守丧。直到弘治十六年服阕(守丧期满),朝廷降旨,召他立即回京参加《通鉴纂要》的编修工作,并给予驿券(官方提供回京食宿、交通)。二年后,费宏迁左谕德(从五品)兼翰林院侍讲。

明孝宗去逝后,武宗朱厚照即位。正德元年(1506),费宏参与纂修《孝宗实录》,后迁太常少卿(正四品)兼翰林院侍讲、充经筵日讲官。二年,擢礼部右侍郎(正三品),转左侍郎,掌礼仪、祭祀、科举等政令。武宗是一个荒淫无道的天子,他初登大位就被权阉刘瑾等“八虎”包围,终日沉溺于游玩作乐,不理朝政。公卿大臣都难得见到皇帝的面,朝政弛废。尽管如此,费宏仍忠于职守,尽力做好自己的本职工作。鲁府邹平王的长子朱当溴上奏礼部,状告其弟当淳抢夺了本应由自己继承的爵位。按照传统礼制,父亲的爵位应该由长子继承。费宏身为掌管礼制政令的官员,自然要维护长子的利益,他上奏武宗,建议将爵位授予长子。当淳大怒,诬告费宏是因为收受当溴的贿赂才为他辩护。费宏不为所惧,坚持不许当淳嗣爵。

正德五年,权阉刘瑾被抄斩,那些与刘瑾弄朝更张有关的、涉及礼部的事情都要重新厘正。其中有一件事在朝廷引起了争议:刘瑾擅权期间,增加了山东、河南、陕西、山西诸省的乡试解额。于是，朝中就有人提议要将这些省份新增加的解额裁去，费宏表示反对，理由是："求贤，国家盛典。现在距离乡试的时间很近，如果临时裁减解额会引起这些地方士人的不满，进而引发社会的不安定。即使要裁减新增解额，也应该等此次科考结束后再行议论。"从费宏对这件事的处理态度不难看出，他遇事能从多方面考虑，尽量减少负面影响，办事稳妥有大度。明武宗采纳了费宏的建议，不久，费宏加太子太保（从一品）、武英殿大学士，进户部尚书。费宏以户部尚书入阁为大学士，其权位相当于唐宋宰相，这是他第一次入阁。

费宏四十四岁进入内阁，处于权力的顶峰，稍有不慎就可能被人算计。他入内阁不久就遇到了严峻的挑战。钱宁是武宗身边的宦官，他原本不姓钱，很小时被宪宗朝太监钱能收为家奴，遂改姓钱。钱太监死后，皇帝推恩及钱宁，授予他锦衣百户。武宗即位后，钱宁侍奉大太监刘瑾，有机会接近明武宗。明武宗崇尚武功，他见钱宁善射箭能左右开弓，就喜欢上他，收为义子，还特赐他皇姓（朱），赐封锦衣千户。刘瑾被抄斩后，也许是靠着皇帝"义子"的关系，钱宁不仅没有受到牵连，反而被提升为左都督，负责掌管锦衣卫事务，典掌诏狱，权力更加显赫。钱宁本性奸猾，善于迎合武宗，他知道武宗贪玩，就参与建造了专供皇帝游乐的场所"豹房"。从此，武宗经常喝得酩酊大醉，有时躺在钱宁身上就睡着了，直到次日下午还没起来。皇帝不上朝，文武百官不能当堂言事，政事陷于瘫痪。

当时的诸藩王中，宁王朱宸濠的势力最盛，野心也最大，他采用各种手段来提高自己的声望和地位。武宗没有儿子，钱宁为了能长久保全自己的荣华富贵，也拼命结交势力强大的藩王。于是，钱宁与朱宸濠相互勾结起来，想方没

法地拉拢、诱惑内阁大臣以扩展自己实力，阴谋篡权。费宏在朝中的声望颇高，自然成为他们拉拢的重要对象。钱宁曾带了一批贵重礼物去见费宏，想与他攀关系，被费宏拒绝，难堪地带着礼物离开。

朱宸濠为了增强藩王府的兵力和财力，建议朝廷恢复藩王府的护卫人员，并恢复屯田制。主管此事的兵部尚书陆完早已被钱宁、朱宸濠收买，为了争取内阁大学士的支持，使提议顺利通过，陆完就主动出面与费宏沟通。陆完问费宏："宁王求护卫，可不可以恢复？"费宏反问了一句："不知道当年革去宁王护卫出于何因？"暗示朱宸濠早年曾通过贿赂刘瑾的方式收回护卫，刘瑾事败，朝廷剥夺了他的护卫。陆完听费宏的口气显然不赞成，就厉声说："今日，恐怕不能不恢复了。"几天后，宦官将宁王朱宸濠要求恢复屯田、护卫的奏书送到内阁，费宏仍然坚持反对。可是明武宗宠信钱宁，还是下诏同意了朱宸濠的要求。此后，钱宁与朱宸濠内外勾结，千方百计寻找机会除掉费宏。

钱宁等终于打听到，御史余珊曾经上书弹劾费寀不应该留在翰林院任职，朝廷没有采纳他的意见，而费寀正是费宏的堂弟。钱宁就抓住这件事向武宗状告费宏徇私，武宗降旨斥责费宏。费宏明白这是钱宁在陷害自己，他对皇帝不明事理就斥责自己感到非常失望，上疏请求致仕。昏庸的武宗竟然批准了他的请求，同时命费寀致仕。

费宏乘舟沿大运河南下，离开了京城，但是阴险狡诈的钱宁并不肯就此罢休，派人暗中监视费宏。当船只行驶到山东临清时，一路跟踪而来的人竟然放火烧毁船只，费宏与家人因逃离及时才未被烧死。费宏意识到自己的处境十分险恶，回到江西老家后就闭门谢客。他在家乡建造了新楼房，门额题上"至乐"二字，每天教诸子读书。

宁王朱宸濠的妻子与费宏堂弟费寀的妻子是两姐妹，这样算来，朱宸濠与费宏也是沾亲带故。尽管费宏已经赋闲在家，朱宸濠仍设法与费宏通好，想利用他在朝中的影响为自己壮势。但费宏毕竟是立朝多年、有政治头脑的大臣，他对朱宸濠的举动非常警惕，谢绝往来。恼羞成怒的朱宸濠听说费宏族人与同县恶霸李镇发生纠纷，就暗中派人联络李镇陷害费宏。李镇纠集一群乌合之众攻掠费氏家族，没有抓到费宏，就把曾与自己争讼的费氏族人活活肢解，将附近村舍抢劫一空。李镇还趁机招兵买马扩充自己的势力，在乡里为非作歹。费宏连忙派人上奏朝廷，朝廷责令江西巡抚孙燧派兵剿灭匪徒。朱宸濠误以为朝廷对自己的谋逆行为有所察觉，就在江西起兵反叛，被大将王守仁(阳明)率军镇压。

明武宗病逝后没有子嗣继承帝位，就在宗室内寻找继承人。结果，兴献王朱祐杬之子朱厚熜被选中，是为明世宗，改元嘉靖。世宗即位之初，就诏费宏入朝辅政，擢少保、吏部尚书。这是费宏第二次进入内阁。户部上奏要求追讨明武宗正德元年以后各省拖欠国家的赋税，费宏认为，这些欠税年岁久远难以追索，建议从正德十年以后开始清算。明世宗采纳了他的建议。嘉靖四年(1525)，世宗以天灾频发为由，下诏求直言，费宏上书说:"陛下用度没有节制，大规模兴建宫殿，京营地区不足十万的兵士都投入到无休止的工役中;京畿土地半数被征为皇庄;正直大臣因获罪未及平反，言官谏诤却遭切责。以上种种举措既伤和气又招怨恨。望陛下省察。"世宗遂下令停建仁寿宫，将前往各地采办木材的官员全部召回。不久，费宏拜少师、兼太子太师、华盖殿大学士。

费宏在内阁中资历最老，被立为内阁首辅大臣。内阁大臣席书、张璁、桂萼都曾经因为徇私舞弊遭到费宏的裁抑，对这位首辅大臣心存不满。席书曾经将弟弟席春从其他衙门调入翰林院当检讨，并让他参与《武宗实录》的修纂，准备委以重用。费宏深知席书的用心，待《武宗实录》修毕就将席春调离翰林院。张璁、桂萼善于阿谀奉承，颇得皇帝欢心，很快由郎官入翰林，骤升为詹事（正三品）。费宏秉公执事，还经常对这两人加以制约，不让他们为所欲为。于是，这三位大臣出于同样的怨恨心理、沆瀣一气，经常在世宗面前攻击诋毁费宏。

世宗御平台，草草写了一首七言诗，让朝臣唱和，然后又让费宏把朝臣的唱和诗汇编成册。世宗还特地在费宏姓名前加上"内阁掌参机务辅导首臣"的官衔，尊礼如此，前所未有。桂萼却对世宗说："诗文小技，不值得让陛下如此劳心。陛下这样做只会使费宏更加凌压朝臣。"世宗置之不理。不久，桂萼等人又诬告费宏收受郎中陈九川的贿赂，物品竟是陈九川偷盗来的天方贡玉。费宏明白自己遭群小围攻、很难在朝堂上立足，与其被他们挤下台，不如急流勇退。他上疏陈乞致仕，并在奏疏中指责桂萼、张璁等阁臣挟私恨排挤自己："不让他们当经筵官，怨；不给修《兴献皇帝实录》，怨；不能充两京乡试考官，怨……。谁都知道我是下听众议，上禀皇帝圣裁，我岂能专权用事？他们总在觊觎首辅之位，我实不能与此辈小人共事。祈求赐骸骨还乡。"

世宗知道桂萼等人诋毁费宏无非是为了争权夺利，没有同意费宏的致仕请求。桂萼、张璁眼看这样仍无法整垮费宏，又想出一个损招：唆使他人上书状告已经离职的大学士杨廷和，再由杨廷和案把费宏牵连进来。明世宗即位后，想立亲生父亲兴献王为帝，遭到许多大臣们的反对，认为这样做不合礼制。大学士杨廷和因反对册立世宗的生父为帝被罢职。在这场“大礼之争”中，费宏始终保持中立的态度，既不反对也不表态赞成。事隔多年后，桂萼等人重提这段往事果然触到了世宗心底的痛处，世宗一想到费宏当年没有明确表态支持自己就很不高兴，终于同意了他的致仕请求。

费宏刚一离开朝廷，张璁、桂萼就开始掌权用事。直到嘉靖十四年，桂萼病死，张璁也被罢阁职，世宗又想起了费宏，再次派人赶赴江西将他接回京师。中使（宦官使者）给费宏送来了御馔，并传达了世宗皇帝的慰问：“与卿分别很久，卿身体如何？当悉心辅佐朕治理国家。”世宗还特赐他“旧辅重臣”银章。费宏第三次进入内阁。然而，经历了这么多年的政治风雨，费宏倍感身心疲惫，加上年老体衰，入阁不到三个月就病重而逝，享年六十八岁。世宗惊闻噩耗悲痛不已，诏赠太保，赐谥文宪。

状元费宏三入内阁，辅佐两朝君王近十年。他虽屡遭奸臣诬陷排挤，仍以功名善终，不愧为一代名臣。

康　海

康海（1475—1540）初名澍，字德涵，号对山，别号浒西山人、太白山人，西安府武功县（今陕西武功）人。父亲康镛曾经担任平阳府的经历司知事（正九品）。康海幼时就显露出极高的天赋，他读书不喜欢死记硬背，善于用心去领会书中大义，并且能触类旁

通、融会贯通。长大后，他更是通贯古今，成为远近闻名的才子佳士。时任陕西提学的杨一清盛赞他的才华，并预言他将来必成大器。

明孝宗弘治十一年(1498)，康海参加陕西乡试，名列第七。次年，他赴京城参加会试，不幸落第。弘治十五年，康海再赴礼部会试，礼部共录取鲁铎以下二百九十七人，他也榜上有名。殿试时，孝宗亲出策题：任辅相以修致。康海对策首句是“天下有不易之事，君有不易之心”。廷试读卷官、内阁首辅刘健审阅康海对策后，盛赞其文风高古、娴于政理，列为第一名。明孝宗重文兴治，致力于搜求贤才，他读了第一名的卷子后颇为惊喜，对辅臣说：“我朝一百五十年来尚无此种文体，真可以变今追古了!”遂亲擢为第一甲第一名进士。

康海高中状元后，他的名字迅速在大江南北传开，策文被天下士子争相传诵、效仿，明中后期的文体也随之改变。在封建社会，皇帝能给一个士子如此高的评价实属殊荣，朝野内外都十分羡慕这位新状元，想亲眼一睹状元风采。康海的曾祖父康爵曾担任南京太常少卿，死后也被安葬在南京，南京人个个以此为荣，说：“康状元是由南京风水所出。”

康海初授翰林院修撰(从六品)，但是他思乡心切，一年后就请假返乡，在家中一待就是三年。弘治十八年，康海返回京城，仍然在翰林院任旧职。康海恃才傲物，与当时的户部郎中非常投缘，两人经常在一起互相唱和、评论古今人物，甚至当面指责大臣过失，得罪了不少官员。

同年五月，被誉为“贤明君主”的明孝宗驾崩，即位的明武宗朱厚照却是一个昏庸无能的皇帝，他一味宠信刘瑾等宦官，游戏人生、不理朝政。刘瑾专权用事，打击异己，凡是不阿附听命的官员多被窜逐，朝堂之上刚正不阿之臣几乎

被清除一空。康海与刘瑾都是陕西人，刘瑾对这位名重一时、声震华夏的状元同乡也很器重，千方百计拉拢他。刘瑾

曾经暗示康海，让他前去见自己，康海却偏偏不理会。不仅如此，他还时常直言不讳地批评刘瑾。若换作他人，早就遭到刘瑾的打击报复。但对于康海，刘瑾却网开一面，即使再不高兴也只是隐忍不发，把怒气压在心底。

正德元年(1506)，户部尚书韩文率大臣上章弹劾刘瑾擅权乱政，弹文由户部郎中李梦阳起草。李梦阳在弹文中一一列举刘瑾罪状，要置刘瑾于死地。但武宗既宠信刘瑾，又怎么会相信这一纸弹文呢？结果，韩文、李梦阳等大臣先后被罢官解职，刘瑾却由钟鼓司升任司礼监太监，权势反而更大。刘瑾一想到李梦阳起草的弹文就怒火难平，随便安个罪名将李梦阳投进大狱，准备处死。朝中大臣明知刘瑾是在打击报复、陷害忠良，却没有一个人敢出面相救，事实上也很难相救。

自知难逃刘瑾的魔掌，李梦阳在绝望中忽然想起了康海。康海是刘瑾的同乡，又是刘瑾竭力想拉拢的对象。出于对生的强烈渴望，李梦阳在纸条上写下“对山(康海别号)救我救我”六个字，设法通过狱卒将纸条送到了康海手里。康海看了李梦阳的求救信后内心十分矛盾：刘瑾是误国佞臣，若去向他求助有损自己的人格；可是李梦阳又是知己好友，见死不救，于心何忍？正当康海左右为难之际，翰林院编修何瑭对人说：“康对山若肯出面到刘瑾那里疏通一下，李献吉(梦阳)就可活也！”听到这句话后，康海把心一横：“我何惜一往而不救李君耶？”决定去为李梦阳求情。

康海请一位御史陪同自己去内阁找刘瑾，他们刚走进左顺门，迎面遇见刚从内阁出来的何瑭。康海就对何瑭说：“我是为李郎中而来。”何瑭点头称是，然后悄悄对他说：“见刘瑾只能独往，不能由他人陪同。”康海听从何瑭的劝告决定不去内阁，并且说：“刘瑾气焰薰天、横行霸道，而且又很要名气。所以只能用花言巧语去打动他，而不能对他讲什么大道理。”何瑭说：“这只有先生能行，其他人都办不到。”

第二天，康海独自一人去刘瑾府上拜谒，刘瑾一听是名状元康海登府求见，欣喜之余赶紧出来迎接。俩人坐下来，先是喝茶、寒暄一番，刘瑾这才开口说话：“听人讲，自古以来的状元都不及先生，先生真是为我们关中人增了光！”康海很机敏，马上把话题接了过去：“我康海不足称道，人们都说关中有‘三才’，公听说过没有？”刘瑾惊奇地问：“哪三才？”康海回答：“第一是瑾公，其次是李郎中，我排在二位之后，也算一个。”刘瑾反问：“那个李郎中，莫非就是李梦阳？”康海说：“正是。”刘瑾立即沉下脸来恶狠狠地说：“如果是他，该杀，杀无赦。”康海劝阻说：“李梦阳是该杀，但是杀了他，我们关中‘三才’不就缺了一个吗？”话语点到为止，刘瑾已经明白了康海此行的目的，就把话题岔开，两人继续饮酒谈天，直到很晚康海才离开刘府回家。

第二天，刘瑾上奏明武宗，请求赦免李梦阳。实际上，当时的武宗根本不理朝政，官员的生杀大权完全操控在司礼太监刘瑾手上，大臣们的奏章文书也都要先经他过目再呈送武宗，他甚至在家中组织一班亲信批阅奏疏。所以只要刘瑾同意放人，根本不需要武宗点头。就这样，李梦阳在康海的竭力救助下保住了性命。

有了前次的交往，刘瑾又想拉拢康海，委以重用。他派亲信捎信给康海：“主上打算擢先生为吏部侍郎（正三品）。”康海连忙说：“我入仕任翰林修撰（从六品）才五年，没有立即升为部堂官的先例，决不敢当，请帮我辞谢。”刘瑾见康海仍不肯归附，就物色了另一位陕西同乡、文选清吏司郎中张尚质，任命他为吏部侍郎。康海获悉后就去问张尚质：“我辈对刘瑾都是避之唯恐不及，你却为何要接受这个任命？”

张尚质无奈地说："刘瑾让御史高胤来威胁我，我不敢不受。"康海就帮他出了个点子："既然不受不行，那你干脆请病假辞官回家吧。"可是张尚质又舍不得丢弃官职，还是勉强接受任命。刘瑾事败后，张尚质被逮捕下狱，他后悔不迭地对同狱人说："我真后悔当初没有听康德涵的话。"

康海当年是为了解救李梦阳不得已去造访刘瑾，他本人决无趋炎附势之意。可是社会太复杂，官场上的人际关系太复杂，这件事后来竟成了葬送他政治前途的祸根。

正德三年，康海母亲病故，他告假回乡奔丧。途中遭遇盗贼，随身财物被洗劫一空。地方官敬重康海是翰林官、又是状元出身，对案件十分重视，派人全力抓捕盗贼。按照惯例，亲人亡故后要请名士撰写行状、墓志铭，京官一般要请朝中阁臣撰写。康海却没有遵循惯例，他亲自为母亲撰写行状，又请同乡好友王九思写墓志铭。他的举动又引来了阁臣们的不满和指责，认为康海是自命清高、瞧不起人。

正德五年，宁王朱宸濠的叛乱很快被王阳明讨平，刘瑾受牵连被处以磔刑（肢解），他的党徒也被一网打尽。按说，此时的康海正在家中为母亲守丧，根本不可能参与其中，但是在阁臣开具的刘瑾党徒名单中竟赫然写着"修撰康海"。康海自恃才高，加上年少气盛，得罪了不少官员。他仗义救人一事成了阁臣们打击他的把柄；甚至于地方官帮助他追捕盗贼，也成为他利用职权、扰乱地方的一条罪证。康海难于参辩，被革职罢官。替康海母亲撰写墓志铭的王九思也一同被罢官。

赋闲在家的康海听说自己被罢官后并没有抱怨，反而坦然地说："自思无愧，祸因人降。刘瑾是国家罪人，我常常担忧他祸国殃民。如今刘瑾被杀，这是国家之大幸。我个人罢官没有什么可惜。"从此以后，康海不问政事，整日身穿古服、头戴葛巾，纵情于声色山水之间，读书作文。王九思与康海是患难之交，他们结伴携带歌妓美酒，登游名川大山、造访寺庙道观。王九思曾出重金请来乐工教自己和康海弹琵琶，两人学到了一手弹琵琶的好技艺，他们自作乐曲、自说自唱，逍遥度日。

朝中一些正直的官员都替康海感到惋惜，希望他能再回来做官。内阁大学士杨廷和的弟弟杨廷仪任兵部侍郎，他奉命出巡地方，途经陕西武功县时，就慕名前去拜见康海。康海留他一起饮酒，酒酣耳热，康海自弹琵琶唱了起来。杨廷仪见他兴致很高，就劝他说："家兄在内阁，一直记挂着你，可否写封信致意？"想不到杨廷仪的一番好心竟惹得康海大怒，他举起手中的琵琶砸向杨廷仪，口中骂道："我才不学唐代王维，假作伶人，借琵琶讨官。"杨廷仪见状连忙起身离去。

嘉靖十九年十二月十四日，康海病故，享年六十六岁。康海身后留下了不少文学作品，其中最有名的杂剧是《中山狼》，这是明代杂剧中最优秀的剧作之一。他在《中山狼》中塑造了两个具有典型意义的形象，一个是善恶不分的东郭先生，一个是忘恩负义的中山狼。这个故事对后世具有深刻的教育意义。

杨　慎

杨慎（1488—1559）字用修，别号升庵，成都府新都县（今四川新都）人。祖父杨春是明宪宗成化年间的进士，父亲杨廷和曾在明武宗、世宗两朝任首辅大臣。杨慎出生时，父亲刚由庶吉士散馆，任翰林院检讨（从七品）。书香门第的优良环境使杨慎从小耳濡目染，接受儒家文化的熏陶。

七岁时，母亲黄氏开始教杨慎句读，并授以唐诗。为了让他练习正楷字体，母亲用笔管在纸上压出一个个空心圆圈，让他在圆圈中填字。杨慎"奋志诵读，不出外户"，十一岁时就能作近体诗，留下"一盏孤灯照玉堂"的佳句。他还仿作古文名篇《古战场》、《过秦论》，显露出非凡的才华。

杨慎十二岁时母亲病故，他跟随父亲回到四川老家为母守丧，深沉丰厚的川蜀文化在他幼小的心灵留下了深深的烙印。祖父杨春开始引导他学习屈原、贾谊、班超、苏轼等先贤的嘉言懿行，还专门聘请当地一名进士教他学习《易经》等儒家经典。一天，父亲杨廷和与客人下棋，下至深夜仍难分输赢。有人提议让杨慎以"深夜下棋"为题写首诗来助兴，杨慎欣然答应，他挥笔写道：

兵卒冲千里，将军坐九宫。
追风看马跃，吉日思车攻。
士相围城固，江河天堑雄，
笑谈番几局，月白映灯红。

杨慎才思敏捷、遣词准确、造意新颖，在场众人无不称奇。

弘治十四年，杨慎又跟随父亲返回北京。明武宗正德二年(1507)，杨慎回四川参加当地的乡试，举《易经》擢魁，成为一名举人。次年春，他参加礼部考试，主考官王鏊、梁储已经圈定杨慎的答卷为首选，不料考卷竟被烛火焚毁，他只能落第而归。这样的结局令人伤心。好在杨慎表现得十

分坚强，他没有在痛苦中消沉，而是决定从头再来，进入国子监继续攻读举业。

正德六年，杨慎第二次参加礼部会试，知举官费宏、靳贵将他的糊名试卷列为第二，他顺利进入殿试。殿试时，杨慎在对策中援引史事、融会经义，陈述滔滔、切中事理。读卷官李东阳、刘忠、杨一清一致认为这是一篇“涵海负地”、气势磅礴的佳作，武宗皇帝阅后也非常满意，钦定第一甲第一名。杨慎中状元的消息传到四川，百姓欢呼雀跃、奔走相告，很多人还张灯结彩庆贺川蜀又出了一名才子。这一年杨慎二十四岁。

杨慎初授翰林院修撰（从六品），参与修史工作。正德八年，杨慎继母去世，他告假还蜀为母守丧三年。服丧期满后，他重入翰林院，担任经筵展书官，并参加撰修《武宗实录》和校刊《文献通考》的工作。这一年是“大比之年”，杨慎奉命担任殿试掌卷官，他发现有一份对策写得特别好，就推荐给读卷大臣梁储，梁储看后就将该卷置于第三。杨慎不满梁储的排定，与他据理力争，最终将这份对策卷列在第一。

明武宗是一位昏庸无道的君主，朝中大臣和言官一再上书劝谏，他都充耳不闻。血气方刚的杨慎也大胆上奏，劝谏武宗不要“偏听偏信”，不要沉溺于游乐而置天下于不顾，武宗照样不加理会。杨慎感到非常失望，就请病假回乡休养。正德十六年，武宗驾崩，他的堂弟朱厚照继承大统，是为明世宗，改元嘉靖。嘉靖皇帝最关心的是自己的正统地位，硬要把生父兴献王尊为皇帝，生母尊为皇后，遭到坚守儒家礼仪的首辅杨廷和、礼部尚书毛澄等的坚决反对。当时朝中也分成针锋相对的两派，双方各执一辞、僵持不下。善于钻营投机的新进士张璁一味迎合世宗心意，竭力主张要“尊崇所生”，令皇帝十分高兴。

世宗即位初，杨慎已返京任职，后出任殿试受卷官。八月，世宗开经筵，杨慎任讲官，又参与编修《武宗实录》。武宗其人其事，当朝大臣谁也不敢恭维，如何对他进行总结、评价就成为摆在纂修官面前的一道难题。总裁、副总裁蒋冕、费宏见杨慎谙熟朝典，又敢于秉笔直书，就干脆把大臣们撰写的《实录》草稿统统交给他，由他不定期审定。《武宗实录》修成后，蒋冕、费宏称赞杨慎："官阶虽低，实堪副总裁之任！"吏部考核杨慎工作业绩时所作的评语是："文章不愧出自状元之手，慎修《实录》合乎其名。"

如果有幸遇上一位清明的好皇帝，杨慎必定会在政治舞台上大显身手。然而风云突变，明世宗为了尽快结束朝廷有关"大礼之争"，决心大开杀戒。首辅杨廷和因为议论不合上章请求辞官，他直言不讳地对世宗说："臣等与举朝大臣、言官上谏，陛下都一概不听，只听信二、三个邪佞小人的言辞。陛下难道能与二、三邪佞共治祖宗天下吗？"世宗见杨廷和"顽固不化"，索性批准他的致仕请求。世宗接着又颁诏，把反对"兴献王加尊"的编修官郑守益等人关进大狱，严刑拷打；又将迎合自己的新进士桂萼、张璁提升为翰林学士。翰林学士丰熙等纷纷上疏弹劾张璁、桂萼，要求罢去他们的官职，世宗不听。杨慎又和三十六名朝官一起联名上书："臣等与桂萼辈学术不同、议论各异。今陛下既然起擢桂萼辈，不以臣等所言为是，臣等誓不能与他们同立于朝，请赐罢归。"

世宗见首辅杨廷和已经离开朝廷，他的儿子杨慎又起来与自己作对，非常气愤。他下诏严厉训斥杨慎等人，并处以停俸的惩罚。但是杨慎并没有屈从，他在一次朝会结束后振臂高呼："国家养士一百五十年，仗节死义，正在今日！"一呼百应，二百二十九名朝臣全部聚集在左顺门跪地不起，要求严办桂萼、张璁。世宗大怒，派锦衣卫逮捕为首的大

臣。杨慎毫不畏惧，继续撼宫门大骂，声震云霄。世宗怒不可遏，又下令将四品以下共一百三十四名官员逮捕入狱。杨慎前后两次被处以杖刑，并在第二次杖责时昏死过去，当时共有十七位朝臣被杖责而死。最后，世宗谪贬杨慎云南永昌卫，将他赶出朝廷。这一年杨慎三十七岁，正处在人生的黄金时期，等待他的却是悲惨的、禁锢边疆的炼狱生涯。

杨慎虽然结束了短暂的政治生涯，失去了士大夫梦寐以求的富贵尊荣，但这一切对于志存高远的他来说，并不意味着创造生命的终结。在此后三十多年寂寞孤独的日子里，杨慎开始了专心治学、感悟人生的学术之路，成就了雄视一代的大学问，创造出新的辉煌。

嘉靖三年(1524)七月底，杨慎被押往云南，经过五个多月的艰难跋涉，终于抵达永昌卫(今云南保山)。在经历了肉体上的创伤、精神上的折磨以及路途的艰辛后，杨慎病倒在床。幸运的是，云南巡抚郭楠和永昌卫指挥使不但没有歧视他，反而敬佩他的刚直不阿，对他关怀备至。他们亲自为杨慎安排居所，请来当地名医为他诊治。杨慎在绝境中感受到人间真情的温暖，情绪慢慢稳定下来，身体也逐渐康复。

明世宗心胸狭隘，一直不肯原谅那些反对“兴献王加尊”的官员，特别是杨廷和父子。尽管杨廷和已经辞官回家，世宗也不肯放过他，将他削籍为民。云南巡抚郭楠曾经上奏朝廷为杨慎申诉，希望世宗能予以赦免，却一直没有结果。随着嘉靖朝“大礼之争”风波的逐渐平息，先后有一百四十余名贬谪官员获得赦免，唯独杨慎迟迟等不到赦免回籍的诏令。嘉靖八年八月，杨廷和病故，杨慎通过云南巡抚欧阳重上奏朝廷，请求回四川为父亲奔丧。世宗虽然恩准他回四川，却又规定他料理完丧事后必须立即返回贬谪地。

杨慎在云南贬谪地一待就是三十五年，在这期间，他读书、著述，与当地文人志士交游唱和，与少数民族朝夕相处，深入了解云南的风土人情、风景名胜、历史典故。杨慎一生著述极丰，在中国学术史上占有重要的一席。他的《转注古音略》是我国古韵学史上一部承前启后的名著，他主编的《全蜀艺文志》为研究四川古代文化提供了一份宝贵的遗产。他的许多诗作描绘了云南边疆的迤逦山水和边民的多彩生活，丰富了我国古代诗歌宝库。至于说杨慎的著作究竟有多少，现在已经很难准确统计，《明史》称："明世记诵之博，著作之富，推慎为第一。诗文外，杂著至一百余种，并行于世。"流传至今的有《升庵全集》八十一卷。

嘉靖三十六年，年届七十的杨慎病倒了。他回想自己三十多年的贬谪生涯，内心倍感悲愤，挥笔写下《感怀诗》：

七十余生已白头，明明律例许归休。
归休已作巴江叟，重到翻为滇海囚。
迁谪本非明主意，网罗巧中细人谋。
故园先陇痴儿女，泉下伤心泪也流。

这首《感怀诗》虽然为尊者讳，但字字句句饱含着血泪的控诉。根据大明律法，谪戍者年龄达到六十五岁以上，可由子侄后辈代为服役；超过七十岁就可以用钱赎身。但是，这条法律唯独不适用于杨慎，明世宗就是要百般折磨他，令他至死服役。嘉靖三十八年七月，杨慎病故，享年七十二岁。明熹宗即位后，追谥文宪。

杨慎的一生虽然久遭迫害、悲惨凄凉，但后世百姓并没有忘记他。在云南，"杨夫子"被视为传播文化、开启风化的先贤先圣，几乎是妇孺皆知；故乡的父老们也没有忘记他，集资建造"升庵"祠以纪念这位铮铮志士。现在，新都的升庵祠已被列入四川省重点文物保护单位，受到国家的保护。

焦竑

焦竑(1541—1620)字弱侯,号澹园,南直隶应天府(今江苏南京)人。亲父焦文杰是世袭副千户,官飞骑尉。焦竑从小就聪明好学且志向远大。六岁时,他登临"观象台",仰望群星闪耀的夜空感叹道:"苍天如此广阔无垠,而大地却被人为地划分此疆彼界,这全是世人思想狭隘所造成的啊!"这番话竟然出自一位稚童之口,着实令人惊异。焦竑小小年纪就有如此宽广的胸襟,让人叹服。

焦竑稍长后就开始在府学读书,遇到疑难问题就去请教当地著名学者罗汝芳。他勤学好问,成绩一直名列诸生之前,受人瞩目。嘉靖四十三年(1564),二十四岁的焦竑通过地方乡试,成为一名举人。但在第二年的礼部会试中,他却意外落第。回到家乡后,督学耿定向挑选当地十四位名士进入崇正书院读书,聘请焦竑担任书院的山长,负责书院的教学工作。焦竑就一边教书,一边继续准备举子业。此后的二十多年里,他曾经多次赶赴京城参加会试,可惜文运不佳、屡试屡黜。但是,一次次的挫折与磨难并没有让焦竑颓废灰心,他以顽强的毅力不断向科举考场发起冲击。

明神宗万历七年(1589),已经四十九岁的焦竑终于成功通过礼部会试,并在殿试中一举夺魁,荣膺状元桂冠。家乡民众获悉焦竑状元登第后都非常高兴,打算为他立碑坊,

焦竑以赈饥为由婉言辞谢。乡亲们就将立碑坊的经费拿出来购置义田，救济当地灾民。

焦竑初授翰林院修撰(从六品)。万历二十一年，明神宗采纳内阁大学士陈于陛的建议,下诏开国史馆编修国史。陈于陛称赞焦竑学识渊博,有意请他来主持国史的修纂工作。焦竑认为自己资历太浅,就谦逊辞谢,只以一般修史者的身份负责《国史经籍志》的修纂。当焦竑的《经籍志》完成后,负责其他部分内容的编修人员竟然还没有开始动笔。不久,国史馆被关闭。焦竑修纂的《国史经籍志》成为传世佳作,受到后世学者的好评。

值得一提的是,焦竑在修史过程中还对传统的修《国史》体例提出了七条意见,这些意见大多具有冲决陋矩的新意。按旧例,三品以上文武官员不辨贤愚忠奸都要立传;而三品以下官员即使忠心耿直、才华卓著也概不录入。焦竑认为这种规定失之公道,不足以"昭示来者"、垂教后人。他还指出,要使《国史》史料详实可靠必须广采群籍,而宫中所藏图籍"无几",建议各省督学官出巨资到民间采购孤本、珍本,分别收藏于翰林院、国子监,作为国家纂修史籍的参考文献。可以说,焦竑的这些建议都是中肯、精当的专家之论。遗憾的是,倡议纂修国史的内阁大学士陈于陛不久辞世,纂修工作因此停顿下来,焦竑的建议自然也没有被采纳。

国史馆闭馆后,焦竑奉命负责教导宫廷内小太监们读书。翰林院的同僚对教小太监读书的差事都不屑一顾,认为小太监读不读书没什么关系。唯独焦竑非常认真地对待,他的见解也与众不同,他说:"千万不要轻视这些不识字的小太监,他们有朝一日侍奉在皇帝身边,就有可能掌握大权。受过文化教育与没有受过教育就会大不一样。"为此,焦竑广泛搜集古今阉宦善恶事迹编写成教材,作为小太监们的识字课本。

万历二十二年,皇长子朱常洛(明光宗)出阁,神宗任命焦竑担任讲官，为皇子授课。朱常洛成为皇子纯属偶然。明神宗的生母慈圣皇太后身边有一位侍女王氏，专门服侍皇太后的日常起居。一次，明神宗去太后宫向母亲问安，恰巧母亲不在，他看见一位身材窈窕的侍女心有所动，就叫侍女端一盆水来洗手，并乘机与她发生了肉体关系，这位侍女就是王氏。王氏不久怀孕，她在皇太后的追问下将事情的原委如实禀报。神宗没有子嗣一直是皇太后的一块心病，如今自己身边的使女怀上了龙种，皇太后怎么能不高兴呢？她就去询问神宗，神宗却矢口否认。皇太后就派人拿来记录着皇帝日常活动的《起居注》，找到了皇帝去太后宫与王氏有过接触的记录。神宗皇帝不再申辩，就封王氏为才人，不久又封为恭妃。

朱常洛出生后，神宗对他一直非常冷漠。朱常洛长到四岁时，皇帝宠爱的郑贵妃也生下了一子，取名朱常洵。神宗得知爱妃生子兴奋异常，立即封郑贵妃为皇贵妃，视朱常洵为掌上明珠，欲立为皇太子。但是，朱常洛是长子，理应继承帝位。不立长子而立庶子的做法与礼制相违，势必遭到群臣的反对。神宗对此也无可奈何，他既不敢册立朱常洵为皇太子，但也迟迟不肯册立朱常洛。朱常洛当然知道父亲不喜欢自己，内心也是很苦闷。而且，父皇一直对他非常苛刻，通常皇子们都是从上午九点开始学习，遇到天气不好时可以停课。朱常洛却被要求早上三点钟起床、破晓开始学习，不管天气好坏都不能停课。

焦竑在为皇子朱常洛讲读时，发现他性格冷漠，对学习也没有什么兴趣。为了提高皇子的学习热情、活跃学习气氛，焦竑想方设法开导他，并打破传统的给皇子上课不提问的旧例。一次上完课后，焦竑对皇子说："博学、好问，这两者同样重要。如果我讲课有什么不足之处，望殿下能指出来。"朱常洛只说了一个"善"字,就不再多说。又一日,焦竑在课堂上对皇子说:"殿下闭口不言,是不是怕所提问题有什么不妥之处?其实,只有老师解答问题时可能会出差错,没有学生提问题提得不对的。古人不耻下问,愿殿下亦能像古人那样。"皇子仍然只说一个"善"字。焦竑见皇子总不肯开口,就决定自己先向皇子提问。

一天,焦竑给皇子讲《尚书·舜典》。《尚书》是最古老的一本经书,文字深奥难懂。他问朱常洛"稽于众,舍己从人"这句话应该如何解释?朱常洛开口回答:"稽者孝也,孝集众人所思,然后舍己之短处,从人之长处。"焦竑听罢不禁大吃一惊,他没有想到皇长子的悟性那么高,理解得如此准确。过了一天,焦竑又问:"上帝降衷,若有恒性"一句应该如何解释?朱常洛应声对答:"这句话没有别的意思,无非讲天命即性而已。"那时的朱常洛还只是个十三岁的孩子,焦竑见他才思敏捷、对答如流,感到非常欣慰,从此更加认真地备课授读,对皇子的要求也更加严格。有一次上课时,天空出现一群结队南飞的大雁,皇长子忍不住抬头仰视云天。焦竑见状就停下来表情严肃地看着皇子。皇子自知失礼,立即改容坐正,焦竑这才继续讲课。为了丰富讲课内容,焦竑搜集了历代皇太子中言行可资借鉴的事例,编辑成《养正图说》一书。同僚郭正域指责焦竑这么做是为了沽名钓誉。同朝为官的官员之间竟如此难以沟通,焦竑感到很灰心,没有将这本书进呈皇帝。

焦竑性格豪爽正直,立朝负有盛名,对朝中一些不合理的事敢于直言无隐,这使他遭到一些同僚的不满和排挤,特别是作为内阁四辅之一的张统。万历二十五年,焦竑担任顺天府乡试主考官。考试结束后,张统重新审阅试卷,想从中找出一些问题来整治焦竑。他发现已经被取录的曹蕃等九人试卷中有几句险怪言论，就指使给事中项应祥上疏弹劾主考官焦竑。焦竑辩解说："考生试卷是按不同经书分阅的，所摘录的这九人的试卷并不是我审阅打分的。"尽管如此，焦竑仍被降为福宁州(治所在今福建霞浦县)同知，任福宁州的副长官。事实上，焦竑具有较强的识贤辨才能力，明代大科学家徐光启就是在这一榜乡试中被焦竑录取的。十四年后，徐光启以门人的身份为焦竑《澹园续集》撰写"序言"时，还特别提到自己"受知先生为深"。

焦竑在福宁州同知任上干了一年，就遇上朝廷三年一次的"大计"——对官吏的政绩进行考核。结果，他再次遭到降官的处分。他深感官场险恶，决定退隐家中，潜心读书、著书立说，并结交一些志趣相投的朋友。

焦竑是明代著名的藏书家。1984 年，文物考古工作者在南京同仁街的焦状元巷发现了当年焦竑的藏书楼，面积达二百五十平方米。藏书楼内"五楹俱满"，五间房子内装满书籍，达数万卷之多。明代一些有钱的读书人喜欢收藏书籍，但他们往往是"束书不观"，而焦竑藏书却是为了阅读、写作，他差不多把自己所收藏的书籍全部览阅一遍。《明史》称赞他"博极群书，自经史至稗官、杂说，无不淹贯"。

焦竑一生著述丰硕，除了《国史经籍志》外，他还花费大量心血广泛辑集当朝名臣的碑传、家谱等第一手资料，汇编成巨著《国史献征录》一百二十卷。这部著作内容翔实丰富，为后世了解、研究明代历史和人物提供了宝贵的文献资料。焦竑所著有关学术与明代史事的名作还有《玉堂丛语》、《焦氏笔乘》、《焦氏类林》、《词林历官表》、《俗书利误》、《养正图解》、《考工记解》、《澹园乐》、《诗文集》等等。他被誉为"卓然名家"，是明代著名的大学问家。

焦竑的思想言行与明代著名思想家李贽相合，他们与孙矿一起被视为三个“狂生”、“异端”。李贽公开倡言不以孔孟之是非为是非，主张男女平等，他还招收女弟子，对道学家的虚伪给予无情揭露。焦竑不仅旗帜鲜明地支持李贽，还将自己丰富的藏书借给李贽阅读，与李贽一起在南京聚众讲学，并为李贽的名著《藏书》撰写序言。他称赞李贽“其物之高、著述之富，如珠玉然”，甚至说他“可肩一‘狂’字，坐圣门第二席”。焦竑还帮助李贽筹集经费刊刻《藏书》六十八卷。明朝官府将李贽的学说看作是洪水猛兽、异端邪说，并以“敢倡乱道、惑世诬民”的罪名将他逮捕入狱，逼其割断喉管自杀。李贽死后，焦竑冒着被诛连的危险，亲自在他的墓碑上挥笔写下“李卓吾先生之墓”七个大字，悼念这位志同道合的亡友。

万历三十七年，焦竑受命出任南京国子司业一职。这时的他已是年近七旬的老者，隐居山野也差不多二十年。万历四十八年，明神宗驾崩，皇太子朱常洛继承大统，是为明光宗，改元泰昌。同年，焦竑病逝，享年八十岁。朱常洛在位只有一年，明熹宗朱由校即位，改元天启。熹宗顾念焦竑曾在先朝讲读，悉心指导过皇太子，诏复官，追赠左谕德。南明福王又追赐他谥号，曰文端。

赵秉忠

赵秉忠(1574—1626)字季卿，号秋墅阳，青州府益都(今山东青州)人。父亲赵禧以忠厚著称，他儿时曾在路上拾到一块金，就守候在路边直到失主赶来领走金块，在当地被传为佳话。长大后，赵禧曾担任过文水县丞、县令等职。一位指挥遭人诬陷下狱，被重刑逼供认罪。赵禧仔细审阅案卷后发现这是一桩冤案，他仗义执言救出指挥，还请来医生替遍体鳞伤的指挥治疗。指挥痊愈后感恩图报，一定要把自己的女儿送给赵禧当妾，被他婉言辞谢。

赵禧给自己的儿子取名“秉忠”，寓意是十分清楚的。赵秉忠从小好学上进，十五岁考入府学为府学生。据传，这次府学考试的主考官是督学佥事刘毅，他早年曾主持昌邑县考试，从一名生员的鞋中搜出舞弊试卷。有鉴于此，刘毅在主持青州府学考试时，下令所有考生一律赤脚参考。当时正值寒冬腊月，光着双脚的考生一个个冻得瑟瑟发抖却不敢反抗。赵秉忠快步走上台阶，站在督学官面前大声质问：“公奈何因一人作弊，却要让所有的莘莘学子跟着受罚。你身为朝廷命官为国求贤，应该礼贤下士，怎么能这样对待考生呢?”刘毅自知理屈，对眼前这位敢于直言的少年顿生好感，说：“你讲得很有道理，老夫知过。”他马上下令考生们重新穿上鞋子进入考场。从这件事可以看出，赵秉忠的胆识与气魄确实非比寻常。明人顾鼎臣在所著《状元阁考》中，称赵秉忠“少负奇才，以公辅自期”，不是没有道理的。

赵秉忠在青州府学期间成绩出众。一次公试，青州知州唐维城看了赵秉忠的答卷后，被卷中精辟的阐释与工整的书法所吸引，当众称赞他“此东齐白眉也”!“东齐”是指山东，“白眉”指三国时期的马良，他浓黑的眉毛中夹杂着几缕白毛。唐维城用三国的马良来比喻赵秉忠，断言他将来一定会成为杰出人才。

赵秉忠二十一岁时参加山东地区的乡试，并且“一发而

魁乡试”，考中第一名（解元）。在赴京参加礼部会试前，赵秉忠也像其他举子一样去求神问卜，预测自己的前途。占卜的结果是“福建解元作状元”。这个卜语可作多种解释：

一是福建解元将成为状元；二是曾经获得福建解元的人得状元；三是与福建解元同名的人得状元。赵秉忠对问卜结果感到莫名其妙，就没有放在心上，匆匆赶往京城。

万历二十六年(1598)春，赵秉忠分别于二月初九、十二、十五参加了三场会试，全部顺利通过。三月十五日，赵秉忠与三百名贡士一起参加殿试，他的时务对策共二千四百六十字，开篇曰：

> 臣闻帝王之临驭宇内，必有经理之实政，然后可以约束人群，错综万几，有以致雍熙之治。必有倡率之实心，然后可以淬励百工，振刷庶务，有以臻郅隆之治。何谓实政？立纪纲，饬法度。……何谓实心？振怠惰，励精明。

明神宗是一个昏庸的君主，他贪财好色、荒淫无度、不理朝政，就连官员空缺也懒得选补。上行下效，有这样一位昏君掌朝理政，官吏们也大多只顾一己私利而不管国计民生。赵秉忠的对策开篇宗旨十分明确：作为一国之君的皇帝必须以身作则，“有经理之实政”就“必有倡率之心”，只有进行大刀阔斧的改革整顿才有可能取得实效。接下去，策文具体陈述了八条整改建言：一、选贤任能；二、加强对各级官吏的考核；三、征求民意，让官员接受百姓的监督；四、抓好学校教育；五、倡廉惩贪，尤其要重惩那些侵吞赈灾款的贪官；六、整饬军队，加强训练；七、审慎用刑，平反冤狱；八、赏罚分明。赵秉忠的对策卷针对性强、条理清晰、楷书工秀。不过，他为了避免触怒明神宗，也写了一些赞美皇帝“聪明睿智”、可比三皇五帝之类的阿谀之词，这是可以理解的。

殿试读卷官在评阅试卷时将赵秉忠的时策卷列入前三名，送神宗裁定。神宗又在他的策卷上用御笔写下了“第一甲第一名”六个正楷大字，赵秉忠就成了明朝开国以来第七十四位状元。这时，赵秉忠又想起了礼部试前的占卜辞，心中顿悟：所谓“福建解元得状元”中的“福建解元”，是指嘉靖四十年(1561)的福建解元赵秉忠，这句话的寓意是指此榜状元与福建解元同名同姓。当然，这只是一则传闻，其真实性已很难考证。唐宋以来，有关状元登第前的所谓先兆之说很多，真假难辨，姑且听之而已。

赵秉忠初授翰林修撰(从六品)，天启六年(1626)，升礼部尚书(正二品)。他从政近三十年，政绩并不显著，《明史》甚至没有为他立传。赵秉忠的状元试卷一直被他的后裔代代珍藏近四百年之久！赵氏后代视祖传状元卷为生命，不遗余力地加以保护。在兵荒马乱的年代，一位后裔甚至将试卷缝在棉衣夹缝中远逃关东。

1983 年，赵氏家族深明大义，把世代珍藏的状元卷捐献给国家。赵秉忠的状元试卷公布于世，成为当时石破天惊的一大新闻。6 月 5 日，中央人民广播电台、中国国际广播电台同时向全世界播发一则新闻：中国山东省青州市发现了一篇明代状元试卷真迹。美国、日本等外国通讯社也作了报道，中国港、澳、台报纸更是以头版头条予以转载。赵秉忠的状元卷真迹是我国目前所知唯一完好保存的状元卷，是价值连城的国宝。赵秉忠也因此名声大振，远播海外。

试卷共十九折，试卷纸相当于八开纸张，长四十七点六厘米，宽十四点一厘米，天大地小。卷面开头有密封试卷拆封的印痕，并盖有竖式长方形“弥封关防”印。接下来是用仿宋体书写的赵秉忠家世简历，共四折，首折上方加盖“礼部之印”。简历之后是万历皇帝亲笔御批“第一甲第一名”，御批下面就是赵秉忠答策的正文。正文试卷纸都用竖红线划行，无横格。正文用小楷书写，共二千四百六十字。这篇策文的篇幅并不长，远不如宋代状元对策卷的滔滔万言。但赵秉忠楷体工整清秀、柔中有刚，字字匀称、一气呵成，全文未曾涂抹或修改一字，堪称极品。这份状元卷被定为国家一级文物，保存在青州市博物馆。在令世人大开眼界、大饱眼福的同时，自然也成为文物贩子觊觎的目标。1991年，试卷曾一度被盗，当罪犯林某准备把它转卖给文物贩子时，被山东平度市公安局擒获，状元卷得以完璧归赵。

赵秉忠从政期间没有正面卷入东林党争的政治旋涡，仕途也没有遭遇太大的起伏和坎坷。明神宗昏庸无度，"每夕必饮，每饮必醉，每醉必怒"。身边的人稍有不逊就会遭到杖毙的噩运，个个胆战心惊、如履薄冰。他还经常扣压章奏、不理朝政。在这样恶劣的政治环境中，大臣要想能有所作为是非常困难的。赵秉忠虽然没有出色的政绩、没能成为"公辅"，但是他始终能秉忠立朝，做了不少好事。万历三十一年，赵秉忠受命担任会试同考官，他录取的贡士孙承言后来成为一代名臣。万历四十年，他任江南主考官，录取了姚希孟、周顺昌等疾恶如仇的忠直之士，周顺昌后因触忤奸党魏忠贤而毙命狱中。

在侍读学士任上，赵秉忠为神宗进讲经史。一次，神宗命他进呈本朝先帝实录，发现缺少建文一朝实录，就让他取来。赵秉忠脱下头冠辞谢说："建文一朝实录，情况特殊。臣不敢奉进。"众所周知，建文帝朱允炆被永乐帝朱棣发动兵变赶下台，所以朱棣钦定的《建文实录》颠倒是非，称建文帝为"伪天子"。赵秉忠不愿意将与史实严重不符的《建文实录》进呈圣上。不过，既然神宗提到了《建文实录》，他决定抓住机会冒险为建文帝翻案。

明神宗是明成祖朱棣这一宗族的后代，赵秉忠此举很可能会触犯龙颜，后果难以预测。他仍然义无反顾地上奏说："建文帝在位时间虽然不长，但他宽厚仁慈，没有失德之处。望陛下复其帝号、庙号，上慰神明，下安人心。"赵秉忠的这番话确实给明神宗出了道难题，他考虑了好久也没有答应，推托说："这已是二百多年前的事，早有定论，不便改动。"赵秉忠并不气馁，他援引明世宗接受臣僚谏诤平反太祖朝冤案的事例，说："当年太祖皇帝（朱元璋）因审讯胡惟庸、蓝玉大案，株连甚众，不少有功之臣也被诛或被贬。嘉靖皇帝重新审理这些案件，为冤屈者平反昭雪，朝野至今还感念不忘。论事不宜考虑时间长短，而应考虑该不该做。"神宗终于下诏恢复建文帝朱允炆的帝号。

万历四十八年，神宗驾崩，明熹宗朱由校即位，后改元天启。明熹宗宠信阉宦魏忠贤，魏忠贤擅权用事，大肆迫害东林党人及忠正之士，导致明政权的统治更加黑暗。天启二年（1622），赵秉忠的门人缪昌期起草了一份弹劾魏忠贤的奏疏，共列举出二十四大罪状，再交由左副都御史杨涟进呈皇帝。魏忠贤得知此事后极为恼怒，下令处死缪昌期。而身为礼部侍郎的赵秉忠也受到牵连，被怀疑参与其中。这以后，魏忠贤屡屡在皇帝面前诬陷赵秉忠。好在明熹宗对赵秉忠还算比较了解，知道他是一位忠臣，就没有理会魏忠贤的诋毁之词。熹宗对魏忠贤说："卿所言是那位讲解经史的赵秉忠吗？他是忠臣，朕正欲擢用。"

赵秉忠眼见魏忠贤阉党气焰薰天、横行霸道，朝政弛废，就决心辞官归里。经多次奏请，明熹宗终于同意了他的辞请，诏礼部侍郎赵秉忠进礼部尚书致仕。天启六年，赵秉忠病卒，享年五十三岁。崇祯初，追复赵秉忠官职，加赠太子太保。

纵观赵秉忠的一生，名以秉忠育其志，文以秉忠得大魁，官以秉忠立朝堂。名符其实，堪称忧国忧民的忠贞之士。

清代状元

傅以渐

傅以渐(1609—1665)字于磐,号星岩先生,山东聊城县人。他从小聪慧过人,三岁就能诵书,五岁开始熟记经史典籍。清世祖顺治三年(1646),清政府举行了建国以来的第一次科举考试,积学深厚的傅以渐一举夺魁,成为清朝的首位状元。这一年他三十八岁。

傅以渐初授内翰林弘文院修撰(初制从六品);顺治八年,迁内翰林国史院侍讲;次年升东宫左春坊左庶子(正五品)。顺治十年,他历任内翰林秘书院侍讲学士、少詹事(正四品),擢内翰林国史院学士(正三品)。十一年,升秘书院大学士。顺治十二年降诏,要求官员们进时务策,阐述自己对政事的看法。傅以渐上奏条陈《安民三事》,诏迁太子太保(从一品)、国史院大学士。在不到十年的时间里,傅以渐就从初仕时的修撰一跃"而跻揆席",登上宰相之位,官至极品,其升迁之速在清代状元中实属罕见。

清世祖福临与孝庄皇太后对傅以渐十分器重，曾令他随从扈驾巡幸各地。一次，顺治皇帝站在高岗上极目远眺，看见傅以渐正骑着一匹跛足的驴子返回行帐。那驴子一颠一颠地行走着，既慢且费力。顺治帝就与傅以渐开起了玩笑，还亲自画了一幅傅状元骑跛足驴子的画像，这幅画边幅长二尺，上题"状元归去驴如飞"。可见，他们君臣相知、十分亲近。

顺治十四年冬，孝庄皇太后患重病，文武百官都十分担忧。当时，每天进呈的奏折很多，顺治帝牵挂皇太后的病情也无心批阅，两个月间就积压了八百多件。顺治帝下令由傅以渐代为处理，傅以渐独自一人只用了三天时间，就将积压下来的奏折批阅完毕，令顺治帝大为惊喜。傅以渐忠心耿耿，为稳定、维护清初统治殚精竭虑，做出了很大贡献。

顺治十五年，傅以渐奉命与学士李蔚同一起主持当年的会试。依例，考官可以携带所需书籍进入贡院。但谏官却对此提出异议，要求取消这一旧例。傅以渐则认为，考官带书籍入贡院是为了在批阅试卷时供作参考，避免记忆错误导致误批，这是很正常也很必要的举措。于是，他上奏请求按旧例允许考官携带书籍，顺治帝采纳了他的建议。不过这次会试时，傅以渐因肺病发作、口吐鲜血，没有能够进入考场主持考试。

这一年，改内三院为内阁，殿阁名有：中和殿、保和殿、文华殿、武英殿、文渊阁、东阁。内阁置满、汉大学士四人，总称内阁大学士。清朝官制不设宰相，内阁大学士就成了没有宰相名衔的宰相，掌控着朝廷大权。傅以渐被任命为武英殿大学士兼兵部尚书，可由于他长期以来饱受肺病的煎熬，身体非常虚弱，就上书请求休假回山东老家养病。顺治十八年，傅以渐上奏请解大学士之职。康熙四年(1665)，傅以渐病逝，享年五十七岁。

史籍中有关傅以渐的政绩记载不多，现在还能看到的是有关他在学术上的一些活动。傅以渐担当了二十四史中《明史》的纂修工作，《明史》也是后世学者公认的、二十四史中比较好的一部。他还担任过《太祖高皇帝圣训》、《太宗文皇帝圣训》以及《通鉴》等的总裁官，全权负责这些典籍的修纂工作。此外，他还复核过户部进呈的《赋役全书》，这是向全国各省府征收赋税的依据。最重要的是，傅以渐曾向顺治帝进呈《易经通注》。

福临年幼时，满清政权尚未入关统治全国。当时的皇室教育荒疏，他也没有能够接受系统的教育。顺治元年(1644)，福临即帝位，他为了弥补自己在历史、经学知识方面的欠缺，更加发愤学习。他曾经在殿见大臣时说："朕极不幸，五岁时，太宗(皇太极)已去世。皇太后只有朕这么一个儿子，娇宠备至，却无人教训朕、培养朕，朕也因此失学。长至十四岁时，朕开始亲理朝政，阅看文武百官奏章时常常茫然不懂。朕连臣僚奏章都看不懂，还当什么皇帝？还怎么管理国家？因此朕发愤读书，每天早晨至中午处理军国大事，下午开始读书直至晚上。才十四、五岁的人，玩心还在，看书不会很专心也记不牢。朕又增加晨读，每天深夜三点起床，读到天明五、六点钟，这样一直坚持了九年，朕渐渐可以背诵所读的经典。朕读书十分艰苦，曾经因为太累而吐过血。"

经过坚持不懈的刻苦努力，到顺治十二年，福临已经通读《十三经》、《二十一史》、《资治通鉴》等典籍，基本上掌握了中国传统文化的精要，从一个看不懂奏章的宫中顽童成长为精通儒家典籍文化的年轻皇帝。福临在为《资政要鉴》写序时不无自豪地说："朕孜孜不倦以期治理好国家，学古训,览《四书》、《五经》、《资治通鉴》,得其纲要;推究《十三经》、《二十一史》及诸子百家。凡不违背圣经(指《四书》、《五经》)的著述,无不包含事理,自成一家之言。”

福临在苦学儒家文化的过程中深得傅以渐的指点,他在亲自为《资政要鉴》作“序”后,又命傅以渐作“后序”。福临对旨趣精妙的《易经》特别感兴趣,然而从汉魏、唐宋至元明,学者在阐释《易经》时往往各抒己见、异说纷呈,令天下士子无所适从。于是,福临就命傅以渐与曹本荣一起,整理历代名家对《易经》的注疏。他还特别交代说:“朕览《易经》一书,义精而用广,包含了天地万物之理。自魏王弼、唐孔颖达有注释、《正义》以来,两宋程颐有《传》、朱熹有《本义》,后学已有宗师之据。到明代永乐年间,明成祖又命儒臣综合元代以前诸儒有关《易经》的各种说法,汇编成《大全》,对《易经》之理多有阐发。但朕阅读后感到这些儒学名家的议论同异共存,繁琐可删。而且,自明永乐至今已经有三百年,儒生学士对《易经》经义又有一些新的发挥。需要总结整理、辑成一编,以便于后来士子的学习。”

傅以渐被顺治帝熟读儒家经典、重视儒家学说的言行深深感动,他在接受任务后就与曹本荣日夜苦干,耗时一年完成了《易经通注》九卷的汇编,进呈顺治帝。后来,乾隆皇帝下令纂修《四库全书》时,四库馆臣又将《易经通注》收录其中。《四库全书总目提要》的撰者对傅以渐也给予了很高的评价,说他:“忠实能遵循顺治旨意,能够熔铸众家之说,博采众长,精华荟粹,词简理明。不失为说经之圭臬(典范)。”可以说,儒家思想作为政治思想的规范在清朝建国初期得以确立,这与顺治、康熙两帝能够听取身边汉官的建议有很大关系。而傅以渐正是顺治帝身边一位有影响的汉族官僚,他在清初政治儒家化过程中曾起到积极的推动作用。

傅以渐为官以清廉勤政著称。他的著作大多毁于大火，流传下来的并不多。现存的有反映宫廷生活的《早朝咏炉烟次同院韵》，诗曰：

玉殿晨开静羽旂，遥看烟影上彤墀。
微升宝鼎分行细，直接晴云散缕迟。
旭日乍融光似篆，晓风欲定霭成丝。
清芬想象浮龙衮，仗外千官望自知。

徐元文

徐元文(1634—1691)字公肃，号立斋，苏州府崑山县(今江苏昆山)人，是明朝末年著名学者顾炎武的外甥。他的父亲“才高不仕，愿望其子以远大”，将全部的期望寄托在自己的三个儿子身上。母亲顾氏是顾炎武的妹妹，很有学问，她教育儿子极其严格，每天给他们规定课程直到半夜才完成。当时的士大夫喜欢广交士友结成文社，徐元文兄弟却不赶这个时髦，三兄弟在家中互相切磋、讨论，提倡古学。他们在母亲的亲自教诲下，遍阅百家之书，打下了扎实的经学根底。长大成人后，徐元文高中状元，他的哥哥徐乾学、弟弟徐秉义也先后考中探花(第三名)，时称“三昊公”。兄弟三人都是清初著名的学者，荣耀之至。

顺治十六年(1659)殿试，徐元文勇夺状元魁，时年二十六岁。顺治帝特意在乾清门召见新进士，以表明朝廷对科举选士的重视，以及网罗天下英才的意愿。回宫后，顺治帝对皇太后说："今年殿试得了一位佳状元。"诏赐徐状元冠带、蟒服、狐裘、皮靴，恩典超过以前各榜。徐元文率新进士三百七十六人进表谢恩，顺治帝御殿令百官陪列，由鸿胪寺官员宣读谢表，这样的场面安排也是前所未有。顺治帝对新状元非常满意，曾对人说："这位状元是朕亲自选拔的。"徐元文在参加科举考试时，曾冒用陆姓，入仕后才恢复本姓。

徐元文初授翰林修撰（从六品）。不久，顺治帝游幸南苑，召新状元侍从。在游园时，顺治帝又特赐徐元文骑乘御马，并让满人学士折库纳为他执辔。折库纳是徐元文的馆学老师，徐元文当然不敢让老师给自己执辔。万般辞谢之下，顺治帝就改派侍卫上前执辔。在翰林院期间，顺治帝经常召徐元文入殿讨论经学，有时天色渐晚，还要赐他点心。顺治帝倾慕汉儒文化，酷爱读书，他给自己的读书场所命名为"孚斋"，并让徐元文写一篇《孚斋说》。徐元文挥笔而就，顺治帝看后十分满意，认为文章写出了"孚斋"的旨趣，特命国子监刻印发行。

顺治帝酷爱汉儒文化，更爱与饱学之士切磋交流。一次，徐元文与翰林修撰张若霭等人奉诏进乾清宫面见，当时正值盛夏酷暑，顺治帝只穿草鞋，着一件纱衫，十分随和地接见他们。只见宫中排列着数十个书架，上面摆满了经、史、子、集等书籍，令人目不暇接；中间的长几上还放着商周青铜器、哥窑瓷器、宣化香炉及印章、画册；走廊边排列着百十来盆吐着馨香的兰花、茉莉花，赏心悦目。君臣席地而坐，顺治帝询问朝中大臣、百官是否贤良，他们都借口自己是刚入仕的新人，与朝中官员接触不多，不便回答。顺治帝只好转移话题，谈及书史古文，这可是大家非常熟悉的话题，他们起初有一点拘束，后来越谈越起劲，君臣之间议论风生、十分欢洽。

顺治十八年，顺治帝福临驾崩，圣祖爱新觉罗玄烨即位，次年改元康熙。明清习惯以帝王的年号来代称皇帝，康熙帝就成了清圣祖玄烨的代称。康熙八年(1669)，徐元文任陕西省乡试正考官，寻迁秘书院侍读。次年，擢国子监祭酒兼充经筵讲官，国子监是国家管理学校教育的最高机构。在主持国子监工作的四年里，徐元文大力整顿学风，改善国子监生源，效果明显，他也因此名震当朝，特别是得到康熙帝的高度评价。若干年以后，康熙还对内阁大臣说："徐元文任国子监祭酒，所制订的学规严肃，对满、汉子弟一视同仁，毫不偏袒。满族子弟生员如果不服教，同样依例严加鞭打。直到今日，国子生谈起这些还十分畏惧。徐元文离开后，哪里还能找到这么好的祭酒？他任祭酒四年，整治学政、端正学风，严格考试纪律，杜绝送礼，重修教材，去浮华之风而崇尚实学。经过整顿，国子监的学官勤于教学，监生勤奋向学。他所制定的各项规章制度，可以作为全国学校教育的示范加以推广。"

徐元文在任国子监祭酒同时还兼任经筵讲官，为皇帝进讲经史。他举止文雅从容、声音洪亮、表述流畅，讲课时循循善诱、深入浅出、条理明晰。康熙帝很爱听徐元文讲课，凡开经筵必让他进讲。徐元文先后担任了十几年的帝师，对康熙帝的影响很大，启迪良多。

康熙十三年，徐元文迁内阁学士，后改翰林院掌院学士(正三品)、日讲起居官，负责培养庶吉士。明清时，国家从新及第进士中选拔一些优秀者进入翰林院观政(实习)，称庶吉士。期满后，成绩优异者可继续在翰林院任职，稍差一点的就分配到其他部门工作，称"散馆"。康熙十八年，徐元文奉诏监修《明史》。他为了不辱使命，特地向朝廷推荐了一批社会名流入史馆参与编修。受到推荐的有李清、黄宗羲、黄溶、汪懋麟、黄虞稷、姜宸英、万言等，他们都是一代名士。对于那些不愿意入史馆参与编修的学者，徐元文也不勉强，只是将他们的著作收集起来作为修史时的参考。

康熙十九年，徐元文擢左都御史（正二品），担任国家最高监察机构——都察院的长官。他在任内能够坚持原则、以身作则，既不畏惧权势也不阿谀奉承。他曾对身边的官员说："要让百姓安定、社会安宁，关键就在于对政府官员进行监督；而要对百官进行监督，首先应该从大官、主管官开始，不能眼睛只盯着一些权轻位低的小官。"他上疏康熙帝，批评独掌地方大权的总督、巡抚权力过大、监督失控，要求革除弊端，对这些封疆大吏严加约束。徐元文抓住福建总督姚启圣这个典型，上疏列举他在地方上为所欲为、无视法纪、播弄权术、欺上瞒下、妨功害能、结党营私等数条罪状，一时朝野震慑。当然，澄清吏治是一项艰巨任务，并不是一个人或一个部门在短时间内就能解决的，但徐元文的努力对于振作纲纪、整顿吏治、发挥国家监察职能等，还是起到了积极的作用。

徐元文外柔内刚，他平时与同僚相处十分融洽，但遇事敢言敢争、决不含糊。例如，清朝是由满洲贵族入主中原建立起来的少数民族政权，特别是在建国初期，满人与汉人在政治上的地位有着天壤之别。凡是涉及到满人八旗的事，汉官一般多采取听之任之的态度，很少干预，害怕会引火烧身，徐元文却不会坐视不管。八旗家的奴仆经常受到主人的虐待迫害，很多奴仆因无法忍受而自缢、投河，每年上报到刑部的这类命案就达千件，瞒而不报的更是无法统计。刑部尚书虽然设满、汉二员，但汉尚书基本无权，而满尚书则有意偏袒满贵族，不予追究。徐元文在担任刑部尚书期间不畏权势，坚持秉公办理，对这类案件一查到底，对那些应负刑事责任的事主一个也不放过，决不让他们逍遥法外。

当时，在京师府、部、寺、院等各级衙门中共有三千多名满族笔帖式，他们只是在衙门内处理文书、听候差遣的胥吏，不属于朝廷命官。这些人曾联名上奏，要求允许他们捐纳州县官，通过用钱买官的方式来改变胥吏的身分。对此，朝中的满族大臣都表示支持，而一些汉官虽不赞成却保持沉默。只有徐元文勇敢地站出来表示反对，朝廷因为这件事激烈争论了三天。徐元文据理而辩："国家还有数千名已经通过吏部正常选拔的及第进士、荫补子弟没有安排，正在等待朝廷给他们分配官职。如果允许这三千名满族笔帖式买官，那些正在等候官阙的人还有什么希望呢?"徐元文的一番话让持赞同观点的满族官员哑口无言，朝廷最终决定采纳他的意见，驳回笔帖式们的请求。事后，一位侍郎官对徐元文说："国家之事，正靠公主持啊!"并向他深深地鞠了一躬。正在等待吏部铨选补官的数千待阙官员，听说朝廷否决了满人笔帖式买官的请求后也都松了一口气。大家非常感谢徐元文肯为他们仗义执言，有的甚至热泪盈眶。

康熙曾经打算派三品以上大臣到各省去巡访、按察，目的是想借此机会让这些久在朝堂的重臣能够深入基层、了解民情。徐元文却认为这样做很不妥当，就上疏指出：

明朝时就有派监察御史巡按地方的制度，清初一直没有恢复。陛下应该沿用明朝旧制，派监察御史（七品官）巡按地方，并允许他们监督、弹劾地方上的总督、巡抚；巡按御史如果有失职或不法行为，总督、巡抚也可以参劾。这样就能使御史与督抚之间相互监督、相互制约，从而有利于整饬地方吏治。如今陛下派三品以上的官员去巡按地方，他们的官品与督、抚相当，再加上满、汉大员之间素有亲疏成见，总督、巡抚哪里还敢弹劾钦差大臣，只能是屏息听命罢了。如果遇上一个贪婪的巡按大臣乘机鱼肉、骚扰地方，老百姓不就遭殃了吗？

康熙一听勃然大怒："难道朕所点差的大臣，就没有一个是正派的吗？"徐元文没有胆怯，仍理直气壮地说：

皇上挑选的大臣都是一时之妙选，但是谁又能确保万无一失？他们一旦奉命出使，前呼后拥、威风凛凛，所到之处官员一定会百般奉承，即便是真有德行操守的大臣也很难做到始终如一。倘使所差十人中有一个见利忘义，就会危害到一个省的利益，使一方百姓受害。

康熙沉默半晌，最后还是取消了这个决定。在朝堂上，康熙始终是一脸不高兴，立朝的内阁大臣都相顾失色，徐元文依旧如平时般谈笑自若。

徐元文曾经奉命监领史局，负责纂修过多种著述。除《明史》外，他还担任过《政治典训》、《平定三逆方略》、《大清一统志》及《三朝国史》的总裁官。徐元文与哥哥徐乾学、弟弟徐秉义都深谙古今典制，颇受康熙帝的器重。在确定由谁来负责纂修《大清一统志》时，康熙说："此事必须由徐家兄弟来负责。"徐元文兄弟都是清朝前期以科举光大门第、以经术文章著称于世的著名学者，清代大学者龚自珍评价说："国朝之以科举大其门，世有一品官者，有桐城张氏（张廷玉家）、常塾蒋氏（蒋溥家）、海昌陈氏（陈之遴家）。徐氏（徐元文）焕然开其先河，他著述宏富，且都是康熙朝的大典故、大制作。当时的文学名士，大半出自徐氏门下。"

徐元文立朝三十年，他不畏权贵，在议论军国政事时敢于秉公直言，得罪了一些大臣特别是满贵族大臣。明珠是康熙朝一度权势遮天的大臣，他被罢相也与徐元文、徐乾学二兄弟的弹劾有关。明珠的门生、旧属遍布朝堂内外，他们对徐元文兄弟痛恨至极，发誓要为明珠报仇。康熙二十九年，两江总督傅拉塔上章弹劾徐乾学的儿子和侄子，指责他们与巡抚相互勾结、招权争利。傅拉塔还将徐元文牵连进来，说他曾收受五千两白银的贺礼。诏罢徐乾学刑部尚书，徐元文见状也上章请求解官。康熙帝对他还算照顾，同意他致仕返回原籍。

徐元文自北京沿大运河乘船返回江南，行至山东临清时被关吏拦截。这些关吏受明珠党徒的指使，对徐元文所乘船只大肆进行搜查。他们除了从船上搜出数千卷的图书，以及光禄寺例发的三百两饷银外，一无所获。面对眼前发生的一切，徐元文感慨万分，作《被论罢官南归》一诗，其中写道：“身与权贵忤，安得不困敝？”

徐元文遭遇仕途重挫，感叹世态炎凉，心中一直郁闷难平，经常吐血不止。回家仅一年就病逝，享年五十八岁。

韩　菼

韩菼（1637—1704）字元少，别号慕庐，祖籍安徽凤阳，后徙居长洲（今属江苏苏州）。祖父韩治曾经担任过礼部尚书；父亲也是一位儒学之士，因没能登科入仕而抱憾终生。韩菼从小活泼好动，喜欢登临山水，游览名胜；也喜欢广交朋友，与友人开怀畅饮，寄情山水。不过，他玩乐有度，读书、考试、做官仍是他努力追求的目标。韩菼聪慧过人，通晓《五经》，读书十分用心、刻苦，在举业上下了很深的功夫，善于做八股文章。

唐宋以来,参加科举考试的举子们都迷信测字、看相、卜卦、解梦,想借此来预测自己的科考命运。据说,当时苏州有位算命先生看相很准,他曾替缪盼看过相,预言他会高中状元,缪盼果然高中康熙六年的状元。这件事在整个苏州府引起轰动,举子们简直把这位算命先生看成了神仙,纷纷找他看相。韩菼在应试前也花钱请他看相,没想到这位算命先生却给韩菼泼了一盆冷水:“你能中个举人就算运气了,中进士想都不要想。更不幸的是,你的死期将临,我也没办法救你!”韩菼听罢整个人都懵了,他心灰意冷,再也提不起精神去参加科考了。多亏亲戚、朋友竭力相劝,还为他凑足了盘缠(路费),韩菼这才重新振作精神进入国子监学习举业。

康熙十一年(1672),韩菼报名参加顺天府的乡试。考官不识才,竟把他的卷子给刷掉了。幸运的是,尚书徐乾学在复查被黜落的卷子时发现了韩菼的试卷,认为此卷文理俱佳,重新录取他。第二年,韩菼先在礼部会试中勇夺头名,成为会元;接着又在殿试时折桂,成为无数士子羡慕的状元郎。那位曾经预言韩菼只能中举人、被捧为神仙的算命先生闻讯,连忙逃之夭夭。

清初沿袭明朝旧习,科举考试采用八股文,格式僵化、繁缛空疏。韩菼心存大志,决心挽救日渐颓衰的文风。他刻苦专研经学,不拘泥于一家或权威之言,而是综览诸史学家,博采汉唐笺疏、宋明章句之学,将所学融会于心、发为高文。他的试卷一改从前萎靡浮滑的文风,既有鲸鱼掀碧海之大气、又有翡翠兰苕之细琢。康熙对他的殿试答卷大加赞赏，亲擢为状元。一时间，天下举子纷纷视韩菼的策卷为范文，掀起一股“非韩菼不学”的风气，就连三尺童子都知道韩状元的大名。可见，韩菼在扭转明末清初颓废文风方面所起的作用是非常大的。

清代著名思想家颜元在学术上注重实学，对八股文十分痛恨，甚至说“八股行而天下无学术”。但是，当他读了韩菼的文章后开始改变自己的看法。韩菼参加顺天府乡试的卷子传出后，许多士子读后都感到他的文章很奇怪，就扔在一边不愿深究。一次偶然的机会，颜元在友人家中看到了韩菼乡试时的三场卷子，看完之后他大为惊叹，对韩菼开启一代新风的八股文给予高度评价，盛赞韩文是：“独得二千年孔孟之不传之秘，实为千古之文章也！”颜元还把韩菼的师友及会试的考官也夸奖了一番，他说：“我认为韩菼之才不难得，难得的是考官能够识鉴韩文之高，尤其难得的是培育韩菼成才的师友。否则，虽有韩菼之才，谁又能识辨？”他甚至大胆预言：“会试日期在即，韩慕庐（菼）不仅会考中会元，还能够高中状元！”得知韩菼连中二元后，颜元的一位朋友特意跑来将这个消息告诉他，并说：“你的眼力真似明镜，韩氏果然中会元、殿元！”颜元听了自然更加高兴，他还撰写了一篇《韩会元状元论》，其中说道：“会、状元之为文者，鼓舞一世，而起孔孟以来十二代之衰学。”颜元的这篇文章也被传诵一时。

韩菼初授翰林院修撰（从六品），成为一名史官，参与纂修《孝经衍义》。康熙对他的学识文章非常赞赏，不久就命他兼充日讲起居注官。起居注官除了备皇帝顾问外，还要入殿记录皇帝的一言一行，汇编成“皇帝起居注”，再送往国史院作为修纂国史的重要依据。康熙十四年，韩菼出任顺天府乡试主考官，次年迁右春坊赞善（从六品），后进翰林院侍讲(正六品)。康熙十七年,他再次担任顺天府的乡试考官。随后,他请假返乡去改建父母亲的墓地。

韩菼在家一待就是四年,直到康熙二十三年才返回京城。诏复翰林院侍讲,寻迁翰林院侍读。第二年,康熙帝亲自考试翰林院的官员,韩菼的成绩排在第二位,破格提升为翰林院侍讲学士(从四品),仍充日讲起居注官。不久,韩菼奉诏进入内阁,任内阁学士兼礼部侍郎(正三品),负责内阁上奏之事。康熙二十六年,韩菼以身患疾病为由再次请假返乡,在家里休养了八年。

在苏州期间,韩菼耗巨资建造了一幢别墅,他终日闭门谢客,潜心点校《六经》注疏。凡是唐、宋人的义疏章句,他都一一参稽,并选取自认为适当之义理、训诂加以裁定。当时,徐乾学、徐元文因为弹劾权臣明珠而遭到明珠党徒的攻击,被罢官在家。明珠党徒仍不肯罢手,一心想置徐氏兄弟于死地。徐氏兄弟的许多故友、门生担心受到牵连,避之唯恐不及,更不要说来探望他们。韩菼却是一个例外,他始终不忘顺天府乡试时徐乾学从弃卷中识拔其文,对他充满感激之情。韩菼几乎天天去拜访徐乾学,并且利用自己在京师官场中的影响为老师说情,终于使徐氏兄弟平安地度过政治危机。

康熙三十四年,韩菼已经五十九岁,康熙还是将他召回京师,继续担任内阁学士兼礼部侍郎,兼充《大清一统志》总裁官。不久,迁礼部侍郎兼充翰林院掌院学士(正三品),主要在礼部供职。满人国子祭酒阿理瑚提议,让已故内阁大学士达海祀从孔子,康熙召六部官员商议。韩菼不避满、汉官员主从之嫌,站出来表示反对,他说:"从祀孔子,历代都视为巨典,要论定绝非易事。达海有何功德,无非是善写国书罢了。"阿理瑚的提议被否决。

韩菼立朝敢言，无所畏避。当时，国子监监生大多来自江浙，这让监察御史郑惟孜非常不满。他就抓住有江浙举子假冒监生籍参加顺天府乡试的事情大做文章，提出要把江浙籍的监生全部遣送回原籍读书。身为江浙人的韩菼不避嫌疑，对郑惟孜的建议加以驳斥：

> 三代以来就已设太学，宋代立三舍法，明初擢用人才也多出自太学。京师是国家的首善之地，全国各地的举子都闻风慕义、远道而来。如果仅仅因为有一、两个不肖子冒籍应举，就贸然改制，将国子监生驱回原籍就读，那么太学不就空了吗？难道这不有伤国体吗？

此事最终不了了之。

韩菼以文章负盛名，也以文章受知于康熙帝。他先后担任《太极图说》、《孝经衍义》、《平定溯漠方略》、《政治典训》、《律例》、《大清一统志》等典籍的修纂总裁。康熙曾对身边的官员说：“韩菼为天下才，风度好，奏对亦诚实，无欺隐。他学问优长，文章古雅，所作文章都能领会朕的心意，真是前代罕有的奇才。”康熙还亲自撰写“笃志经学，润色鸿业”的榜额赐给韩菼。

韩菼敢于在朝堂之上直言不讳，与康熙帝对他的器重、宠信不无关系。但是，为官者过于直白无隐也不是好事，会遭到一些人的嫉恨，一旦触犯龙颜也会被君主所不容。一次，官员弹劾布政使张万禄亏欠库银三十多万两，康熙派两江总督阿山前往调查，阿山回来后上奏说这些亏欠库银都是皇上南巡时的费用。康熙听后非常生气，说自己每次南巡都在京城准备好一切，不会动用地方财用。内阁在讨论此事时，有人提出总督阿山与张万禄有姻亲关系，阿山这是在利用职权徇私枉法，罪不容诛。韩菼却认为府库亏空与皇帝南巡是有关系的。他直言不讳地说：“纵然总督阿山与布政使有姻亲关系，但总督所说的话却是出于公心，没有徇私。”于是，早就忌恨韩菼的阁臣到康熙面前告发，说他认为张万禄没有贪污府库银两，三十万的银两确实是充作了皇上南巡的花费。康熙听了十分恼怒，从此开始疏远韩菼。康熙三十九年，韩菼改充讲筵官，授礼部尚书，负责教习庶吉士，不再赴内阁上班。

康熙四十一年，韩菼上疏请求解职，希望能够潜心著书立说，康熙没有批准。第二年，他再次上疏称疾病缠身，请求辞官归故里。康熙降敕留原任，仍然不同意他辞职。韩菼深感失意，每天喝闷酒，闭门谢客，就连庶吉士们的学习他也撒手不管。他对弟子说：“我贵为尚书（正二品），哪里比得上嘉兴的朱彝尊？他以七品官解职归田，粗菜淡饭，却能多读万卷书。”结果，韩菼又因为怠于政事遭到康熙帝的责备：“韩菼善作八股文，屡获提拔，却不管政事，每天带头喝酒，致使庶吉士们学业荒疏。对国家大事他也毫不关心，参加九卿会议时，要么一言不发，要么唯唯喏喏。他的才学与行为简直太不一致了。”韩菼再次上章请求解职，康熙皇帝似乎就是要与他过不去，依旧不答应。

韩菼的心情糟糕到极点，思乡之情也愈浓，只能整日借酒浇愁。他酒喝得越来越凶，身体也越来越差。康熙四十三年八月，韩菼病逝，享年六十八岁。诏赐谥文懿。

韩菼三十七岁中状元，以文章享誉当世，颇得康熙青睐。晚年仕途屡遭坎坷、君臣相失，他在失意颓废中走完了自己的人生之路。乾隆皇帝称赞他的文章“清真雅正，开风气之先，堪称艺林楷模”。

彭定求

彭定求（1645—1719）字勤止，号访濂，学者称南畇先生，苏州府长洲县（今江苏苏州）人。他出生于官宦世家，曾祖父彭汝谐是明朝万历四十四年的进士，祖父彭德是太学生，父亲彭珑是清顺治十六年进士，曾任广东长宁知县。彭定求六岁进入小学读书，十六岁开始学习举业，练习八股文。

彭定求二十三岁时，父亲远赴广东任长宁县知县，他就留在家中专心侍奉祖母三年。有人带来消息，称父亲在知县任上出事，受到审查，彭定求决心远赴南疆去探望父亲。此时正值寒冬季节，大雪纷飞、道路险阻。彭定求先来到海宁，拜访正告假在家的给事中杨雍建，请他画一张去广东的路线图。然后，他按图索骥，渡钱塘、过五山，取道江西信州，穿越崇山峻岭、虫蛇虎豹出没之区，水陆兼程。经过差不多四十天的跋涉，终于到达长宁县，父子相见抱头痛哭。长洲距离长宁差不多有四千余里，彭定求平均每天要走一百里，真可谓日夜兼程、历尽艰险，当地的老百姓听说他千里寻父的故事后既感动又惊愕，都说他一定是得到了神灵的相助。

彭定求决定留在父亲身边，把父亲受牵连的案件调查清楚，结果发现这是有人忌恨父亲，故意设计诬陷他。彭定求将案件的来龙去脉全部调查清楚后，就亲自赶到广州，向广东巡抚申诉。真相终于大白天下，父亲的冤案得以平反。父子俩扔掉包袱，返回故乡。官场的险恶给彭定求留下了太深刻的印象，也对他后来的仕途产生了重大影响。

康熙十一年(1672)，彭定求参加地方省试，成绩列第二十二位。康熙十五年，他来到京城参加礼部会试，勇夺第一名(会元)。殿试时，读卷大臣将他的策卷列在第三。按例，殿试前十名的卷子必须进呈皇帝审阅。康熙看了彭定求策卷后就问读卷大臣："为什么将会元排在第三名？"大臣回答说："他的书法不及前二名好。"康熙当场驳斥道："会元答卷的卷末数行有劝朕之意，直言可嘉。至于说到书法，宋代著名理学家周敦颐、二程、张载、朱熹，难道都工于书法吗？"于是，康熙亲擢彭定求为一甲第一名进士。

彭定求初授翰林院修撰(从六品)，他在翰林院待了四年，对仕宦生涯产生厌倦情绪，就请假回苏州探亲。家居期间，他每天与父亲研讨经义，每个月的朔(初一)、望(十五)还要与同乡诸生聚会，讨论所读的先儒著作、切磋文章利弊，其乐融融。两年的时间很快过去，彭定求"遗荣味道"的决心已定，不想再回京城做官。可是父亲却不停地催促他返京任职。父命难违，孝顺的彭定求只能依从。

彭定求回到朝廷后依旧任翰林院修撰，参预纂修《太宗圣训》、《世祖圣训》。两年后，兼充日讲起居注官，迁国子司业(正六品)。国子监专门负责管理太学生，司业是副长官。在国子监期间，彭定求与国子祭酒一起重立规矩、整顿学风，使诸堂监生听课秩序肃然。他还针对八旗子弟普遍缺乏儒学文化薰陶的现状，把《孝经》及诸家阐释的注疏刻印出来，翻译成国书(满文)，使汉、满两种文字对照起来读，取得了很好的效果。国子祭酒任满离监后，新来的官员却执意更改所定的规章制度，诸生哗然，彭定求也非常气愤，自此常常发病。不久,彭定求迁翰林侍讲,他退隐山野的愿望却更加强烈,再次上章请假回家并得到批准。

彭定求轻装出北京彰义门南归,途中,他还特地去祭奠江南大学者汤斌。他与父亲都非常敬重汤斌,以师礼事之。由在路上耽搁了一些时间,当彭定求行至凤阳时,传来父亲辞世的噩耗,他十分悲痛。三年守丧期满后,吏部催促他还朝。彭定求上章请求延长假期,又在家里多待了两年,一心修读王阳明的《传习录》等心学著作。两年后,彭定求奉诏返京,依旧任翰林院侍讲。他非常反感一些新进官员尚浮华、不务实的作风,上任不到一年就正式上章请求致仕。

彭定求解官归田后闭门谢客,沉潜于经术、研味宋明理学。他的学术思想倾向于王阳明心学,竭力提倡“知行合一”说。他一生著作丰硕,有《南畇诗稿》二十七卷、《南畇文稿》十二卷、《姚江释诬录》一卷、《儒门法语》一卷、《密证录》一卷、《汤潜庵(斌)文集节要》八卷、《孝经纂注》及《周忠介公遗事》等。其中,《姚江释诬录》是为王阳明学说辩护的力作;《儒门法语》则汇集了许多理学名家的言论并附以自己的评论,学术价值颇高。《周忠介公遗事》是为明代著名的忠臣烈士周顺昌写的传记,他被魏忠贤阉党残酷迫害致死。从中不难看出,彭定求并不是一个明哲保身的士大夫。

康熙四十四年,康熙帝南巡到江南,江南织造曹寅接驾。康熙命彭定求、汪士鋐、徐树本、汪绎等校《全唐诗》,曹寅把校勘地点设在扬州。《全唐诗》共收录唐诗四万八千九百余首,作者二千二百余人。当时,参与校勘的共有九名曾任翰林官的饱学之士,其中包括两名状元——彭定求、汪绎。由于所需校勘的文献资料丰富,再加上校勘者的学问功底都非常深厚,不到一年半时间,《全唐诗》九百卷就全部校勘完毕。该书校勘精细,具有很高的学术价值。彭定求作为参校者之一也是功不可没。这一年他六十一岁。

彭定求是清代的学术名家，最难能可贵之处就在于他能躬身实践，“知行合一”。他曾耗巨资在家乡修造楼房，工程进展到一半时，有位朋友对他说：“按照阴阳家的说法，您家的楼造得太高了，对邻居不吉利。”彭定求马上让木工将房柱锯掉一尺。朋友赶紧劝阻说：“您造房子，自己感到适意就行了，何必考虑邻居呢？”彭定求笑了笑说：“房子低一点仍然可以安稳居住，又何必要让邻居天天感到不高兴呢？”

康熙五十七年，彭定求已经是七十四岁的老者。他自感时日无多，就为自己撰写墓志，从中反映出他对人生的感悟，颇有深意：

> 噫冯虚之眇躬，乘一气之鸿濛；知生死如昼夜，乃原始以返终；唯循理而顺命，坦逍遥兮大同；庶朝闻兮，夕可亦不滞乎？苦空乘白云兮怅望，念来者兮忡忡。

康熙五十八年四月，彭定求病卒。享年七十五岁。

彭启丰

彭定求与彭启丰（1701—1784）是祖孙状元。彭定求是康熙十五年状元，他的弟弟彭宁求也高中探花（第三名），孙子彭启丰又中雍正五年（1727）状元。一门三鼎甲，这在中国科举史上实不多见。彭定求淡泊于仕进，只做了六、七年官就辞职归家，潜心于著述，是一个学者型状元。彭启丰官至部院大臣，他多才多艺，是清代著名的文学家、画家和藏书家。这一对祖孙状元虽然政绩不著，但却各自以其独特的贡献名留青史。

彭启丰字翰文，号芝庭，学者称香山老人。他十六岁时进入官学成为一名童生，清雍正五年，在顺利通过乡试后，他赶往京城参加礼部会试并勇夺头名(会元)。殿试时，读卷官将他的策卷列在第三位，雍正帝亲擢为第一。

彭启丰初授翰林院修撰(从六品)，雍正帝对这位新状元十分器重，将他安排在南书房，充南书房行走，成为与皇帝十分亲近的侍从官。南书房原先是康熙帝读书的地方。康熙十六年，开始选拔翰林官入值，称“南书房行走”，主要责职是备皇帝顾问，撰写皇帝特颁的诏旨，并参与国家机要政务。彭启丰作为一名新科状元行走南书房，参议国家机要事务，确实令人羡慕。

此后，彭启丰迁左春坊左庶子(正五品)，乾隆六年(1741)，差充江西省乡试副考官。第二年迁通政使(正三品)，负责收受各省上奏朝廷的题本，校阅后再转送内阁处理，工作非常繁重。后迁刑部侍郎(正三品)。

彭启丰身在朝廷仍心系天下，对地方百姓的疾苦十分关心。浙江省内有许多大的湖泊，如会稽盐湖、余杭南湖等，对当地农业发展起着举足轻重的作用。但是这些湖泊长期被一些势家大族所霸占，他们只知道一味地利用天然资源攫取钱财，却不加以保护，致使许多地方淤泥大量沉积、河床变浅，水患的危险越来越严重。彭启丰上疏朝廷，要求重新整治疏浚，以保证当地百姓的生产和生活不受水患影响。他的建议被朝廷采纳。

浙江的台州黄岩、太平等地临靠大海，盛产海盐，普通百姓家中自然会有一些存盐。但是，盐利一直是由政府控制的，民间禁止买卖。当地一些武弁经常以搜查私盐为由进行敲诈勒索，被勒索者如果不能满足他们的贪欲，就会被诬陷为私盐贩子，难逃牢狱之灾。彭启丰上奏力陈其害，希望朝廷责令浙江省督抚追究查办。诏有关各部商议对策，颁布实施。

乾隆二十年，彭启丰请求辞官回家侍奉年迈的母亲，得到朝廷批准。回到家后，他既叙天伦之情，又得山水之娱、交友之欢、读书之乐，一待就是五年，乐不思蜀。乾隆二十六年，他奉诏还朝，依旧担任吏部侍郎。乾隆二十七年，彭启丰负责上报六部京察考核成绩，他将六部的尚书、侍郎以及本部郎中阿敏尔图等官员统统列为一等，唯独将自己列为第二等。乾隆看到吏部的考绩结果后很不高兴，认为彭启丰这样做不是自谦，而是沽名钓誉，将他严厉批评一番。不久，彭启丰迁都察院左都御史（从一品），负责纠察、弹劾百官，为霜台（都察院别称）之长。可是，彭启丰生性是一个软弱无争的人，不适宜担任风宪之职。不到一年，又改任兵部尚书。

乾隆三十一年，满人史弈昂任兵部侍郎，成为彭启丰的副手。乾隆皇帝曾当面晓谕史弈昂要多留心兵部事务，史弈昂却误以为皇帝是要他负责管理兵部。他仗着有皇帝的嘱托在兵部独断专行，根本不把彭尚书放在眼里。更有甚者，他竟敢不顾上下尊卑之礼直呼彭启丰的姓名，而不尊呼彭尚书，甚至当面斥责彭启丰。另一位满人兵部侍郎期成额实在看不过去，就到乾隆皇帝面前告了史弈昂一状。乾隆立即召见彭启丰，询问他这究竟是怎么一回事。彭启丰抱着息事宁人的态度不说实话，再三表示史弈昂没有恣意妄为之举。乾隆办事十分较真，他又找来兵部侍郎钟音加以询问，结果钟音所述与期成额一样。站在一旁的彭启丰十分尴尬。乾隆大怒，罢去史弈昂的官职，并再次严厉批评彭启丰："你学问不错，但治吏事不是你的长处。堂堂六部尚书，处事模棱两可、软弱无能、奏对不实，有失大臣体统。"彭启丰遂由从一品的尚书责降为从二品的侍郎。两年后，乾隆又以彭启丰才识有限、办事不力为由，勒令他致仕。

乾隆四十一年，乾隆东巡。彭启丰迎驾于路，诏复尚书衔。八年后，彭启丰病逝于老家，享年八十四岁。

彭启丰官至六部尚书，因不善吏治而被勒令离职，结束了仕宦生涯。不过，他在文学、书画、藏书等方面都颇有建树，著有《芝庭诗稿》。程千帆等整理的《三百年来诗坛人物评点小传汇录》将彭启丰列入诗坛人物。彭启丰工书善画，他的山水画有黄荃笔意。《中国画家大辞典》、《宋元明清画家辞典》又将他列入清代画家行列。彭启丰出生于官僚世家，在当地也是高门大户，而且有很深的家学渊源，家中的藏书自然十分丰富，所以明史专家吴晗将他定为清代藏书家之一。

于敏中

于敏中（1714—1779）字叔子、重棠，号耐圃，江苏金坛县人。他二十四岁时勇夺乾隆二年（1737）状元魁，是乾隆朝第一位状元，也是清代最年轻的状元之一。

于敏中少年得志，凭着惊人的记忆力和精明强干，

早年仕途一帆风顺，长期受到乾隆皇帝的恩宠。他初授翰林院修撰（从六品）；乾隆八年，充日讲起居注官；九年，升左春坊左中允（正六品）；同年，差充山西省乡试正考官、提督山东省学政。乾隆十一年，于敏中迁翰林院侍讲（从五品），调提督浙江省学政；十四年，转翰林院侍读。

于敏中在提督浙江学政期间，发现浙江府（州）学内的生员在外游学的现象比较严重，缺考三次者竟然有七十多人。他上奏朝廷要求限定时间，催促游学在外的生员赶紧回学校补考，以此来整顿浙江地方学校的学风。乾隆帝看了奏折后当即批示："朕已降过谕旨，凡生员缺考三次以上者，一律开除。但考虑到浙江省生员缺考超过期限尚属首次，人数也比较多；再加上读书人要想进官学一向都十分困难。"于是下诏："在外游学的生员必须在规定期限内回浙江补考一次，仍回避补考者立即开除。"

乾隆十五年，于敏中入直上书房。上书房是清王朝教习皇子、皇孙读书的场所，挑选翰林官轮流讲授国史、先帝圣训、经籍及诗词，同时还要教授满、汉文字，提高皇子、皇孙的阅读能力。乾隆十八年，于敏中由詹事府詹事（正三品）迁内阁学士，次年擢兵部右侍郎（正三品），后转兵部左侍郎兼充经筵讲官，成为一名帝师。乾隆二十一年，于敏中辞官回家为父守丧，一年后，乾隆就提前召他回京师任署刑部左侍郎。二十三年，他因嗣父病故请假回乡，不久，又遭遇母丧。为了能早一点回朝复职，于敏中就隐瞒母丧不报，后被御史朱稽检举揭发。乾隆爱惜于敏中才干，不仅没有处分他，还为他辩解说："于敏中回籍后，又遭丁母忧（生母去世）。他得知任命自己署刑部侍郎的诏书已经颁下，所以未将母亲丧事上奏，这难免会招致别人的批评议论。但于敏中才能出众，可倚办大事，加上刑部侍郎一职没有合适的人选，故仍降旨起用。不过他复职后，所有宴会一律不能参加。"同年闰六月，于敏中去掉"署"字，正式授刑部左侍郎，后调户部右侍郎。

乾隆二十五年，于敏中迁军机处行走。军机处是雍正十年(1732)正式创立的，它取代内阁成为国家最重要的决策中枢机构。军机处内设军机大臣，资格浅的官员入军机处就称军机处行走，职掌军国大政。于敏中进入军机处后，承旨办事，甚合乾隆心意。他在军机处将近三十年，几乎每天都要"蒙召对"。乾隆对他信任有加，君臣之间无所不言，皇帝的诏书大多也出自于敏中之手。乾隆酷爱吟诗作画，他吟诗通常是出口成诵，由侍立在旁的于敏中随时记下。于敏中记忆力惊人，只要乾隆吟诵一遍，再长的诗文他都能一字不落地记录下来。后来，因于敏中长期在军机处值班，重要机务都委任于他，实在忙不过来，乾隆就把记录诗句的任务交给另一位新入军机处的探花梁诗正。

一次，乾隆诗兴大发，随即吟诵起来，于敏中也在一旁聆听、默记。乾隆吟诗完毕就命梁诗正将所吟诗句记录下来。而负责记录的梁诗正没有经验，听时也不太专心。乾隆帝离开后，他茫然无措地看着稿纸发呆，一句也想不起来。于敏中见状苦笑道："我以为你会专心记录陛下诗句，就没有用心去记。这可怎么办?"见梁诗正羞愧难当，他又说："老夫代兄回忆回忆。"他默坐在桌边想了一二十分钟，记忆渐渐明晰，从头到尾一句一句默写出来，再交由梁诗正誊写好交给乾隆。乾隆看罢，只修改了一、两字，还算满意。因为这件事，梁诗正对于敏中的默记功夫佩服得五体投地。

乾隆二十六，于敏中得到乾隆皇帝特许，可以在紫禁城内骑马。三十年，他晋升户部尚书(从一品)，充国史馆副总裁，仍入值军机处。于敏中只有一个儿子，二十多岁了却屡应乡试不中，乾隆顾念他在军机处任职多年，就关照吏部赏给其子荫生待遇，乾隆还特封其妾张氏为淑人。可见，乾隆皇帝对于敏中称得上是关怀备至、宠爱有加。乾隆三十二年，于敏中加太子太保；三十六年，又加内阁协办大学士。

在内阁协办大学士任上，于敏中促成了一件具有历史意义的大事。乾隆三十七年，提督安徽学政朱筠建议朝廷颁诏广泛搜集民间图书典籍，并对明朝所修《永乐大典》进行整理，很多朝臣表示反对。于敏中力排异议，说服乾隆皇帝同意校办《永乐大典》，并纂修清代规模最大的一部丛书——《四库全书》。乾隆三十八年，《四库全书》开馆，于敏中被任命为《四库全书》正总裁。《四库全书》分经、史、子、集四部，共收录图书三千五百零三种、七万九千三百三十七卷，是我国历史文化遗产的一个大宝库，使后世受益无穷。于敏中为《四库全书》的修纂作出了巨大贡献，从分部类、定体例到制订校录丛书标准和纂修规则，他都提出了许多富有创见的建议。乾隆皇帝考虑到自己年事已高，急于先观其成，就命于敏中和王际华主编《四库全书荟要》，这是《四库全书》的浓缩精华本。《四库全书》于乾隆四十六年完成。遗憾的是，于敏中没能等到全书的最后完成就自杀而亡，但他的名字已和《四库全书》紧紧地联系在一起。

乾隆三十八年八月，于敏中晋升文华殿大学士（正一品）兼户部尚书，充国史馆、《三通》馆正总裁。十一月，又任上书房总师傅兼翰林院掌院学士。作为一名状元出身的文官，于敏中入值军机处、入内阁、为帝师，位至极品。此时的他有些飘飘然、忘乎所以，开始广交地方大吏，甚至招权纳贿、泄露国家机密。乾隆三十九年，内监高云从泄露乾隆朱批记载被察觉，案件审理过程中牵连到于敏中。高云从承认自己买地受骗，曾请求于敏中托人帮忙挽回损失；又说于

敏中曾向内监观亮询问乾隆朱批记载等。于敏中的问题开始暴露出来。乾隆帝看了高云从的供状后十分震惊,召于敏中当面质问,于敏中辩称自己没有向观亮询问朱批记载,也没有答应高云从的请托,只是没有将内监托他帮忙的事及时向皇上汇报。

按照大清律法,严禁内臣(宦官)与外廷大臣(文武百官)私下交往。一旦出现这种情况,内臣或外臣必须如实奏闻,否则要以罪论处。虽然没有确凿证据证明高云从的说法,但于敏中与宦官私下交往、涉及私事而不奏闻却是不争的事实,按律当治罪。于敏中身为辅佐大臣与文学侍从,在皇帝身边已有几十年,君臣之间感情日深。乾隆顾念旧情没有将于敏中革职查办,而是说:“高云从说于敏中曾问观亮朱批记载,于敏中以文华殿大学在军机处行走,日蒙召对,何以还要向内监探听消息?此不可信。内廷宦官与外廷大臣之间因为公事有所交往,这很正常,不过一旦语涉私情就应该据实奏闻。朕正准备给于敏中加恩,而他适遇此事,实在是福泽有限,不能承受朕之深恩。”乾隆下诏将高云从处斩,而没有治于敏中的罪。

乾隆四十一年,清军平定金川,乾隆以于敏中在军机处承旨书谕、日夜操劳,事无巨细必躬亲办理,特降谕:“其前次过失尚可原谅,赏赐一等轻车都尉爵,世袭。”于敏中有幸得到乾隆皇帝的宽大处理,本应反省改过,但他仍不能约束自己,又与地方大吏勾结舞弊。乾隆知道后虽隐忍未发,但渐渐对他感到失望。

乾隆四十四年,于敏中哮喘病发作,请假在家。乾隆派太医院堂官去诊治,并送去一床曼陀罗经被。通常,大臣生病,皇帝遣医诊视、派员慰问时,一般送人参、或药物。只有当一、二品大臣病故时,才会送曼陀罗经被。于敏中还活着，皇帝为什么不送人参而送曼陀罗经被呢？于敏中醒悟了：皇上是希望自己永远休息。他当晚就饮鸩自杀。

于敏中死后，乾隆皇帝也不忍将"盖子"揭开，而是希望能保全他的名声和头顶上的耀眼光环，诏赐谥文襄，并恩准他入祀贤良祠。一般史书上都隐去了于敏中"自杀"的悲剧。直到乾隆四十六年，甘肃官员腐败案又牵连到于敏中，乾隆皇帝这才下诏将他从贤良祠撤出，并削去子孙世袭一等轻车都尉爵的恩赐。

毕　沅

毕沅（1730—1797）字镶蘅，号秋帆、灵岩山人，镇洋县（今江苏太仓县）人。他生长于一个地主知识分子家庭，父亲毕镛体弱多病，无意于科举，母亲张藻字于湘，是清代著名的女诗人。张氏出生书香门第，祖父张德纯为康熙朝进士，母亲顾之琼也工诗能文，曾组织"蕉园诗社"，与林学宁、顾姒等人号称"西泠十子"。受良好的家庭氛围影响，张藻自幼学习诗文，成为一名博学多识的女才子，著有《培远堂诗集》四卷，史称："闺秀之能诗而学术渊纯者，当以太仓张藻为第一。"毕沅有这样一位才华横溢、熟读经史诗文的母亲是他的幸运，他能状元及第也是家教成功的一个典范。

毕沅从小聪明过人，是兄弟中最出色的一个。六岁时，母亲亲自教授《毛诗》、《离骚》，他居然能过目成诵；十岁时，母亲又教他声韵、对偶之学；十二岁，母亲开始指导他练习八股文，为将来搏击科场打基础。毕沅十五岁时已经学会作诗。他对苏东坡特别有感情，学诗以苏东坡为宗，并广纳韩愈、杜甫、李商隐、杜牧。许多年后，已经升任督抚的他，仍然坚持在苏东坡生日那天举行隆重的盛会。

毕沅十九岁时，体弱多病的父亲辞世。守丧期间，母亲安排他到长洲（今江苏吴县）灵岩山筑屋读书，后人又称他“灵岩先生”。当时，吴派经学大师惠栋正在长洲开馆教授生徒，毕沅抓住机会登门求教，拜惠栋为师，经学功底更加扎实深厚。诗学名家沈德潜也居住在长洲，毕沅又游学沈门，使自己的诗作水平大大提高，沈德潜倡导的格调诗对毕沅的诗风影响较大。

在母亲的严格教诲及名师惠栋、沈德潜的悉心指导下，通过自己多年的锐意进取和不懈努力，二十出头的毕沅无论是在学业还是举业方面，都取得了长足的进步。乾隆十七年（1752），毕沅奉母亲之命赴京城参加顺天府乡试，一试即中，成为举人。毕沅在考试中的优异表现引起了大学士傅恒的关注，将他选入内阁，授予内阁中书、充军机处汉章京。军机处章京又称“小军机”，为军机处属官，具体负责军机处的文书工作，如缮写谕旨、记录档案文书等。

毕沅并不满足于只做一名举人，乾隆二十五年，已在军机处工作了五年的他决定与内阁同事诸重光一起参加会试。会试揭榜前一天，毕沅在内阁值班，诸重光跑来说：“今晚原本轮到我值夜班，我不来了，请毕君代值。”接着，他颇为得意地说：“我的书法要比你好，此次会试也发挥得很出色，仅凭书法一项我的名次也应该排在你之前。”说罢掉头就走。毕沅听了这番话心里很不服气，但他生性比较懦弱，怕晚上无人值班会惹出事来，只好忍气吞声地代诸重光值夜。第二天会试成绩揭榜，毕沅名列第二名，诸重光落在他的后面。毕沅总算是出了口怨气。

更值得庆幸的是，国家正在西北地区用兵，经常有军事文书送达军机处。毕沅代诸重光值夜时收到陕甘总督黄廷桂的奏折，内容是关于新疆屯田的情况。毕沅拆开奏折仔细阅读，对新疆屯田有了较深入的了解。不久，乾隆皇帝亲临太和殿策士，殿试的题目恰好也是有关屯田、经学，毕沅读罢心中暗喜。他围绕着新疆屯田一事大发宏论，所议正合乾隆心意；至于经学，毕沅本来就根底深厚，自然不在话下。殿试考官起初将毕沅列在第四名（这也许与他的书法不是最好有关，当时殿试确实有偏重书法的现象），诸重光名列第一。乾隆看了前十名的卷子后特别欣赏毕沅的策卷，亲擢他为状元，诸重光名列第二（榜眼）。

唐代有“三十少进士，五十老明经”一说，按这种说法，毕沅算得上是“少年”状元了。清制，状元依例授翰林修撰（从六品）。不久，毕沅迁翰林院侍读（从五品）；乾隆三十一年，迁詹事府左庶（正五品）；任甘肃巩、秦、阶道道员（正四品）；乾隆三十五年，升陕西按察使（正三品），又迁陕西布政使（相当于陕西省省长，从二品）；乾隆三十八年，授陕西巡抚（从二品）。毕沅在十多年的时间里，就由从六品的京官，迅速上升到从二品的巡抚封疆大吏，他的宦海生涯也算得上是一帆风顺。

乾隆四十四年（1779），母亲张藻病故。张藻确实是一位不平凡的女性，她为了把毕沅培养成才倾注自己全部的心血和才智。毕沅考中状元、出任封疆大吏后，她仍然经常写信、写诗教育儿子不要辜负平生所学，不要满足于“温饱之志”，而要以“爱养民力”为重、以家国社稷为重。去世之前，张藻还给远在陕西巡抚任上的儿子寄去一首长诗：

读书裕经纶，学古法政治。
功业与文章，斯道非有二。
汝久宦秦中，屡膺封圻寄。
日夕为汝祈，冰渊慎惕厉。
民力久普存，爱养在大吏。
千秋照汗青，今古合符契。
不负平生时，弗存温饱志。
上酬高厚恩，下为家门庇。

谆谆教诲、语重心长，慈母之心溢于言表。

毕沅惊闻母亲去逝悲痛不已，立即告假奔丧。乾隆皇帝亲撰“经训克家”四个大字，制成匾额，以示嘉奖。毕沅对母亲非常孝顺，他专门在灵岩山南麓建造一座“灵岩山馆”，用来供奉乾隆所赐匾额，并在旁边建张太夫人祠堂，供子孙长年祭祀纪念，他还将自己的文集命名为《经训堂》。

毕沅在家守丧一年，乾隆就以陕西巡抚缺员为由命他“起复”，继续担任署理陕西巡抚事，“在职守丧”。乾隆五十年，毕沅调河南巡抚。在河南巡抚任上，他做了一件大好事：乾隆五十二年六月二十四日夜，湖北荆州府遭遇洪水，百姓淹死者达数十万。毕沅得知这个紧急情报后，并没有考虑湖北只是河南的邻省、不归自己管辖，而是怀着救民于水火的焦急心情先斩后奏，紧急调拨四十万两银子，派人连夜驰送湖北省用作赈灾款。乾隆知道后非常高兴，称赞他不愧为封疆大吏，有统筹全局的胆识。不久，诏授湖广总督（正二品）。

乾隆五十九年，陕西、四川等地爆发白莲教起义，据说白莲教起自湖北，由于毕沅身为湖广总督却没能及时向朝廷奏明白莲教的活动，受到降职处分，补山东巡抚。第二年，他再次升任湖广总督。嘉庆元年（1796），清仁宗爱新觉

罗颙琰即位，毕沅因参与镇压白莲教起义有功，赐世职轻车都尉。次年，他病逝于湖广总督任上，享年六十八岁。

毕沅为官近四十年，在地方任职时间长达三十多年，其中有二十一年是担任封疆大吏——总督、巡抚。虽然他在政治上并无太多建树，但他却是清代状元中收入最高的一位。在清代，操守清廉的总督或巡抚，每年合法收入三万五千两银子；而那些贪官污吏年收入可达十万两。毕沅当了二十多年督抚，基本收入已达七十余万。保守估计，他在俸银之外每年还可以有一、二万的额外收入。所以，他在担任地方大吏期间的总收入应在百万两左右，这可是一笔巨大财富。

毕沅收入颇丰但开支也十分大，乾隆五十年，他在苏州建造“灵岩山馆”，共耗费十万两，历时五年，据说他从来没有去住过一天。此外，毕沅也是一位乐善好施的官员。他以爱才养士闻名当世，经常慷慨解囊、赈济贫穷士人，文学家黄仲则、程晋芳等人生前都得到过他的帮助。对于那些有一技之长的名士，毕沅总是想方没法地罗致自己帐下。清代著名学者洪亮吉长期留在毕沅幕府，邵晋涵、章学诚、严长明、程晋芳也先后在毕沅幕府内从事过学术研究工作。

毕沅的贡献主要还在于学术上，在清代三百年学术史中，他被称为乾嘉学派的护法神，与阮元齐名。他一生著述丰富，以毕沅署名的《经训堂丛书》共收入著作二十二种、一百六十七卷。其中如《释名疏证》、《说文解字旧音》、《山海经》等，都是清代考据学的力作。此外，毕沅还把严长明、程晋芳、邵晋涵、洪亮吉、孙星衍、章学诚等一流史家与学者组织起来，编撰《续资治通鉴》。这是一部流传至今且影响很大的史作。司马光所撰历史名著《资治通鉴》只写到五代为止，清代也有一些学者仿《资治通鉴》体例，续修宋、辽、金、元四朝历史，但都不很完善。毕沅自筹经费、聘请名师，前后花了二十多年时间，到乾隆末年完成了这部《续资治通鉴》。全书共二百二十卷、总字数二百三十五万，记载了北宋初至元末(960—1368)四百余年的历史。该书在叙史时将辽、金、西夏与两宋并重，通贯宋元，堪称一部良史。梁启超评价说："此书出，而诸家《续鉴》可废矣！"

嘉庆皇帝对毕沅在湖广总督任上没能制止白莲教蔓延十分不满，但顾虑到太上皇乾隆的心情，没有立即追究。毕沅去世后，诏赠太子太保，但没赐谥号。到了嘉庆四年，乾隆驾崩后，嘉庆帝在抄没大贪官和珅家产时，发现毕沅也曾与和珅交结。嘉庆帝一怒之下，列举毕沅在湖广总督任上失察、不善治军，又滥支军需经费、玩法营私等罪责，下令革去他轻车都尉世职，籍没家产。

王　杰

王杰(1725—1805)字伟人，号惺园、畏堂，晚号葆淳，陕西韩城县人。他是王廷诏的第三个儿子，四岁时就跟随做官的父亲来到浙江。王杰自幼好学，八岁能写大字，十八岁入学。乾隆十八年(1753)，他被选为拔贡生，授陕西蓝田县学教谕。他还没来得及赴任，父亲就因病辞世，只得回家为父守丧。

王杰家中原本就不很富裕。父亲病逝后，为了赡养母亲、维持一家人的生计，他去投靠两江总督尹继善，受聘入幕担任掌书记，之后他又投入江苏巡抚陈宏谋幕下。乾隆二十五年，王杰乡试中式，成为举人。第二年，他又顺利通过会试。殿试后，读卷官将王杰的策卷排名第三，乾隆皇帝亲阅时发现第三名试卷的字体似曾相识，他回忆起来：以前两江总督尹继善进呈的奏疏字体俊秀，据说都是由书记官王杰撰写的。这个人的人品也很好，受到过嘉奖。乾隆见眼前第三名试卷的字体与王杰的极其相似，猜想这一定是王杰所作，就钦定王杰试卷为第一。这一年，王杰三十七岁。胪传唱名引见时，乾隆见王杰个子中等、沉稳端重，心中十分高兴，认定自己没有选错人。

王杰之前，陕西举子在近百年的时间内都没有举子考中状元，王杰能够金榜折桂、为西北举子争光，这本身就值得庆贺。而且，此时正值清军在西北地区平定大小和卓木的叛乱，在军事上取得重大胜利的捷报传入朝廷。乾隆皇帝非常兴奋，特地赋诗一首对王杰高中状元表示祝贺。

乾隆二十七年，王杰出任湖南省乡试副考官。二十九年，提督福建省学政，负责全省学校政令，以及童生岁试、科试，考核师生优劣、勤惰等事务。三十二年，王杰擢升翰林院侍读（正六品）；同年六月，授右庶子（正五品）；十月，迁侍讲学士（从四品）。三十四年，王杰迁詹事府少詹事（正四品），担任武举会试的总裁。三十六年，王杰又迁日讲起居注官、南书房行走，成为皇帝身边的近臣，为皇帝进讲经史。不久，他又擢升内阁学士（从二品）兼礼部侍郎，入阁参预机务。

乾隆四十一年，王杰领命出任提督浙江学政，第二年返回京师，担任《四库全书》馆和《三通》馆的副总裁。四十三年，王杰任会试副考官，寻迁吏部右侍郎（从二品），充武英殿总裁，同办《明史》，充国史馆副总裁。在负责编修史书的过程中，他发现武英殿提调官、少詹事陆费墀监督不严，导致各省、各处进呈上来的书籍大量遗失，影响到《四库全书》的修纂工作。他就以武英殿总裁的名义上疏弹劾陆费墀，乾隆批示“所办甚是”，并谕旨对遗失书籍一事进行追究。

乾隆四十八年，王杰母亲病故，他辞官回家守丧。在守丧期内，乾隆特授他兵部尚书（从一品），允许他“仍在家守制”，待服满（三年守丧期满）后再返京述职。第二年，乾隆第六次南巡至浙江，王杰闻讯从陕西老家赶赴行在所迎驾谢恩。乾隆见王杰风尘仆仆远道而来格外高兴，亲切地对他说：“你来，甚好。君臣久别，应知朕想念你。”次日复谕：“你是理学中人，朕不打算夺情留你在身边供职，可以马上回家继续守丧。”

乾隆五十年，王杰服除返京，担任《三通》馆总裁，充经筵讲官。五十一年，王杰奉命入军机处，任军机大臣上行走；次年，他以东阁大学士兼管礼部事务。此后，王杰因为在平定台湾、廓尔喀部的行动中运筹帷幄，两次受到嘉奖。乾隆皇帝还赐绘王杰画像于紫光阁，并在他的肖像下赐诗称赞：

典学七闽，肃正士风。
台湾民俗，颇悉心中。
山海险夷，参画具通。
有佐樽俎，图貌纪功。

“七闽”是指福建地区，“有佐樽俎”则是盛酒的器皿，意指不用武力，通过谋略、谈判等和平手段击败敌人，乾隆对王杰的赏识之情溢于言表。王杰很快加授太子太保，兼充上书房总师傅，成为负责教育皇子、皇孙的总教官。乾隆五十九年，王杰七十岁生日那天，乾隆特赐他御书、寿佛、如意、御用冠服，以示庆贺。

嘉庆元年(1796)正月,乾隆皇帝禅位于十五子颙琰。十月,王杰以腿疾辞去上书房、南书房、军机处的职务,专门在内阁阅看章奏。嘉庆帝对王杰也非常器重,在处理一些重大事情时还要征求他的意见。第二年,王杰再次奉诏入直军机处。嘉庆七年,他以年老多病为由上章请求致仕。诏授太子太傅,官俸不减。第二年春,王杰举家迁回故乡,临行前他仍不忘国事,上书指出朝廷当务之急是整饬吏治、整顿驿站。嘉庆帝特赐他乾隆皇帝曾经用过的玉鸠杖,并赐诗一首,其中有"直道一身立廊庙,清风两袖返韩城"之语,这是对王杰一生的定评。

王杰在军机处十多年,正值军机大臣和坤擅权用事、气焰嚣张之时。和坤善于迎合乾隆皇帝,溜须拍马无所不至,他利用手中大权结党营私、招权纳贿、排斥异己。军机处的官员们虽心存怨气却都隐忍而不敢发,唯独王杰勇敢地站出来与和坤抗衡,据理力争。乾隆皇帝对王杰、和坤同等对待,他既了解王杰的正直勤政、学问深厚,也知道和坤奸邪贪赃,认为这两人一忠一奸、一正一邪,正好可以利用他们之间的矛盾来驾驭他们,维持中枢机构的正常运转。所以尽管和坤处心积虑地想整垮王杰,却总不能如愿。

每当军机处大臣讨论国事完毕后,王杰总喜欢一个人独坐,默默无言地思考问题,而和坤则经常要去捉弄他。一天,和坤抓住王杰的手笑着说:"你的手真柔嫩!"王杰立即反击道:"王杰手虽好,但不能要钱耳!"和坤自讨没趣,悻悻地走开。又有一次,和坤独自在欣赏下属孝敬来的一幅水墨画,王杰凑过去看了看,讽刺说:"和公亦贪墨,如今贪墨之风一至如此!""贪墨"表面上是指酷爱书画,但在官场上"贪墨"又指贪赃枉法。和坤听罢,好兴致被一扫而光,浑身气得发抖,却也无可奈何。和坤因病不能上朝,他久闻礼部员外郎陈渼精于医道，派人去请他来给自己诊治。陈渼是王杰的门生，他去“请示”老师自己该不该去给和珅看病。王杰回答很干脆：“这个大奸臣，谁都巴望他早点死。你去了如果不能用药把他弄死，就别来见我。”陈渼一听，赶紧推辞不肯前往诊治。

可以说，和珅虽然权势很大，但在朝堂之内也不能事事如愿、为所欲为，这中间王杰起了很大的制约作用。和珅想报复王杰，却发现他立朝刚正无私、处事十分谨慎，几乎是无懈可击。一次，王杰的一位门生进京城办事，顺便来拜见老师，他知道老师要过生日，就送了一笔银子作为贺礼。王杰拒不收礼，对学生说：“以前我是怎么教你们的？今日我收了你的馈赠，那不就是言行不一了吗？”门生听了既感动又惭愧，把银子收了回去。王杰有四个儿子、九个孙子，他们都从小学习举子业。王杰为官四十余年，先后十多次担任乡试、会试的考官，他却立下这样一条家规：自己当政期间，儿孙不得参加科举考试。有一年，他的一个儿子偷偷回到老家陕西参加乡试，主考官是王杰的门生。王杰得知后，连忙托人带信给这位主考官，不许录取他的儿子。主考官不能违背师命，只得将王杰儿子的试卷搁在一边。虽然说王杰的这种做法并不符合科举条例，但是，他为了避嫌，更为了防备和珅，不得不铁下心来这样做。

正因为王杰正直无私，他才能在险恶的政治斗争中立于不败之地。和珅念念不忘要陷害王杰，竟然指使自己的爪牙诬告王杰在老家的亲戚横行乡里、仗势欺人，罗列了许多罪状。乾隆相信王杰的为人，怀疑是和珅在诋毁他，就决定派一位与他们两人都没有亲密交往的大臣，专程前往陕西韩城进行调查。结果，钦差大臣回朝禀奏说：“王相国（军机大臣别称）不但功在国家，而且德及乡里。王相国的家人在造房子时与邻居发生矛盾，相国知道后连忙写信告诫家人说：‘让他三尺又有何妨。’相国家人就主动把墙基后退三尺。邻居见状十分感动，也主动将房基后移，两家房屋之间居然空出了一条道路。事情很快在全县传开，从此民不相争，礼让之风大兴。说王相国的亲属仗势欺人，纯属无稽之谈。”乾隆一听就明白是怎么回事，为了褒奖韩城礼让之风，也为了惩戒和珅，他特封陕西韩城为“小北京”。并特许韩城百姓可以仿照北京的习俗建造“四合院”，年青人结婚时也可以穿“龙袍凤冠”。据说到了清末，在陕西韩城仍能看到近万座四合院式民房，青年男女结婚时也延续着穿龙袍、戴凤冠的习俗。

嘉庆六年，已经是七十七岁高龄的王杰出任顺天乡试正考官，他不顾年老体迈，仍然坚持每天凌晨三点开始批卷，一直到下午五点才休息。他认真批阅每一份考卷，即便是很差的试卷也要用正楷写上评语，一丝不苟。其他考官见状个个叹服不已，也认真地审阅试卷。王杰的敬业精神和高度社会责任感，堪称是封建社会良吏的楷模。

嘉庆九年，在王杰与妻子程氏八十高寿的纪念日，嘉庆皇帝特命巡抚方维甸带上御诗、匾额、珍物前往祝寿。王杰深受感动，亲自赴京师诣阙谢恩，并留住京师。十年正月，王杰病逝于北京。嘉庆帝闻讯悲痛不已，诏赠太子太师，赐谥文端，入祀贤良祠。

翁同龢

翁同龢(1830—1904)字声甫，一字叔平，号瓶生、松禅老人，江苏常熟县人。他出身于富贵鼎盛的豪门之家，父亲翁心存曾任内阁大学士、帝师；兄长翁同书是道光进士，累迁安徽巡抚；次兄翁同爵曾任陕西、湖北巡抚。他的母亲许氏也是仕宦门第出身，且自幼“通诗、易、五经大义，尤好观史”，是一位博学的知识女性。

翁同龢是家中老小，有四个兄弟姐妹，出生时母亲已经四十一岁。他从小备受家人宠受，日常生活与启蒙教育由两个姐姐悉心承担。翁同龢六岁时就在北京入塾学习，每晚由两个姐姐辅导功课，“读至夜分”。在私塾学习期间，他读完了《四书》、《五经》及《毛诗》等儒家经典。父亲翁心存酷爱藏书，将大半俸银用来四处购书，常熟老家的藏书达数万册之多。道光十八年(1838)，年仅八岁的翁同龢随父亲辞官回乡，第二年，他参加童子试，考进县学游文书院。赋闲在家的翁心存受县官邀请出任游文书院的掌院，这样，翁同龢实际上是在父亲指导下学习。

优裕的家庭条件并没有让翁同龢安于享乐，他从小刻苦励志、毫不懈怠，终日待在书斋中埋头于经史典籍。在居家与入学读书期间，翁同龢阅读了上百种经籍、文史之作，诸如先秦诸子、《史记》、《汉书》、《后汉书》、《三国志》、《资治通鉴》、薛文清的《读书录》、朱熹的《小学》、《近思录》，以及唐宋八大家、明清两代名家笔记等等。每逢清明、端午、中秋、冬至等节日，书院照例要放假，学子们大多穿戴整齐外出游玩。翁同龢除了在清明节时随亲人上坟祭奠外，其他节假日依旧足不出书斋，手不释卷、孜孜不倦。夏天时，他在书桌下面放一只空瓮，将双脚放在里面以防备蚊虫叮咬；

严冬苦寒，他就手捧铜炉吟诵不止。良好的家教、父亲的指点及师生间的问学切磋，再加上聪颖的天赋与非凡的努力，为翁同龢日后的发展打下了坚实基础。

道光二十五年，翁同龢参加府学考试，考中博士弟子生，被选拔进苏州紫阳书院继续学习。紫阳书院与杭州的读经精舍、江阴的南菁书院齐名，汇集了吴中地区众多"学行优长"的士子。翁同龢在学期间，俞正燮、李兆洛、冯桂芬、刘熙戴等大师都曾来紫阳书院讲学，这些大师治学主张"通经致用"。特别是冯桂芬，他致力于中国古代官制的研究，治《周礼》、《管子》，这与翁同龢的思想比较接近。在名师教导下，翁同龢的学业进步飞快，在拔贡试、科试（取得乡试资格）中都取得了第一名的好成绩。二十岁时，翁同龢到北京与协办大学士汤金钊的孙女、太常卿汤修之女结婚。

咸丰三年（1853）九月，翁同龢参加顺天府乡试，名列第二十七位，取得了举人身份。第二年春，他参加礼部会试却意外落选。翁心同清楚知道，首次参加科举考试落选是一件很平常的事，他自己也是参加过四次会试才最终成功。翁心同就用亲身经历来慰抚儿子，勉励他不要恢心、继续努力。翁同龢当然不会因为一次挫折就轻言放弃，他针对自己在经义考试中成绩不理想的问题，决心强攻《钦定四书文选》，摒弃一切应酬和游宴，更加刻苦地准备举业。

三年后，新一轮的"大比"之期又到了。三月九日会试开考，头场考经义，题目为"告诸德而知来者，泽泽乎发育万物"，这对翁同龢来讲并不难考。可是他从小体质较弱，加上考前借住妙应寺时受凉，腹泻不止，只得匆忙交卷。主考官获悉后就通知他的家人，母亲赶紧派人送来上等高丽参，妻子又送来止泻中药，他的身体很快恢复。第二场考试的题目为"莫如为仁"，翁同龢写得也很顺手。第三场考诗赋，题目为“游鳞萃灵沼”，得“灵”字韵。会试成绩公榜后，翁同龢名列第六十三位。清代会试后还要进行复试，翁同龢复试成绩很好，获一等第二名。

殿试将于四月二十六在太和殿举行。为了能离考场近一些，翁同龢就在考前借宿贡士孙毓汶家。孙毓汶的祖父是内阁大学士，父亲孙瑞珍为正二品的六部尚书。翁、孙两家同为豪门望族，有世交之谊。然而令人意想不到的是，孙家为了替孙毓汶扫清夺冠道路上的障碍，在临考前一天晚上精心设下圈套：他们先是以长辈的身份在晚餐时频频劝酒，然后与翁同龢东拉西扯谈至深夜；待翁同龢好不容易上床入睡后，孙家又突然燃放起鞭炮，将他从梦中惊醒，而孙毓汶早已经养精蓄锐。第二天殿试时，翁同龢精神不振、思路凝滞、文笔枯涩。正当他一筹莫展之际，突然想起母亲送来的珍贵老山参具有快速提神功效，就连忙放进口中咀嚼，顿时精神百倍、全身充满活力。

阅卷大臣将翁同龢的试卷初定为第二名，后经读卷大臣重新审阅，认为诗文均优于第一名，遂改翁同龢试卷为第一。第三天，咸丰皇帝亲自省阅前十名贡士的卷子，他依照读卷大臣所拟定的名次钦定翁同龢的策卷为第一，孙毓汶的第二。拆封唱名，当听到状元是翁同龢时，咸丰皇帝笑容满面地说：“此翁某之子，朕深知其才。”翁同龢幸亏有人参相助，才夺得状元荣衔。这就是“人参状元”典故的由来。

翁同龢初授翰林修撰（从六品）。咸丰八年，他出任陕甘乡试副考官，乡试结束后就留在陕西，任提督陕西学政。咸丰十年，翁同龢返京，依旧在翰林院供职。同年九月，英法联军进攻北京，咸丰皇帝被迫逃往热河，并于第二年病死于热河。遵依咸丰皇帝遗诏，六岁的载淳继承帝位，是为同治皇帝。载垣、端华、肃顺等八大臣为赞襄大臣，负责辅佐幼主。不久，同治帝的生母叶赫拉氏（西太后慈禧）与恭亲王奕䜣联合发动政变，杀死辅政大臣肃顺、载垣、端华，由东、西两宫皇太后垂帘听政，实际政权操控在西太后慈禧手中。翁同龢的父亲翁心存早年一直受到肃顺的排挤，肃顺被杀后，西太后提拔他为弘德殿行走，充当小皇帝的老师。

同治元年（1862），父亲翁心存病故，家乡常熟也已经被洪秀全领导的太平军占领。翁同龢只能留在北京为父守丧，三年守丧期满后授詹事府左中允（正六品）。两宫皇太后为了加强对同治帝的教育，决定任命翁同龢为帝师——弘德殿行走，在弘德殿五日一进讲，教材是明代张居正撰写的《帝鉴图说》。这期间，翁同龢还奉命前往养心殿，为两宫太后进讲《治平宝鉴法编》，受到两宫太后的嘉奖。由于在弘德殿书房授读以及在养心殿进讲的成功，翁同龢的声望迅速提高，官职也随之步步升迁，先后擢翰林院侍讲（从五品）、国子监祭酒（从四品）、太仆寺卿（正四品），入内阁为学士。

同治十年，翁同龢母亲去世，他辞官回常熟故里为母守丧。同治帝非常器重这位帝师，特赐他三千银两，并派淳亲王前往常熟祭奠，以示朝廷对翁氏家族恩眷之重。同治十三年四月，翁同龢返京继续担任帝师，同年底，亲政才一年、只有十九岁的同治帝驾崩，慈禧太后又挑选年仅五岁的载湉即位，是为光绪皇帝，两宫太后继续垂帘听政。载湉是慈禧亲妹所生、醇亲王长子。诏翁同龢迁署刑部侍郎。

光绪元年（1875），翁同龢奉两宫太后之命，与兵部左侍郎夏同善在毓庆宫为光绪皇帝讲课。这是他第二次担任帝师。翁同龢之所以能在帝师任上善始善终、长达二十多年，主要是因为小皇帝光绪与翁同龢十分投缘。光绪帝与风流的同治帝不一样，同治帝爱游玩不好读书，而光绪帝却是爱读书不喜游玩，甚至都不想结婚。翁同龢善于针对不同年龄段的特点，对年青的皇帝循循善诱，并且能以精深广博的学问开启光绪帝心智，以忧国忧民之心、治国安邦之略去感染和教诲光绪帝，使他在渐进的学习中不断积累治理国家的才干与经验。

年幼的光绪帝喜欢看有插图的书籍，翁同龢就亲自去寻访《棉花图》、《燕京八景》之类的通俗图书，作为光绪帝的课外读物。他还特别注重"寓教于乐"，小皇帝喜欢玩具，他就经常带来一些最新式的玩具，包括外国人制作的小火车等，让小皇帝在游戏的过程中接受教育。在向小皇帝介绍新式火车玩具时，翁同龢还不忘告诉他，西洋人不仅会造玩具小火车，还会造真的大火车，会用洋枪、洋炮来攻打中国。教育小皇帝要用功读书，将来把国家治理好，不受外国人的欺辱。这样的教育方式给小皇帝留下了非常深刻的印象，翁同龢与皇帝之间除了师生之谊外，还渐渐萌生出一种亲情，两人感情日深。任帝师的大臣不止一个，光绪帝最爱听翁同龢讲课。据统计，在担任帝师的二十二年里，翁同龢为光绪帝进讲的课程达四十门之多，内容涉及儒家经典、帝王之学、历史、地理、经世时文、西学及诗词文学等多方面。

翁同龢在担任帝师的同时，还兼任其他要职，先后两次担任军机大臣。清代，军机大臣的地位相当于唐宋时代的宰相，被誉为无宰相之名而行宰相之实的重臣。光绪八年，翁同龢首次奉命以工部尚书（正二品）充军机大臣。二年后，法国殖民者为了入侵中国的云南，挑起了对越南的战争。清廷内形成和、战两派意见：翁同龢与恭亲王主张"一面派兵迎战，一面与之和议"；而醇亲王（光绪帝父亲）与工部左侍郎孙毓汶主张议和。醇亲王还多次在慈禧太后面前攻击主战派，指责他们"不顾朝廷安危"。慈禧太后借机对军机处进行大换班，入军机处才两年的翁同龢被罢职，醇亲王、孙毓汶等入直军机处，孙毓汶还兼任总理各国事务大臣职务。

光绪二十年，中日甲午战争爆发，朝廷内就和战问题再次展开激烈斗争：翁同龢与李鸿藻等大臣紧随光绪帝主战；李鸿章、孙毓汶等大臣则依附慈禧太后主和。这就是清朝末年的帝党、后党之争。甲午战争最终以清军的惨败而结束，慈禧太后不得不第二次撤换军机处官员，主战的翁同龢第二次进入军机处。次年，又兼任总理各国事务大臣，权力与地位都达到了顶峰。

在清王朝风雨飘摇、危机四伏的关键时刻，翁同龢坚决支持光绪帝变法维新。二十四年，光绪帝召见维新派领袖康有为，与他共议新政。康有为主张君主立宪，得到光绪的赞许，光绪帝还曾派翁同龢去中南海拜会康有为。光绪二十四年四月二十二日(1898 年 6 月 11 日)，光绪帝与翁同龢一起参加了颁布“定册是诏”的议式，宣告“戊戌变法”运动的开始。但是，紧紧跟随慈禧的后党早就聚集在颐和园内磨刀霍霍、伺机反扑。

“戊戌变法”开始后的第四天，慈禧就以光绪皇帝的名义颁发三道懿旨，第一道就是撤去翁同龢的一切职务。“戊戌变法”很快以失败而告终，慈禧太后重新掌控朝政。

翁同龢被革职还乡，于光绪三十年卒于家中，享年七十五岁。他留下绝命诗一首：

六十年中事，凄凉到盖棺。
不将两行泪，轻为汝曹弹！

崇　绮

崇绮(1830？—1900)字文山，蒙古正蓝旗人，属阿鲁特氏。他是大学士赛尚阿之子，后来，女儿被册封为同治皇帝的孝哲毅皇后，他也以国丈之尊升籍，隶满洲镶黄旗。崇绮贵为宰相之子、皇后之父，但他一生所遭遇到的不幸也非常人所能想象。

咸丰三年(1853)，崇绮的父亲赛尚阿奉命为钦差大臣，赴广西督办军务，后因镇压太平天国起义军不力被处死缓(斩监候)。同治十一年(1872)，崇绮的女儿阿鲁特氏嫁给同治帝为皇后，与皇帝相处琴瑟和谐。但同治帝不满慈禧太后过分干预政事家事，他开始厌倦宫中生活，竟然出宫寻花问柳染上梅毒，结婚才两年就命归黄泉，皇后也殉节而死。崇绮短短几年内遭遇大喜大悲、大起大落，尝尽人间的酸甜苦辣。

不过，崇绮能够成为一代名臣，靠的不只是家庭门第的光环，还有自己的不懈努力。在科举考试中，他夺得了清朝唯一的满、汉同科状元。要知道，满人能够在以儒家经典为考试内容的科举试中击败汉人举子，这谈何容易！清代三百年科举史上，只有清初顺治九年(1652)、十二年两次科举考试是满、汉分榜，各取一名状元，之后不再分榜。清政府不鼓励满人参加科举考试，而是鼓励他们尚武、习武，满人参加科举考试也得不到特殊照顾。满、汉同场竞技，自然有利于世世代代受汉儒文化薰陶的汉人举子。因此，在顺治十二年到同治二年的二百多年里，几乎没有满人能跻身科举考试的前三名，更不要说高中状元。崇绮能够在科场上力拼汉人举子，夺得状元桂冠，称得上是空前绝后的壮举。

崇绮出身于大官僚之家，家境富庶，学习条件优良。他从小接受国语（满语）、汉文两种文化的教育，早年被父亲送入旗学，考上廪膳生。这之后，他获得了在六部衙门担任笔帖式的差事，从事翻译工作，将满文文书译成汉文文书。他的汉语言文字能力也在实际工作中得到大大提高。道光二十八年（1848），崇绮迁工部主事（正六品），第二年，他顺利通过顺天府乡试。咸丰三年，父亲被判斩监后，崇绮也受到牵连，被革职在家。

咸丰四年，太平军将领林凤祥等率军长驱直入，直捣京、津地区。崇绮奉命担任督练旗兵军文案，参与抵御太平军的战略谋划。最后，太平军终因孤军深入而全军覆没，崇绮御敌有功，叙复兵部七品笔帖式。咸丰十年，他晋升兵部主事，寻迁兵部员外郎（正五品）。这时的崇绮已经在官场沉浮十余年，官至五品，按说可以安安心心地做官了。但他有着更远大的志向，决心要考中进士，走以文取士的道路。

同治四年，崇绮顺利通过会试，成为一名贡士。殿试在四月举行，崇绮的策卷被阅卷大臣定为第一名。按例，前十名考生的卷子要进呈皇帝御览，由皇帝钦定名次。当时的同治皇帝年仅十岁，根本决定不了，东、西两宫皇太后也十分为难。因为在满、汉同榜中，满人不为状元似乎已经成了惯例。如果要钦定一个满人状元，不是打破了祖宗不成文的定制吗？慈禧太后不想做出违背祖制的决定，准备把状元头衔让给汉人。大学士朱凤标却坚持不更改，理由是：崇绮策文写得非常出色，获状元当之无愧。而且，崇绮中状元更能激励满人子弟勤学进取。慈禧觉得朱凤标的话有道理，就将此事交由军机处讨论。刚开始讨论时，军机大臣们个个都不发言，最后还是延树南打破沉默说："但凭文字，何论满汉？"军机大臣们纷纷表示赞同，慈禧太后也没有提出异议。这样，满人崇绮终于夺得了同治四年状元。

崇绮初授翰林院修撰，翰林修撰一向是文臣清要官职，在整个清代，以满人试汉文而任修撰者只有崇绮一人，"士论荣之"。同治九年，崇绮迁翰林侍讲，主持河南省乡试。回京后，被任命为日讲起居官，成为皇帝身边的亲近之臣，他的仕途称得上是一帆风顺。

同治帝十七岁时，慈禧太后决定给他选妃子。当时有两位候选人：一个是崇绮之女阿鲁特氏，一个是侍郎凤秀之女富察氏。富察氏长得美艳动人，但东宫太后慈安嫌她轻佻，倾向选端庄秀丽的阿鲁特氏。可是，阿鲁特氏的舅舅郑亲王端华，早年被慈禧太后赐死，慈禧一见阿鲁特氏就想到了端华，心中颇感不快，所以她倾向于选富察氏。两宫太后各执一端、争论不下，决定由同治帝自己挑选。结果，同治帝选中了阿鲁特氏，慈禧太后虽然心中不悦但也没有表示反对。阿鲁特氏被迎娶入宫，册立为皇后；富察氏也被选进中宫，册封慧妃。对崇绮而言，女儿被册封为皇后本应是一件天大的喜事，没想到这件事却给他的政治生涯埋下了祸根。

阿鲁特氏被册立为皇后，状元出身的崇绮是喜上加喜，同治帝特赐他三等承恩公，擢升内阁学士，不久又迁户部侍郎、吏部侍郎。可是好景不长，专制的慈禧太后见同治帝宠爱阿鲁特氏，心中更添烦恼。慈禧经常干预同治帝的生活，不让他专宠阿鲁特氏，逼迫他眷顾慧妃和其他妃子。母子二人因为这件事闹得很不愉快，同治帝索性搬进乾清宫独居，过起单身生活。一直在身边侍候的太监见同治皇帝在宫中的生活不如意，就动起了歪脑筋。他们说服皇帝微服出游，到京城内的妓院里寻欢作乐。同治皇帝不幸染上了梅毒。

慈禧太后明知同治帝染上的是梅毒，却故意当作天花来治。由于没能及时对症下药，年仅十九岁的同治皇帝离开了人世。同治死后，阿鲁特氏皇后知道慈禧太后不会轻易放过自己，就吞金而死，为同治皇帝殉情。崇绮还没有完全从攀升皇亲国戚的喜悦中平静下来，顷刻间又要承受丧女之痛。

继位的光绪皇帝只有四岁，慈禧和慈安两宫太后继续垂帘听政，而大权则尽在西太后慈禧手中。慈禧因为阿鲁特氏的缘故十分排斥崇绮。光绪元年(1875)八月，崇绮奉命临时担任顺天乡试副考官，随后被调任署理镶红旗护军统领。第二年，任会试副考官，补镶黄旗汉军副都统。次年，负责管理镶蓝旗满洲新旧营房。河南等地遭遇多年不见的大旱，河南巡抚李庆翔、布政使刘齐却隐瞒灾情不报，遭到御史弹劾，慈禧派崇绮前往调查处理。崇绮到了河南后处事小心翼翼、不徇私情，把河南巡抚等地方官吏渎职受贿、漠视灾情的问题调查清楚，如实禀报。事毕，他受到慈禧太后的嘉奖。

光绪四年五月，崇绮迁署刑部左侍郎。八月，朝廷派他到吉林处理一桩案件，并授予他“署吉林将军”官衔。案件比较复杂:吉林驻防侍卫倭兴额的家藏宝物被窃贼偷盗，倭兴额母亲怀疑是邻居傅洵魁所为。傅洵魁与族人齐广贞结冤，齐广贞为了报复傅洵魁，就跳出来证明倭母的指控属实。傅洵魁被投进监狱。事后，倭兴额得知齐、傅两家有仇，怀疑齐广贞可能是想借机报复，就主动去向官衙反映情况。谁知官衙不但不去调查核实，反而以“欲释放罪犯”的罪名将倭兴额也关进监狱。倭兴额不服上告，事情越闹越大。慈禧决定再派朝臣前去处理，她想到了崇绮。

崇绮离开京师来到遥远的吉林，心中老大不高兴。他草草审讯之后，就下达了维持原判的裁定。倭兴额身为满人驻防侍卫，大小也是个官员，他不服判决，再次上诉都察院喊冤。慈禧获悉后非常生气，又另派一位大臣前去处理。齐广贞栽赃陷害的事实终于被彻底查清，傅洵魁冤案得以平反。崇绮自知对案件的处理不当，上奏自劾。慈禧宽宥了他，并将他召回京师。

光绪五年，崇绮再次被调离京师，出任热河都统。御史上疏称赞崇绮是一名忠臣，希望能将他留在京师。但是，将崇绮调离京师是慈禧的主意，她自然不会听取御史的意见。而且，慈禧得知朝官中居然有人肯站出来替崇绮说情，心中十分不愉快，更加排斥崇绮，将他越调越远。光绪七年，崇绮调任盛京（今蒙古以东地区）将军。他到任后大力整顿、加强防务，还捐出自己的养廉金用于购买洋枪、装备步军，在盛京各重要海口积极布防，准备抵御法国军舰北上入侵海口。

光绪九年，崇绮因病请假回京师。慈禧太后听说崇绮在盛京办了许多实事，对他的印象有所改观，诏擢户部尚书（正二品）。光绪十一年九月，崇绮任武英殿总裁；十一月，升吏部尚书。正当崇绮的仕途出现转机之时，突然又遭遇到宫廷风波。

光绪十二年正月二十六日至二月初，光绪皇帝举行隆重的结婚典礼。按制，新婚后第三天要举行“会亲”的礼仪活动，设宴拜谢皇后父亲。但是，光绪皇帝却临时取消了“会亲”礼仪，原因是皇后不是自己喜欢的珍妃，而是慈禧太后的侄女。一时宫中流言四起，纷纷传说取消“会亲”礼仪是光绪帝对皇后父亲的不尊重甚至是污辱。这件事刺痛了崇绮的心，勾起了他对往事的回忆：因为慈禧太后的反对，女儿阿鲁特氏在与同治结婚时也没有举行“会亲”礼仪。崇绮精神崩溃了，他再次病倒。二月，崇绮上疏请求辞官回家养病。慈禧太后同意了他的请求，并决定从此冷落他，不再起用。

崇绮在家养病，一待就是十四年。他渐渐看轻功名利禄，想就此淡出名利场。崇绮重新开始研读典籍、究心学问，闲暇之余还赋诗、作画。他的绘画技艺提高很快，常有一些文士慕名求取。在轻松平淡的生活中，他找到了自己的归宿和乐趣。

风云突变，光绪二十五年底，慈禧太后准备废黜因“戊戌变法”失败而遭囚禁的光绪皇帝，扶植端郡王载漪之子溥儁为大阿哥，以取代光绪帝。为了争取满族重臣的支持，慈禧决定重新起用崇绮，让他一起参与密谋废立活动。崇绮并不赞同维新变法，就同意出山。溥儁立为大阿哥后，崇绮被任命为师傅，不久又受命管理礼部事务。光绪二十六年，崇绮任翰林院掌院学士，寻迁正红旗汉军都统。

此时的清政府已陷入内外交困的危机之中：内有义和团运动，外有八国联军入侵。光绪二十六年八月十四日，八国联军攻入北京。慈禧带着光绪帝逃离北京，命荣禄、徐桐、崇绮等留守北京。荣禄贪生怕死，连夜逃往河北保定，还美其名曰“吸引联军、掩护御驾”。崇绮也跟着荣禄逃到保定，寓居莲池书院。崇绮喘息未定，就接到来自北京的噩耗：留在京城的妻子瓜尔佳氏和儿子葆初为躲避联军，在自家地窖中被活活闷死。崇绮陷入深深的绝望之中，自缢而死。诏赐谥文节。

张　謇

张謇(1853—1926)字季直,号啬庵,通州(今江苏南通)人。家中世代务农,父母粗通文字,希望自己的儿子将来都能够走读书、登科、入仕之路。母亲非常重视孩子的教育,经常在晚上教他们识字。

在五兄弟中,张謇是天资最好、最聪明的,他四岁就能诵读《千字文》,五岁就进入私塾学习,踏上了漫长艰辛的科举之路。十一岁时,张謇已经通读完《三字经》、《百家姓》、《四书》、《诗经》等文献典籍,学会吟诗作对。一次,塾师看见一名武官骑马从门前经过,随口说了句:"人骑白马门前过",张謇张口就对出下联:"我踏金鳌海上来。"其文思之敏捷令塾师和父母都惊喜不已。张謇十二岁那年,父亲张彭年特地在旧屋后面又新盖了一间屋子,作为儿子的书房,屋前种上五棵柳树,美其名曰"仿陶书屋"。父亲还聘请当地颇有名望的宿儒朱效绮为塾师,教儿子读书。在朱效绮的精心教辅下,张謇学业进步飞速,很快就能作五言、七言诗,并潜心研读《春秋》、《左传》,练习八股文的写作。

清穆宗同治八年(1869),张謇刚刚十七岁,父亲就开始安排他参加科举考试。没想到张謇在科举之路上遇到的第一个困难竟然是"冷藉"问题。所谓"冷藉"是指曾祖、祖父、父亲三代都没有做官或中举的家庭,在清代,这样家庭出身的人是很难取得考试资格的。张謇家三代务农，没有一个读书人，属于冷藉。于是，父亲设法让张謇顶冒如皋县富户张駉的户籍，改名张育才，这才解决了报名应试的资格问题。

张謇顺利通过县里的考试，但州试排名被挤出百名之外。塾师非常生气，挖苦他说："如果一千人应考，取九百九十九名，那你就是唯一的一个落第人！"塾师的这句话对张謇刺激极大，从此更加发愤读书。他还把"九百九十九"这五个字写成许多字条，贴在仿陶书屋的窗格上、书桌上、帐顶上，让这些无处不在的字条时刻警醒自己。夏天蚊虫多，他就把双脚伸进空坛子里面；为了防止打磕睡，他就效仿古人"头悬梁"之法，把辫子夹在二根悬挂的竹头中，头一下垂，竹头就会扯动辫子，人就会痛醒。张謇每天除了吃饭、睡觉，就是看书写文章，经过差不多一年的不分昼夜的苦读，他终于通过了府试、院试，成为一名秀才。

正当张謇学业飞速进步，声望越来越高的时候，如皋县富商张駉跳出来，用张謇顶冒户籍一事来要挟张彭年，勒索钱财。张謇家只有二十来亩田，生活一直比较艰难，根本没有多少油水可榨。张駉眼见捞不到更多利益，就去州衙告发。知州孙云锦对孤寒之士比较同情，他不仅没有追究张謇顶冒的责任，还努力促成双方和解，使事态很快平息下来。孙云锦还主动将张謇的情况上报礼部，为他争取到在南通注册入籍的机会，取得应试资格。

张謇接下来的目标就是要通过乡试，成为一名举人。但是，他从二十一岁开始连续参加了五次乡试，都一一落选。失败和挫折并没有让张謇灰心，反而更加激发起他的斗志。光绪十一年(1885)，张謇第六次参加顺天府(京师所在地)的乡试，考中"南元"，即南方考生第一名！按照顺天乡试的规定:第一名必须是直隶人,第二名则是来自南方各省的士子。从此以后,张謇的名字在京师传开,影响越来越大。

已经被科考折腾得精疲力尽的张謇仍然不能松懈,他还必须马不停蹄地向“进士”目标进发。他一连参加了三次礼部试(会试),三次落第。此时,张謇已经年过四十,科举考试已经消磨掉了他一生中最美好的时光,成功依然是遥不可及。渐渐地,他的心开始变冷,信心也开始动摇。正当张謇打算放弃举业时,机遇却来敲他的门了。按照“三年一大比”的惯例,光绪二十年不是会试年。但这一年适逢慈禧太后六十大寿,朝廷特旨举行恩科考试。

机会来了,可张謇已打不起精神。俗话说“事不过三”,张謇想到自己三次会试、三次落第,如果第四次会试再考不中,那岂不是太丢人了吗?就想放弃。父亲张彭年却不甘心,他花费了大半辈子的心血就是希望儿子有朝一日能出人头地。现在机会就摆在眼前,如果不抓住就会留下终生的遗憾。他劝儿子说:“儿试诚苦,但儿年未老,可再试一次,吾心亦安。”再试一次,不论成功与失败,这就是老父的最后愿望。张謇非常理解父亲此时此刻的心情,为了不辜负父亲的期盼,他决定再去科场“拼杀”一次。

一个人的成功除了实力之外,离不开机遇。处在命运十字路口的张謇,遇到了一位后来成为忘年之交的恩师——翁同龢。翁同龢是光绪皇帝的老师,咸丰六年(1856)状元,比张謇大二十四岁。早在光绪十一年时,翁氏任顺天乡试主考官,他对张謇试卷中的文笔与书法大加赞赏,定为南元。这一次恩科会试,翁同龢被任命为主考官之一,他决心尽最大努力成全张謇。翁同龢从初考开始,就小心翼翼、不辞劳苦地寻找、辨认张謇的答卷。张謇取得殿试资格后，他就对收试卷的考官说：一旦接到张謇的卷子，直接给我送来。翁同龢拿到张謇的殿试答卷后仔细审读了一遍，认为无论是八股文还是书法都很出色，就荐为第一甲第一名。他还特地向光绪皇帝推荐说："张謇，江南名士且孝子也。"结果，光绪钦定张謇为恩科一甲第一名进士。

张謇从十六岁开始参加科举考试，直到四十二岁夺冠，前后历经二十七年的磨难，仅在考场上的时间加起来就有一百六十天！"艰难困苦，玉汝于成"，这个状元真是得之不易！张謇状元及第后，例授翰林院修撰（从六品），从事纂修国史的工作。新官上任没几个月，含辛茹苦、望子成龙的父亲就离开了人世。噩耗传来，张謇立即辞官回南通奔丧，在家守丧三年。光绪二十四年三月，他返回京师复职。

实际上，张謇早在回南通以前就萌发了辞官归里、兴办实业的念头，这种想法源于他对社会危机与官场黑暗的忧虑和不满。光绪八年，朝鲜东学党闹事，清政府下令北洋大臣张树声、淮军庆军统领吴长庆派兵朝鲜。张謇当时正在吴长庆幕府内，也随长官乘军舰前往朝鲜，负责措画前敌军事。与张謇同在幕府的还有袁世凯，吴长庆曾嘱吒张謇指导袁世凯读书，张、袁之间就有了一段师生情谊。战场上兵贵神速，清军一夜之间平定朝鲜之乱，粉碎了日本欲借口动乱出兵朝鲜的阴谋。张謇通过这次入朝平乱深刻意识到，日、俄两国对朝鲜以及我国的东北地区虎视眈眈，最终是要亡我中华。他向清廷上《乘时规复琉球策》、《朝鲜善后六策》两道奏章。但是他的奏章被手握军权的北洋大臣兼直录总督李鸿章搁在一边，不予理会。朝鲜动乱平息之后，清廷并没有在保护朝鲜方面采取任何措施，日本得寸进尺、步步紧逼，光绪二十年，"中日甲午战争"爆发。

甲午战争以清军的惨败而告终，垂帘听政的两宫皇太后与李鸿章力主与日本议和。这时的张謇刚刚考中状元,他时常与恩师翁同龢一起谈论国事,触及痛处时会“声泪俱下”。他奋笔疾书,写下了著名的《呈劾大学士李鸿章》疏。张謇作为一名经过几十年的拼搏才步入仕途的新科状元,面对清廷的软弱与腐败,不顾个人前途与安危,敢于向当朝权臣开火,足见其忧国忧民之心。恭亲王奕䜣曾说:“参奏李鸿章的折子有十余通之多,惟张謇之奏最为切当。如今满清痛遭日本祸殃,这全是李鸿章一手酿成的。”遗憾的是,这道奏章如石沉大海,李鸿章依旧大权在握。如此朝政,做官何用?张謇打算退出官场。

让张謇最终决定辞官的还有一件事:他考中状元进入翰林院后不久,曾随同文武百官迎候慈禧太后从颐和园回宫。当时正下着暴雨,官员们都跪在一尺多深的水中,其中不乏七、八十岁的白发老者。面对此情此景,慈禧太后竟然不屑多顾一眼,扬长而去。张謇深感屈辱,叹息道:“士人读书求仕,为了光宗耀祖。身列朝廷,难道仅仅成为叩头虫而已?诵读圣贤书,志气何在?”在他看来,有志气、有骨气的人都不应该去当官。

张謇回南通守丧的第二年,就在两江总督张之洞的支持下,集资五十万两银子,在通州唐闸镇创办了南通的第一个近代工厂——大生纱厂(后改名大生一厂)。在封建社会,士大夫们读书是为了参加科举考试,而考试是为了做官,为了光耀门庭。张謇也是历经千辛万苦才搏得了状元头衔,但是他并不留恋仕途,刚做了官又决定辞官。状元对张謇而言,只是一个做事对外的招牌,他成了中国科举状元创办产业的第一人。

大生纱厂开工时,帝国主义列强正忙于欧洲战争,放松了对中国的经济侵略,中国的民族工业在夹隙中获得了迅猛发展的机会。第二年，大生纱厂赚了几万两银子；第三年，赚了十五万余两。到了民国十五年(1926)，张謇已经拥有四个纱厂、七百零八万固定资本，成为中国纺织工业第一人。

张謇并不满足于创办几间工厂，而是强调兴业救国。他不仅要办一系列的纱厂，还要发展公益事业和文化教育事业，在全国树立起兴业利民的榜样。张謇一手办工厂一手抓教育，把赚来的钱大量用于创办学校，他投资的学校有：震旦学院(复旦大学前身)、南京高等师范、南京河海工程学校、吴淞中国公学、纺织学校、医学院、盲哑学校、南通大学、南通师范学校、女子师范学校等，共计十多所。张謇为了实现创业兴国的理想，把兴办实业与兴办教育两者紧密地结合在一起。他说："实业所以裕教育之本，教育所以储实业之才。"这句话说得非常深刻，至今仍具有现实意义。

张謇奉献社会是那么的慷慨大方，而他自己的生活却十分节俭。他平日伙食是两菜(一荤、一素)一汤，没有贵客不添菜；衣服一定要穿破才肯换件新的；在路上看见一个钉子，他都会弯腰捡起。他解释说："用钱，要看该用或为大众用，虽上千万也不足惜；自己用钱，虽一文也须考虑节省。"张謇是这样说的，也是这样做的。这位状元出身的中国民族工业资本家期盼国家富强，不受外敌的侵侮。他的一颗赤子之心感动过当代、感动着今人，永远值得尊敬。

民国十五年八月二十四日，张謇病逝，享年七十四岁。这之后，有关他的业绩与功过的评论如潮。毛泽东主席曾说过这样一段话：

> 谈到中国民族工业，我们不要忘记四个人，……轻纺工业不要忘记张謇。

刘春霖

刘春霖(1872—1942)字润琴,号石箕,直隶肃宁(今河北肃宁)县人。父亲刘魁书曾经在保宁府衙担任过最下等的吏役——皂吏,收入不足以养家糊口,母亲只好去别人家当奶妈。由于家境贫寒、社会地位低贱,刘魁书屡遭他人的白眼和欺凌,发誓一定要让自己的孩子读书,改变贫贱的命运。

刘魁书粗通文字,他每天晚上亲自教大儿子刘春堂读书识字。刘春霖天资敏慧,据说当他只有三岁时,听隔壁房间父亲教哥哥读书背诗,就跟着记,第二天居然能在大人面前背诵起来,家人十分惊奇。一天,奶奶让五岁的刘春霖把簸箕里的黑豆拣出来做菜。黑豆掺杂在红高粱中,如果一颗颗地挑拣太麻烦。聪明的他记起奶奶曾经讲过“鸡不吃黑豆”的故事,就问奶奶:“簸箕里剩下的红高粱,喂鸡吃好吗?”奶奶随口答应:“好!”于是,刘春霖就把簸箕端进院子里,呼来几只鸡,一会儿簸箕中的高粱就被鸡啄得干干净净,剩下的全是黑豆。奶奶连夸自己的孙子真聪明。

刘春霖从小受父亲的引导,酷爱读书练字,父亲就将希望寄托在小儿子身上,对他重点培养。刘春霖八岁进私塾读书,后来考进了保定著名的莲池书院,师从著名学者吴汝纶。他的毛笔字写得特别好,逢年过节,乡亲邻里都要请他写春联,就连当地的秀才、举人见了这位小童生的书法,也纷纷竖起大拇指。光绪十三年(1887),十六岁的刘春霖回家乡肃宁县参加秀才考试。清代科举与学校教育紧密结合,有志科举入仕的举子们首先必须经过考试,成为一名府(或州、县)学生,入学后称“生员”,俗称“秀才”。生员又分三等:廪生(廪膳生)、增广生、附学生员。童生考县学或府学,需要有廪生作担保,才能报名。一些考生担心刘春霖占去县里的秀才名额,就联合起来鼓动廪生们不给他作“保”,理由是他出身卑贱。结果,刘春霖因为找不到肯为自己作保的人而没办法参加考试。

挫折并没有让刘春霖灰心,反而更加激励起他与世俗偏见挑战的斗志。光绪十六年,刘春霖再次回县学报考,并顺利地考取了县学附学生员,成了一名秀才。光绪二十八年,刘春霖乡试中式,成了举人。此时的清王朝正处在风雨飘摇、内外交困的危机时刻,旧有的制度难以维系,社会上要求废除科举、兴办学校的呼声日益高涨。慈禧太后考虑到自己的七十大寿即将到来,决定暂不废除科举制度,以满足唯我独尊的虚荣心。

为了这个普天同庆慈禧七十大寿的“恩典”,朝廷还新增了“经济特科”。刘春霖参加了经济特科考试,结果落选。为了谋生,他找到位于北京地安门外的通益堂布店的徐掌柜,在店里干点杂活。徐掌柜认为让一个举人在布店干杂活太屈才,就把他推荐给原驻德国的钦差大臣陶世筠。陶世筠见刘春霖字写得很好又有学问,就留他在身边。陶世筠是清政府大员,经常要上奏折禀贴,就让刘春霖帮着书写。慈禧太后对书法很感兴趣,她看到陶世筠所上的禀帖字迹秀劲有神韵,就问:“这帖上的字是你写的吗?”陶世筠如实禀告:“是西宾(门客)刘春霖写的。”慈禧太后笑着说:“传旨,叫刘春霖进宫抄写经书。”正忙着准备来年会试的刘春霖只得奉命进宫，为慈禧太后抄写《文昌帝君阴骘文》和《大唐三藏经·圣教序》。他抄得非常认真仔细，慈禧太后看了十分满意。

光绪三十年，尽管时局动荡不安，科举考试作为慈禧太后七十寿辰庆典的一项内容，仍如期举行。刘春霖在殿试中被钦定为第一甲第一名进士。据说，刘春霖的答卷起初被考官定为第一甲第二名，慈禧太后在颐和园审阅前十名试卷时，见第一名朱汝珍是广东清远人，心中颇有些不悦。在她看来，广东是个专门出叛臣逆子的地方，像洪秀全、康有为、梁启超、孙文等都想推翻满清统治，她不想要一个来自造反派家乡的状元。而且，"汝珍"的名字也不吉利，容易让人联想到被慈禧逼得投井的珍妃。于是，慈禧就把朱汝珍的试卷放到了一边。

当慈禧拿起第二份卷子时，富有神韵的字体似曾相识，再看答题考生的姓名是刘春霖，正是那个曾为自己抄写经书的士子，好感油然而生。更让慈禧高兴的是，"春霖"意为春风化雨、普济甘霖，是吉祥之兆；而且，刘春霖的籍贯是肃宁，正与她祈盼国内早日肃靖安宁的心意相符。因此，钦点刘春霖为状元，正好为寿圣庆典图个吉利。接着，慈禧又拿起第三份卷子，是金梁（满族人）的卷子，开头就说"国事可谓痛哭流涕者"。慈禧一看非常扫兴，干脆把卷子扔到地下。她不愿意再看其他的试卷，就传令把定刘春霖为状元的懿旨告诉被软禁在瀛台的光绪皇帝。光绪皇帝岂敢违抗老佛爷，御笔钦定刘春霖为状元。就这样，中国科举史上最后一榜状元戏剧性地诞生了。

光绪三十一年八月四日（1905 年 9 月 2 日），慈禧太后、光绪皇帝颁布圣谕："着即自丙午科（光绪三十二年）开始，所有乡、会试一律停止。各省岁科考试亦停止。"至此，从隋唐到明清推行了一千三百多年之久的科举制正式宣布废除。刘春霖初授翰林院修撰(从六品),任职才一年多,科举制即宣告废除。他在自撰的《六十自述》中,用悲凉的口气称自己是"第一人中最后人"。

光绪三十三年,清政府迫于国内各界人士要求改革的强大压力,同意推行"新政",筹备君主立宪制。作为"筹备立宪"改革活动的一项内容,清廷派出一批支持君主立宪的人士去日本留学,学习实行君主立宪的经验。刘春霖和同榜进士沈均儒、商衍鎏、江亢虎、王揖唐一起东渡扶桑,进入东京私立政法大学科学习法政,为期一年半。

宣统元年(1909),当刘春霖学成回国时,国内的政局已发生很大变化:慈禧太后、光绪皇帝先后去逝,大江南北掀起了资产阶级革命运动,"君主立宪"之声已销声匿迹。刘春霖原本是作为"君主立宪"先行人物去日本留学的,面对眼前的局势,他感到一脸茫然。不过,刘春霖毕竟是状元出身、翰林撰公,很快就当上了咨政院议员、记名提督福建学使、直隶高等学堂提调。在保定期间,他经常到母校——莲池书院讲学,并创办了直隶书局,兼任保定北洋女子师范学校监督。

1911 年,孙中山领导的辛亥革命推翻了满清政府,把清王朝最后一个皇帝溥仪赶下了台。不久,袁世凯窃取民国政府大总统的职务。袁世凯为了笼络知识分子,装出一副尊孔重儒的模样,并把末科状元刘春霖拉进来,任命他为内史。内史不止一个人,也没有什么职务,平时的工作无非是操办应酬、处理一般性的文字。刘春霖的任务是每天为总统提供历代帝王有关素言懿引的语录,称《居仁日览》。他将帝王言行抄录在纸片上,袁世凯装模作样地摆在居仁堂的茶几、案桌上,让前来拜访的客人都能看到,有意无意地宣传自己尊崇的还是帝王之道。

刘春霖虽然认为做这种摘摘抄抄的工作无异于书吏，但这毕竟还能有补于“显达王世”，也就心安理得去做了。袁世凯复辟称帝的野心日益暴露，君主立宪派又开始热闹起来。拥戴袁世凯复辟帝制的“筹安会”、劝进袁世凯称帝的“请愿团”，掀起了一股支持袁世凯称帝的逆流。刘春霖原本就是君主立宪派，对封建帝制怀有深深的眷恋。他代表直隶省，与谷钟秀一起加入了劝进袁世凯称帝的行列。袁世凯十分高兴，当面称赞刘春霖“志超正大，前途无量”，并任命他为万生园(北京动物园)中央农业试验场场长。

1915 年 12 月 2 日，袁世凯废除总统、恢复帝制，激起了全国人民一致的愤怒声讨。他的皇帝梦只做了八十一天就被粉碎。这对刘春霖是一种强烈的震憾，他意识到自己并不是从政的材料。他感叹地说“散木不材元是福”，打算知难而退，过普通平民百姓的生活。退出官场后的刘春霖看见百姓的生活非常艰难，他的思想开始产生巨大变化，对挣扎在生死边缘的劳动人民充满了同情。他虽然淡出了政治舞台，但仍关心国事，满怀忧国忧民之情。1931 年，刘春霖迎来了自己六十岁的寿辰，子孙们想要为他举办庆贺活动。此时正值“九·一八”事变发生不久，刘春霖拒绝子孙们的孝心，忧心忡忡地说：“忧国忍能看彩戏，为传雪已兆丰年。”表达了自己祈盼国泰民安的愿望。

1933 年，日本侵占我国东北三省，并打算建立伪“满洲国”，立溥仪为皇帝。伪满洲国总理郑孝胥以伪满皇帝溥仪的名义，邀请刘春霖出任伪满州国教育部部长。郑孝胥原以为刘春霖是清朝的状元，与溥仪有着正宗的“君臣”关系，他接到任命后一定会受宠若惊。不料，刘春霖义正严辞地表示拒绝，并说：“君非昔日之君，臣非昔日之臣！”伪满洲国是日本侵略者有意扶植的傀儡政权，深知民族大义的刘春霖又怎么能充当民族的败类呢？

1937年，"七·七"芦沟桥事变爆发，日本军占领北平。刘春霖的同年王揖唐竟然甘愿充当汉奸，与同伙成立所谓的"华北政务委员会"。王揖唐亲自任委员长，并请刘春霖出任北平市市长。刘春霖痛斥王揖唐是"无廉耻的软骨头"，表示"我决不能依附外国人"，将他赶出家门。恼羞成怒的王揖唐第二天就派人抄了刘春霖的家。刘春霖仍然不屈服，他写道："不崇高第崇高行，阃内观型藻鉴真。"表示自己不以中状元为高，而以气节操守为重。

从此以后，刘春霖闭门谢客，过起了隐居生活，他在北京民居四合院里终日以诗书、字画为娱。1942年1月18日，刘春霖病逝，享年七十一岁。